Auf dem Irrawaddy

Eine Geschichte des Ersten Burmesischen Krieges

GA Henty

Writat

Diese Ausgabe erschien im Jahr 2023

ISBN: 9789359256320

Herausgegeben von
Writat
E-Mail: info@writat.com

Inhalt

Vorwort.

Mit Ausnahme des schrecklichen Rückzugs aus Afghanistan war keiner der vielen kleinen Kriege Englands – im Verhältnis zur Zahl der Beteiligten – so tödlich wie unsere erste Expedition nach Burma. Es wurde durchgeführt, ohne sich der Schwierigkeiten bewusst zu sein, die sich aus den Auswirkungen des Klimas und dem Mangel an Transportmitteln ergeben würden. die Macht und noch mehr die Hartnäckigkeit und Arroganz des Hofes von Ava wurden völlig unterschätzt; und man ging davon aus, dass unser Besitz ihrer Häfen den Feind, der uns den Kampf mutwillig aufgezwungen hatte, mit Sicherheit zur Unterwerfung bringen würde. Die Ereignisse bewiesen jedoch die Vollständigkeit des Fehlers. Die burmanische Politik, jedes Boot auf dem Fluss zu entführen, das ganze Land zu verwüsten und die Bewohner und Herden zu vertreiben, hielt unsere Armee während der ersten Regenzeit in Rangun gefangen; und verursachte den Verlust der Hälfte der zuerst dorthin geschickten weißen Offiziere und Männer. Der anschließende Feldzug war nicht weniger verhängnisvoll und obwohl große Verstärkungen geschickt worden waren, starben fünfzig Prozent der Gesamtheit; so dass weniger als zweitausend Kämpfer in den Reihen blieben, als die Expedition in der Nähe von Ava eintraf. Erst als die letzte burmesische Armee zerstreut war, unterwarf sich der Hof von Ava den von uns auferlegten, keineswegs belastenden Bedingungen.

Der Kontrast zwischen dieser ersten Invasion des Landes und dem letzten Krieg im Jahr 1885, der die endgültige Annexion Burmas zur Folge hatte, war in der Tat groß. Dann transportierte eine Dampferflotte die Truppen den Edlen Fluss hinauf; während im Jahr 1824 ein einzelner Dampfer alles war, was Indien zur Verfügung stellen konnte, um die Ruderbootflotte zu unterstützen. Es hat nie eine schlechtere Regierung gegeben als die Regierung Burmas, als sie mit der Prahlerei, sie wolle die Briten aus Indien vertreiben, den Krieg begann. Noch nie wurde ein Volk durch eine brutalere Tyrannei unterdrückt, und die Besetzung des Landes durch die Briten war für die Bevölkerung ein noch größerer Segen als die Besetzung Indiens.

Nach dem Krieg erschienen mehrere Werke, teils von Augenzeugen, teils aus offiziellen Dokumenten zusammengestellt. Sie unterscheiden sich deutlich in der Beziehung der Einzelheiten und noch mehr in der Schreibweise der Namen von Personen und Orten. Ich habe mich hauptsächlich an die Erzählungen von Herrn SH Wilson und Major Snodgrass, dem Militärsekretär des Expeditionskommandanten, gehalten.

Kapitel 1
Eine neue Karriere.

Ende des Jahres 1822 versammelte sich in einem Hotelzimmer in Kalkutta eine Gruppe. Sie bestand aus einem Herrn, einer Dame in tiefer Trauer, einem Jungen zwischen vierzehn und fünfzehn Jahren und zwei Mädchen zwischen dreizehn und zwölf Jahren.

„Ich denke, Sie sollten mein Angebot besser annehmen, Nellie", sagte der Herr. „Es wird dir schwer genug fallen, mit diesen beiden Mädchen über die Runden zu kommen; und Stanley wäre eine große Belastung für dich. Die Mädchen kosten nichts außer ihrer Kleidung; aber er muss auf eine anständige Schule gehen, und dann würde es sie geben." Seien Sie sich nicht die Mühe zu überlegen, was Sie danach mit ihm machen sollen. Wenn ich Ihnen ein paar Hundert pro Jahr hätte gewähren können, wäre es ganz anders gewesen; aber Sie sehen, ich kämpfe selbst einen harten Kampf und brauche dafür jeden Penny Ich schaffe es, mich zusammenzureißen. Ich komme voran, und ich kann mir gut vorstellen, dass ich eines Tages einen großen Handel machen werde, wenn nicht etwas passiert, das die ganze Sache durcheinander bringt; aber jeder halbe Penny Profit muss hineingesteckt werden Also, wie Sie wissen, kann ich Ihnen im Moment nicht helfen, aber ich hoffe, dass ich dazu in der Lage sein werde, wenn die Mädchen erwachsen sind, und zwar in einem guten Umfang.

„Ich bin sicher, dass es für Stanley keine schlechte Sache wäre. Er wird mir bald nützlich sein und in drei oder vier Jahren ein wertvoller Assistent sein. Wenn er so gut Hindustani spricht wie er, wird er es nicht sein." Es hat sehr lange gedauert, bis er genug von den verschiedenen Dialekten in Kathee und Chittagong für unsere Zwecke gelernt hat, und mit zwanzig wird er einen Anteil am Geschäft haben und auf dem Weg sein, sein Vermögen zu machen. Es wird unendlich besser sein als alles, was er ist wahrscheinlich in England zu finden, und er wird die Arbeit eines Mannes in dem Alter erledigen, in dem er in England noch ein Schuljunge wäre.

„Ich habe mit ihm darüber gesprochen. Natürlich verlässt er dich nicht gerne, aber er sagt, dass es ihm tausendmal besser gefallen würde, als vielleicht in irgendein eintöniges Büro in England gehen zu müssen."

„Danke, Tom", sagte Mrs. Brooke mit einem Seufzer. „Es wird sehr schwer sein, sich von ihm zu trennen – furchtbar schwer –, aber ich sehe, dass es bei weitem das Beste für ihn ist und, wie Sie sagen, finanziell eine Erleichterung für mich sein wird. Ich denke, ich." Ich kann mit der Rente sehr gut zurechtkommen, an einem ruhigen Ort zu Hause, mit den beiden Mädchen; aber Stanleys Schulbildung wäre eine große Belastung. Vielleicht schaffe ich das sogar, denn ich könnte mit Malen ein wenig Geld verdienen; aber da wäre das Ich frage mich, was mit ihm geschehen soll, wenn er die Schule verlassen hat, und ohne Freunde und Einfluss wird es aussichtslos sein, ihn in eine gute Situation zu bringen.

„Sehen Sie, Herberts Eltern sind beide gestorben, seit er hierher kam, und obwohl er entfernt mit dem Earl of Netherly verwandt war, war er nur ein Cousin zweiten Grades oder so etwas in der Art und wusste nichts über die Familie; und natürlich Ich konnte mich nicht bei ihnen bewerben "

„Ganz bestimmt nicht, Nellie", stimmte ihr Bruder zu. „Es gibt nichts Abscheulicheres, als sich als armer Verwandter auszugeben – und das ist eher eine Verbindung als eine Beziehung. Dann überlässt du den Jungen in meinen Händen?"

„Ich bin sicher, dass es das Beste sein wird", sagte sie mit zitternder Stimme, „und auf jeden Fall werde ich den Trost haben, zu wissen, dass er gut versorgt sein wird."

Frau Brooke war die Witwe eines Hauptmanns in einem der einheimischen Regimenter der Ostindien-Kompanie. Er war sechs Wochen zuvor plötzlich von einem Cholera-Ausbruch heimgesucht worden; und sie hatte in Kalkutta gewartet, um ihren Bruder zu sehen, bevor sie nach England segelte. Sie war die Tochter eines englischen Geistlichen, der vor etwa siebzehn Jahren gestorben war. Nellie, die damals achtzehn Jahre alt war und sowohl mutter- als auch vaterlos war, hatte beschlossen, nach Indien zu segeln. Eine gute Freundin von ihr hatte ein Jahr zuvor geheiratet und war ausgegangen. Nellies Vater war zu dieser Zeit in einem schlechten Gesundheitszustand; und ihre Freundin hatte beim Abschied zu ihr gesagt:

„Denken Sie daran, Nellie, ich habe Ihr Versprechen, dass Sie zu mir nach Indien kommen werden, wenn Sie hier allein sein sollten. Ich werde mich sehr freuen, Sie bei mir zu haben, und ich glaube nicht, dass Sie dabei sein werden meine Hände sind sehr lang; hübsche Mädchen bleiben in Indien nicht viele Monate allein."

Da Nellie nichts Besseres sah, was sie tun konnte, war sie kurz nach dem Tod ihres Vaters nach Kalkutta gesegelt.

Leutnant Brooke war auch Passagier an Bord der Ava und während der langen Reise verlobten er und Nellie Pearson sich; und heirateten zwei Wochen nach ihrer Ankunft im Haus ihrer Freundin. Nellie wurde gesagt, dass sie ein dummes Mädchen sei, denn das hätte sie besser machen sollen; aber sie war vollkommen glücklich. Der Lohn und die Zulagen ihres Mannes reichten aus, um bequem davon leben zu können; und obwohl, als die Kinder kamen, wenig übrig blieb, reichte die zusätzliche Bezahlung, als er den Rang eines Kapitäns erreichte, für ihre Bedürfnisse aus. Tatsächlich waren sie ein vollkommen glückliches Paar gewesen – beide hatten ein fröhliches und sonniges Gemüt und machten das Beste aus allem; und sie hatte sich nie ernsthaft darum gekümmert, bis er ihr plötzlich weggenommen wurde.

Stanley hatte die Veranlagung seiner Eltern geerbt und da seine Schwestern, die so bald nach ihm kamen, den größten Teil der Fürsorge seiner Mutter in Anspruch nahmen, war er weitgehend sich selbst überlassen; Er wurde zum allgemeinen Liebling des Regiments und fühlte sich sowohl in den Reihen der Männer als auch in den Bungalows der Offiziere zu Hause. Die Muttersprache fiel ihm ebenso leicht wie Englisch, und als er zehn Jahre alt war, konnte er sich in ihrer eigenen Sprache mit den Männern aus den drei oder vier verschiedenen Bezirken unterhalten, aus denen das Regiment rekrutiert worden war. Sein Vater widmete täglich ein paar Stunden seinem Studium. Er versuchte nicht, ihm Latein beizubringen – was seiner Meinung nach für ihn völlig nutzlos wäre –, sondern vermittelte ihm gründliche Kenntnisse in der englischen und indischen Geschichte sowie im Rechnen und bestand darauf, dass er jeden Tag eine gewisse Zeit mit Lesen verbrachte Standard-Englisch-Autoren.

Tom Pearson, der fünf Jahre jünger als seine Schwester war, war vier Jahre nach ihr nach Indien gekommen. Er war ein Junge voller Leben und Energie. Sobald er die Schule verlassen hatte und der Besitzer von hundert Pfund war – dem letzten Rest der kleinen Summe, die sein Vater ihm hinterlassen hatte –, nahm er einen Flug zweiter Klasse nach Kalkutta. Sobald er gelandet war, ging er zu den verschiedenen Kaufleuten und Büros, und da er feststellte, dass er aus Mangel an Referenzen keine Stelle als Angestellter finden konnte, nahm er einen Platz im Laden eines parsischen Kaufmanns ein, der auf Englisch handelte Waren. Hier blieb er fünf Jahre lang, beherrschte inzwischen zwei oder drei Muttersprachen und verfügte über gute Geschäftskenntnisse.

Er beschloss nun, auf eigene Faust zu beginnen. Er hatte knapp gelebt und jede Rupie, die er nicht brauchte, für das Nötigste gespart, und am Ende der fünf Jahre besaß er insgesamt 150 Pfund. Er hatte schon lange zuvor festgestellt, dass die Stämme an der Ostgrenze des britischen Territoriums die besten Handelsmöglichkeiten boten; und hatte sich besonders dem Studium der Sprachen von Kathee und Chittagong gewidmet.

Er investierte den größten Teil seines Geldes in für den Handel geeignete Waren und schiffte sich in Kalkutta auf einem Schiff nach Chittagong ein. Dort fuhr er mit einem einheimischen Boot den großen Fluss hinauf nach Sylhet, wo er sein Hauptquartier errichtete. und von da an überließ er den größten Teil seiner Waren einem einheimischen Kaufmann, mit dem sein verstorbener Arbeitgeber Geschäfte gemacht hatte, und begann mit einem Eingeborenen und vier Eseln, auf denen seine Waren gepackt waren, um mit den wilden Stämmen Handel zu treiben .

Sein Erfolg entsprach voll und ganz seinen Erwartungen und nach und nach weitete er seine Tätigkeit aus; Sie reichen bis nach Manipur im Osten und fast bis nach Chittagong im Süden. Die Firma in Kalkutta, von der er zunächst seine Waren gekauft hatte, schickte ihm neue Vorräte, wenn er sie brauchte; und als er sah, mit welcher Energie er sein Geschäft vorantrieb, verschaffte ihm das bald beträchtliche Anerkennung, und er konnte seine Geschäfte in immer größerem Umfang weiterführen. Sylhet blieb sein Hauptquartier; aber er hatte eine Niederlassung in Chittagong, wohin Waren direkt von Kalkutta aus verschickt werden konnten, und von dort bezog er seine Vorräte für seinen Handel in dieser Provinz.

Ein Großteil seiner Geschäfte wurde über die Wasserstraßen und die sehr zahlreichen Bäche abgewickelt, die das ganze Land durchzogen und es ihm ermöglichten, seine Waren zu weitaus günstigeren Preisen zu transportieren, als er sie auf dem Landweg transportieren konnte; und zu diesem Zweck ließ er ein Boot speziell mit einer komfortablen Kabine ausstatten. Er war von Anfang an entschlossen, nur die besten Waren auf dem Markt zu verkaufen; und so gewann er schnell das Vertrauen der Eingeborenen, und die Ankunft seiner Boote wurde von den Dorfbewohnern an den Ufern der Flüsse sehnsüchtig begrüßt.

Er stellte bald fest, dass das Geld knapp war; und dass er, um ein gutes Geschäft zu machen, einheimische Produkte gegen seine Waren eintauschen muss; und dass er auf diese Weise nicht nur einen viel größeren Handel abwickelte, sondern auch einen sehr viel besseren Preis für seine Waren erzielte, als wenn er nur gegen Geld verkauft hätte; und er lieferte bald beträchtliche Mengen an die Firma in Kalkutta und erzielte dadurch in beide Richtungen einen Gewinn. Er selbst stattete Kalkutta etwa alle sechs Monate einen Besuch ab, um neue Waren zu kaufen, und die Firma zu besuchen, mit der seine Geschäfte jedes Jahr umfangreicher wurden. Aber obwohl er den Grundstein für ein umfangreiches Unternehmen legte, war er, wie er seiner Schwester sagte, derzeit nicht in der Lage, ihr zu helfen; denn sein zunehmender Handel erforderte immer mehr Kapital, und seine gesamten Gewinne wurden von den größeren Vorräten verschlungen, die in seinen Depots in Sylhet, Chittagong und an den Mündungen der größeren Flüsse gehalten werden mussten.

Zweimal seit seiner Abwesenheit hatte er seine Schwester in Kalkutta getroffen, und als sie nach dem Tod ihres Mannes herunterkam und von Toms Agenten hörte, dass er wahrscheinlich im Laufe von vierzehn Tagen dort ankommen würde, beschloss sie, dort zu warten und ihn zu treffen . Er war sehr traurig über ihren Verlust, insbesondere weil er ihr kein Zuhause bieten konnte; denn da er seine ganze Zeit auf Reisen verbrachte, war es ihm unmöglich, dies zu tun; und sie hätte es auch nicht akzeptiert. Nachdem ihr Mann nun weg war, sehnte sie sich danach, wieder nach England zurückzukehren. Es war auch viel besser für die Mädchen, wenn sie sie mit nach Hause nahm. Doch als er nun anbot, den Jungen mitzunehmen, hatte sie das Gefühl, dass das Angebot, so schwer es auch sein würde, Stanley zurückzulassen, für ihn das äußerst vorteilhafte war.

Die Kenntnisse der indischen Sprachen des Jungen, die für ihn in einem solchen Leben von großem Vorteil wären, würden in England absolut nutzlos sein, und aus dem, was Tom ihr von seinem Geschäft erzählte, konnte kaum ein Zweifel daran bestehen, dass die Aussichten ausgezeichnet waren. Stanley selbst, der seinen Onkel nun zum ersten Mal sah, fühlte sich zu ihm hingezogen von der Energie und Fröhlichkeit seines Auftretens, die ihn im Geschäftsleben so erfolgreich gemacht hatten; und er war gerührt von dem Unternehmungsgeist und Abenteuer des Lebens, das er ihm vorschlug. Mehr als einmal waren seine Boote auf den wenig befahrenen Flüssen, die sich bis nach Kathee erstreckten, von wilden Stammesangehörigen angegriffen worden; und er musste hart kämpfen, um sie fernzuhalten. Kleine Häuptlinge hatten zeitweise versucht, seinen Handel zu behindern, und in Manipur war er zweimal Zeuge verzweifelter Kämpfe zwischen rivalisierenden Thronanwärtern geworden. All dies war für einen Jungen, der unter Soldaten aufgewachsen war, unwiderstehlich faszinierend; zumal die Alternative ein Sitz in einem tristen Grafenhaus in England zu sein schien.

Er war daher erfreut, als seine Mutter ihr Einverständnis gab, dass er bei seinem Onkel bleiben durfte; so traurig war er über die Trennung von ihr und seinen Schwestern. Der Gedanke, dass er ihr mit der Zeit helfen könnte, war angenehm; und half ihm, den Abschiedsschmerz zu ertragen, als sie eine Woche später mit den Mädchen nach England segelte.

„Ich nehme an, du hast nicht geschossen, Stanley?" fragte sein Onkel.

„Nicht mit einer Waffe, aber ich habe manchmal mit Pistolen geübt. Vater dachte, dass es nützlich wäre."

„Sehr nützlich; und Sie müssen lernen, gut mit ihnen zu schießen, und zwar mit Geflügel und Gewehr. Was mit Flussdieben und Dacoits und wilden Stämmen – ganz zu schweigen von wilden Tieren – ein Mann, der umherzieht, wie …" Das tue ich, ich möchte in der Lage sein, geradeaus zu schießen. Je gerader du schießt, desto geringer ist die Wahrscheinlichkeit, dass du das tun musst. Ich bin selbst ein guter Schütze geworden und wenn wir einen Fluss hinaufrudern, übe ich ständig – entweder auf schwimmende Gegenstände im Wasser oder auf Vögel oder andere Zeichen in den Bäumen. Ich habe die besten Waffen, die man für Geld kaufen kann. Das ist meine einzige Extravaganz, und das Ergebnis ist, dass sie für meine Bootsführer und die Männer um mich herum meine Schießen scheint wunderbar zu sein; sie erzählen anderen davon, und das Ergebnis ist, dass ich mit großem Respekt betrachtet werde. Ich habe überhaupt keinen Zweifel daran, dass es mir viel Ärger erspart hat; denn die Eingeborenen müssen fast glauben, dass ich Ich muss nur meine Waffe richten, und der Mann, den ich töten möchte, fällt tot um, egal wie weit er entfernt ist.

Zwei Tage nach der Abreise von Mrs. Brooke machten sich ihr Bruder und Stanley mit einem einheimischen Händler auf den Weg den Hoogly hinunter.

„Sie sieht seltsam aus, Onkel.“

„Ja, man würde sie in heimischen Gewässern nicht als hübsch bezeichnen, aber sie ist ungewöhnlich schnell; und ich finde sie in vielerlei Hinsicht viel bequemer als ein britisches Handelsschiff.“

„Gehört sie dir, Onkel?“

„Nein, sie gehört nicht mir, und ich chartere sie auch nicht wirklich; aber sie arbeitet hauptsächlich für mich. Sehen Sie, die Löhne sind so niedrig, dass sie ein solches Schiff für fast nichts betreiben können. Na ja, der Kapitän und seins Acht Männer zusammen verdienen nicht mehr als der Bootsmann eines englischen Händlers.

„Dem Kapitän gehört das Schiff. Er ist ganz zufrieden, wenn er ein paar Rupien im Monat bekommt, zusätzlich zu dem, was er für seinen eigenen Lohn hält. Seine Frau und seine beiden Kinder leben an Bord. Wenn das Schiff zwanzig Rupien pro Jahr verdienen kann Er ist der Meinung, dass es ihm hervorragend geht. Draußen würde er seinen Männern nicht mehr als jeweils vier Rupien im Monat zahlen, und ich nehme an, dass er seine Dienste mit acht ansetzen würde; so blieben ihm vierzig Rupien pro Monat Monat als der vom Schiff erzielte Gewinn.

„Tatsächlich halte ich ihn ziemlich stabil am Laufen. Er macht Hin- und Rückfahrten zwischen den verschiedenen Depots, trägt mich eine beträchtliche Strecke die Flüsse hinauf und betreibt ein wenig Handel auf eigene Rechnung – nicht mit Waren wie mir.“ Er verkauft, wissen Sie, aber rein einheimische Läden – er braucht ein wenig Fracht, wenn er sie bekommen kann, und im Allgemeinen ein paar einheimische Passagiere. Ich zahle ihm fünfzehn Rupien pro Woche, und ich nehme an, er verdient zusätzlich fünf bis zehn; also das Das Arrangement passt uns beiden vortrefflich.

„Ich behalte die Heckkajüte für mich. Wie Sie sehen, hat sie vier kleine Messingkanonen, die ich in Kalkutta für ein Lied mitgenommen habe; und es gibt vierundzwanzig Musketen am Heck. Es ist eine Vereinbarung, dass die Mannschaft das Schießen üben soll einmal in der Woche, also sind sie inzwischen alle ziemlich gute Schützen, und der Kapitän selbst kann mit diesen kleinen Kanonen einen Zwei-Pfund-Schuss ungewöhnlich gerade abfeuern.

„Sie werden amüsiert sein, wenn Sie sehen, wie wir den Einsatz üben. Die Frau des Kapitäns und die beiden Jungen laden die Waffen, und zwar sehr schnell. Er rennt von Waffe zu Waffe, zielt und schießt. Die Mannschaft schreit: und schreien und schlagen mit ihren Musketen. Ich übernehme das Kommando und gebe ein paar Gewehre unter sie, wenn das Schießen genau war.

„Wir wurden ein- oder zweimal in den oberen Gewässern angegriffen, haben es aber immer geschafft, die Räuber ohne große Schwierigkeiten zu vertreiben. Der Kapitän feuert so lange, bis sie ziemlich nahe kommen; und ich beschieße sie mit meinen Gewehren – ich Ich habe drei davon. Wenn sie auf fünfzig Meter herankommen, eröffnet die Mannschaft das Feuer, und da sie jeweils drei Musketen haben, können sie es den Piraten sehr heiß machen. Ich habe einen Vorrat an Handgranaten und, wenn sie weitermachen, ich wirf zwei oder drei an Bord, wenn sie auf zehn Yards herankommen; und damit ist die Sache immer erledigt. Sie verstehen nicht, was in ihrer Mitte zerplatzt. Ich will damit nicht sagen, dass meine Bewaffnung von großem Nutzen wäre , wenn wir entlang der Küste der Malaiischen Halbinsel oder zwischen den Inseln Handel trieben, aber es reicht völlig aus, um mit den kleinen Räubern dieser Flüsse fertig zu werden."

„Aber ich dachte, du hättest ein Boot, mit dem du die Flüsse hinaufgefahren wärst, Onkel?"

„Ja, wir schleppen ein Ruderboot und ein Vorratsboot hinter diesem Fahrzeug herauf, so weit es kann, das heißt, solange es genug Wind hat, um gegen den trägen Strom anzukommen. Wenn es nicht weiter kann, nehme ich." zum Ruderboot. Es hat acht Ruderer und trägt ein Geschütz – es ist eine Zwölfpfünder-Haubitze –, das ich gekürzt habe, so dass es nur etwa einen Fuß lang ist. Natürlich lässt es sich nicht weit tragen, aber Das ist nicht nötig. Seine Ladung besteht aus einem Pfund Pulver und einem Zehn-Pfund-Beutel mit Kugeln, und auf ein paar hundert Meter Entfernung zerstreuen sich die Kugeln so weit, dass sie zwei oder drei nebeneinander liegende Kanus hinwegfegen und, soweit wir sie angreifen und abfeuern können Dreimal in der Minute ein kleines Ding zu machen, das ist alles, was wir aus praktischen Gründen brauchen.

„Nur auf einigen wenigen Flüssen, die wir hinauffahren, besteht die Gefahr von Problemen. Auf dem Fluss von Sylhet im Osten und seinen Nebenflüssen in Kathee oder, wie er manchmal genannt wird, Kasi, ist das Land vergleichsweise besiedelt . Dem Goomtee jenseits von Oudypore geht es gut genug, bis er nach Kaayn gelangt, was sie als unabhängig bezeichnen. Das heißt, es besitzt keine Autorität; und einige Dörfer sind friedlich und wohlgesonnen, während andere wild sind. Dasselbe kann man sagen der Flüsse Munnoo und Fenny.

„In den letzten zwei Jahren habe ich viel Handel in Assam flussaufwärts des Brahmaputra-Flusses betrieben. Bis Rungpoor gibt es sehr viele Dörfer an den Ufern, und die Menschen sind ruhig und friedfertig.“

„Dann gehst du nicht weiter nach Süden als nach Chittagong, Onkel?“

„Nein. Die Burmesen halten Aracan im Süden und tatsächlich gibt es ein Stück nördlich davon keine sehr klar definierte Grenze. Sehen Sie, der große Fluss verläuft von Rangun aus fast genau nach Norden, wenn auch mit einem kleinen Osten ; und erstreckt sich entlang der Rückseite der Bezirke, mit denen ich Handel treibe; so dass die Burmesen nicht sehr weit von Manipur entfernt sind, das tatsächlich an einem Seitenarm des Irrawaddy liegt, von dem ein anderer Seitenarm fast bis nach Rungpoor führt.

„Eines Tages werden wir große Probleme mit ihnen haben; tatsächlich hatten wir bereits Probleme. Sehen Sie, die Burmesen sind eine große und wachsende Macht und haben alle ihre Nachbarn so leicht erobert, dass sie sich selbst für unbesiegbar halten. Bis Zu Beginn des 18. Jahrhunderts waren die Burmesen die Herren von Pegu; dann warfen die Menschen dieses Landes mit Hilfe der Holländer und Portugiesen ihr Joch ab. Doch die Burmesen ließen sich nicht lange unterdrücken, denn 1753 wurde Alompra- – ein Jäger – versammelte eine Streitmacht um sich und nachdem er einige Zeit einen unregelmäßigen Krieg geführt hatte, schlossen sich ihm so viele seiner Landsleute an, dass er Ava angriff und eroberte, ganz Pegu und 1759 den englischen Handel eroberte Kolonie in Negrais wurden massakriert.

„Dies war jedoch nicht die Tat von Alompra, sondern der Verrat eines Franzosen namens Levine und eines Armeniers, der die Burmesen des Distrikts dazu aufstachelte, die Engländer auszurotten – zweifellos in der Hoffnung, sie dadurch zurückzugewinnen ein neues Viertel, das Schicksal Frankreichs, das in Indien durch das Genie von Clive ausgelöscht wurde. Die Engländer waren zu dieser Zeit viel zu sehr mit dem verzweifelten Kampf beschäftigt, den sie in Indien führten, als dass sie versucht hätten, das Massaker an ihnen zu rächen ihre Landsleute in Negrais.

„Sehr schnell breitete sich die burmesische Macht aus. Sie eroberten die wertvolle Tenasserim-Küste von Siam aus, schlugen eine gewaltige Invasion aus China zurück, annektierten Aracan und beherrschten Manipur und wurden so Herren über den gesamten Landstrich zwischen China und Hindustan. Wie sie Das Land, das nun an unser Territorium grenzt, wurde 1794 von Indien aus mit einem Vorschlag zur Regelung der Grenzen und zur Regelung des Handels zwischen den beiden Ländern an sie geschickt. Es kam jedoch nichts dabei heraus, denn die Burmesen hatten dies bereits vorgeschlagen selbst, die Eroberung Indiens; und betrachteten die Mission als Beweis für den Schrecken, den ihr Vormarsch unter uns ausgelöst hatte.

„Nach der Eroberung von Aracan durch sie im Jahr 1784 hatten die Burmesen eine ständige Verärgerung gegen uns empfunden, da eine große Anzahl von Flüchtlingen aus diesem Land in den Sümpfen und Inseln von Chittagong Zuflucht gesucht hatte die sie von Zeit zu Zeit erließen und Razzien gegen die Burmesen durchführten. Im Jahr 1811 fielen diese Flüchtlinge im Bündnis mit einigen räuberischen Häuptlingen in großer Zahl in Aracan ein und vertrieben, zusammen mit der dortigen unterworfenen Bevölkerung, die Burmesen. Diese jedoch eroberte die Provinz bald zurück. Die Angelegenheit war jedoch unglücklich, da die Burmesen natürlich davon ausgingen, dass der Aufstand, da er mit einer Invasion der Flüchtlinge in Chittagong begonnen hatte, von uns geschürt worden sei.

„Das war keineswegs eine Tatsache. Wir hatten dort keine Streitkräfte, die in der Lage waren, die Massen der Flüchtlinge in Ordnung zu halten; aber wir taten unser Bestes und verhafteten viele der Anführer, als sie nach ihrer Niederlage zurückkehrten. Das war jedoch weit hergeholt." von der Befriedigung der Burmesen abzuhalten. Es wurde eine Mission nach Ava geschickt, um ihnen unsere freundschaftlichen Absichten zu versichern und dass wir überhaupt nichts mit der Invasion zu tun hatten und alles tun würden, was wir konnten, um eine Wiederholung zu verhindern. Die burmesische Regierung lehnte dies ab die Mission erhalten.

„Wir selbst hatten große Probleme mit den Aufständischen, denn aus Angst, nach ihrer Niederlage wieder nach Burma einzudringen, führten sie nun eine Reihe von Razzien in unserem Gebiet durch, und erst 1816 wurden diese endgültig unterdrückt Das Gericht von Ava blieb unzufrieden; und es wurde eine neue Forderung nach der Übergabe der gefangenen Häuptlinge und aller in der Regierung von Chittagong lebenden Flüchtlinge erhoben. Der Marquis von Hastings antwortete, dass die britische Regierung ohne sie nicht fertig werden könne ein Verstoß gegen die Grundsätze der Gerechtigkeit sei, diejenigen auszuliefern, die seinen Schutz gesucht hatten; dass jetzt Ruhe herrsche und keine Wahrscheinlichkeit einer erneuten Unruhe bestünde; dass aber größte Wachsamkeit geboten sei, um die Urheber davon zu verhindern und zu bestrafen jeder Überfall, der gegen Aracan unternommen werden könnte.

„Ein Jahr später ging ein zweiter Brief ein, in dem vom König die Abtretung von Ramoo, Chittagong, Moorshedabad und Dacca, also der gesamten britischen Besitztümer östlich des Ganges, gefordert wurde. Lord Hastings antwortete einfach, dass wenn Man konnte annehmen, dass die Forderung vom König von Ava diktiert worden war, die britische Regierung hätte das Recht, sie als Kriegserklärung zu betrachten. Darauf gaben die Burmesen keine Antwort. Zweifellos hatten sie von den Erfolgen gehört, die wir erzielt hatten in Zentralindien und hatten erfahren, dass unsere gesamte Streitmacht gegen sie einsatzbereit war.

„Vor drei Jahren starb der alte König, und ein kriegerischerer Monarch folgte ihm nach. Seit 1810 waren sie in die Unruhen verwickelt, die in Assam herrschten, wo ein Bürgerkrieg tobte. Die eine oder andere Partei hat nach ihrem Recht gesucht Dort wurde fast ununterbrochen gekämpft, und vor zwei Monaten haben die Burmesen die Frage geklärt, indem sie selbst das ganze Land in Besitz genommen haben.

„Das war natürlich ein schwerer Schlag für mich Obwohl Unruhe herrschte, hat sie meinen Handel an den Ufern des Flusses nicht beeinträchtigt; aber jetzt, da die Burmesen ihre Autorität etabliert haben, werde ich es für eine Weile tun Ich bin auf jeden Fall gezwungen, meine Operationen dort aufzugeben, denn sie haben uns gegenüber erhebliche Feindseligkeit gezeigt – sie haben Razzien in der Nähe von Rungpoor auf unserer Seite des Flusses durchgeführt und eine britische Flagge auf einer Insel im Brahmaputra eingeholt. Das haben wir Infolgedessen nahmen wir das Fürstentum Cachar unter unseren Schutz – und als seine beiden Fürsten sahen, dass die Burmesen begannen, in ihr Land einzudringen, luden sie uns zu diesem Schritt ein – und so besetzen wir die Pässe von Manipur ins Tiefland von Sylhet.“

„Ich frage mich, dass du in Manipur Handel treiben konntest, Onkel, da die Burmesen dort die Herren waren.“

„Ich handele nicht mit der Hauptstadt selbst, und die Burmesen waren zu sehr mit ihren Angelegenheiten in Assam beschäftigt, um viel Autorität im Land auszuüben. Außerdem hat es, wie Sie sehen, keinen Krieg zwischen den beiden Ländern gegeben. Unsere Kaufleute in Rangun immer noch.“ setzen ihren Handel den Irrawaddy hinauf fort; und in Assam hatte ich in diesem Frühjahr nur das Problem, dass ich etwas höhere Zölle zahlen musste als zuvor. Jetzt aber, da Cachar unter unserem Schutz steht, hoffe ich, dass ich das tun werde Machen Sie meinen Handelsverlust in Assam wett, indem Sie in dieser Provinz besser abschneiden als zuvor.

„Ich dachte, du nennst es Kathee, Onkel?“

„So wird es im Allgemeinen genannt, aber da es in der Proklamation zur Übernahme des Protektorats als Cachar bezeichnet wird, nehme ich an, dass es in Zukunft so genannt werden wird; aber alle diese Namen hier draußen werden ziemlich nach Lust und Laune geschrieben.“

Während dieses Gespräch stattfand, war das Boot schnell den Fluss hinuntergerannt und dabei an mehreren europäischen Schiffen vorbeigefahren, als ob sie stillgestanden hätten.

„Ich hätte nicht gedacht, dass ein Boot wie dieses an diesen großen Schiffen vorbeifahren würde“, sagte Stanley.

„Wir müssen in der Segelkunst noch viel lernen", antwortete sein Onkel. „Viele dieser indischen Dhaus können bei leichtem Wetter vor einem Rahschiff davonlaufen. Ich weiß nicht, ob es an den Linien ihrer Rümpfe oder am Schnitt der Segel liegt, aber an ihrer Geschwindigkeit besteht kein Zweifel . Sie scheinen über das Wasser zu gleiten, während sich unser Boot mit dem steilen Bug durch das Wasser drängt. Ich vermute, dass wir eines Tages diese langen, scharfen Bugs übernehmen werden; wenn wir das tun, wird es einen wunderbaren Unterschied in unserer Segelgeschwindigkeit machen . Außerdem haben diese Boote einen sehr geringen Wassertiefgang, aber andererseits einen tiefen Kiel, der ihnen hilft, dicht am Wind zu liegen; und der lange, überhängende Bug macht sie zu guten Booten bei schwerem Wetter denn wenn sie auf das Meer treffen, erheben sie sich allmählich darüber, anstatt dass es sie mit voller Wucht auf den Bug trifft, wie es bei unseren Schiffen der Fall ist. Wir müssen noch viel lernen, was den Schiffsbau angeht."

Der Händler hatte seinen eigenen Diener bei sich, und der Mann kam nun herbei und sagte, dass eine Mahlzeit fertig sei, und sie betraten sofort die Hütte. Es war geräumig und komfortabel und bestand wie der Rest des Bootes aus lackiertem Teakholz. Im Heck befanden sich große Fenster; es hatte einen Tisch mit zwei festen Bänken; und auf jeder Seite standen breite, niedrige Sofas. Darüber waren die Musketen in Ständern angeordnet; während am Ende neben der Tür Tom Pearsons eigene Gewehre, vier Pistolenpaare und ein paar Schwerter lagen. Zehn lange Speere hingen in Lederschlingen vom Dach der Kabine. Der Boden war, wie der Rest der Kabine, lackiert.

„Es sieht sehr bequem aus, Onkel."

„Ja, sehen Sie, ich verbringe fast die Hälfte meiner Zeit an Bord, den Rest verbringe ich im Boot. Mein Mann ist ein ausgezeichneter Koch. Er kommt aus Chittagong und ist ein Muggel."

„Was sind Tassen, Onkel?"

„Sie sind die Ureinwohner von Aracan. Er war einer von denen, die dort blieben, nachdem die Burmesen es erobert hatten, und spricht ihre Sprache ebenso wie seine eigene. Ich empfehle Ihnen, sofort mit ihm zu beginnen. Wenn sich die Dinge beruhigen Unten in Assam wird es Ihnen sehr nützlich sein, sich mit den burmesischen Beamten zu verständigen. Sie werden es nicht sehr einfach finden, obwohl Ihnen natürlich Ihre Kenntnisse in drei oder vier indischen Sprachen helfen werden. Es soll eine Mischung daraus sein das alte Tali, Sanskrit, Tartar und Chinesisch. Die tatarischen und chinesischen Wörter werden Ihnen natürlich recht neu sein; die anderen beiden Elemente werden denen ähneln, mit denen Sie vertraut sind.

„Ich spreche mit dem Mann auf Hindustani. Er hat in Chittagong ein wenig davon gelernt und in den zwei Jahren, die er bei mir ist, noch viel mehr gelernt; und dadurch werden Sie in der Lage sein, Burmesisch zu lernen."

Eine Woche später lief die Dhau in den Hafen ein. Stanley hatte die meiste Zeit mit Gesprächen mit Khyen, Toms Diener, verbracht. Die Fähigkeit seiner Zunge, die indischen Sprachen zu beherrschen, war für ihn von großem Nutzen, und er lernte schnell viele burmesische Sätze

Während der nächsten sechs Monate setzte er zusammen mit seinem Onkel die Arbeit fort, die dieser fortgeführt hatte; und es hat mir sehr gut gefallen. Sie segelten mit der Dhau die trägen Flüsse mit ihren niedrigen, flachen Ufern hinauf; das Ruderboot und das Vorratsboot hinter sich herziehen. Die Besatzungen dieser Boote lebten an Bord der Dhau, bis ihre Dienste benötigt wurden, und halfen bei der Navigation und unterstützten die Besatzung, wenn der Wind nachließ und Kehrmaschinen ausgeholt wurden.

Die Dörfer entlang der Ufer waren größtenteils klein, aber sehr zahlreich. Bei jeder dieser Gelegenheiten brachte die Dhau herbei. In fast allen Fällen gab es genügend Wasser, um das Schiff am Ufer festmachen zu können, und sobald das Schiff dies tat, kamen die Eingeborenen an Bord, um ihre Einkäufe zu tätigen und ihre Produkte zu verkaufen. Zusätzlich zu den transportierten europäischen und indischen Gütern war die Dhau mit Reis beladen, nach dem in den meisten Dörfern eine beträchtliche Nachfrage bestand.

Sobald er den Preis der verschiedenen Waren und ihren Gegenwert in den Produkten des Landes erfahren hatte, übernahm Stanley einen Großteil des Tauschhandels; während sein Onkel an Land ging und mit den Oberhäuptern des Dorfes sprach, legte er Wert darauf, mit allen ein gutes Verhältnis zu pflegen und so einen großen Teil des Handels zu sichern, der andernfalls möglicherweise von einheimischen Schiffen abgewickelt worden wäre.

Dreimal war die Dhau in den sechs Monaten nach Kalkutta zurückgekehrt, um neue Warenvorräte zu holen und eine weitere Ladung Reis aufzunehmen; während der Händler in seinen eigenen Booten weiter flussaufwärts fuhr. Während der Reise hatte Stanley das Gewehr und die Jagdwaffe, die sein Onkel ihm für seinen besonderen Gebrauch übergeben hatte, immer griffbereit an der Schanzwand gelehnt; und häufig geschossene Wasservögel, die so zahlreich vorhanden waren, dass er nicht nur seinen eigenen Tisch versorgen konnte, sondern auch die Mannschaft und die Bootsleute mit einer beträchtlichen Menge an Nahrung versorgen konnte. Sie hatten keine Probleme mit Flusspiraten gehabt, denn diese hatten bei früheren Angriffen auf die Dhau so schwer gelitten, dass sie jede Wiederholung ihres Verlustes scheuten. Gleichzeitig wurden alle Vorsichtsmaßnahmen getroffen, denn aufgrund der Darmbeschwerden in Cachar und Assam wurden Flüchtlinge der Gruppe, die vorerst am schlimmsten war, gezwungen, in den Dschungeln in der Nähe der Flüsse Zuflucht zu suchen; und weitgehend von Plünderung zu leben, da die lokalen Behörden zu schwach waren, sie auszurotten. Deshalb lagen die Boote nachts immer mitten im Bach vor Anker und wurden von zwei Männern bewacht.

Sowohl im Süden als auch im Norden waren die Handelsaktivitäten eingeschränkter; denn die Burmesen wurden immer aggressiver. Elefantenjäger in den Hügeln, die im Osten die Grenze des britischen Territoriums bildeten, wurden beschlagnahmt und verschleppt; 23 wurden an einem Ort gefangen genommen, sechs an einem anderen – alle wurden misshandelt und eingesperrt, und die Vorwürfe der indischen Regierung wurden vom Rajah von Aracan mit Verachtung behandelt. Es war offensichtlich, dass das Ziel der Burmesen darin bestand, dieses Bergland in Besitz zu nehmen, um, wenn sie wollten, jederzeit in das kultivierte Land rund um die Stadt Ramoo vordringen zu können.

„Es besteht kein Zweifel, Stanley", sagte eines Tages sein Onkel, „wir werden sehr bald einen großen Krieg mit den Burmesen haben. Die Tatsache, dass diese ständigen Aggressionen nur mit Vorwürfen unsererseits beantwortet werden, verstärkt ihre Arroganz; und sie sind davon überzeugt, dass wir Todesangst vor ihnen haben. Sie sagen, dass ihre Führer in Assam offen damit prahlen, dass sie uns bald vollständig aus Indien vertreiben werden; und einer ihrer Generäle hat selbstbewusst erklärt, dass er nach der Einnahme Indiens Sie beabsichtigen, England zu erobern. Bei solch unwissenden Leuten gibt es nur ein Argument, das verstanden wird – nämlich Gewalt; und früher oder später werden wir ihnen eine so heftige Tracht Prügel verpassen müssen, dass sie eine Zeit lang schweigen werden.

„Trotzdem gebe ich zu, dass die Schwierigkeiten groß sind. Ihr Land ist enorm groß, die Bettler sind mutig und das Klima ist, jedenfalls in der Nähe der Meeresküste, furchtbar ungesund. Alles in allem wird es eine große Aufgabe sein, aber das wird es." Es muss getan werden, sonst werden wir sie in sehr kurzer Zeit gegen Kalkutta marschieren sehen.

Kapitel 2
Der Ausbruch des Krieges.

Am letzten Septembertag 1823 – nur ein Jahr nachdem Stanley sich seinem Onkel angeschlossen hatte – segelte die Dhau nach Chittagong; das nun den Platz von Sylhet als Hauptdepot der Händler eingenommen hatte, da letzterer Ort zu nahe an den Burmesen in Assam lag, als dass er sich darum gekümmert hätte, dort einen großen Vorrat seiner Waren zu halten. Er ging an Land, sobald die Dau vor Anker ging, Stanley blieb an Bord.

„Das Fett liegt im Feuer, Stanley", sagte Tom Pearson, als er zurückkam. „Die Burmesen haben einige unserer Truppen angegriffen und getötet, und die Regierung kann sich das mit Sicherheit nicht gefallen lassen."

„Wo war es, Onkel?"

„Unten an der Mündung des Naaf. Wie Sie wissen, ist das die südliche Grenze der Provinz, und im Januar gab es dort einen Streit. Eines unserer einheimischen Boote, beladen mit Reis, kam den Fluss hinauf, auf unserer Seite Als ein bewaffnetes burmesisches Boot auf den Kanal stieß und Dienst verlangte, sagten unsere Kameraden natürlich, sie befänden sich in ihren eigenen Gewässern, woraufhin die Burmesen auf sie schossen und den Steuermann töteten. Es gab also Berichte, dass sich Leichen birmanischer Truppen in Bewegung befanden auf ihrer Seite des Flusses, und man befürchtete, sie würden überqueren und einige unserer Dörfer niederbrennen. Dementsprechend wurde unsere Wache an der Flussmündung auf fünfzig Mann erhöht, und einige von ihnen wurden auf der Insel postiert von Shapuree.

„Diese Insel liegt nahe an unserer Küste und tatsächlich kann der Kanal dazwischen bei Niedrigwasser durchquert werden. Sie war schon immer Teil der Provinz Chittagong, und die Burmesen haben diesbezüglich nie eine Frage gestellt. Der Vizekönig von Aracan forderte unseren hier ansässigen Bewohner auf, die Wache abzuziehen, und machte damit das Recht des Königs von Ava auf die Insel geltend.

„Seitdem sind Briefe hin und her gegangen, aber ich habe gehört, dass die Burmesen die Frage durch die Landung auf Shapuree geklärt haben. Eines Nachts letzte Woche haben sie unseren Posten dort angegriffen, vier der Sepoys getötet und verwundet und den Rest von der Insel vertrieben . Die indische Regierung hat viel in Kauf genommen, anstatt sich auf eine so kostspielige und schwierige Operation wie einen Krieg mit Burma einzulassen, aber es ist unmöglich, dass wir das ertragen können."

Die indische Regierung unternahm jedoch alle Anstrengungen, um die Notwendigkeit eines Krieges abzuwenden; Obwohl der Rajah von Aracan keine Zeit verlor, einen Brief an die Regierung von Kalkutta zu schreiben, in dem er erklärte, dass er die Insel Shapuree besetzt habe und dass die Städte Dacca und Moorshedabad gewaltsam beschlagnahmt würden, wenn sie sich diesem Akt der Gerechtigkeit nicht stillschweigend unterwerfen würden . Um jedoch den Ausbruch des Krieges auf jeden Fall hinauszuzögern, beschloss die Regierung von Bengalen, dem Hof von Ava Gelegenheit zu geben, sich von der eingenommenen Position zurückzuziehen. Sie taten daher so, als wäre der Angriff auf die Wache von Shapuree allein das Werk des Vizekönigs von Aracan gewesen, und richteten eine Erklärung an die burmesische Regierung, in der sie den Sachverhalt zusammenfassten und darauf hinwiesen, dass Shapuree von Burma immer als solche anerkannt worden sei Sie ist Teil der Provinz Chittagong und fordert die Regierung auf, das Vorgehen der örtlichen Behörden abzulehnen. Die Burmesen betrachteten dies, da es sich tatsächlich um einen Beweis dafür handelte, dass die indische Regierung nicht bereit war, sich auf einen Wettbewerb mit ihnen einzulassen; und bestätigte Burma in seiner zuversichtlichen Erwartung, die östlichen Teile Bengalens zu annektieren, wenn nicht sogar die Engländer vollständig zu vertreiben.

In der Zwischenzeit war Shapuree wieder von uns besetzt. Die Burmesen hatten sich – nachdem sie die kleine Garnison vertrieben hatten – zurückgezogen und zwei Monate nach dem Angriff trafen zwei Kompanien der 20. Eingeborenen-Infanterie auf dem Seeweg aus Kalkutta ein und landeten dort. Es wurde eine Palisadenanlage errichtet und zwei Sechspfünder aufgestellt. Eine weitere Kompanie war auf dem Festland stationiert, und die Planet und drei Kanonenboote, jedes mit einem Zwölfpfünder beladen, waren im Fluss stationiert.

Die Burmesen sammelten sofort große Truppen, sowohl in Aracan als auch in Assam. Die Regierung von Bengalen traf Vorbereitungen, um unsere Grenze und insbesondere die Position im Norden zu verteidigen, da ein Vormarsch der Burmesen in diese Richtung nicht nur die wichtigen Städte Dacca und Moorshedabad bedrohen würde, sondern die Eindringlinge auch in gefährliche Nähe zu Kalkutta bringen würde . Dementsprechend wurden ein Teil der 10. und 23. Eingeborenen-Infanterie sowie vier Kompanien der örtlichen Rungpoor-Streitkräfte nach Sylhet marschiert; und Außenposten wurden an die Grenze vorgeschoben.

Da Tom Pearson erkannte, dass die burmesischen Operationen wahrscheinlich im Norden beginnen würden, war er nach Abschluss seiner Vorbereitungen in Chittagong nach Norden gesegelt, um seine Depots aus Sylhet und anderen Orten zu verlegen, die einem Angriff aus dieser Richtung ausgesetzt wären. Sie erreichten Sylhet in der ersten Januarwoche. Zu diesem Zeitpunkt hatte Stanley durch seine ständigen Gespräche mit dem Diener seines Onkels gelernt, Burmesisch ebenso fließend zu sprechen wie die indischen Sprachen. Er war jetzt fast sechzehn, groß für sein Alter und aktiv, aber aufgrund des heißen Klimas und des Mangels an intensiver Bewegung war er weniger breit und muskulös als die meisten englischen Jungs seines Alters.

Bei der Landung stellten sie fest, dass zwei Tage zuvor die Nachricht eingetroffen war, dass eine mächtige burmesische Armee von Manipur nach Cachar eingedrungen sei und die Truppen von Jambhir Sing besiegt habe; dass 4000 Burmesen und Assamesen von Assam nach Cachar vorgedrungen waren und begonnen hatten, sich in Bickrampore am Fuße des Bhortoka-Passes einzuquartieren; und dass die dritte Division in den Bezirk Jyntea unmittelbar nördlich von Sylhet einmarschierte. In der Stadt herrschte völlige Panik, und die Ryots strömten aus dem ganzen umliegenden Land mit ihren Familien und Habseligkeiten herbei; und machten sich in Booten auf den Weg durch das Land nach Dacca.

„Ich fürchte, Stanley, der Handel ist vorerst zu Ende. Was wir hier sehen, passiert zweifellos überall in Cachar; und unten in Chittagong würde es genauso schlimm sein. Es ist ein schwerer Schlag für …" Ich habe dieses Jahr bemerkenswert gute Arbeit geleistet und den Grundstein für ein gutes Geschäft gelegt. Zweifellos werde ich es wieder aufnehmen können, wenn diese Schwierigkeiten vorüber sind; und wenn wir die Burmesen kräftig verprügeln, wird es vielleicht so sein, Was wir auf lange Sicht sicher tun werden, könnte sich sogar als Vorteil erweisen. Dennoch besteht kein Zweifel daran, dass es für mich ein sehr schlechtes Geschäft ist. Da es jedoch im Moment überhaupt nichts zu tun gibt, bin ich Schlagen Sie vor, sobald alle Waren an Bord sind, Urlaub zu machen und hinauszugehen und sich die Kampfhandlungen anzusehen.

„Nimmst du mich mit, Onkel?" fragte Stanley eifrig.

„Sicherlich, Junge. Wir haben nicht die Absicht, selbst zu kämpfen, sondern nur zuzuschauen; und es kann sein, dass du, wenn es vorbei ist, vielleicht in der Lage bist, dich nützlich zu machen, wenn sie irgendwelche Fragen stellen wollen Burmesische Gefangene."

„Glauben Sie, dass es keine Chance gibt, dass sie uns schlagen?"

„Das glaube ich nicht, obwohl es das natürlich nicht zu sagen gibt. Dennoch glaube ich nicht, dass diese Kerle in der Lage sein werden, gegen unsere Truppen zu bestehen. Natürlich haben sie überhaupt keine Ahnung von unserem Kampfstil, und haben es auch getan." Ich bin nie auf wirklich furchtbare Feinde gestoßen, so dass ich mir vorstellen kann, dass wir ziemlich kurzen Prozess mit ihnen machen werden. Da wir jedoch beritten werden – denn ich werde ein paar Pferde mieten, wurden viele von ihnen in die Stadt getrieben – Bei Bedarf können wir daraus einen Bolzen machen. Selbstverständlich werden wir unsere Gewehre und Pistolen mitnehmen."

Die Waren wurden nicht an Bord der Dhau, sondern in einem sogenannten Vorratsboot untergebracht; da der Händler beschlossen hatte, seinen Wohnsitz in seinem Ruderboot zu beziehen, das sich viel schneller fortbewegen konnte als die Dhau; und dem Kapitän dieses Schiffes zu erlauben, einen guten Zweck daraus zu ziehen, indem er so viele Flüchtlinge nach Dacca brachte, wie er aufnehmen konnte.

Als Major Newton, der kommandierende Offizier an der Sylhet-Grenze, feststellte, dass die burmesische Division, die in Jyntea eingedrungen war, sich einige Meilen entfernt verschanzte, konzentrierte er seine Truppen bei Jatrapur, einem Dorf fünf Meilen jenseits der Sylhet-Grenze. Tom Pearson hatte sich Major Newton vorgestellt und um Erlaubnis gebeten, seine Truppe begleiten zu dürfen; Er sagte, dass sein Neffe bei Bedarf vor oder nach der Aktion mit den Burmesen kommunizieren könne und dass beide bereitwillig als Adjutanten fungieren würden. Das Angebot wurde dankend angenommen und sie ritten mit ihm am Abend des 16. Januar 1824 nach Jatrapur.

Um ein Uhr morgens wurden die Truppen geweckt und marschierten eine Stunde später. Bei Tagesanbruch kamen sie in Sichtweite der Palisaden, und die Burmesen feuerten sofort ein paar Schüsse auf die Vorhut ab. Ein Teil ihrer Streitmacht lag in einem nahegelegenen Dorf.

Major Newton teilte sein Kommando sofort in zwei Körperschaften auf. Einer von ihnen wurde von Kapitän Johnston gegen die Vorderseite des Palisadenzauns geführt. Der andere unter Kapitän Rowe griff das angrenzende Dorf an. Die dort stationierten Burmesen gaben nach einem sehr schwachen Widerstand nach. Sie waren es gewohnt, sich immer auf Palisaden zu verlassen; und dieser Angriff auf sie, wenn sie nicht so geschützt waren, erschütterte sie sofort. Die Menschen in der Umzäunung leisteten jedoch entschiedenen Widerstand.

Nachdem Kapitän Rowe das Dorf in Besitz genommen und die Bewohner in voller Flucht gesehen hatte, bewegte er seine Streitkräfte, um der anderen Division zu helfen. und die Burmesen, entmutigt durch die Niederlage ihrer Landsleute und sahen sich von zwei Seiten angegriffen, gaben nach und flohen und ließen hundert Tote zurück; Auf britischer Seite wurden jedoch sechs Sepoys getötet.

Die Burmesen flohen mit einer Geschwindigkeit in die Berge, die eine Verfolgung durch die schwerer bewaffneten Truppen aussichtslos machte. und die Flüchtlinge sammelten sich bald und erreichten ihre Vereinigung mit der von Manipur vorrückenden Division. Nach der Aktion kehrte Major

Newton nach Sylhet zurück, und einige Tage später traf Mr. Scott, der zum Kommissar ernannt worden war, dort ein und nahm auf dem Weg nach Bhadrapur die Kommunikation mit den Burmesen auf. Als sich jedoch herausstellte, dass diese nur verhandelten, um Zeit zu gewinnen, sich in der Nähe von Jatrapur, wohin sie zurückgekehrt waren, zu verschanzen, legte er die Angelegenheit erneut in die Hände der Militärkommandanten.

Die burmesische Streitmacht belief sich auf etwa sechstausend Mann. Sie hatten an jedem Ufer des Flusses Surma starke Palisaden errichtet und eine Brücke darüber geworfen, um sie zu verbinden. Kapitän Johnston rückte mit einem Flügel der 10. Eingeborenen-Infanterie, einer Kompanie der 23. Eingeborenen-Infanterie und einer kleinen Gruppe von Männern eines örtlichen Korps vor. So klein diese Truppe auch war, er teilte sie in zwei Parteien. Einer davon überquerte unter Kapitän Rowe den Fluss; und dann gingen beide gegen den Feind vor. Die Burmesen eröffneten das Feuer, als sie vorrückten, aber die Sepoys marschierten tapfer vorwärts und vertrieben den Feind mit der Spitze des Bajonetts aus ihren unvollendeten Verschanzungen. Die Assam-Division zog sich hastig zum Bhortoka-Pass zurück, während die Manipur-Truppe sich bei Doodpatnee einlagerte.

Die Assam-Division wurde zuerst angegriffen und die Palisaden an der Spitze des Bajonetts abgerissen. Oberstleutnant Bowen, der nun das Kommando hatte, ging dann gegen die Stellung bei Doodpatnee vor. Das war sehr stark. Steile Hügel bedeckten die Rückseite; während die anderen Seiten der Verschanzungen durch einen tiefen Graben von vierzehn Fuß Breite verteidigt wurden, an dessen äußerem Rand ein Chevaux de Frise aus spitzen Bambussträuchern angebracht war . Obwohl die Stellung mit großer Tapferkeit angegriffen wurde, war sie zu stark, um von einer so kleinen Streitmacht eingenommen zu werden; und sie mussten sich nach Jatrapur zurückziehen, wobei ein Offizier getötet und vier verwundet wurde und etwa einhundertfünfzig Sepoys getötet und verwundet wurden.

Ihr Mut blieb jedoch nicht wirkungslos, denn die Burmesen evakuierten ihre Paläste und zogen sich nach Manipur zurück, wodurch Cachar von seinen Eindringlingen verschont blieb. So wurde die burmesische Invasion der nördlichen Provinzen in weniger als drei Wochen von einer britischen Streitmacht zurückgeschlagen, die weniger als ein Zehntel der Stärke der Eindringlinge ausmachte.

Stanley und sein Onkel waren bei all diesen Gefechten dabei gewesen und hatten in Ermangelung jeglicher Kavallerie gute Dienste bei der Übermittlung von Nachrichten und Depeschen geleistet; und der Junge hatte mehrmals als Dolmetscher zwischen den Offizieren und burmesischen Gefangenen fungiert. Beide erhielten Briefe des Kommissars, in denen sie sich für die geleistete Hilfe bedankten.

„Diese letzte Angelegenheit war unglücklich, Stanley; und es ist offensichtlich, dass ihre Palisaden schlechte Angriffspunkte sind und dass sie mit Kanonen durchbrochen werden sollten, bevor die Männer nach vorne geschickt werden, um sie zu stürmen. Wie auch immer, die Burmesen sind gegangen , unsere Abwehr spielt keine große Rolle.

„Nun, ich war mir sicher, dass wir sie verprügeln sollten, aber ich habe ihnen auf jeden Fall zugetraut, dass sie viel mehr Tapferkeit hatten, als sie gezeigt haben. So wie es aussieht, wenn hier nichts Neues passiert, werden es die Eingeborenen und kleinen Händler bald tun." Er wird aus Dacca zurückkommen, und das Geschäft wird besser laufen als zuvor; denn die Burmesen haben in den letzten drei Jahren so viel geredet, dass niemand mehr gekauft hat, als ihn gerade weitertragen würde; während sie jetzt eher dazu geneigt sein werden lagen in guten Warenvorräten.

„Morgen werden wir nach Chittagong aufbrechen. Sehen Sie, ich habe dort einen beträchtlichen Vorrat; und es besteht die Möglichkeit, dass in diesem Viertel viel ernstere Kämpfe stattfinden als diese kleine Angelegenheit, die wir gesehen haben. Der Gouverneur von Aracan hat die ganze Zeit über war die Quelle von Unruhen; und wir können damit rechnen, dass er an der Spitze einer großen Streitmacht in die Provinz vordringen und möglicherweise großen Schaden anrichten wird, bevor wir genügend Truppen dorthin bringen können, um ihm entgegenzutreten."

Sie segelten den Fluss hinab, bis sie Anfang März in Chittagong ankamen. Sie stellten fest, dass dort große Besorgnis herrschte. Im Januar war Bandoola, der größte Militärführer der Burmesen, der als einer der energischsten Befürworter der Kriegspolitik am Hofe von Ava bekannt war, in Aracan angekommen und hatte das Kommando über die dort versammelten Truppen übernommen hatte beträchtliche Verstärkung mitgebracht.

Ein mutwilliges Verbrechen, das die Burmesen begangen hatten, zeigte, wie sehr sie auf Feindseligkeiten bedacht waren. Aufgrund des schlechten Gesundheitszustands der Insel Shapuree waren die dort stationierten Sepoys abgezogen worden; und dem Lotsenschiff der Kompanie, Sophia, wurde befohlen, sich den Kanonenbooten vor dieser Insel anzuschließen. Vier Abgeordnete des burmesischen Gerichts trafen in Mungdoo am gegenüberliegenden Ufer ein; und diese luden den Kommandanten der Sophia ein, an Land zu kommen, um mit ihm in freundlicher Weise die Lage der Dinge zu besprechen. Er nahm ahnungslos ihre Einladung an und landete, begleitet von einem Offizier und einigen einheimischen Seeleuten. Die Gruppe wurde sofort festgenommen und als Gefangene nach Aracan geschickt, wo sie einen Monat lang festgehalten und dann nach Mungdoo zurückgeschickt wurden.

Dieser mutwilligen Beleidigung folgte eine formelle Kriegserklärung der indischen Regierung; und ein ähnliches Dokument wurde vom Gericht von Ava ausgestellt. Die Streitkräfte in Sylhet wurden verstärkt und die in Chittagong verstärkt. Es bestand aus einem Flügel des 13. und des 20. Eingeborenenregiments und einem Bataillon des 23. mit einer örtlichen Aushebung, die sich insgesamt auf etwa 3000 Mann belief. Davon waren ein Flügel des 23. mit zwei Kanonen und ein Teil der Eingeborenenaufgebote in Ramoo stationiert, dem Punkt, der am stärksten von einer Invasion aus Aracan bedroht war.

Im Norden begannen die Feindseligkeiten, als eine Streitmacht in Assam einmarschierte und die Burmesen vor sich hertrieb. Dem Feind wurden mehrere scharfe Schläge versetzt, und wenn nicht die Regenzeit begonnen hätte, wären sie vollständig aus Assam vertrieben worden.

„Ich denke, Stanley", sagte sein Onkel, nachdem er eine kurze Zeit in Chittagong gewesen war, „Sie sollten besser nach Ramoo gehen und sich dort um die Dinge kümmern. Natürlich können wir bis zum Umzug der Burmesen nicht sagen, was ihr Spiel ist." wahrscheinlich; aber es wird auch gut sein, die Vorräte für die Einschiffung vorzubereiten, falls sie in diese Richtung voranschreiten sollten. Wenn sie das tun, bringen Sie alles auf einmal an Bord; und Sie können sich dann von den Umständen leiten lassen. Wie die Da die Dhow gestern angekommen ist, kann ich unsere beiden Boote entbehren und werde die Waren natürlich an Bord des großen Schiffes hierher transportieren. Selbst wenn die Burmesen hierher kommen, habe ich keine Angst davor, dass sie die Stadt einnehmen, und das werde ich auch tun Natürlich können Sie bei der Verteidigung mithelfen, wenn sie es versuchen. Sie können das Gleiche bei Ramoo tun, wenn Sie möchten.

„Ich habe gestern mit Colonel Shatland gesprochen. Er erzählt mir, dass eine große Flotte zusammengestellt wurde und dass eine Expedition geschickt wird, um Rangun einzunehmen. In diesem Fall ist es also wahrscheinlich, dass Bandoola und seine Truppe in diese Richtung marschieren werden .

„Ich denke, die Regierung hat Unrecht. Es wird für die Truppen unmöglich sein, sich zu bewegen, wenn die Regenzeit einmal einsetzt; und sie werden eine enorme Menge Männer durch Krankheit verlieren, wenn sie in Rangun eingesperrt werden. Es ging ihnen viel besser." Ich habe ein paar tausend Männer hierher geschickt, um in der Defensive zu agieren und jeden Invasionsversuch abzuwehren, bis der Regen vorüber ist; dann hätten sie wieder verschifft werden und sich der Expedition gegen Rangun anschließen können. Das kommt mir wie eine verrückte Sache vor , um jetzt im Jahr zu beginnen. Wir haben die Beleidigungen der Burmesen so lange ertragen, dass wir genauso gut auf die günstige Jahreszeit hätten warten können, bevor wir unsere Operationen ernsthaft aufgenommen hätten.

Dementsprechend machte sich Stanley am folgenden Tag auf den Weg nach Süden nach Ramoo und übernahm dort nach seiner Ankunft die Leitung des Handelsgeschäfts. Kurz darauf traf er auf der Straße Kapitän Noton, der dort das Kommando hatte, und erkannte in ihm einen Offizier, der im selben Quartier wie sein Vater stationiert gewesen war. und wen er vor vier Jahren gut gekannt hatte.

„Sie erkennen mich nicht, Captain Noton", sagte er. „Ich bin der Sohn von Captain Brooke vom 33.."

„Ich habe Sie sicherlich nicht erkannt", sagte der Beamte, „aber ich freue mich, Sie wiederzusehen. Lassen Sie mich nachdenken: Ja, Ihr Name ist Stanley, und Sie waren einmal ein ganz normaler junger Pickel. Was zum Teufel machen Sie da?" hier? Natürlich habe ich vom Tod deines armen Vaters gehört und war wirklich traurig über seinen Verlust. Wo ist deine Mutter? Es geht ihr gut, hoffe ich."

„Zwei Monate nach dem Tod meines Vaters kehrte sie mit meinen Schwestern nach England zurück. Ich schloss mich meinem Onkel an, ihrem Bruder. Er ist Händler und betreibt Geschäfte in der Gegend zwischen hier und Sylhet, wobei er hauptsächlich auf den Flüssen handelt; Natürlich hat der Krieg dem vorerst ein Ende gesetzt. Wir haben die Kämpfe oben im Norden gesehen und sind dann in diesen Bezirk gekommen. Er ist in Chittagong geblieben, und ich bin hier für den Warenverkehr verantwortlich. Ich spreche gut Burmesisch Jetzt und wenn ich für Sie von Nutzen sein kann, werde ich es sehr gerne tun. Hier gibt es nicht viel zu tun, und der Parsenschreiber, der im Allgemeinen das Sagen hat, kann sich sehr gut darum kümmern. Ich habe so gehandelt Ich bin Dolmetscher bei den Truppen im Norden und habe einen Brief von Mr. Scott, dem Kommissar, erhalten, in dem er mir für meine Dienste dankt.

„Ich erinnere mich, dass Sie früher vier oder fünf der Muttersprachen beherrschten, aber wie kamen Sie dazu, Burmesisch zu lernen?"

„Von einem Diener meines Onkels. Wir dachten, dass es früher oder später mit Sicherheit Krieg geben würde und dass es nach seinem Ende gute Chancen auf einen gewinnbringenden Handel auf den birmanischen Flüssen geben würde. Ich hatte keine großen Schwierigkeiten indem ich es vom Mann meines Onkels lernte, der aus Aracan stammte."

„Ich habe keinen Zweifel daran, dass du es sehr nützlich finden wirst. Was für ein großer Kerl du geworden bist, Stanley, zumindest was die Größe betrifft. Lass mich sehen. Wie alt bist du jetzt?"

„Ich bin über sechzehn", antwortete Stanley. „Ich hatte mehrere Anfälle von Fieber – vermutlich durch die Feuchtigkeit in den Flüssen verursacht –, aber ich denke, dass ich mich jetzt ziemlich gut akklimatisiert habe. Ich weiß, dass ich nicht sehr stark aussehe, aber das hatte ich nicht." viel aktive Bewegung und natürlich ist das Klima gegen mich."

„Sehr wohl. Ich wundere mich, dass Sie Ihre Gesundheit in diesem schwülen Klima so gut bewahrt haben.

„Ich gehe jetzt in die Messe. Sie kommen besser zum Mittagessen mit mir, und ich werde Sie den anderen Offizieren vorstellen. Im Vergleich zur Streitmacht sind wir sehr stark, denn wenn man den Assistenzchirurgen mitzählt, sind es zehn uns."

„Ich werde mich sehr freuen, Sir", sagte Stanley. „Ich habe mich hier auf jeden Fall ziemlich einsam gefühlt; denn ich kenne niemanden und es gibt sehr wenig zu tun. Im letzten Jahr bin ich oft alleine einen der Flüsse hinaufgegangen; aber es gab immer Beschäftigung Gegenwärtig stehen die Dinge still."

„Ich sage dir was, Brooke, wenn du möchtest, kann ich dir einen Dolmetscher ernennen. Es gibt keinen von uns, der diese Mug-Sprache spricht – die, wie du weißt, fast dasselbe ist wie Burmesisch – und die Beamten in Die Verantwortlichen für die Eingeborenenabgabe würden sich freuen, jemanden bei sich zu haben, der die Leute verständlich machen könnte. Ich kann Ihnen einen erstklassigen Dolmetscher ernennen. Der Lohn ist nicht sehr hoch, wissen Sie, aber Sie könnten ihn genauso gut verdienen als nichts tun, und es würde Ihnen eine Art offizielle Position geben und als Sohn eines britischen Offiziers und mein Freund wären Sie einer von uns.

„Vielen Dank, Captain Noton. Es würde mir sehr gefallen. Sollte ich mir eine Uniform besorgen müssen?"

„Es wird keine absolute Notwendigkeit dafür geben; aber wenn Sie eine weiße Patrouillenjacke wie diese und einen weißen Mützenüberzug bekommen, werden Sie sich in den Augen der Eingeborenen als Offizier etablieren und Ihnen mehr Autorität verleihen. Oh, Übrigens brauchen Sie sie nicht zu besorgen, denn einer unserer Leutnants ist neulich an Fieber gestorben. Seine Habe ist noch nicht verkauft; aber Sie können genauso gut seine Patrouillenjacken und Gürtel haben. Wir können regeln, was Sie wollen Sie sollen sie später bezahlen. Es wird sowieso nur eine Frage von ein paar Rupien sein.

Sie erreichten nun das Haus, das den Beamten zur Verfügung gestellt worden war. Als er eintrat, stellte ihn Kapitän Noton den anderen vor, und da einige von ihnen seinen Vater zu unterschiedlichen Zeiten getroffen hatten, sei es im Quartier oder im Dienst, wurde er von ihnen herzlich willkommen geheißen, und beim Mittagessen hörten sie mit großem Interesse seinen Berichten zu die Kämpfe in Cachar mit den Burmesen.

„Ich denke, wir werden sie hier noch furchterregender finden, wenn sie kommen", sagte Kapitän Noton. „Bandoola hat einen guten Ruf und ist bei ihnen äußerst beliebt. Wie Sie sagen, war ein beträchtlicher Teil der Leute, die Sie dort getroffen haben, von den Burmesen erhobene assamesische Soldaten. Ich gebe zu, dass die Burmesen selbst das nicht zu tun scheinen haben es viel besser gemacht; aber sie hätten niemals alle Völker, denen sie begegnet sind, besiegt und ein großes Reich aufgebaut, wenn sie nicht über gute Kampffähigkeiten verfügt hätten. Ich habe keinen Zweifel daran, dass wir sie vernichten werden, aber das glaube ich nicht Ich glaube nicht, dass uns das so leicht gelingen wird wie unseren Truppen im Norden."

Die Zeit mit Stanley verging nun angenehm. Nachdem er darüber nachgedacht hatte, lehnte er es ab, eine Bezahlung für seine Dienste anzunehmen; denn dies hätte seine Handlungsfreiheit eingeschränkt und ihn daran gehindert, den Anweisungen seines Onkels Folge zu leisten. Deshalb trat er als ehrenamtlicher Dolmetscher bei und wurde Mitglied der Offiziersmesse. Er war besonders mit dem Eingeborenenaufgebot verbunden, und nachdem er sich bald deren Befehlsworte angeeignet hatte, half er seinen Offizieren dabei, ihr so etwas wie Ordnung beizubringen.

Anfang Mai überquerte eine 8000 Mann starke burmesische Division den Naaf und etablierte sich bei Rutnapullung, vierzehn Meilen südlich von Ramoo. Sobald Kapitän Noton erfuhr, dass die Burmesen den Fluss überquert hatten, sandte er die Nachricht nach Chittagong mit der Bitte, ihm sofort Verstärkung zu schicken; und zog dann mit seiner Streitmacht von Ramoo ab, um die Stärke des Feindes festzustellen. Die Burmesen wurden auf einigen Hügeln gesehen, wo sie Palisaden bauten. Die kleine britische Streitmacht rückte gegen sie vor, vertrieb sie von den Hügeln und bereitete sich, ihnen folgend, darauf vor, sie in der Ebene dahinter anzugreifen. Die Geschütze waren jedoch nicht vorgerückt; Teilweise aufgrund der Feigheit der Elefantentreiber und teilweise aufgrund der Tatsache, dass festgestellt wurde, dass mehrere wesentliche Teile der Waffen zurückgelassen worden waren.

Ohne ihre Hilfe, den Weg freizumachen, hielt Kapitän Noton es für unklug, eine so große Streitmacht anzugreifen; und fiel daher an Ramoo zurück. Hier schlossen sich ihm drei Kompanien der 20. Eingeborenen-Infanterie an, wodurch seine Streitmacht auf fast tausend Mann anwuchs. Davon waren etwa die Hälfte Sepoys und der Rest einheimische Abgaben. Hätte der kommandierende Offizier von Chittagong irgendwelche Energie gezeigt, indem er Verstärkung entsandte – die er sich durchaus hätte ersparen können, nachdem der Angriffspunkt der Burmesen nun klar war –, hätte Kapitän Noton dies vielleicht übernommen In diesem Fall wäre eine schwere Katastrophe vermieden worden und die Burmesen wären über den Naaf zurückgedrängt worden. Es kam jedoch keiner, und am Morgen des 13. Mai erschien der Feind auf dem Hügel östlich von Ramoo, der durch den gleichnamigen Fluss von der britischen Streitmacht getrennt war.

Unter den Offizieren gab es einige Meinungsverschiedenheiten darüber, ob es besser wäre, eine Position außerhalb der Stadt zu behaupten oder sich sofort zurückzuziehen. aber der Glaube, dass jederzeit Verstärkungen eintreffen könnten, veranlasste Kapitän Noton zu dem Entschluss, im Freien zu bleiben und so die Stadt so lange wie möglich zu decken

Am Abend des 14. kamen die Burmesen zum Fluss hinunter, als wollten sie ihn überqueren; zog sich jedoch zurück, als die beiden Sechspfünder-Geschütze das Feuer auf sie eröffneten. Die Tatsache, dass zwei kleine Geschütze eine solche Wirkung erzielen sollten, bestärkte die britischen Offiziere in ihrer Meinung, dass die Burmesen, obwohl sie Palisaden zwar gut verteidigen könnten, im Freien von geringem Nutzen seien. Am nächsten Morgen gelang es dem Feind jedoch, den Fluss weiter zu durchqueren und dann beim Vorrücken einen großen Panzer in Besitz zu nehmen, der von einer hohen Böschung umgeben war.

Kapitän Noton platzierte seine Streitkräfte in einer Umzäunung mit einer drei Fuß hohen Bank. Seine rechte Flanke wurde vom Fluss geschützt; und ein kleiner Panzer, etwa sechzig Schritte vor ihm, war von einem starken Streikposten besetzt. Zu seiner Linken, etwas weiter hinten, befand sich ein weiterer Panzer, und an diesem befanden sich die Eingeborenenaufgebote. Die Hauptposition hatten die Sepoys mit den beiden Sechspfündern inne. Als die Burmesen vorrückten, wurde ein scharfes Feuer auf sie eröffnet; Sie nutzten jedoch jede Unebenheit des Bodens und jede Art von Deckung aus und errichteten so schnell Schutzwälle, dass das Feuer keineswegs so wirksam war, wie erwartet.

Im Laufe des Tages kam die Nachricht, dass der linke Flügel der 23. Eingeborenen-Infanterie Chittagong am 13. verlassen hatte, und da er am nächsten Tag eintreffen sollte, beschloss Kapitän Noton, sich zu behaupten; obwohl die Burmesen weiter vordrangen und viele Männer sowie zwei oder drei Offiziere durch ihr Feuer verwundet worden waren. Bei Einbruch der Dunkelheit fand eine Beratung statt. Die Verstärkungen wurden am Morgen erwartet, und obwohl die einheimischen Truppen Anzeichen von Insubordination gezeigt hatten und man sich offensichtlich nicht darauf verlassen konnte, dass sie standhalten würden, wurde beschlossen, die Stellung bei einem ernsthaften Angriff der Burmesen zu behalten.

In der Nacht schoben die Burmesen ihre Schützengräben vor. Tagsüber wurde auf beiden Seiten ein schweres Feuer aufrechterhalten, aber die Offiziere, die die Truppen befehligten, konnten die Männer nur mit großer Mühe davon abhalten, davonzulaufen.

„Die Dinge sehen sehr düster aus", sagte Kapitän Pringle zu Stanley, als das Feuer bei Einbruch der Dunkelheit nachließ. „Verstärkungen hätten heute hier sein sollen. Es ist skandalös, dass sie nicht sofort nach vorne geschoben wurden, als wir darum gebeten haben. Umso mehr, dass sie, als sie einmal anfingen, nicht mit der größtmöglichen Leistung vorrückten." Ich bezweifle, dass wir diese feigen Kerle bis morgen zusammenhalten können. Wenn sie fliehen, werden die Sepoys das mit Sicherheit auch tun; tatsächlich wäre ihre Position völlig unhaltbar, denn die Burmesen könnten hier herummarschieren flankieren und in den Rücken nehmen.

„Ich wünschte beim Himmel, wir hätten zwei oder drei Kompanien weißer Truppen, um einen Rückzug abzudecken. Es gäbe keine Angst davor, dass die Sepoys in Panik verfallen, wenn sie britische Truppen bei sich hätten; aber wenn sie zahlenmäßig unterlegen sind, wie sie sind." Jetzt kann man es ihnen kaum verübeln, wenn sie den Mut verlieren, wenn der Feind zehnmal so stark ist wie sie und zwanzig zu eins gegen sie sein wird, wenn unsere Kameraden hier fliehen.

Am nächsten Morgen hatten die Burmesen ihre Schützengräben bis auf zwölf Schritte an die britischen Linien vorgeschoben, und es wurde ein gewaltiges Feuer eröffnet. Um neun Uhr stürmten die Eingeborenenaufgebote trotz der Bemühungen ihrer Offiziere, sie auf Trab zu halten, davon; und die Offiziere stürmten mit ihnen über das dazwischen liegende Gelände auf die Haupttruppe zu. Einer von ihnen fiel tot um, zwei weitere wurden verletzt. Stanley rannte, als er kopfüber fiel, ohne einen Moment nachzudenken oder das Bewusstsein zu verlieren.

Die Burmesen besetzten den Panzer, sobald die Truppen ihn verlassen hatten, und ihr Feuer nahm die Verteidiger der Hauptstellung sofort in die Flanke. Nun war ein Rückzug notwendig, und die Sepoys zogen sich in guter Ordnung zurück, aber als die jubelnden Burmanen heftig auf sie eindrangen und ihre Kavallerie jeden verwundeten Mann aus ihren Reihen abschnitt und tötete, wurden sie von Panik erfasst. Vergebens ermahnten ihre Offiziere sie, ruhig zu bleiben. Als die Männer einen Bach erreichten, warfen sie beim Überqueren ihre Gewehre und Ausrüstungsgegenstände weg und flohen kopfüber.

Die kleine Gruppe von Offizieren versammelte sich und kämpfte bis zum Ende. Kapitäne Noton, Truman und Pringle; Leutnant Grigg, Fähnrich Bennet und der Arzt Maismore wurden getötet. Nur drei Offiziere konnten fliehen; Davon wurden zwei verwundet.

Die Flüchtlinge, sowohl Eingeborene als auch Sepoys, setzten ihre Flucht fort; und als sie zwei oder drei Tage später nach Chittagong einmarschierten, stellte sich heraus, dass sich der Gesamtverlust an Toten und Vermissten auf etwa zweihundertfünfzig belief. Die Zahl der gemachten Gefangenen betrug nur etwa zwanzig. Alle diese wurden mehr oder weniger schwer verwundet, denn es war kein Gnadengeld gewährt worden. Sie waren bei der Verfolgung als tot übergangen worden; und als sich herausstellte, dass sie noch am Leben waren, blieb ihnen kein Gefühl der Menschlichkeit erspart, außer dass sie nach Ava geschickt werden könnten, als Beweis für den über die Briten errungenen Sieg. Die Zahl der tatsächlich lebend aufgefundenen war größer, verschont blieben aber nur diejenigen, die reisefähig waren.

Unter ihnen war Stanley Brooke. Er war bewusstlos geblieben, bis die Verfolgung eingestellt worden war. Ein heftiger Tritt brachte ihn zu Bewusstsein und als er sich aufsetzte, stellte er fest, dass ein halbes Dutzend Burmesen um ihn herum standen. Seine erste Aktion, nachdem er wieder zu sich gekommen war, bestand darin, herauszufinden, wo er verwundet war. Als er keine Anzeichen von Blut auf seiner weißen Kleidung sah, nahm er seine Mütze ab und fuhr sich mit der Hand über den Kopf. und stellte fest, dass das Blut aus einer Wunde direkt an der Oberseite floss, wo eine Kugel Haare und Kopfhaut abgeschnitten hatte und eine fast sieben Zentimeter lange Wunde verursachte, an deren Unterseite er den Knochen spüren konnte.

Er blickte zu den Burmesen auf und sagte in ihrer eigenen Sprache:

„Das war eine ziemlich knappe Rasur, nicht wahr?“

Zwei oder drei von ihnen lachten und alle sahen amüsiert aus. Zwei von ihnen halfen ihm dann auf die Beine; und die Gruppe, unter der sich auch einige Offiziere befanden, brachte ihn dann ein Stück nach hinten, wo ihm befohlen wurde, sich zu drei herbeigebrachten verwundeten Sepoys zu setzen.

Kapitel 3
Ein Gefangener.

Die kleine Häftlingsgruppe erhielt mehrere Zugänge, bis die Zahl auf zwanzig anstieg. Die Stelle, an der sie platziert wurden, lag nahe am Flussufer, und da alle stark unter Durst litten, bat Stanley den Wachmann um Erlaubnis, etwas Wasser zu holen, und erhielt sie auch. Zuerst kniete er nieder und nahm einen großen Schluck; Dann badete er seinen Kopf, tränkte sein Taschentuch mit Wasser, formte daraus ein Pflaster, legte es auf die Wunde und stülpte seine Mütze darüber. Dann füllte er eine Flasche, die er trug, und gesellte sich zu seinen Gefährten. Diesen durften einer nach dem anderen zum Fluss hinuntergehen, um zu trinken und ihre Wunden zu baden.

Stanley hatte von ihnen bereits alles darüber erfahren, was passiert war, nachdem er von der Kugel betäubt worden war. Zwei von ihnen hatten den Bach überquert, bevor sie verwundet wurden; und diese sagten, dass sie glaubten, alle weißen Offiziere seien getötet worden, dass sie aber glaubten, die meisten Truppen seien entkommen.

„Das ist mehr, als sie verdient haben", sagte Stanley empört. „Ich sage nicht viel über die Mug. Sie hatten sehr wenig Drill und Disziplin und hatten natürlich Angst vor den Burmesen, die schon lange ihre Herren waren; aber wenn die Sepoys unter ihren Offizieren zusammengehalten hätten, hätten sie es vielleicht alle getan." entkommen, denn die Burmesen hätten ihre Reihen niemals durchbrechen können.

„Einige der Offiziere waren getötet und die meisten verwundet worden, bevor der Rückzug begann, Sahib", sagte einer der Sepoys entschuldigend, „und sie waren zehn zu eins gegen uns."

„Ja, das weiß ich; aber du, der du zuvor gekämpft hast, hättest genau wissen müssen, dass du sie hättest besiegen können, solange du zusammengehalten hättest; und sie wären froh genug gewesen, die Verfolgung endlich aufgegeben zu haben . Zweifellos wollten sie alle an der Plünderung von Ramoo teilhaben.

„Was glauben Sie, was sie mit uns machen werden, Sahib?"

„Nach dem, was sie sagten, als sie mich hierher brachten, denke ich, dass wir nach Ava oder Amarapura geschickt werden. Sie liegen dicht beieinander, und der Hof ist manchmal an einem Ort und manchmal an dem anderen. Was sie wann mit uns machen werden Wir kommen dort an, ich weiß es nicht. Sie könnten uns den Kopf abschneiden, sie könnten uns ins Gefängnis stecken; jedenfalls können Sie sicher sein, dass wir dabei keine angenehme Zeit haben werden.

„Alles, worauf wir hoffen müssen, ist, dass die Eroberung Ranguns durch unsere Flotte ihren Stolz schwächen und sie dazu bringen könnte, sich zu Bedingungen zu verhandeln. Sie segelte vor fast sechs Wochen von Kalkutta aus und sollte sich einer Flotte aus Madras anschließen Wenn man Verzögerungen berücksichtigt, hätte es seit zwei Wochen in Rangun sein müssen und würde den Ort sicherlich ohne Schwierigkeiten einnehmen. Wenn wir also Ava erreichen, werden wir möglicherweise feststellen, dass Frieden geschlossen wurde.

„Dennoch halten die Burmesen den Verlust Ranguns vielleicht nicht für wichtig und versuchen vielleicht sogar, es zurückzuerobern – was sie sicher nicht tun werden, denn ich habe in Chittagong gehört, dass etwa zwanzigtausend Soldaten im Anmarsch waren; was völlig ausreichen würde, um von einem Ende zum anderen durch Burma zu marschieren, wenn es nur gute Straßen und ausreichend Transportmöglichkeiten gäbe.

Am Abend wurde den Gefangenen Essen gebracht, und als Stanley mit einigen der Burmesen sprach, die herbeikamen, um sie anzusehen, erfuhr er, dass Bandoola selbst die Truppe nicht über den Naaf begleitet hatte und dass sie von den Rajahs kommandiert wurde, die über das Naaf herrschten vier Provinzen von Aracan. Am nächsten Morgen wurden die Gefangenen unter strenger Bewachung abgeführt. Sechs Tage später erreichten sie das Lager von Bandoola. Sie wurden in einiger Entfernung vom Zelt des großen Mannes aufgestellt. Er kam in Begleitung einer Gruppe Offiziere herunter, um sie anzusehen. Er winkte Stanley.

„Fragen Sie ihn, ob er ein Offizier ist", sagte er zu einem Dolmetscher, der an seiner Seite stand.

Der Mann stellte die Frage auf Hindustani. Stanley antwortete auf Burmesisch:

„Ich bin ein Offizier, Euer Lordschaft, aber nur auf Zeit. Ich habe in der Mug-Abteilung gedient und wurde wegen meiner Kenntnis ihrer Sprache ernannt."

„Wie kommt es, dass Sie unsere Sprache sprechen?" fragte Bandoola überrascht.

„Ich bin Händler, Euer Lordschaft, aber als unserem Handel durch den Ausbruch des Krieges ein Ende gesetzt wurde, trat ich in die Armee ein, um zu dienen, bis Frieden geschlossen wurde. Ich lernte die Sprache von einem Diener im Dienst meines Onkels , dessen Assistent ich war."

Der burmesische General war zu großen Grausamkeiten fähig, wenn er es für notwendig hielt; aber zu anderen Zeiten war er freundlich und gutmütig.

„Er ist nur ein Junge", sagte er zu einem seiner Offiziere, „und er scheint ein mutiger junger Kerl zu sein. Er würde mir als Dolmetscher nützlich sein, denn wir werden seine Landsleute befragen wollen, wenn wir sie alle zu Gefangenen machen." Allerdings müssen wir ihn zusammen mit den anderen nach Ava schicken, da er der einzige Offizier ist, den wir mitgenommen haben; ich werde jedoch eine Nachricht an einige meiner Freunde am Hof schicken und sie bitten, zu erklären, dass er meiner Meinung nach nützlich sein wird an mich; und ich bete, dass er eine Zeit lang behalten und gut behandelt werden möge und dass er mir wieder zugesandt werden möge, wenn ich meinen nächsten Schritt gegen die Engländer mache.

Am nächsten Tag machten sich die Gefangenen unter der Eskorte von zwanzig Soldaten auf den Weg, kommandiert von einem hochrangigen Offizier, der speziell damit beauftragt war, sie sicher nach Ava zu bringen. Es war ein vierzehntägiger Marsch zum Irrawaddy. Bis sie sich dem Fluss näherten, war das Land sehr dünn besiedelt, aber als sie sich seinen Ufern näherten, waren die Dörfer verhältnismäßig dicht und lagen größtenteils auf Lichtungen in einem großen Wald. Auf dem Marsch unterhielt sich der burmesische Offizier häufig mit Stanley und stellte viele Fragen über England und Indien; und war offensichtlich überrascht und etwas skeptisch über den Bericht, den der Junge ihm über die Kampfkraft des Landes gab. Er behandelte ihn mit großer Nachsicht und schickte ihm Gerichte von seinem eigenen Tisch.

Wenn er nicht gerade mit ihm sprach, marschierte Stanley an der Spitze der kleinen Gruppe von Gefangenen – allesamt Sepoys, denen den Eingeborenen-Rekruten kein Viertel gewährt worden war. Eines Abends bemühte sich Stanley, die Stimmung der Sepoys aufrechtzuerhalten, indem er ihnen erzählte, dass die britische Expedition zu diesem Zeitpunkt wahrscheinlich in Rangun angekommen war und es erobert hatte; und dass höchstwahrscheinlich Frieden folgen würde und sie gegen alle Burmesen eingetauscht werden könnten, die in die Hände der Engländer fielen.

Als sie ein Dorf am Ufer des Flusses erreichten, kam die Bevölkerung, als sie sie sah, zu ihnen und hätte sie misshandelt; Hätte sich der Beamte nicht eingemischt und gesagt, er habe Bandoolas Befehl, sie sicher zum Gericht zu bringen, und dass jeder, der sich in sie einmischte, streng bestraft würde. Der Dorfvorsteher beugte sich tief vor, als er den Namen des Generals hörte.

„Ich bitte um Verzeihung, Mylord. Die Gefangenen dürfen nicht berührt werden. Aber haben Sie die Nachricht gehört?"

„Ich habe keine Neuigkeiten gehört", sagte der Beamte.

„Es ist gestern hier angekommen, mein Herr. Die Barbaren hatten die Kühnheit, mit einer großen Flotte von Schiffen nach Rangun zu segeln. Sie hatten Kriegsschiffe bei sich und obwohl unsere Festungen auf sie feuerten, hatten sie so viele Kanonen dass wir ihnen nicht widerstehen konnten und sie die Stadt erobert haben. Dies geschah seit zwei Wochen.

Der Beamte stand wie vom Donner gerührt über das, was ihm wie ein Akt kühner Unverschämtheit vorkam. Nach einer kurzen Pause sagte er jedoch zornig:

„Es spielt keine Rolle. Die Stadt war schwach und nicht in der Lage, sich zu verteidigen; aber bald wird eine Streitmacht hereinkommen, um diese Barbaren wegzufegen. Machen Sie jetzt so schnell wie möglich Ihre Kriegsgaleere bereit."

Jedes Dorf am Fluss war gesetzlich verpflichtet, dem König bei Bedarf eine Kriegsgaleere zur Verfügung zu stellen. Diese beförderten zwischen fünfzig und hundert Mann, und etwa dreihundert dieser Boote standen immer für den Einsatz zur Verfügung und bildeten eine der stärksten Divisionen der Streitmacht des burmesischen Reiches. Das Dorf war groß, und eine halbe Stunde später war die Besatzung der Galeere an Bord und machte sich mit vierzig Rudern auf den Weg flussaufwärts.

„Was halten Sie von dieser Neuigkeit?" sagte der Beamte und winkte Stanley, seinen Platz vor ihm einzunehmen. „Diese Männer müssen verrückt sein, um den Zorn des Herrn des Goldenen Hockers, des mächtigen Kaisers, auf sich zu ziehen. Hast du etwas davon gehört?"

„Ich habe nur ein vages Gerücht gehört, dass eine Flotte gesammelt worden sei, aber ich habe nichts Sicheres über ihr Ziel gehört."

„Es ist Wahnsinn", wiederholte der Beamte. „Wir werden sie ins Meer fegen. Was meinst du, wie viele von ihnen es sind?"

„Dazu kann ich wenig sagen, Mylord. Ich habe nur den Bericht gehört, dass einige Schiffe und Truppen auslaufen sollten – einige von Madras und einige von Kalkutta –, aber über die Anzahl der Männer und Schiffe weiß ich nichts bestimmt."

„Sie haben einen bösen Rat angenommen", sagte der Offizier ernst. „Ich habe gehört, dass sie in Cachar einen leichten Vorteil erlangt haben; aber dort hatten sie nur irreguläre Truppen zu treffen, größtenteils Assamesen, die nur arme Feiglinge sind. Dieser kleine Erfolg muss ihnen den Kopf verdreht haben. Jetzt werden sie unsere regulären Streitkräfte haben Sie werden es schaffen, und diese werden hunderttausend sein – oder doppelt so viele, wenn nötig. Glaubst du, dass die Handvoll, die auf Schiffen transportiert werden würde, einer solchen Heerschar standhalten kann?"

„Es könnte mehr sein, als Sie denken, Mylord. Viele der Schiffe werden sehr groß sein, viel größer als diejenigen, die mit Rangun Handel treiben; und einige von ihnen werden bis zu fünfhundert Mann befördern."

„Trotzdem", sagte der Offizier verächtlich; „Wenn es fünfundzwanzig oder sogar fünfzig solcher Schiffe gäbe, wäre die Streitmacht für uns nichts wert. Sie müssen zu ihren Schiffen greifen, sobald sich unsere Armee nähert."

„Es mag so sein, Herr; aber ich denke, dass sie kaum ohne Kampf durchkommen werden. Ich möchte Ihnen versichern, dass die Truppen bei Ramoo, obwohl sie zahlenmäßig viel kleiner waren als Ihre Armee, die uns angegriffen hat, einen tapferen Kampf aushielten; und dass sie standhaft gekämpft haben, bis die Muggel weggelaufen sind. Danach, soweit ich gehört habe, gebe ich zu, dass sie schändlich geflohen sind. Aber die Truppen, die nach Rangun kommen, werden besser sein als jene, die es waren, denn unter ihnen werden weiße Regimenter sein; und obwohl diese, wie Sie sagen, durch Überzahl überwältigt und zerstört werden, glaube ich nicht, dass Sie sie davonlaufen sehen werden.

„Und Sie glauben, dass sie es wirklich wagen werden, uns zu widerstehen?

„Ich denke, dass sie sich darum bemühen werden."

„Na ja, es wird kaum einen Anlass zum Kämpfen geben", sagte der Offizier verächtlich. „Es war verrückt, dass sie kamen; sie sind noch verrückter, jetzt zu kommen. Die Regenzeit steht vor der Tür. In einer weiteren Woche wird sie vor der Tür stehen. Die Flüsse werden sich ausbreiten, das flache Land wird ein Sumpf sein. Sogar wir, Wer daran gewöhnt ist, leidet. An Orten wie Rangun werden sie von Fieber und Krankheiten hinweggerafft, und wenn die Trockenzeit kommt und unsere Truppen sich versammeln, um gegen sie zu kämpfen, wird niemand mehr übrig sein. Sie werden wie Fliegen absterben. Wir werden knapp werden genug erbeutet, um sie als Gefangene zum Kaiser zu schicken.

Stanley war der Ansicht, dass die Prophezeiungen des Burmesen in dieser Hinsicht nur zu wahrscheinlich waren, um erfüllt zu werden. Er wusste, wie tödlich die Sumpffieber für weiße Männer waren; und dass er trotz seines komfortablen Zuhauses an Bord der Dhau und des Bootes selbst gelitten habe, obwohl sein Onkel während der Regenzeit Wert darauf gelegt habe, entlang der Küste zu segeln und nur Flüsse hinaufzufahren, die zwischen hohen Ufern und durch einen Fluss flossen Land frei von Sümpfen. Er erinnerte sich, dass sein Onkel sehr eindringlich von der Torheit gesprochen hatte, dass die Expedition so geplant war, dass sie zu Beginn der Regenzeit an der Küste Burmas ankam; und hatte gesagt, dass sie schrecklich unter Fieber leiden würden, bevor sie landaufwärts vordringen könnten, es sei denn, man beabsichtige, die Operationen bis zum Beginn der Trockenzeit auf die Küstenstädte zu beschränken.

Es wäre in der Tat unmöglich gewesen, einen schlechteren Zeitpunkt für die Expedition zu wählen, aber zweifellos dachte die indische Regierung hauptsächlich an die Notwendigkeit, die Burmesen in die Defensive zu zwingen und so die Invasion Indiens durch eine riesige Armee zu verhindern . Zweifellos glaubten sie auch, dass die Besetzung Ranguns und die Einstellung jeglichen Handels dem Hof von Ava zeigen würden, dass sie sich auf einen Kampf ohne verächtlichen Feind eingelassen hatten; und würden ihre Ansprüche gerne zurücknehmen und fairen Friedensbedingungen zustimmen.

Die eingeschiffte bengalische Streitmacht bestand aus zwei britischen Regimentern – dem 13. und dem 38. –, einem Bataillon einheimischer Infanterie und zwei Batterien europäischer Artillerie, insgesamt 2175 Mann. Die Madras-Truppe – von der eine Division sofort losgeschickt wurde, die andere sollte in Kürze folgen – bestand aus dem 41. und 89. Regiment, dem Madras-Europaregiment, sieben Bataillonen einheimischer Infanterie und vier Artillerie-Batterien, insgesamt also 100 Einheiten 9300 Mann; Insgesamt also 11.475 Kämpfer, davon fast fünftausend Europäer. Zusätzlich zu den Transportern wurde die bengalische Streitmacht von einer Flottille von zwanzig Kanonenbriggs und ebenso vielen Ruderbooten begleitet, von denen jedes mit einem Achtzehnpfünder bewaffnet war; die Schaluppe Larne und Sophia der Royal Navy; mehrere Kreuzer des Unternehmens; und das Dampfschiff Diana. General Sir A. Campbell wurde zum Oberbefehlshaber ernannt, und Oberst M'Bean im Rang eines Brigadegeneral befehligte die Madras-Truppe.

Das bengalische Geschwader segelte Mitte April von Saugur aus; und erreichte Ende des Monats den Treffpunkt Port Cornwallis auf den Andamanen. Die erste Division von Madras segelte zur gleichen Zeit und schloss sich ihnen einige Tage später an; und die gesamte Streitmacht verließ unter der Eskorte der HM-Fregatte Liffey und der Kriegsschaluppe Slaney Port Cornwallis am 5. Mai und kam am 9. an der Mündung des Irrawaddy an.

Zur Eroberung der Inseln Chuduba und Negrais wurden Truppen abkommandiert. Am 10. lief die Flotte in den Fluss ein, ankerte in der Bar und fuhr am nächsten Morgen mit der Flut weiter nach Rangun, wobei der Liffey und der Larne den Weg wiesen. Als sie den Fluss hinaufgingen, wurden einige Schüsse abgefeuert; Aber die Burmesen waren völlig überrascht, da ihnen die Vorstellung, dass die Engländer es wagen würden, in sie einzudringen, nie in den Sinn gekommen war.

An Bord der Flotte herrschte große Enttäuschung, als Rangun in Sicht kam. Es lag am Nordufer des Hauptflussarms, dreißig Meilen vom Meer entfernt. Es erstreckte sich etwa neunhundert Meter am Ufer entlang und war an seiner breitesten Stelle sechs- bis siebenhundert Meter breit. Außerhalb der Stadt lagen einige Vororte, außerhalb der Palisade, die sie umgab. Die Palisaden waren zehn bis zwölf Fuß hoch und an der Innenseite durch Erdwälle verstärkt, die gegen sie geworfen wurden. Eine Seite der Verteidigungsanlagen verlief entlang des Flussufers, während die anderen durch einen flachen Bach geschützt wurden, der mit dem Fluss in Verbindung stand. Die Stadt selbst bestand größtenteils aus elenden und schmutzigen Hütten; und einiger größerer offizieller Gebäude.

Um zwölf Uhr ankerte die Liffey neben der Hauptbatterie, nahe dem Wassertor; Die Transporter waren in einer Reihe hinter ihr aufgestellt. Am Vortag war eine Proklamation ans Land gesandt worden, in der der gesamten Bevölkerung und allen, die keinen Widerstand leisten sollten, Schutz zugesichert wurde.

Als die Geschütze der Flotte geladen waren, entstand eine Pause. Die Stadt war offensichtlich nicht in der Lage, Widerstand zu leisten, und man hoffte, dass sie kapitulieren würde. Man sah die Burmesen vor ihren Kanonen stehen, aber auch sie blieben untätig, offenbar gelähmt beim Erscheinen dieser großen Schiffsflotte – von einer für sie bisher ungeahnten Größe – und der drohenden Kanonen, die auf sie gerichtet waren. Doch schließlich wurden sie durch die Befehle und Drohungen ihrer Offiziere dazu gedrängt, das Feuer auf die Schiffe zu eröffnen.

Die Fregatte antwortete sofort mit einer Breitseite. Innerhalb weniger Minuten wurden alle Geschütze an Land zum Schweigen gebracht und die Burmesen flohen verwirrt von ihren Werken. Sobald sie dies getan hatten, wurde das Signal zum Aussteigen gegeben. Die Truppen drängten sich in die Boote, die zum Ufer ruderten; und die Soldaten drangen ohne Widerstand in die Stadt ein und fanden sie völlig verlassen vor.

Die gesamte Bevölkerung war am Vortag vom Gouverneur vertrieben worden, und nach burmesischem Brauch waren die Männer alle zu einer Truppe zusammengezogen worden, während die Frauen und Kinder als Geiseln für ihre Ehemänner und Väter unter Bewachung gehalten worden waren – ihr Leben wird im Falle von Desertion oder Feigheit ihrer männlichen Verwandten verwirkt.

Die Ausländer in der Stadt waren alle beschlagnahmt worden. Ihre Zahl war gering, sie bestand aus etwa acht oder zehn britischen Händlern und amerikanischen Missionaren. Nachdem sie gefesselt worden waren, wurden sie in das Zollgefängnis gebracht. Sie wurden am frühen Morgen des Angriffs vor Gericht gestellt und beschuldigt, den Angriff auf die Stadt arrangiert zu haben. Sie drängten natürlich darauf, dass sie den Ort rechtzeitig verlassen hätten, wenn sie auch nur das geringste Wissen darüber gehabt hätten, dass es hergestellt werden würde. Aber die Burmesen verurteilten sie sofort zum Tode und sie wurden zur Hinrichtung ins Gefängnis zurückgebracht.

Das Urteil wurde nicht vollstreckt. Die Burmesen hatten vorgehabt, sie vor den Augen ihrer Landsleute auf den Mauern hinrichten zu lassen; und die Behörden hatten sich alle zu diesem Zweck im Gefängnis versammelt, als glücklicherweise ein Schuss der ersten abgefeuerten Breitseite das Gebäude durchschlug und einen sofortigen Ansturm auslöste. Die Häuptlinge verließen sofort die Stadt; und die schwer gefesselten Gefangenen wurden ein Stück weit ins Land geführt. Eine Abteilung britischer Truppen wurde jedoch vor der Stadt vorgeschoben, sobald diese besetzt war; und der Wärter, besorgt um seine eigene Sicherheit, brachte die Gefangenen in ein Haus und machte sich auf den Weg; und am nächsten Morgen fand sie eine Patrouille dort und brachte sie in die Stadt.

Die große Pagode, die zweieinhalb Meilen von der Stadt entfernt stand, wurde sofort von den Briten als Vorposten besetzt. Es stand auf einem kegelförmigen Hügel und erhob sich 75 Fuß über die Ebene. Die Fläche oben war etwas mehr als zwei Hektar groß; und in der Mitte erhob sich die Pagode, dreihundertachtunddreißig Fuß hoch.

Es wurde festgestellt, dass jedes Boot auf dem Fluss entfernt worden war. Obwohl Proklamationen eine gute Behandlung versprachen, kehrte keiner der Einwohner in die Stadt zurück, da die burmesischen Behörden und Truppen dies verhinderten. Es waren überhaupt keine Vorräte gefunden worden, und bis zum Ende der Regenzeit war die Armee bei der Versorgung mit Lebensmitteln vollständig auf die Flotte angewiesen; und blieb in der elenden und ungesunden Stadt eingesperrt und litt schwer an Fieber und Malaria.

Das Boot, in dem Stanley und die anderen Gefangenen befördert wurden, wurde in jedem Dorf flussaufwärts gewechselt, da der Offizier die Depeschen von Bandoola zum Gericht trug. Als das Boot in Sichtweite eines Dorfes kam, wurde eine Flagge gehisst. Dies war das Signal, dass ein weiteres Signal erforderlich war, und zwei oder drei Minuten nach ihrer Ankunft machten sich die Gefangenen, ihre Wache und ihr Offizier wieder auf den Weg.

So marschierten sie Tag und Nacht weiter und kamen in vier Tagen in Ava an. Der Offizier überließ den Gefangenen die Obhut der Wache und begab sich sofort zum Palast. Innerhalb einer Stunde wurden Kanonen abgefeuert, Trommeln geschlagen und die Glocken der Pagoden geläutet, um der Bevölkerung mitzuteilen, dass Bandoola und seine tapferen Truppen einen großen Sieg über die Engländer errungen und ihre Armee vernichtet hatten.

Dies löschte den Eindruck aus, den die wenige Tage zuvor eingetroffene Nachricht von der Landung in Rangun hervorgerufen hatte; und es herrschte große Freude in der Bevölkerung.

Ein Beamter des Palastes kam sofort zum Boot, und die Gefangenen wurden unter dem Spott der Menge durch die Straßen zu einem Gefängnis geführt. Stanley war überrascht über die Gemeinheit der Stadt; Die meisten Häuser sind aus Bambus gebaut, mit Gras gedeckt und sehen sehr dürftig aus. Die öffentlichen Gebäude und die Häuser der großen Offiziere waren aus Brettern gebaut und mit Ziegeln gedeckt; aber sie waren schwer und geschmacklos, und nur die unzähligen Pagoden in und um die Stadt herum schienen mit Sorgfalt behandelt worden zu sein.

Er hatte sich sehr über die zahlreichen Pagoden gewundert, die sie in der Nähe jeder Stadt und jedes Dorfes gesehen hatten, als sie vorbeikamen; aber der Beamte hatte ihm mitgeteilt, dass es sich dabei alles um Privateigentum handele und dass es als die verdienstvollste aller Taten angesehen werde, ein solches zu errichten; Folglich baute jeder Mann, der die Mittel dazu hatte, eine Pagode, groß oder klein, im Verhältnis zu der Summe, die er dafür spenden konnte. Auf Stanleys Bemerkung über die große Zahl der in Trümmern liegenden Pagoden antwortete der Beamte, dass der Bau einer Pagode als eine weitaus verdienstvollere Maßnahme angesehen werde als die Reparatur einer Pagode, so dass man sie nach dem Tod des Gründers im Allgemeinen dem Verfall überlassen werde .

Einige Tage lang wurden die Gefangenen jeden Tag herausgeholt und eine Zeit lang durch die Stadt marschiert, um der Bevölkerung einen visuellen Beweis für den von Bandoola errungenen Sieg zu liefern. Der Raum, in dem sie eingesperrt waren, war klein und schmutzig, aber am Ende einer Woche wurde Stanley herausgeholt und in ein Zimmer für sich allein gebracht; und hier stattete ihm der Offizier, der ihn betreut hatte, ein oder zwei Stunden später einen Besuch ab.

„Ich habe vor Gericht den Wunsch des Generals geäußert", sagte er, „und mir wurde die Erlaubnis erteilt, Ihnen eine andere Behandlung als die anderen zu gewähren; teils, weil Sie Offizier sind, vor allem aber, weil der General der Meinung ist, dass Sie dies tun dürfen." Ich habe dem Gefängnisbeamten mitgeteilt, dass es Ihnen freisteht, in der Stadt herumzulaufen, wann immer Sie möchten; dass Sie jedoch, um Sie vor Gewalt zu schützen, von einem Offizier und zwei Soldaten begleitet werden sollen. solange Sie eine solche Vorsichtsmaßnahme für notwendig halten. Ich habe angeordnet, dass Ihnen ein Kleid unserer Mode gebracht wird, da Sie sonst nicht auf die Straße gehen könnten, ohne angepöbelt zu werden.

Stanley bedankte sich beim Offizier für die Erlangung dieser Ablässe, und dieser antwortete:

„Ich habe auf Befehl des Generals gehandelt, aber es war mir eine Freude; denn ich sehe, dass Sie ein junger Mann von Verdienst sind, und ich habe während der Reise viel von Ihnen über Ihr Volk gelernt; und das habe ich gesehen, So töricht sie auch waren, sich mit uns zu messen, gibt es doch einiges, was man von ihnen lernen könnte; und wenn sie viele Monate von hier entfernt auf ihrer Insel geblieben wären, hätten sie es vielleicht verdient unsere Freundschaft."

Kurze Zeit nachdem der Offizier gegangen war, brachte ein Soldat etwas Essen mit, das sehr viel besser war als das, mit dem Stanley bisher versorgt worden war. Eine halbe Stunde später kam das Kleid an. Es war das eines burmesischen Offiziers minderer Besoldungsgruppe; und bestand aus einer Tunika aus dickem Stoff, die bis zu den Knien reichte; Schwertgürtel aus Leder; eine Art Vorfach, das dem eines englischen Kutschers ähnelt, mit drei dick gesteppten Stoffschichten; und ein Lederhelm, der in der Mitte spitz zuläuft, mit einer Klappe zum Schutz von Hals und Ohren. Dazu wurden eng anliegende Strümpfe aus Stoff und niedrige Schuhe getragen.

Plötzlich kam ein Beamter herein.

„Mir wurde befohlen, einmal am Tag zu jeder gewünschten Stunde mit Ihnen auszugehen. Ich bin ein Verwandter des Beamten, der Sie hierher gebracht hat, und er hat mich gebeten, für Ihre Sicherheit zu sorgen."

„Ich bin Ihnen sehr dankbar, Sir", sagte Stanley, „und werde in der Tat froh sein, die Stadt zu besichtigen. Ihr Verwandter hat mir freundlicherweise ein Kleid geschickt; aber wenn ich nicht bemerkt werden soll, wird es so sein." Es ist notwendig, dass ich mein Gesicht und meine Hände etwas beflecke.

„Daran habe ich gedacht", sagte der Offizier, „und ich habe etwas Farbstoff mitgebracht, der Ihre Haut dunkler machen wird. Es wäre für Sie mehr als nutzlos, sich als Burmane zu kleiden, wenn Sie es nicht täten; denn es würde gleichmäßig erscheinen." Für die Menschen auf der Straße ist es noch seltsamer, dass ein weißer Mann als Offizier verkleidet herumlaufen sieht, als dass ein weißer Gefangener unter Bewachung durch die Straßen geführt wird.

„Ich bin jetzt bereit, mit dir auszugehen, wenn du es wünschst."

„Ich werde in ein paar Minuten fertig sein", antwortete Stanley und als er allein gelassen wurde, wechselte er sofort seine Kleidung und befleckte sein Gesicht und seine Hände.

Er war gerade fertig, als der Beamte zurückkam. Er lächelte und sagte:

„Sie müssen jetzt nicht befürchten, dass Sie verdächtigt werden, und Sie könnten wirklich sicher ohne Wache umhergehen, es sei denn, Sie würden mit jemandem ins Gespräch kommen. Sie sprechen die Sprache sehr gut, aber Ihr Akzent ist nicht ganz derselbe wie unserer , hier, obwohl es in Aracan unbemerkt bleiben würde.

Als sie das Gefängnis verließen, forderte der Beamte zwei dort wartende Soldaten auf, ihnen in einiger Entfernung zu folgen.

„Kommen Sie nicht auf uns zu", sagte er, „es sei denn, ich rufe Sie an."

Die Häuser wurden nicht in zusammenhängenden Reihen errichtet, sondern waren sehr verstreut, wobei jedes Haus seine eigene Einzäunung oder seinen Garten hatte. Die Bevölkerungszahl war im Vergleich zur Fläche der Stadt sehr gering. Diese war in zwei Teile geteilt – die Innenstadt und die Außenstadt. Das Ganze war von einer Ziegelmauer umgeben, die einen Umfang von fünfeinhalb Meilen hatte, etwa sechzehn Fuß hoch und zehn Fuß dick war und im Inneren durch eine große Erdbank verstärkt wurde. Die Innenstadt war von einer separaten Mauer umgeben, mit einem tiefen Graben auf zwei Seiten, dem Fluss Irrawaddy auf der dritten und einem Nebenfluss auf der vierten.

Ein beträchtlicher Teil des umschlossenen Gebiets wurde vom königlichen Viertel eingenommen; mit dem Palast, dem Gerichtshof, dem Ratssaal, dem Arsenal und den Häusern der Minister und obersten Beamten. Dies war vom Rest durch eine starke und gut gebaute Mauer von zwanzig Fuß Höhe getrennt, an deren Außenseite sich ein Zaun von gleicher Höhe befand. Die Gesamtbevölkerung von Ava betrug nur 25.000.

Der Offizier brachte Stanley nicht in das königliche Viertel, da er meinte, es sei besser, nicht dorthin zu gehen, da er zwar die Erlaubnis habe, in der Stadt spazieren zu gehen, es aber Anstoß erregen könne, wenn er sich in der Nähe des Palastes zeige; aber nachdem sie durch die Mauer gegangen waren, besuchten sie zwei oder drei Märkte, von denen es in der Stadt elf gab.

Die Märkte bestanden aus strohgedeckten Hütten und Schuppen und waren gut mit den Produkten des Landes versorgt. Hier gab es Reis, Mais, Weizen und verschiedene andere Getreidearten; Stangen aus Zuckerrohr, Tabak, Baumwolle und Indigo; Mangos, Orangen, Ananas, Vanilleäpfel und Kochbananen gab es in Hülle und Fülle; auch Pfauen, Dschungelgeflügel, Tauben, Rebhühner, Gänse, Enten und Bekassinen – aber es wurde nur wenig Fleisch verkauft, da die burmanische Religion das Töten von Tieren zu Nahrungszwecken verbietet. Wild war das einzige Fleisch, das auf den Märkten verkauft werden durfte; aber es gab Eidechsen, Leguane und Schlangen, die frei zum Verkauf angeboten wurden; und es gab große Mengen an Schildkröteneiern, die aus dem Delta gebracht worden waren.

Stanley erkannte, dass es für ihn eigentlich keinen besonderen Anlass gegeben hatte, sich die Haut zu färben, da die Menschen größtenteils eine hellere Hautfarbe hatten als die Hindus. Viele der Männer hatten jedoch ihre

Gesichter dunkler gefärbt; und alle waren mehr oder weniger tätowiert. Männer, Frauen und Kinder rauchten; und oft, wenn beide Hände für irgendeinen Zweck benötigt wurden, steckten sie ihre Zigarren in die großen Löcher, die in ihre Ohrläppchen gebohrt waren. Sowohl Männer als auch Frauen waren etwas kleinwüchsig, aber kräftig gebaut und muskulös und neigten in den meisten Fällen dazu, dick zu sein.

Die Männer trugen eine Art Kilt, bestehend aus einem doppelten Stück Stoff, das um den Körper gewickelt war und bis zum Knie reichte. Darüber war eine lockere Tunika mit vorne offenen Ärmeln. Der Kopfschmuck war ein spärlicher weißer Turban.

Die Kleidung der Frauen ähnelte in gewisser Weise der der Hindus und bestand aus einem einzigen Kleidungsstück, das wie ein Laken um den Körper gewickelt war, unter den Armen befestigt wurde und bis zu den Knöcheln reichte. Die der Oberschicht waren aufwändiger. Der Rang unter den Frauen zeichnete sich, wie Stanleys Führer ihn darauf hinwies, durch die Art und Weise aus, wie das Haar geflochten und gedreht war, und durch die Verzierungen darin.

Die Männer trugen wie die Frauen ihr Haar lang, aber während die Männer es oben auf dem Kopf zu einem Knoten trugen, rafften die Frauen es hinten zusammen. Ihre Gesichter waren an den Wangenknochen breit, an der Stirn und am Kinn jedoch stark schmaler. Die schmalen und schrägen Augen zeigten die Beziehung zwischen den Burmesen und ihren chinesischen Nachbarn. Stanley kam es vor, als seien sie ein unbeschwertes, fröhliches Volk, das mit viel Geschwätz und Gelächter seinen Geschäften nachging; und der Klang von Musikinstrumenten war oft in den Häusern zu hören. Mehrere Männer in leuchtend gelben Gewändern mischten sich unter die Menge auf dem Markt. Das seien Priester, sagte ihm der Offizier; und es wäre ein tödlicher Sakrileg, wenn jemand anders diese Farbe tragen würde.

Stanley bemerkte, dass er so wenige Soldaten sah, und der Offizier sagte ihm, dass es in Burma keine reguläre Armee gebe. Jeder Mann, der Waffen tragen konnte, war verpflichtet, im Kriegsfall zu dienen, aber mit Ausnahme der Leibwache des Königs und einer sehr kleinen Gruppe von Männern, bei denen es sich nicht um Soldaten, sondern um Polizisten handelte, gab es keine permanent aufrechterhaltene Streitmacht. Von jedem Mann wurde erwartet, dass er sich mit dem Militärdienst auskennt, und jeder war in der Lage, Palisaden zu bauen. Aufgrund der Tatsache, dass das Fleisch von Wildgeflügel zu den Hauptnahrungsmitteln gehörte, war die Bauernschaft im ganzen Land an den Gebrauch des Gewehrs gewöhnt und ein guter Schütze.

„Aber Sie selbst sind Offizier", sagte Stanley.

„Im Moment schon, aber morgen kehre ich vielleicht in mein Land zurück. Das Gleiche gilt für den höchsten Minister. Eines Tages mag er ein Händler sein, aber wenn er dem König als jemand mit Fähigkeiten empfohlen wird, wird er sofort zum Händler gewählt hoher Beamter. Wenn er dem König nicht gefällt oder seinen Pflichten nicht nachkommt, kann es sein, dass er am nächsten Tag wieder Stoffe auf dem Basar verkauft.

„Alles liegt im Willen des Königs. Niemand wird mit Vermögen oder Rang geboren, denn alles gehört dem König und wenn ein Mann stirbt, geht alles an ihn zurück. Somit hat jeder im Land die gleichen Chancen. Im Krieg die Der Tapferste wird zum General, im Frieden wird der Klügste zum Ratsmitglied gewählt."

Als Stanley umherging, stellte er bald fest, dass auf den Straßen eine große Vielfalt an Dialekten gesprochen wurde und dass die Sprache der Burmesen an der Küste, der Eingeborenen von Pegu und der Zentralprovinz sowie der aus den an die Shan-Staaten angrenzenden Bezirken gesprochen wurde oder die Grenzen Chinas unterschieden sich ebenso stark wie die der entlegensten Teile Großbritanniens. Daher war er davon überzeugt, dass es keinerlei Schwierigkeiten bereiten würde, als Eingeborener durchzugehen, ohne dass er irgendwelche Beobachtungen oder Nachforschungen erregte, was die Sprache betraf.

Seine Gesichtszüge und vor allem die Form seines Gesichts könnten jedoch tagsüber dem ersten Ankömmling auffallen. Er glaubte tatsächlich, dass ein kleiner Farbtupfer in den Augenwinkeln, um ihr Aussehen zu verlängern und ihnen einen schrägen Blick zu verleihen, einen Unterschied machen würde. Die allgemeine Form des Kopfes war unveränderlich, aber die Nase und der Mund der Burmesen unterschieden sich nicht sehr stark von denen der Europäer; außer dass die Nasenlöcher kleiner und eher rund als oval waren.

Drei Wochen lang führte er das gleiche Leben weiter, und dann sagte der burmesische Offizier, mit dem er sich mittlerweile sehr angefreundet hatte, als er eines Morgens eintrat:

„Sie dürfen heute nicht hinausgehen. Es gibt Neuigkeiten, dass Ihre Leute zwei Vorwärtsmärsche unternommen haben. Der erste war gegen eine Palisadenanlage, die sie einnahmen und viele unserer Männer töteten; das andere Mal marschierten sie vier oder fünf Meilen weit hinaus." Ein Kampf mit unseren Truppen, bei dem erneut viele getötet wurden. Diese Dinge haben den König und das Volk verärgert. Natürlich ist das nichts, denn unsere Truppen fangen gerade erst an, sich zu versammeln; aber es wird als äußerst unverschämt angesehen, und das Gesicht des Königs ist es verfinstert sich gegen Ihre Landsleute. Vier der Gefangenen wurden heute Morgen herausgebracht und öffentlich hingerichtet, und wenn die Nachricht von einer weiteren Niederlage kommt, fürchte ich, dass es sehr gefährlich werden wird, selbst für Sie."

„Was sollte ich am besten tun, mein Freund?"

„Ich würde dich gern retten, denn wir haben uns kennengelernt; und ich sehe, dass in deinen Verhaltensweisen viel Gutes steckt, auch wenn sie sich stark von unseren unterscheiden. Wenn ich dich wie üblich herausholen würde, könntest du getötet werden." die Straßen; wenn du entkommen und fliehen würdest, würde ich sicherlich getötet werden; aber wenn ich dir irgendwie helfen kann, würde ich es gerne tun. Mein Verwandter, der dich hierher gebracht hat, ist vor vierzehn Tagen gegangen, um wieder beizutreten Bandoola; sein Einfluss kann Ihnen also nicht nützen.

„Ich sage nicht, dass Sie nicht aus diesem Gefängnis entkommen könnten – da Sie nicht wie die anderen in einem Kerker eingesperrt sind –, aber ich sehe nicht, was Sie tun könnten oder wohin Sie gehen könnten. Würden Sie verschwinden, Befehle würden flussabwärts in jedes Dorf geschickt, und jedes vorbeifahrende Fahrzeug würde überprüft, und Sie würden sicher entdeckt werden; während es nahezu unmöglich wäre, das Land zu Fuß zu bereisen, da es nur dünn besiedelt ist. Die Entfernungen zwischen den Dörfern sind oft sehr groß, und ein großer Teil des Landes besteht aus Sumpf und Wald ohne Wege; denn der Handel der Dörfer erfolgt über den Fluss, und sie haben kaum Kommunikation untereinander.

„Ich weiß, dass Sie nach dem, was Sie sagen, glauben, dass Ihre Truppen die unseren schlagen werden, selbst wenn wir uns in großer Zahl versammeln. Wäre das so, fürchte ich, dass die Chance, dass Ihr Leben verschont würde, gering wäre. Wäre das nicht geschehen , ich würde sagen, da Bandoola Sie empfohlen hat, wären Sie hier in keiner Gefahr und sollten besser bleiben, bis Frieden geschlossen ist.

„Was denken Sie selbst?"

„Es ist sehr schwierig, sofort zu antworten", sagte Stanley, „aber ich danke Ihnen sehr für Ihr Angebot, sich mit mir anzufreunden, auf jede erdenkliche Weise. Ich sage nicht, dass ich nicht an Flucht gedacht hätte, denn ich habe daran gedacht." Aber das schien mir noch in weiter Ferne zu liegen, und dass es auf jeden Fall sinnlos wäre, es zu versuchen, bis der Regen vorüber war und die Flüsse gesunken waren. Ich sehe jetzt, dass es am sichersten sein wird damit ich es unverzüglich versuche. Wenn Sie heute Nachmittag noch einmal vorbeikommen, werde ich Ihnen sagen, was ich mir überlegt habe.

„Das werde ich tun; und ich selbst werde versuchen, darüber nachzudenken, wie die Angelegenheit am besten gehandhabt werden kann. Wir müssen bedenken, dass es für Sie das Beste ist, vorerst Versteck zu finden. Nachdem die Suche nach Ihnen durchgeführt wurde." Irgendwann wird es verschwinden; und dann wird es für dich der einfachste Plan sein, den Fluss hinunterzugehen.“

Kapitel 4
Ein zerstörter Tempel.

Nachdem der Beamte ihn verlassen hatte, saß Stanley noch lange da und dachte nach. Er selbst neigte stark zum Fluss; aber er sah, dass die Schwierigkeiten derzeit sehr groß sein würden. Die Kriegsboote fuhren auf und ab, und Truppenteile wurden in großen Fahrzeugen hinabgetragen. Er wusste, dass in jedem Dorf die Männer zusammenbauten und übten. Sogar in Ava konnte er den Unterschied in der Bevölkerung erkennen, da das Verhältnis von Männern zu Frauen seit seiner Ankunft deutlich zurückgegangen war.

Die Reise auf dem Landweg erschien ihm unmöglich. Auch er war völlig ohne Geld und musste, sei es zu Wasser oder zu Lande, in die Dörfer gehen, um Proviant zu kaufen. Tatsächlich wäre Geld fast nutzlos gewesen, denn in Burma gab es kein Münzgeld; Die Zahlungen erfolgten für kleine Beträge in Blei oder für große Beträge in Silber, wobei die erforderliche Menge von kleinen Stäbchen oder Barren abgeschnitten oder in Feilen bezahlt wurde.

Es schien ihm, dass es das Beste wäre, eine Zeit lang in den Wald zu gehen; und versuchen, sich von wilden Früchten zu ernähren oder, wenn diese dort nicht zu finden sind, nachts auf die Felder und Obstgärten zu gehen und so ein paar Wochen durchzuhalten. Sein Freund erzählte ihm, dass es in den Wäldern entlang der Hauptroute zur Hauptstadt viele böse Charaktere gab – Personen, die Verbrechen begangen hatten und vor der Justiz geflohen waren. Einige von ihnen waren Bauern, die ihre Steuern nicht bezahlen konnten und deshalb ihr Land verließen und in die Wälder zogen. Alle Raubzüge und Händler, die aus den Shan-Staaten oder aus dem Land, in dem Rubine und Smaragde gefunden wurden, in die Stadt kamen, reisten zum gegenseitigen Schutz stets in Karawanen. Zeitweise wurden Truppen ausgerufen und viele dieser Plünderer wurden getötet.

Stanley hatte also nichts Konkretes gefunden, als der Beamte am Nachmittag zurückkam, und als er auf dessen Frage antwortete, räumte er sofort ein, dass das Einzige, was er sehen konnte, darin bestand, in den Wald zu gehen, bis die aktive Suche nach ihm endete aufgehört.

„Es würde Ihnen schwer fallen, sich selbst zu ernähren. Ich habe mir einen besseren Weg ausgedacht. Ich kenne einen Phongee, der in einem Tempel an einem einsamen Ort, vier Meilen entfernt, lebt. Er ist ein guter Mann, wenn auch etwas seltsam in seinen Gewohnheiten; und ich bin mir sicher, dass er Sie auf meine Empfehlung hin aufnehmen würde. Die Chance, dass Sie dort entdeckt würden, wäre gering. Sie könnten nicht so gekleidet gehen, wie Sie sind, sondern müssen sich als Bauer verkleiden; obwohl es so ist Vielleicht wäre es gut, wenn Sie Ihre jetzige Kleidung behalten, die Ihnen später nützlich sein könnte. Ich fürchte, dass es Ihnen bei ihm schlecht ergehen wird, was das Essen angeht; es wird genug zu essen geben, aber es wird vom einfachsten sein.

„Damit es genug gibt, um das Leben zusammenzuhalten, spielt es keine Rolle, was es ist."

„Dann ist das geklärt.

„Jetzt geht es um deine Flucht von hier. Deine Tür ist nachts fest verriegelt, und es gibt kein Fenster außer diesen vier kleinen Löchern hoch oben in der Wand, durch die kaum ein Vogel hindurchkommen könnte."

„Ich könnte das Dach oben durchschneiden", sagte Stanley, „wenn ich nur etwas hätte, auf das ich stehen könnte, um es zu tun. Direkt am Fuß der Stufen liegen einige Bambusstämme. Mit diesen und etwas Schnur könnte ich eine machen eine Art Leiter und sollte dann in der Lage sein, an das Dach zu gelangen.

„Dafür und um dich auf den Boden herabzulassen, werde ich dir morgen etwas Schnur bringen. Dann werde ich einen Treffpunkt mit dir vereinbaren und dich aus der Stadt führen und dich zum Priester bringen. Ich werde eine Verkleidung mitbringen." für dich und etwas Fleck für deinen Körper und deine Arme, denn als Bauer wärst du nackt bis zur Hüfte. Ich kann mir nichts Besseres vorstellen.

„Ich danke Ihnen von ganzem Herzen", sagte Stanley, „und vertraue darauf, dass Sie wegen der Freundlichkeit, die Sie mir erwiesen haben, keine Schwierigkeiten bekommen."

„Davor besteht keine Angst, mein Freund. Niemand wird erfahren, dass ich die Stadt verlassen habe. Ich fürchte sehr, dass dies alles sein wird, was ich für Sie tun kann; denn mir wurde gesagt, dass ich es bin." mit der nächsten Truppe den Fluss hinunterzugehen, was in drei Tagen beginnen wird. Ich wurde erst darüber informiert, seit ich Sie heute Morgen gesehen habe. Wären Sie nicht gewesen, wäre ich froh gewesen, denn es ist Krieg Zeit, nur dass man Ehre und Beförderung erlangen kann."

„Es tut mir leid, dass Sie gehen, Sir. Ihre Freundlichkeit wird mir schmerzlich fehlen; aber ich kann Ihren Wunsch verstehen, an die Front zu gehen. Bei uns ist es genauso; wenn es Krieg gibt, hofft das jeder Offizier und Soldat." Sein Regiment wird dorthin geschickt. Ich werde Sie jedoch wiedersehen.

„Ist Bandoolas Armee schon umgezogen?"

„Nein, ich glaube auch nicht, dass es so kommen wird. Es ist ein langer Marsch von Ramoo nach Rangun, und ich glaube, dass er dort bleiben wird, wo er ist, bis er sieht, wie die Dinge in Rangun laufen. Sobald Ihre Leute dort sind vertrieben, wird er sich einer großen Armee anschließen und nach Dacca marschieren. Dort werden sich ihm unsere Truppen aus dem Norden anschließen; und dann wird er nach Indien gehen, denken wir."

„Ich glaube", sagte Stanley mit einem Lächeln, „wenn er wartet, bis wir aus Rangun vertrieben werden, wird sein Aufenthalt in Ramoo lange dauern."

Am nächsten Tag brachte der Offizier mehrere Meter starkes Tuch, wie es die Bauern trugen; ein Stück Musselin zur Herstellung des kreisförmigen Bandes, das von der Unterschicht anstelle eines vollständigen Turbans getragen wurde; und viel Pferdehaar, das auf dem Kopf getragen werden kann.

„Jetzt", sagte er, „ziehen Sie sich bis zur Taille aus, und ich werde Ihren Körper färben. Ich habe hier Farbstoffe in zwei Farben: einen für die Haut und den anderen, um Linien auf das Gesicht zu zeichnen, damit Sie älter aussehen." ; und damit kann ich auch Tattoo-Spuren auf Brust und Schultern imitieren. Hier ist ein langes Messer, wie es jeder trägt, und hier ist die Schnur.

„Sobald es dunkel wird, musst du zwei der Bambusstangen hochtragen und darauf achten, dass dich niemand dabei beobachtet. Es ist selten jemand im Hof. Ich habe das Messer schärfen lassen, und es wird durch das Strohdach schneiden." , leicht genug. Wenn Sie weg sind, gehen Sie direkt zum Markt, der uns am nächsten liegt. Ich werde am Eingang sein. Ich schätze, Sie werden zwei Stunden brauchen, um Ihre Leiter zu bauen und herauszukommen. Sie können nicht vor beginnen Der Wächter schließt deine Tür. Du sagst mir, er kommt nie rein.

„Nein, er bringt die letzte Mahlzeit eine Stunde vor Sonnenuntergang. Normalerweise sitze ich oben auf der Treppe, bis er heraufkommt, um die Tür zu verschließen, was etwa neun Uhr ist; und ich sehe ihn erst wieder, wenn er aufmacht Ich glaube nicht, dass es bis zu zwei Stunden dauern wird, die Leiter herzustellen und das Dach zu schneiden; auf jeden Fall sollte ich um elf Uhr bei Ihnen sein.

„Ich nehme an, die Tore sind offen."

„Oh ja! Sie sind nie geschlossen, obwohl sie es natürlich wären, wenn ein Feind in der Nähe wäre. Es gibt nirgendwo Wache."

Nachdem er Stanleys Haut befleckt hatte, wartete der Beamte eine Viertelstunde, bis sie vollständig getrocknet war; und zeichnete dann Linien auf sein Gesicht, über die Stirn und aus den Augenwinkeln; und verbrachte dann fast eine Stunde damit, grobe Tätowierungen auf seinem Körper und seinen Armen vorzunehmen.

„Dieser Farbstoff ist sehr gut und hält Wochen, bevor er zu verblassen beginnt. Ich werde heute Abend eine weitere Flasche mitbringen, damit Sie Ihre Haut zumindest neu färben können.

„Hier ist etwas Wachs. Du musst dein Haar vom Hals her nach oben stecken und es an der richtigen Stelle damit verkleben. Der Turban verhindert, dass jemand sieht, wie kurz das Haar ist. Hier ist eine kleine Flasche schwarzer Farbe, die du hattest Färben Sie es besser, bevor Sie es mit dem Wachs fixieren.

Stanleys Haare waren einige Zeit lang nicht geschnitten worden, bevor er von den Burmesen gefangen genommen wurde, und in den zwei Monaten, die seitdem vergangen waren, waren sie sehr lang geworden; und konnte daher, wie vom Beamten vorgeschlagen, aufgetaucht werden. Er zog seine übliche Kleidung an und saß an seinem Platz an der Tür der Zelle, bis der Wärter sein Abendessen brachte. Nachdem er das gegessen hatte, färbte er sich die Haare und drehte sie eine halbe Stunde später hoch, bestrich sie mit Wachs und band ein Stück Faser um die Stelle, an der der Turban befestigt werden sollte.

Zu diesem Zeitpunkt dämmerte es bereits. Er saß an der Tür oben auf der Treppe, bis er sah, dass der Hof verlassen war; Der Wachmann am Tor war nach draußen gegangen, um die Kühle der Luft zu genießen. Dann rannte er die Stufen hinunter, nahm zwei etwa zehn Fuß lange Bambusstangen und zwei kurze Stücke desselben Holzes, nicht dicker als sein Finger, eilte damit die Stufen hinauf und legte sie an der Seite des Zimmers ab. Dann ging er wieder zur Treppe und blieb dort sitzen, bis er sah, wie der Wächter herüberkam, um seine Tür zu verschließen; Als er hineinging und hörte, wie die Gitterstäbe aufgestellt wurden, begann er mit seinen Vorbereitungen.

Zuerst befestigte er die kurzen Stücke an den Enden der beiden Bambusstämme, so dass sie einen Fuß voneinander entfernt blieben; Dann legte er Rattenleinen darüber und bald war die Leiter fertig. Er legte seine Kleidung zu einem Bündel zusammen, wickelte das grobe Tuch um seine Taille, richtete den Pferdehaarknoten auf seinem Kopf zurecht und befestigte ihn dort mit Wachs. Er wickelte den Turban unten herum, und seine Verkleidung war vollständig.

Er befestigte die Leiter an der Wand und kletterte hinauf. Es dauerte nicht lange, bis er ein Loch in das Dach schnitt, das groß genug war, um ohnmächtig zu werden. Die Arbeit hatte länger gedauert, als er erwartet hatte, denn sie musste in absoluter Dunkelheit erledigt werden; Er war sich jedoch sicher, dass er gut in seiner Zeit lag. Er befestigte das Ende des Seils an einem der Bambussparren, stieg die Leiter hinunter und hob sein Bündel auf. Dann kletterte er wieder hinauf, kam halb aus dem Loch heraus und lauschte aufmerksam. Alles war still auf der Straße und eine Minute später stand er auf dem Boden.

Als er in die Hauptstraße einbog, waren immer noch viele Menschen unterwegs. Aus den Fenstern drangen Musik- und Gesangsgeräusche, denn die Burmesen sind sehr musikbegeistert und verbringen oft die ganze Nacht mit Spielen und Singen. Jetzt bestand überhaupt keine Gefahr mehr, entdeckt zu werden, und er schritt zügig weiter, bis er den freien Platz mit seinen Reihen kleiner strohgedeckter Hütten erreichte. Hier hielt er eine Minute inne, und der Beamte trat hinter einem Haus hervor und gesellte sich zu ihm.

„Ich war mir zunächst nicht sicher, ob du es warst", sagte er. „Deine Tarnung ist ausgezeichnet. Du solltest mir jetzt besser folgen, bis wir die belebten Straßen hinter uns haben."

Stanley blieb etwa zwanzig Meter hinter seinem Führer und ging weiter, bis sie nach fast einer halben Stunde Fußmarsch durch ein Tor in der Stadtmauer gelangten. Er näherte sich nun dem Offizier, und nach einer weiteren halben Stunde Fußmarsch durch ein kultiviertes Land gelangten sie in einen Wald. Der Boden stieg nun stetig an und nachdem sie zwei Meilen weitergegangen waren, tauchten sie zwischen den Bäumen auf der Spitze eines Hügels auf. Der Raum war vom Holz befreit worden, aber er war fast mit Büschen und jungen Bäumen bedeckt. In der Mitte befanden sich die Ruinen eines Tempels, der offenbar schon lange vor der Besetzung des Landes durch die burmesische Dynastie existierte und von einer älteren Rasse errichtet worden war. Es war ohne Dach; die Mauern waren stellenweise eingestürzt; und die Ruinen waren mit Vegetation bedeckt.

Der Burman stieg einige zerbrochene Stufen hinauf, betrat den Tempel und ging zu einer der gegenüberliegenden Ecken. In einer kleinen Wohnung, die mit Stroh gedeckt war, brannte schwaches Licht. Auf einer Seite lag ein bekleideter Mann auf einem Laubhaufen. Er fuhr auf, als der Beamte eintrat.

„Wer ist es, der um diese Stunde hierherkommt?" er hat gefragt.

„Thekyn", antwortete der Beamte.

„Ich freue mich, dich zu sehen", sagte der Phongee, „was auch immer dich hierher führen mag. Du bist nicht in Schwierigkeiten geraten, hoffe ich?"

„Auf keinen Fall, guter Priester. Ich werde in zwei Tagen flussabwärts aufbrechen, um gegen die Barbaren zu kämpfen. Aber bevor ich gehe, möchte ich, dass du mir einen Gefallen tust."

Der Phongee lächelte.

„Abgesehen davon, dass ich dich in meinen Gebeten namentlich nenne, Thekyn, kann ein Einsiedler für einen Mann nur wenig tun."

„Das ist in diesem Fall nicht der Fall", sagte der Beamte. „Ich habe hier jemanden, der Ruhe und Verborgenheit braucht. Mir wäre es lieber, wenn du nicht fragst, wer er ist. Er hat kein Verbrechen begangen und ist dennoch in Gefahr; und für einen Monat vielleicht braucht er einen Unterschlupf." . Gibst du es ihm um meinetwillen?"

„Ganz sicher werde ich das tun", sagte der Priester. „Dein Vater war einer meiner liebsten Freunde, als ich in der Stadt lebte. Ich würde gerne alles in meiner Macht stehende für seinen Sohn tun, und das ist nur eine Kleinigkeit, die du verlangst. Lass ihn eintreten."

Stanley ging hinein. Der Priester nahm die kleine Lampe von einem Regal, auf dem sie stand, und hielt sie dem Jungen nahe ans Gesicht. Dann wandte er sich lächelnd an Thekyn:

„Das Gemälde ist nur ungeschickt gemacht", sagte er, „obwohl es vielleicht ohne nähere Prüfung durchgehen würde. Er ist ein Fremder und stammt von einer mir unbekannten Rasse, aber wie Sie sagten, ist es mir egal, wer er ist; Es genügt, dass er ein Freund von dir ist. Er ist willkommen, einen Teil meiner Unterkunft und meiner Nahrung zu teilen, obwohl die Unterkunft rau und das Essen etwas spärlich ist. In letzter Zeit haben tatsächlich nur wenige mich gesucht, um, wie ich höre, Die meisten Männer sind in den Krieg gezogen.

„Ich habe Ihnen etwas zu essen gebracht", sagte der Beamte; denn Stanley hatte bemerkt, dass er auch ein Bündel bei sich trug, ein größeres als sein eigenes. „Hier ist ein Vorrat Reis, der für einige Zeit reicht; und dieser wird zusammen mit Ihren Opfergaben ausreichen, um die Dinge am Laufen zu halten. Mein Freund ist nicht wie Sie durch seine Religion verpflichtet, kein Leben zu nehmen; und das weiß ich." Schlangen gibt es hier sehr zahlreich."

Seit seiner Gefangenschaft waren Schlangen ein häufiger Bestandteil seiner Ernährung; und Stanley hatte die Abneigung gegen sie verloren, die er zunächst empfand, und so war ihm die Aussicht, dass sie die Grundnahrungsmittel seiner Nahrung bilden würden, nicht unangenehm. Es würde ihm auch eine Beschäftigung verschaffen, sie zu suchen und zu töten.

„Ich werde mit allem, was ich bekommen kann, zufrieden sein", sagte er, „und vertraue darauf, dass ich keine Last für dich sein werde."

„Ihr werdet es sicherlich nicht sein", antwortete der Priester. „Hier müssen mindestens dreißig Pfund Reis sein, der allein zwei Männer einen Monat lang am Leben halten würde. Was die Schlangen betrifft, so darf ich sie zwar nicht töten, aber wenn ich getötet bin, kann ich sie essen; und tatsächlich gibt es kaum etwas Besseres . Wahrlich, es würde mir nicht leid tun, einige der Kreaturen aus dem Weg zu haben; denn sie wimmeln hier so dicht, dass ich beim Gehen sehr aufpassen muss, damit ich nicht auf sie trete."

„Hattest du in letzter Zeit Probleme mit Räubern, Vater?" fragte Thekyn.

„Sie stören mich überhaupt nicht", sagte der Priester. „Manchmal kommen Männer. Sie können Räuber sein oder auch nicht. Ich stelle keine Fragen. Sie bringen manchmal Früchte und andere Opfergaben, und ich weiß, dass ich sie nicht zu fürchten brauche. Ich habe nichts zu verlieren, rette mein Leben; und Er wäre in der Tat ein böser Mann, der es wagen würde, seinen Finger gegen einen Priester zu erheben – einer, der niemandem schadet und bereit ist, seine Nahrung mit jedem zu teilen, der hungrig zu ihm kommt."

„Nun, Vater, ich werde mich verabschieden. Ich muss in der Stadt zurück sein, bevor Männer da sind, denn ich möchte nicht, dass meine Abwesenheit entdeckt wird."

„Friede sei mit dir, mein Sohn. Mögest du sicher aus den Kriegen zurückkommen. Meine Gebete werden für dich gesprochen, Nacht und Morgen."

„Machen Sie sich keine Sorgen um Ihren Freund. Wenn mich jemand nach meinem Gefährten fragen sollte, werde ich antworten, dass er es auf sich genommen hat, mich von einigen der Schlangen zu befreien, die mir den Besitz dieses Ortes streitig machen."

Thekyn bedeutete Stanley, mit ihm aus der Hütte zu kommen, und reichte ihm daraufhin eine kleine, aber schwere Tasche.

„Das ist Blei", sagte er. „Sie werden es brauchen, wenn Sie Ihre Reise durch das Land antreten. Es sind acht Pfund davon und aus dem, was Sie auf dem Markt gesehen haben, werden Sie wissen, wie viel Essen man für eine kleine Menge Blei bekommen kann. I Ich wünschte, ich könnte mehr für Sie tun und Ihren Flug unterstützen.

„Sie haben in der Tat viel getan, sehr viel, und sollte ich meine Freunde wiedergewinnen, werde ich versuchen, dies auch bei einem Ihrer Landsleute zu tun, um Ihretwillen. Ich hoffe, dass ich Sie nach dem Ende dieses Krieges wiedersehen kann." "

„Das hoffe ich", sagte der Burmane herzlich. „Ich kann nicht anders, als zu glauben, dass es Ihnen gelingen wird, davonzukommen."

„Mein Sohn", sagte der alte Priester, als Stanley in seine Zelle zurückkehrte, „ich gehe zu meinen Gebeten. Ich stehe immer um diese Stunde auf und bete bis zum Morgen; deshalb kannst du dich genauso gut auf diese Blätter legen. Dort. " Eine weitere Zelle wie diese befindet sich in der gegenüberliegenden Ecke des Tempels. Morgens kannst du Äste abschneiden und sie so überdachen und dort dein Bett machen. Hier ist kein Platz für eine weitere, und es wird zweifellos mehr sein Es ist angenehm für dich, einen Ort für dich allein zu haben, wohin du gehen und kommen kannst, wann immer du willst; denn an dem Tag kommen Frauen zu mir, um mich zu befragen und um meine Gebete zu bitten – aber achte darauf, wie du ihn zum ersten Mal betrittst, denn Auch wenn es nicht so ist, wird es dort Schlangen geben, die Schutz suchen.

Stanley lag eine Zeit lang wach und lauschte der monotonen Stimme des Priesters, während er seine Gebete wiederholte; aber seine Sinne schwanden bald, und er schlief tief und fest bis zum Tagesanbruch

Sein erster Schritt bestand darin, einen dicken Stock abzuschneiden, und dann ging er zu der anderen Zelle, die teilweise mit Steinen des eingestürzten Daches blockiert war. Er brauchte zwei Stunden, um diese Aufgabe zu erledigen, und er tötete nicht weniger als neun Schlangen, die er bei seiner Arbeit störte. Die Aussicht, an einem so frequentierten Ort zu schlafen, war nicht angenehm, zumal die Zelle keine Tür hatte; und er beschloss sofort, eine Art Schlafplatz zu errichten, wo er außerhalb ihrer Reichweite sein könnte. Zu diesem Zweck schnitt er zwei Stangen ab, die jeweils drei bis vier Zoll länger als die Zelle waren. Ein Ende von jedem schärfte er und trieb es in einem Abstand von etwa zweieinhalb Fuß voneinander und vier Fuß über dem Boden zwischen die Zwischenräume des Steins. Die anderen Enden hämmerte er mit einem schweren Stein gegen die gegenüberliegende Wand, bis sie nicht mehr tiefer sanken. Dann spaltete er mit Hilfe einiger starker Schlingpflanzen unter den beiden Stangen noch mehr Holz und festgezurrte Streifen auf, die sich fast berührten. Dann füllte er den Bettplatz zwischen den Pfosten mit trockenen Blättern auf.

Ein Ende des Bettes war einige Zentimeter höher als das andere. Das war unerheblich und er war zufrieden, dass selbst die schlaueste Schlange ihn nicht erreichen konnte.

Was das Dach betrifft, war er keineswegs wählerisch. In diesem Teil Burmas fallen nur sehr geringe Niederschläge, da die Überschwemmungen auf starke Regenfälle im fernen Bergland zurückzuführen sind, die bei ihrem Niedergang den Pegel der Flüsse in manchen Fällen um bis zu 4,5 Meter ansteigen lassen und über die Ufer treten das tiefliegende Land.

Bevor er mit dem Bau des Bettes begann, hatte er die Schlangen in den Phongee getragen; nachdem er ihnen zunächst die Köpfe abgeschlagen hatte, die die Burmanen, wie er wusste, niemals anrührten.

„Das ist wirklich gut, mein Sohn", sagte der Priester. „Hier haben wir unser Frühstück und Abendessen. Ich werde etwas Reis kochen und vier davon zum Frühstück braten."

Das Bett war erst zur Hälfte fertig, als er hörte, wie der Priester eine Glocke läutete. Es wurde zweifellos als Aufruf zum Gebet verwendet. Allerdings vermutete Stanley zu Recht, dass es sich in diesem Fall um einen Aufruf zum

Essen handelte; und saß bald neben dem Priester auf dem Boden. Beim Frühstück, das Stanley sehr genoss, wurde wenig gesprochen.

„Mein Freund Thekyn macht sich also auf den Weg in den Krieg. Was hältst du davon, mein Sohn? Sollen wir diese Barbaren leicht überwältigen? Wir sind ihnen noch nie zuvor im Krieg begegnet und zweifellos unterscheiden sich ihre Kampfmethoden von unseren.“

„Ganz anders. Ihre Männer werden als Soldaten ausgebildet. Sie agieren wie ein Mann, während die Burmesen jeder für sich selbst kämpfen. Dann haben sie Kanonen bei sich, die sie schnell herumschleppen und mit großer Wirkung einsetzen können. Obwohl es nur wenige sind, Im Vergleich zu den Armeen, die sie angreifen, wird es für letztere sehr schwierig sein, sie aus Rangun zu vertreiben.

„Denkst du denn, dass sie uns schlagen werden?“

„Das kann ich nicht sagen, aber ich wäre nicht überrascht, wenn es so wäre.“

„Die Burmesen wurden noch nie geschlagen“, sagte der Priester. „Sie haben alle ihre Feinde besiegt.“

„Die Burmesen sind sehr mutig“, stimmte Stanley zu, „aber bisher haben sie nur gegen Menschen gekämpft, die weniger kriegerisch waren als sie selbst. Jetzt müssen sie sich mit einer Nation auseinandersetzen, die den Krieg zum Studium gemacht hat und stets über eine große Armee verfügt.“ von Männern, die zum Kämpfen ausgebildet sind und die ihre ganze Zeit mit militärischen Übungen verbringen. Sie sind nicht unbedingt stärker als die Burmesen, denn die Burmesen sind sehr starke Männer, sondern nur, dass Männer, die zum gemeinsamen Handeln ausgebildet sind, dies unbedingt tun müssen haben einen großen Vorteil gegenüber jenen, die keine solche Ausbildung erhalten haben – die einfach zu den Waffen greifen und, wenn der Ärger vorüber ist, in ihre Häuser zurückkehren und sie dort liegen lassen, bis sie erneut zum Kampf gerufen werden.

„Außerdem sind ihre Waffen besser als deine; und sie haben viele Kanonen, die sie durch Übung sehr schnell laden und abfeuern können, und von denen jede, wenn die Armeen nahe beieinander sind, fünfzig oder sechzig Kugeln auf einmal abfeuern kann.“ "

„Ich habe eine seltsame Geschichte gehört, dass die Barbaren ein Schiff ohne Segel haben, mit einem großen Schornstein, aus dem große Mengen schwarzen Rauchs ausströmen, und einem Rad auf jeder Seite, und wenn sich die Räder drehen, kann das Schiff direkt den Fluss hinauffahren gegen den Strom, auch wenn der Wind stark weht.“

„Es ist wahr, Vater, es gibt viele solcher Schiffe; aber nur zwei oder drei haben die lange Reise über stürmische See nach Indien gemacht.“

„Es ist wunderbar, wie diese Männer das Feuer zu ihrem Diener machen und wie es die Räder des Schiffes in Bewegung versetzen kann.“

„Das kann ich dir nicht sagen, Vater. Ich habe noch nie eines dieser Schiffe gesehen, obwohl ich davon gehört habe.“

Der Priester sagte nichts mehr, verfiel aber offenbar in tiefes Grübeln; und Stanley stand leise auf und kehrte zu seiner Arbeit zurück. Der Priester kam herein, gerade als er sein Bett fertiggestellt hatte.

„Das ist gut“, sagte er und betrachtete es anerkennend. „Obwohl ich weiß, dass mir kein Lebewesen etwas anhaben kann, bis meine Zeit gekommen ist, kann ich einem Schaudern nicht widerstehen, wenn ich ein Rascheln zwischen den Blättern meines Bettes höre; denn sie kommen herein, obwohl einige meiner Freunde ein … Die Tür ist so angebracht, dass sie nachts keinen Zutritt haben. Ich verlasse meine Zelle nur wenig und schließe immer die Tür hinter mir; aber sie kommen manchmal herein, wenn ich meditiere und irdische Dinge vergesse, und beim ersten Mal erfahre ich von ihrer Anwesenheit ist das Rascheln der Blätter im Bett, nachts. Wäre ich so stark im Glauben, wie ich sein sollte, würde ich es nicht beachten. Ich sage es mir; aber meine Angst ist stärker als mein Wille, und ich bin gezwungen, aufzustehen , drehe die Blätter mit einem Stock auf, bis ich sie finde, und dann öffne ich die Tür und werfe sie aus, so sanft wie möglich.“

„Ich sollte überhaupt nicht schlafen“, sagte Stanley. „Ich glaube nicht, dass ich mich auch nur durch eine Tür sicherer fühlen würde, denn manchmal vergesse ich vielleicht, sie zu schließen. Morgen, Vater, werde ich mit ihnen Krieg führen und sehen, ob ich ihre Zahl nicht erheblich verringern kann.“

Stanleys erste Aufgabe bestand darin, die Büsche vom Tempelhof wegzuräumen; und dies führte er nach mehreren Tagen harter Arbeit aus; Obwohl er bald erkannte, dass er dadurch die Zahl der Schlangen nicht verringern würde, war der größte Teil des Gebiets mit heruntergefallenen Steinblöcken bedeckt, zwischen denen die Reptilien einen undurchdringlichen Unterschlupf fanden. Die durchgeführte Räumung war jedoch insofern nützlich, als die Tiere, während sie zuvor durch die Büsche gänzlich vor den Augen verborgen waren, nun getötet werden konnten, wenn sie herauskamen, um sich auf den freigelegten Steinen in der Sonne zu sonnen; und er konnte jeden Tag ein Dutzend oder mehr ohne die geringste Schwierigkeit zerstören.

Zehn Tage nachdem er die Arbeit beendet hatte, hörte er den Klang von Männerstimmen und als er hinausspähte, sah er einen burmesischen Offizier mit einer Gruppe von acht bewaffneten Männern zur Zelle des Phongee gehen. Es war möglich, dass sie aus einem anderen Grund gekommen waren, aber wahrscheinlicher war, dass sie auf der Suche nach ihm waren. Einige der

Frauen, die zu dem Einsiedler gekommen waren, hatten ihn bei der Arbeit gesehen; und hätten bei ihrer Rückkehr erwähnen können, dass der Priester einen Mann damit beschäftigt hatte, die Büsche wegzuräumen. Die Angelegenheit könnte einem Offizier zu Ohren gekommen sein, der sich profilieren wollte, und ihm kam der Gedanke, dass dies der Gefangene war, nach dem gesucht wurde.

Stanley schlüpfte in seine Zelle zurück, nahm das Bündel Kleidung, das ihm als Kissen diente, stieg auf das Bett und schaffte es, darauf stehend, seine Finger auf die Oberseite der Wand zu legen. Er richtete sich auf, bahnte sich seinen Weg durch die Äste des Daches und ließ sich draußen auf den Boden fallen. Dann ging er um den hinteren Teil des Tempels herum, bis er vor der Zelle des Priesters stand und die Stimmen drinnen ohne Schwierigkeiten hören konnte.

„Dann wissen Sie überhaupt nichts über diesen Mann?“

„Gar nichts“, antwortete er. „Wie ich dir bereits erzählt habe, kam er zu mir und bat um Obdach. Ich leistete ihm so wenig Hilfe, wie ich konnte, und ich sollte sie jedem geben, der mich darum bat. Er war mir keine Last, denn er hat genug getötet.“ Schlangen für mein und sein eigenes Essen.

„Sie wissen nicht, aus welchem Teil er stammt?“

„Überhaupt nicht. Ich habe ihm keine Fragen gestellt. Das ging mich nichts an.“

„Könnten Sie sich aus seiner Rede eine Vorstellung machen?“

„Seine Rede war unsere. Es schien mir, dass es die eines Eingeborenen aus den unteren Provinzen war.“

"Wo ist er jetzt?"

"Ich weiß nicht."

„Sie sagen, dass er derzeit weg ist.“

„Als ich ihn vor mir sah, dachte ich, er wäre ausgegangen; denn er kommt und geht, wie es ihm gefällt. Er ist kein Lohnarbeiter, sondern ein Gast. Er hat die Büsche hier abgeholzt, damit er sie leichter töten kann Schlangen; dafür bin ich ihm in der Tat dankbar, nicht nur für die Nahrung, die sie bieten, sondern auch, weil es sie in so großer Menge und so furchtlos gab, dass sie oft hierher kamen, wohlwissend, dass sie von mir nichts zu befürchten hatten ."

„Dann denkst du, dass er bald zurückkommt?“

„Da er mir überhaupt nicht gesagt hat, dass er die Absicht hat, rauszugehen, kann ich nicht sagen. Er ist manchmal stundenlang im Wald unterwegs.“

„Nun, auf jeden Fall werden wir hier bis zu seiner Rückkehr wachen. Es kann sein, dass er ein fauler Kerl ist, der lieber Schlangen tötet als ehrliche Arbeit; aber es kann auch sein, dass er der entflohene Gefangene ist, nach dem wir suchen ."

„Ich höre wenig von dem, was in der Stadt passiert", sagte der Priester ruhig. „Neuigkeiten würden meine Überlegungen stören, und ich stelle nie diejenigen in Frage, die hierher kommen, um um meine Gebete zu bitten. Ich habe von der Flucht keines Gefangenen gehört."

„Es war ein junger englischer Offizier, der entkommen konnte. Es gab große Aufregung darüber. Jedes Haus in der Stadt wurde durchsucht, und jedes Wachboot auf dem Fluss wurde gewarnt, kein Boot passieren zu lassen, ohne sich dessen zu vergewissern." er ist nicht an Bord.

„Das war ein brauner Mann wie wir, nur mit einem Unterrock aus grobem Stoff bekleidet, wie andere Bauern."

„Vielleicht hat er sich die Haut gefärbt", sagte der Beamte. „Auf jeden Fall werden wir bleiben, bis er zurückkommt, und ihn befragen. Zwei meiner Männer sollen ihre Plätze direkt hinter dem Eingang einnehmen und ihn ergreifen, wenn er hereinkommt. Hat er Waffen?"

„Keiner, außer seinem Messer und dem Stock, mit dem er die Schlangen tötet. Es kann sein, dass er dich hierherkommen sah und, wenn er irgendein Verbrechen begangen hätte, er fliehen würde und überhaupt nicht hierher zurückkehren würde."

„Wenn er nicht zurückkommt, bevor es die Stunde ist, in der ich in die Stadt zurückkehren muss, werde ich vier Männer zurücklassen, um auf ihn aufzupassen; und sie werden hier warten, wenn es eine Woche dauert, bis er wieder zurückkommt."

„Sie können tun, was Sie wollen", sagte der Priester, „ich bete nur, dass Sie Ihre Männer aus der Nähe dieser Zelle abziehen. Ich möchte nicht, dass meine Meditationen durch ihre Gespräche gestört werden. Ich bin hierher gekommen, um Ruhe und Frieden zu finden von der Welt und ihren Ablenkungen getrennt zu sein.

„Sie sollen nicht gestört werden", sagte der Beamte respektvoll, und Stanley hörte eine Fußbewegung und dann das Schließen der Tür.

Da er es für wahrscheinlich hielt, dass der Beamte den Tempel durchsuchen würde, machte er sich sofort auf den Weg in den Wald hinter dem Tempel. Sobald er zwischen den Bäumen angekommen war, tauschte er sein Tuch gegen die Verkleidung aus, die er in der Stadt getragen hatte, faltete es zusammen, um es nachts als Decke zu verwenden, ging weiter in den Wald, setzte sich und ging weiter Überlegen Sie, was sein nächster Schritt am besten wäre. Es war offensichtlich, dass er vorerst nicht in den Tempel zurückkehren konnte; und es war auch klar, dass die Suche nach ihm immer noch andauerte und dass es nicht sicher sein würde, den Fluss hinunterzusteigen. Er bedauerte, dass er den Ort verlassen musste, ohne sich vom Priester zu verabschieden und ihm noch einmal für die Unterkunft zu danken, die er ihm gegeben hatte; aber er war sich sicher, dass der alte Mann, wenn er nicht zurückkäme, vermuten würde, dass er den Offizier und seine Gruppe beim Betreten des Tempels gesehen hatte und sofort geflohen war. Hätte er nicht gewusst, dass die Wache dort bleiben würde, hätte er gewartet, bis sie in die Stadt zurückgekehrt wären, und wäre dann hineingegangen und hätte den Priester besucht; Da sie jedoch einige Tage dort bleiben würden, hielt er es für besser, den Gedanken an eine Rückkehr aufzugeben, da der Verdacht, dass er der gesuchte Mann sein könnte, durch seine anhaltende Abwesenheit verstärkt würde und die Wache möglicherweise noch eine Weile fortgesetzt würde lange auf die Chance, dass er zurückkommt.

Er kam zu dem Schluss, dass sein bester Weg auf jeden Fall darin bestünde, zu versuchen, eine beträchtliche Strecke durch das Land zu gelangen; und dann zu versuchen, ein Boot zu bekommen. Er wusste, dass das Land in der Nähe des Flusses verhältnismäßig dicht besiedelt war und dass die Entfernungen zwischen den Dörfern nicht groß waren, so dass er keine großen Schwierigkeiten haben würde, Proviant zu beschaffen. Die Kleidung, die er mitgebracht hatte, war für einen solchen Zweck nicht ganz ungünstig, da er leicht als Unteroffizier durchgehen konnte, dessen Aufgabe es war, sich zu erkundigen, ob jedes Dorf alle seine arbeitsfähigen Männer in den Krieg geschickt hatte. Der einzige Nachteil wäre, dass, wenn Anweisungen zu seiner Verhaftung an die Dörfer entlang der Straße und am Fluss geschickt worden wären, diese wahrscheinlich angewiesen worden wären, speziell nach jemandem in dieser Kleidung zu suchen. Es stand ihm jedoch jederzeit offen, wieder in die Verkleidung seines Bauern zu schlüpfen.

Schließlich beschloss er, aufzubrechen, und hatte bei Einbruch der Dunkelheit mehrere Meilen durch den großen Wald zurückgelegt, der sich am Ufer des Panlaung-Flusses erstreckte. Als sie zum Tempel hinaufgingen, hatte er seinem Freund, dem Offizier, viele Fragen über die Straßen gestellt. Ihm wurde gesagt, dass es einen Weg gab, der fast genau nach Süden nach Ramuthayn verlief und über den er über Tannoo nach Rangun reisen konnte. Dies würde ihn jedoch weit vom Hauptfluss entfernen, und er beschloss, bald die Straße zu erreichen, die etwa auf halber Strecke zwischen den Hügeln und dem Irrawaddy verlief. Er würde dem eine Zeit lang folgen und versuchen, den Fluss irgendwo zwischen Meloun und Keow-Uan zu erreichen.

Unterhalb dieses Punktes gab es ein Netz von Flüssen und nur wenige Dörfer, und das Land war sumpfig und ungesund. Er zog die Risiken des

Abstiegs über den Fluss denen auf der Straße bei weitem vor; und es schien ihm, dass er, wenn er nur in den Besitz eines der kleinen einheimischen Fischerboote gelangen könnte, nachts unbemerkt herunterfallen könnte, da die Breite des Flusses bei Ava mehr als tausend Meter betrug und unterhalb dieser Stadt lag , überschritt diese Breite oft erheblich.

Als es zu dunkel wurde, um weiterzugehen, setzte er sich an den Fuß eines Baumes. Er bedauerte, dass er keine Möglichkeit hatte, ein Feuer anzuzünden; und beschloss, dass er unter jedem Risiko im ersten Dorf, in das er kam, die Mittel dazu beschaffen würde – denn er wusste, dass es im Dschungel sowohl Tiger als auch Leoparden gab. Er glaubte jedoch, dass sie in der Nähe der Hauptstadt wahrscheinlich nicht zahlreich sein würden; und der alte Priester hatte nie darauf hingewiesen, dass sie eine Gefahrenquelle darstellten, obwohl es ihm tatsächlich nie in den Sinn gekommen war, danach zu fragen.

Am Morgen setzte er seinen Weg fort. Er hatte gerade einmal eine Meile zurückgelegt, als er ein kurzes Stück zu seiner Linken im Wald einen plötzlichen Schrei hörte. Da er sicher war, dass es sich um einen Menschen handelte, der große Angst oder Schmerzen hatte, zog er sein Messer und rannte mit Höchstgeschwindigkeit in die Richtung, in die der Schrei kam. Ich dachte, es könnte ein Mann oder eine Frau sein, die von den Räubern des Waldes angegriffen wurden.

Plötzlich stieß er auf eine kleine offene Stelle mit einem Durchmesser von etwa zwanzig Metern. Er zögerte, als sein Blick auf eine Gruppe in der Mitte fiel. Zwei Männer lagen auf dem Boden und auf jedem von ihnen stand ein Leopard mit einer Pfote. Neben ihnen lagen Waffen, und in der Nähe brannte ein Feuer. Er vermutete, dass das Tier einem Baum entsprungen war, dessen Zweige fast bis zur Mitte der Öffnung reichten. Wahrscheinlich hatte es einen der Männer in seinem Sprung getötet, denn als er das Tier sah, leckte es gerade das Blut von der Schulter des Mannes, auf dem seine rechte Pfote ruhte. Der andere war, soweit Stanley sehen konnte, unverletzt.

Seine Schritte in den leichten burmesischen Schuhen waren fast geräuschlos gewesen; und der Leopard, der leise knurrte und ihm den Rücken zuwandte, hatte es offenbar nicht bemerkt. Er zögerte einen Moment und beschloss dann, den noch lebenden Mann zu retten. Er kroch heimlich heran, stürzte sich plötzlich auf den Leoparden und vergrub sein Messer bis zum Heft in seinem Körper, direkt hinter der Schulter.

Mit einem schrecklichen Brüllen überschlug es sich einen Moment lang und kam dann mühsam wieder auf die Beine. Die Zeit hatte Stanley ausgereicht, um eine der Waffen aufzuheben und zu spannen , und als der Leopard sich umdrehte, um auf ihn zu springen, zielte er zwischen seine Augen und feuerte. Wieder rollte das Biest herum, und Stanley ergriff die andere Waffe, schob die Mündung bis auf dreißig Zentimeter an seinen Kopf heran und feuerte. Der Leopard zitterte krampfhaft und lag tot da.

Kapitel 5
Mit Räubern.

Stanley stieß ein unwillkürliches „Hurra" aus, als der Leopard ausstarb; und als er das Geräusch hörte, sprang der Burmane, der regungslos dagelegen hatte, auf. Er blickte den Leoparden an, dann seinen Retter und rief erstaunt:

„Du hast das Biest allein und mit keiner Waffe außer deinem Messer getötet!"

„Nein", antwortete Stanley; „Ich begann den Kampf nur mit meinem Messer, ergriff aber eine dieser Waffen, als ich ihn verwundete, und feuerte, als er auf mich zustürmte. Dann erledigte ich ihn mit der anderen."

„Genosse", sagte der Burmane, „Sie haben mit Mut eine große Tat vollbracht. Ich, der ich nicht für einen Feigling halte, wäre nie auf die Idee gekommen, diesen großen Leoparden nur mit einem Messer anzugreifen, und zwar um das Leben eines Menschen zu retten." Fremder."

„Ich sah die Waffen auf dem Boden liegen. Wäre das nicht gewesen, hätte ich es nicht gewagt, den Leoparden anzugreifen, denn es wäre der sichere Tod gewesen."

„Sicherer Tod, in der Tat. Aber erzähl mir zuerst, wie du es geschafft hast. Es kommt mir fast wie ein Wunder vor."

„Ich ging nicht weit weg vorbei, als ich deinen Schrei hörte", sagte Stanley. „Da ich dachte, dass es sich um jemanden in Not handelte, lief ich hierher und sah euch beide liegen, mit den Vorderpfoten des Leoparden auf euch. Der Rücken des Tieres war mir zugewandt und da es knurrte, hatte es meine Annäherung nicht gehört. Als es sah Da die Waffen dort lagen – und ich hatte keinen Zweifel daran, dass sie geladen waren – schlich ich mich heran, sprang plötzlich auf den Leoparden zu und rammte ihm mein Messer hinter die Schulter. Der Schlag rollte ihn um und gab mir Zeit, die Waffe aufzuheben . Der Rest war einfach."

Der Mann untersuchte wortlos den Körper des Leoparden.

„Es ist, wie Sie sagen", sagte er. „Es wurde gut getroffen und wäre wahrscheinlich tödlich gewesen; aber das Tier hätte dich vor seinem Tod in Stücke gerissen, wenn die Waffen nicht gewesen wären.

„Nun, Kamerad, du hast mir das Leben gerettet; und ich bin dein Diener, solange ich lebe. Ich dachte, mit mir wäre alles vorbei. Der Leopard warf, als er sprang, sein ganzes Gewicht auf meinen Kameraden. Das hatten wir Wir standen gerade auf; und der Schlag traf mich auch zu Boden. Ich stieß diesen Schrei aus, als ich fiel. Ich lag unbeweglich da. Ich fühlte die Pfote des Leoparden zwischen meinen Schultern und hörte sein wütendes Knurren;

und ich hielt Mein Atem, in der Erwartung, jeden Moment seine Zähne in meinem Nacken zu spüren.

„Ich hatte nur eine Hoffnung, nämlich dass das Biest meinen Kameraden – der, wie ich ganz sicher war, tot war – in den Dschungel entführen würde, um ihn zu verschlingen, und dass es dann zurückkäme, um mich zu holen. Ich schaffte es zu atmen Einmal, ganz leise, als ich eine Bewegung des Leoparden spürte und als ich ein leises Geräusch hörte, vermutete ich, dass er das Blut meines Kameraden leckte; aber kaum als ich mich bewegte, bemerkte der Leopard es und stellte sich wieder aufrecht über mich. Ich wagte es Ich konnte nicht mehr atmen, aber die Zeit war gekommen, in der ich das Gefühl hatte, dass ich es tun musste, obwohl ich sicher war, dass es das Signal für meinen Tod sein würde.

„Dann wusste ich nicht, was passiert war. Es gab einen stechenden Schmerz, als sich die Krallen des Leoparden zusammenzogen, und dann ertönte ein lautes Brüllen, und sein Gewicht wurde von mir genommen. Dann hörte ich es knurren, als wollte es gleich losspringen. Dann kam das Geräusch einer Waffe, ein Sturz und ein Kampf; und dann das Geräusch einer anderen Waffe. Dann hörte ich deinen Schrei und wusste, dass das Tier tot war.

„Was kann ich nun für Sie tun, Sir? Soll ich zuerst den Leoparden häuten?“

„Die Haut ist mir egal“, sagte Stanley. „Es würde mir nichts nützen.“

„Dann werde ich es mit deiner Erlaubnis abnehmen und mein Leben lang behalten, als Erinnerung an die knappste Flucht, die ich je hatte.“

„Ist dein Kamerad tot?“

„Ja“, antwortete der Mann. „Der Leopard traf ihn zwischen den Schultern, wie Sie sehen; und die Wucht des Schlags und das Gewicht der Feder müssen ihn augenblicklich getötet haben.“

„Dann nehme ich sein Schwert, seine Waffe und seine Patronen.“

Also öffnete Stanley den Schwertgürtel und schnallte ihn um sich; legte ihm den Patronengurt über die Schulter; und nahm die Waffe und lud sie nach, während der Mann damit beschäftigt war, den Leoparden zu häuten. Diese Operation führte der Mann mit großer Geschwindigkeit durch. Es war offensichtlich etwas, das er schon einmal getan hatte. Sobald das Tier gehäutet war, rollte er die Haut zusammen und legte sie auf seine Schulter.

„Sie sind Offizier, Sir?“ er hat gefragt.

„Nein, ich bin ein Flüchtling.“

Während er den Mann beobachtete, hatte Stanley darüber nachgedacht, ob er sich ihm anvertrauen sollte; und dachte, dass er dies nach dem Dienst, den er ihm geleistet hatte, in Sicherheit tun könnte.

„Ich bin ein Engländer – ich wurde von Bandoola in Ramoo gefangen genommen und als Gefangener nach Ava geschickt. Ich bin geflohen und möchte mich auf den Weg nach Rangun machen; aber ich habe gehört, dass entlang des Flusses Befehle zur Verhaftung geschickt wurden.“ Ich weiß im Moment nicht, wie ich den Weg nach unten finden soll.

„Komm mit“, sagte der Mann. „Ich habe Freunde im Wald, etwas weiter weg von hier. Sie werden dich gerne empfangen, wenn ich ihnen erzähle, was du für mich getan hast; und du wirst in Sicherheit sein, bis du dich entscheidest zu gehen. Wir sind Gesetzlose, aber im Moment sind wir es. “ sind Herren des Waldes. Die Regierung hat alle Hände voll zu tun, und es besteht keine Angst, dass sie uns stören könnten.“

Stanley dachte eine oder zwei Minuten lang über die Angelegenheit nach. Zweifellos handelte es sich um eine Räuberbande, der er sich anschließen wollte, aber das Angebot schien für eine Zeit lang Sicherheit zu versprechen.

„Ich stimme zu“, sagte er, „damit Sie mich nicht auffordern, mich an irgendwelchen Gewalttaten zu beteiligen.“

„Darum sollst du tun, was du willst“, sagte der Mann; „Aber ich kann Ihnen sagen, dass wir manchmal gute Beute machen. Unsere Schwierigkeit besteht nicht darin, Beute zu erbeuten, sondern sie zu entsorgen.“

„Hast du einen Turban? Denn dein Helm ist im Wald fehl am Platz. Der Rest deiner Kleidung hat nichts Besonderes an sich und würde keine Aufmerksamkeit erregen.“

„Ich habe einen Turban. In letzter Zeit trage ich die Kleidung eines Bauern. Das Tuch, das ich trug, liegt fünfzig Meter entfernt; ich habe es beim Laufen fallen lassen. Es wird nützlich sein, mich nachts zu bedecken, wenn auch nichts anderes.“ "

Stanley tauschte den Helm gegen den Turban, den er zuvor getragen hatte, und holte das Tuch.

„Wirst du deinen Begleiter begraben?“ er sagte.

„Es wäre sinnlos. Er wird sowohl über als auch unter der Erde schlafen, und wenn wir heute Nacht meine Kameraden erreichen wollen, ist es Zeit für uns, aufzubrechen.“

Sie machten sich sofort auf den Weg. Nach fünf Stunden Fußmarsch stießen sie auf den Fluss Myitnge, den Nebenfluss, der bei Ava in den Irrawaddy mündet. Es hatte einen Durchmesser von etwa vierhundert Metern. Der

Burma ging ein kurzes Stück am Ufer entlang und zog dann aus einem Büschel ein kleines Boot, das gerade noch zwei Personen transportieren konnte. Er legte es ins Wasser. Sie nahmen ihre Plätze ein und paddelten auf die andere Seite; wo er es wie zuvor sorgfältig verbarg.

„Das ist unsere Fähre", sagte er. „Es wird nicht oft benutzt, denn unser Hauptquartier liegt in dem großen Wald, zu dem wir gleich kommen werden; aber es ist auch gut, wenn gelegentlich Gruppen ausgesandt werden, um uns zu jagen, um die Möglichkeit zu haben, auf die andere Seite zu gelangen."

Nach weiteren zwei Stunden Fußmarsch durch bewirtschaftete Felder gelangten sie an den Waldrand.

„Hier sind Sie so sicher, als ob Sie in Rangun wären", sagte der Burmane. „In einer weiteren Stunde werden wir meine Kameraden erreichen. In der Regel wechseln wir häufig unser Hauptquartier. Im Moment besteht keine Gefahr, dass wir gestört werden; wir haben uns also eine Zeit lang eingerichtet."

„Warum waren Sie und Ihr Kamerad auf der anderen Seite des Flusses?

„Sein Dorf liegt fünf Meilen hinter diesem Wald", sagte der Mann. „Normalerweise wagte er es nicht, sich dorthin zu wagen; aber er glaubte, dass die meisten der fähigen Männer jetzt weg sein würden und er seinen Freunden einen Besuch abstatten könnte. Er bat mich, ihn zu begleiten, und das tat ich auch Da ich nichts Besseres zu tun hatte, willigte ich ein zu gehen. Ein Konvoi von Händlern, zu stark, um angegriffen zu werden, war am Morgen vor unserem Aufbruch aus dem Hügelland herabgekommen. Es bestand keine große Wahrscheinlichkeit, dass jemand für ein paar Tage wiederkommen würde. "

„Sie bringen von dort Rubine mit, nicht wahr?"

„Die Minen sind Eigentum des Kaisers", sagte der Mann, „und die Edelsteine werden alle zwei Monate unter strenger Bewachung herabgesandt; aber trotzdem bringen viele Händler Rubine von dort herab Natürlich heimlich. Die Männer, die in den Minen arbeiten, verstecken oft Steine, die sie finden, und verkaufen sie für eine kleine Summe an die Händler; außerdem holen die Bauern sie manchmal woanders ab – und auch diese beeilen sich, sie zu verkaufen für alles, was sie bekommen können. Wir kümmern uns nicht besonders um sie, denn es ist ein riskantes Geschäft, nach Ava zu gehen, um sie zu verkaufen, und die Händler dort wissen, dass wir auf ein Wort von ihnen verhaftet werden würden, und zwar höchstwahrscheinlich Wenn wir hingerichtet werden, werden wir für sie so gut wie nichts bekommen. Wir bevorzugen Silber und Blei als Geld und Kleidungsstücke, Waffen und gefasste Juwelen.

„Jeder Mann nimmt seinen Anteil von dem, was erbeutet wird, und wenn wir genug haben, gehen wir heim in unsere Dörfer. Ein Pfund Silber oder zwei oder drei Pfund Blei reichen im Allgemeinen völlig aus, um das Wohlwollen des Oberhauptes zu erkaufen." Wir erzählen, dass wir seit unserer Abreise am Fluss oder in Ava gearbeitet haben, und jeder weiß es besser, als Fragen zu stellen."

Eine weitere Stunde später erreichten sie das Lager. Es dämmerte inzwischen, und etwa fünfundzwanzig Männer saßen um ein großes Feuer. Dahinter waren kreisförmig mehrere Lauben errichtet worden.

„Was, so schnell zurückgekehrt!" sagte einer der Männer, als Stanleys Führer so nahe kam, dass der Feuerschein auf sein Gesicht fiel; „Aber wo ist Ranji und wen hast du hierher gebracht – einen neuen Rekruten?"

„Nicht ganz, Parnik, aber einer, dem ich für eine Weile Unterschlupf versprochen habe. Ranji ist tot. Ich wäre auch tot und gefressen worden, wenn nicht mein Kamerad hier gewesen wäre. Hier ist die Haut des Das Biest, das Ranji getötet hat, und wenn ich Ihnen erzähle, dass der Leopard mit einer Pfote auf mir stand, können Sie vermuten, dass ich nur knapp davongekommen bin.

„Das Tier war ein großes Tier", sagte einer der anderen Männer, als Meinik – so hieß Stanleys Begleiter – die Haut abrollte und hochhielt. „Ich sehe, dass es eine Kugel zwischen den Augen und eine weitere direkt hinter dem Ohr gab; und hinter der Schulter ist ein Messerschnitt. Bei einem Tier dieser Größe muss das harte Arbeit gewesen sein, wenn es um Messer ging."

„Gib uns etwas zu essen und Kakao; wir haben heute nichts gegessen und sind weit gelaufen. Wenn wir gefüttert haben, werde ich dir meine Geschichte erzählen."

Die Darstellung des Burmesen über das Abenteuer mit dem Leoparden löste bei seinen Kameraden großen Applaus und Bewunderung aus.

„Es ist wunderbar", sagte einer, „nicht so sehr, dass unser neuer Kamerad den Leoparden getötet hat, obwohl das eine große Leistung war; sondern dass er, nur mit einem Messer bewaffnet, ein Tier wie dieses angreifen sollte, um es zu retten." Leben eines Fremden. Wahrlich, ich habe noch nie von so etwas gehört. Hat er alle seine Sinne?"

Meinik nickte. Er hatte von Stanley die Erlaubnis erhalten, zu sagen, wer er war. Stanley hatte mit einigem Widerstreben zugestimmt, aber der Mann versicherte ihm, dass er sowohl seinen Gefährten als auch sich selbst vertrauen könne; und dass es viel besser sei, die Wahrheit zu sagen, da sich bald herausstellen würde, dass seine Gesichtszüge sich völlig von ihren eigenen unterschieden und dass er daher eine seltsame verkleidete Person war.

„Er ist bei Sinnen", sagte er, „aber er sieht die Dinge nicht so wie wir. Er ist einer dieser englischen Barbaren, die Rangun eingenommen haben und gegen die unsere Armeen marschieren. Er wurde in Ramoo gefangen genommen und geschickt." von Bandoola als Gefangener an Ava. Er ist entkommen und wird in kurzer Zeit den Fluss hinuntergehen; aber im Moment ist die Suche zu heiß für ihn. Sie sehen also, dass er, wie wir, ein Flüchtling."

"Wie alt ist er?" fragte einer der Männer nach einer Pause, in der alle den Neuankömmling anstarrten.

„Er ist nur ein Junge, er ist zwischen sechzehn und siebzehn, wie er mir erzählt, aber wie Sie sehen, ist seine Haut fleckig und sein Gesicht gezeichnet, was ihm das Aussehen von Alter verleiht."

„Wenn die Männer seiner Rasse so mutig sind wie er, Meinik, werden unsere Truppen wirklich härtere Arbeit haben, als sie denken, sie ins Meer zu treiben. Spricht er unsere Sprache?"

„Ja", antwortete Stanley für sich. „Ich war mehr als zwei Jahre in der Provinz Chittagong und habe es von jemandem gelernt, der in unseren Diensten stand."

„Und würden viele Ihrer Leute ihr Leben für einen Fremden riskieren, so wie Sie es getan haben?"

„Sicherlich. Viele Männer gehen ständig große Risiken ein, um andere zu retten."

„Ein Leben ist alles, was ein Mann hat", sagte der Burman. „Warum sollte er es für einen Fremden geben?"

„Ich glaube nicht, dass wir darüber nachdenken", sagte Stanley. „Es erscheint uns selbstverständlich, dass wir, wenn wir einen anderen in Lebensgefahr sehen, versuchen sollten, ihn zu retten; sei es ein Mann oder eine Frau, sei es vor dem Feuer oder vor einem anderen Schicksal."

„Sie müssen ein seltsames Volk sein", sagte der Burmane ernst, „und ich hätte es kaum geglaubt, wenn ich nicht gehört hätte, dass Sie es selbst getan haben. Aber es ist wunderbar, und Sie auch, ein Junge, der es nicht getan hat." doch kommt er zu seiner vollen Kraft.

„Wir sollten froh sein, einen solchen Mann als unseren Kameraden zu haben, meine Freunde. Ob er Burmane oder Engländer ist, spielt keine Rolle. Er hat sein Leben für einen von uns riskiert; und er ist unser Bruder, solange er bei uns bleiben möchte." ."

Im ganzen Kreis ertönte ein herzlicher Zustimmungsruf; und Stanley hatte das Gefühl, dass er keinen Grund zur Beunruhigung hatte, solange er bei ihnen blieb. Am Abend sangen die Männer viele Lieder und auf ihren Wunsch hin sang Stanley einige englische Lieder, wobei er einige mit lebhaften Melodien auswählte. Die Burmesen waren darüber sehr erfreut und überrascht und stimmten fröhlich in den Chor ein.

Ein halbes Dutzend von ihnen machte sich dann mit ihren Messern an die Arbeit, fällte einige Setzlinge und Zweige und baute für Stanley eine Laube, die den anderen ähnelte; und er legte sich zufrieden mit den Ergebnissen seines Abenteuers nieder und fühlte, dass er bei diesen fröhlichen Kerlen bleiben konnte, so kriminell sie auch sein mochten, bis er sicher den Fluss hinuntergehen konnte.

Am Morgen machten sich die Männer früh auf den Weg und überließen ihm die Leitung des Feuers. Sie machten sich in Gruppen von vier oder fünf auf den Weg, um die verschiedenen Straßen zu beobachten, die zur Hauptstadt führten; Zwei oder drei von ihnen, als Bauern verkleidet, gingen in Städte, wo Reisende anhielten, um Informationen über die Ankunft einer Gruppe zu erhalten. Als sie sich in der Abenddämmerung wieder versammelten, hatte nur eine Gruppe Erfolg gehabt. Sie waren sechs Kaufleuten begegnet, die mit Pferden, beladen mit Gewürzen, Indigo und Baumwolle, herunterkamen. Diese hatten keinen Widerstand geleistet, und sie hatten so viel mitgenommen, wie sie tragen konnten, und ließen sie dann mit dem Rest ihrer Habe weiterfahren. Es herrschte ein allgemeines Bedauern darüber, dass die Gruppe nicht zahlreicher geworden war; und einige Äußerungen des Zorns über die Spione auf der Straße, über die die Händler gekommen waren, weil sie es ihnen nicht vorher mitgeteilt hatten, so dass sie ihre gesamte Streitmacht dort hätten platzieren und alle Waren wegbringen können.

„Das sind die Dinge, die am besten zu uns passen", sagte Meinik zu Stanley. „Sehen Sie, man kann mit einem Päckchen Zimt oder Pfeffer oder einer Tüte Farbstoff oder fünfzig Pfund Baumwolle in die Stadt gehen und es auf dem Markt zu einem fairen und angemessenen Preis verkaufen. Natürlich kleidet man sich." man selbst als kleiner Kultivierender; und es besteht keinerlei Verdacht, dass nicht alles in Ordnung ist.

„Wir werden aufmerksam nach den Männern Ausschau halten, wenn sie wieder zurückkommen, und sie von dem Silber oder den Gütern befreien, die sie im Tausch erbeutet haben; das heißt, wenn sie auf dem gleichen Weg kommen – aber das ist wahrscheinlicher." Nach ihrem heutigen Abenteuer werden sie sich für einen anderen Ort entscheiden oder einen Führer nehmen und auf Dorfwegen weiterreisen. Zweifellos denken sie, dass sie leicht davongekommen sind, denn sie haben nicht mehr als ein Viertel ihrer Güter verloren. Es ist Kriegszeit Jetzt ist nicht zu befürchten, dass eine

Streitmacht gegen uns geschickt wird; aber normalerweise erbeuten wir nicht einmal ein Viertel der Ware. Würden sie alles verlieren, würden sie sich beschweren; und dann müssten wir eine Streitmacht ausschicken lassen gegen uns und werden gezwungen sein, eine Zeit lang wegzuziehen. Aber so wie es ist, sind sie so zufrieden damit, den größten Teil ihrer Waren sicher auf den Markt zu bringen, dass sie sich nicht die Mühe machen, darüber Aufhebens zu machen; denn das könnte ja der Fall sein den Gerichtsbeamten und anderen mehr als den Wert der verlorenen Waren zu zahlen."

„Sie leisten also nicht oft Widerstand?"

„Nicht oft. Wenn ein Mann seine Güter verliert, kann er wieder neue sammeln; aber wenn sein Leben vorbei ist, ist alles weg. Außerdem achten wir in der Regel darauf, dass wir so stark sind, dass sie diesen Widerstand sofort sehen." wäre aussichtslos. Manchmal bringen sie bewaffnete Wachen mit. Das sind Männer, die es sich zur Aufgabe machen, Händler in schwierigen Zeiten nach unten zu transportieren. Manchmal kommt es zu Kämpfen mit diesen, aber in der Regel greifen wir sie selten an, es sei denn, wir sind es So stark, dass sie es nicht wagen, sich uns zu widersetzen. Dennoch kommt es manchmal zu Kämpfen, denn diese Shan-Wächter sind tapfere Kerle. Ihre Konvois sind im Allgemeinen reiche, denn es würde sich für kleine Händler nicht lohnen, Männer zu ihrem Schutz anzuheuern.

„In Friedenszeiten bleiben wir selten lange in einer Nachbarschaft, denn wenn einmal bekannt wird, an welcher Straße wir uns befinden, kommen sie in Gruppen daher, die zu stark sind, um angegriffen zu werden, und da es für uns keine Rolle spielt, wo wir leben, auch wir Bewegen Sie sich vielleicht hundert Meilen weg und entscheiden Sie sich dann für eine andere Verkehrslinie. Wir sind noch nicht lange hier; wir waren zuletzt unten bei Tannoo und haben uns dort lange Zeit gut geschlagen; bis der Gouverneur schließlich alle Dorfbewohner aufzog, und Wir haben im Wald gejagt, und wir haben festgestellt, dass wir gehen mussten. Ich gehe davon aus, dass wir jetzt einige Zeit hier bleiben werden. Es besteht keine Angst, dass Truppen ausgesandt werden, und wir können es uns leisten, die Reisenden nicht zu stark zu bedrängen; denn wir haben es getan In letzter Zeit so gut, dass wir uns trennen und in unsere Häuser zurückkehren konnten, jeder mit einem guten Vorrat an Beute. Die Hälfte von uns verließ das Land, als wir aus dem Süden heraufkamen, und noch mehr von uns würden gehen, wenn es nicht so wäre Dieser Befehl lautet, dass jeder in die Armee eintreten soll. Es ist viel angenehmer, hier zu leben und zu tun, was wir wollen, als wie eine Herde Tiere zum Kämpfen vertrieben zu werden. Außerdem haben wir keinen Streit mit Ihrem Volk. Es waren die Beamten von Aracan, die damit begannen; Lass sie kämpfen, wenn sie wollen.

Stanley blieb zwei Wochen bei der Band. Am Ende dieser Zeit hörten sie, dass eine Gruppe von dreißig Händlern zusammenkamen und dass sie zehn bewaffnete Wachen bei sich hatten. Sie nahmen zweifellos an, dass dies ein ausreichender Schutz war, denn da die Band im Allgemeinen in so kleinen Gruppen arbeitete, glaubte man, dass es im Wald nur wenige Gesetzlose gab. Die ganze Truppe ging hinaus und kehrte am Abend mit Beute beladen zurück. Zwei oder drei von ihnen wurden verletzt, jedoch nicht schwer.

„Du hattest also heute Widerstand, Meinik.“

„Es dauerte nur eine Minute“, sagte der Mann. „Als sie sahen, wie stark wir waren, waren die Wachen froh, ihre Schwerter zu heben und uns zu erlauben, sie an Händen und Füßen zu fesseln, während wir die Händler durchsuchten. Wie Sie sehen, haben wir eine gute Gefangennahme gemacht, obwohl wir es geschafft haben.“ nicht mehr als ein Fünftel von dem, was sie mitgebracht hatten, beschlagnahmt; aber sie werden einige Zeit brauchen, um ihre Ballen wieder zu packen, denn wir haben alles gründlich durchsucht und alle Kaufleute gezwungen, sich auszuziehen, und haben ihre Kleidung und ihre Haare durchsucht.“

"Warum hast du das getan?"

„Nun, es war so. Als wir heute Morgen weitergingen, sagte ich zu meinen Kameraden:

„Der Engländer wird uns in ein oder zwei Tagen verlassen. Ich habe nicht vergessen, was ich ihm schulde, und möchte ihm ein Geschenk machen. Ich schlage vor, dass wir heute die ganze Gruppe gründlich durchsuchen. Soweit wir gehört haben „Einige von ihnen kommen aus dem Rubinland und haben ziemlich sicher Edelsteine in sich oder in ihrem Gepäck versteckt. Ich schlage vor, dass wir alle Steine, die wir finden, unserem Freund geben.“

„Sie stimmten alle sofort zu, denn wie Sie wissen, mögen sie alle Sie; und Rubine sind, wie ich Ihnen sagte, für uns von geringem Nutzen, da wir sie nicht ohne großes Risiko entsorgen können. Also taten sie, was ich vorgeschlagen hatte, und hatten Glück. Zwölf von ihnen hatten Edelsteine versteckt, und einige von ihnen sogar eine ganze Menge. Sie brauchen nicht zu zögern, sie zu nehmen, denn Sie können sicher sein, dass sie sie für fast nichts von armen Kerlen gekauft haben, die hatten ihr Leben riskiert, um sie zu verstecken.

„Da sind sie. Wir haben sie nicht angeschaut, sondern nur die Päckchen in diese Tasche geleert, so wie wir sie gefunden haben. Natürlich sind es alles rohe Steine. Ihr müsst sie als Geschenk annehmen, von uns allen; und als ein Beweis dafür, dass ein Burmane, auch wenn er nur ein Räuber ist, für einen Dienst wie den, den Sie ihm erwiesen haben, dankbar ist.

Stanley hatte das Gefühl, dass er ein so angebotenes Geschenk nicht ablehnen konnte, selbst wenn die Waren gestohlen waren. Wie Meinik sagte, waren die Edelsteine für die Räuber von geringem Nutzen, da sie Angst davor hatten, sie zu entsorgen; und ihre Besitzer hatten selbst gegen das Gesetz verstoßen, indem sie sie gekauft hatten, und hatten zweifellos Beträge gegeben, die in keinem Verhältnis zu ihrem tatsächlichen Wert standen. Deshalb dankte er Meinik sehr herzlich; und auch, nachdem sie gegessen hatten, der Rest der Band, der die Sache sehr auf die leichte Schulter nahm.

Die Dinge seien für sie nutzlos, sagten sie. Wenn es Silber oder sogar Blei gewesen wäre, wäre es anders gewesen; Aber um Rubine verkaufen zu können, mussten sie ihr Leben riskieren. Die Waren, die sie an diesem Tag erhalten hatten, brachten ihnen viel mehr Geld ein als die Rubine und konnten problemlos verkauft werden. Sobald der Krieg vorbei war und sie in ihre Dörfer gehen konnten, würde sich die Bande auflösen. Sie hatten genug Silber und Blei versteckt, um sie jahrelang aufzubewahren, auch wenn sie nie irgendeine Arbeit verrichteten, was auch immer.

„Was machst du damit, wenn du zurückkommst?“

„Wir verstecken es. Es würde niemals genügen, ein Dorf mit zehn oder zwölf Pfund Silber und drei- oder viermal so viel Blei zu betreten, denn der Häuptling könnte auf die Idee kommen, uns durchsuchen zu lassen. Also graben wir im Allgemeinen.“ ein Loch am Fuße eines Baumes, an einem ruhigen Ort; und nehmen Sie vielleicht ein Pfund Silber und zwei oder drei Blei mit. Eine Gabe von der Hälfte dieses Silbers reicht aus, um den Häuptling davon zu überzeugen, dass wir ehrliche Leute sind. die seit unserer Abreise hart gearbeitet haben; und von Zeit zu Zeit können wir in unseren Laden gehen und uns dort holen, was wir wollen, und wir können ein Haus bauen und heiraten und ein oder zwei Felder besetzen und vielleicht selbst Häuptlinge werden , in Kürze.“

„Nun, ich wünsche Ihnen sicher alles Gute“, sagte Stanley. „Sie waren alle sehr freundlich zu mir, seit ich mich Ihnen angeschlossen habe, und ich werde mich freuen, wenn ich an Sie alle denke, die sich ruhig in Ihren Dörfern niedergelassen haben, anstatt dass Sie hier geblieben sind, wenn Sie eines Tages alle gefangen genommen werden könnten und es kommt Unheil über dich.

Am nächsten Morgen machte sich Stanley mit Meinik auf den Weg, der aus einem kleinen Dorf am Fluss, etwa vierzig Meilen unterhalb von Ava, stammte und beschlossen hatte, ihn nach Rangun hinunter zu begleiten.

„Für ein oder zwei Pfund Blei kann ich ein Boot und ein paar Netze bekommen. Wenn wir angerufen werden, kann ich das Gespräch führen und bei Bedarf an Land gehen und Proviant kaufen. Ich habe mit meinen

Kameraden vereinbart, dass wir sie mitnehmen." Meinen Anteil an dem Silber und Blei, das wir angesammelt haben, sofort; denn es ist wahrscheinlich, dass sie auch in ihre Häuser gegangen sein werden, bevor ich zurückkomme, und wir haben alles in Geld umgewandelt, außer dem, was wir gestern genommen haben.

Bevor es losging, wurde Stanley noch einmal gefärbt und die Tätowierungsspuren nachgeahmt — viel sorgfältiger als zuvor, drei oder vier der Männer bearbeiteten ihn gleichzeitig. Sein Gesicht war fast vollständig mit diesen Flecken bedeckt. Es wurde etwas Flüssigkeit aufgetragen, die seinen Augenbrauen die Farbe entzog und sie schneeweiß hinterließ. Einige seiner Haare waren ähnlich behandelt, und als er sich selbst in einem Wasserbecken betrachtete, erkannte Stanley sich selbst nicht im Geringsten; und war sich sicher, dass niemand ihn verdächtigen würde, der junge englische Gefangene zu sein.

Er nahm seine Bauernkleidung wieder auf, verabschiedete sich herzlich von der Band und begann mit Meinik. Letzterer trug ein Bündel an seiner Waffe. Es enthielt einige Kleidungsstücke und sah nicht schwer aus; aber in der Mitte befanden sich zwei Pakete, die etwa vierzig Pfund wogen. Stanley trug ein Bündel mit seinen anderen Kleidungsstücken und mehrere Pfund Reis.

Eine zweitägige Wanderung führte sie zu Meiniks Dorf. Als sie den Wald verließen, reisten sie nachts und erreichten das Dorf, als die Leute gerade aufstanden. Der Ort bestand aus zehn oder zwölf Hütten, und Meinik sorgte bei den wenigen Bewohnern für großes Aufsehen. Diese bestanden aus zwei oder drei alten Männern, einigen Frauen und Kindern.

„Wo warst du die letzten anderthalb Jahre, Meinik, wenn ich fragen darf?"

„In der Nähe von Ava arbeiten", sagte er; „Aber da ich in den Krieg ziehen müsste, wenn ich dort geblieben wäre, dachte ich, ich würde zurückkommen und sehen, wie es euch allen geht. Ich habe ein wenig Geld gespart und werde mich vielleicht niederlassen, aber ob hier oder anderswo, das habe ich Ich habe mich noch nicht entschieden.

„Du wirst in den Krieg ziehen müssen", sagte einer der alten Männer. „Es vergeht kaum ein Tag, an dem nicht eines der Kriegskanus hier anhält, um zu sehen, ob wehrfähige Männer da sind. Sie haben acht mitgenommen, und sie werden Sie mit Sicherheit mitnehmen."

„Dann werde ich mir ein Boot besorgen", sagte er, „und mit dem Fischen beginnen. Der Krieg kann nicht lange dauern, und ich werde mein Bestes tun, den Kriegskanus aus dem Weg zu gehen, bis er vorbei ist. Wenn einer von euch Ich habe ein Boot zu verkaufen, ich werde es kaufen.

„Ich verkaufe dir meins", sagte der alte Mann. „Meine beiden Söhne wurden in den Krieg geschickt, und ich bin zu alt, um selbst daran zu arbeiten. Es ist gut; meine Söhne haben es erst letztes Jahr geschafft."

„Wen hast du bei dir?"

Stanley war in einiger Entfernung geblieben, während Meinik mit seinen Freunden sprach.

„Er ist ein alter Mann, dem ich unterwegs gefolgt bin", sagte er. „Er ist ein geschickter Fischer; und er hat zugestimmt, mit mir zu gehen, wenn ich ein Boot bekommen kann.

„Gibt es eine leere Hütte?"

„Ja, sechs von ihnen. Als die Männer gefangen genommen wurden, entführten sie natürlich die Frauen und Kinder, wie üblich, als Geiseln für ihr Verhalten."

Meinik nickte. Er war nicht überrascht, da es in Burma Brauch war, die Frauen und Kinder aller Männer, die in den Krieg zogen, festzuhalten, als Garantie dafür, dass ihre Ehemänner im Kampf nicht desertieren oder Feigheit zeigen würden. In jedem Fall würden ihre Angehörigen sofort hingerichtet werden.

„Mein Begleiter ist müde", sagte er. „Wir sind die ganze Nacht gelaufen, also werden wir etwas Essen kochen und er wird schlafen."

Sie nahmen sofort eine der leeren Hütten in Besitz, die genau so war, wie sie von ihrem Besitzer zurückgelassen worden war. Eine der Frauen brachte ein oder zwei Brandzeichen von ihrem Herd mit. Ein irdener Kochtopf wurde mit Wasser gefüllt und darüber gestellt und ein paar Handvoll Reis hineingeworfen. Zwei oder drei in kleine Stücke geschnittene Schlangen und einige Pfefferschoten wurden hinzugefügt; und dann ging Meinik hinaus, sprach mit seinen Bekannten und arrangierte den Kauf des Bootes. Stanley beobachtete das Feuer.

Eine Stunde später kam Meinik zurück.

„Das Boot ist gut", sagte er, „und die Netze in gutem Zustand. Ich habe sie für zwei Pfund Blei gekauft und versprochen, dass es so sein wird, wenn der Krieg vorbei ist und die Söhne des Mannes zurückkehren." Es steht ihnen frei, es zum gleichen Preis zurückzukaufen.

Nachdem sie ihre Mahlzeit gegessen hatten, legten sie sich beide hin und schliefen bis zum späten Nachmittag. Dann kaufte Meinik einen Tontopf und eine flache Platte aus demselben Material, auf der man ein Feuer machen konnte; etwas Paprika und Paprika sowie etwas Zimt und Muskatnuss; ein

Korb mit Mangos und etwas Tabak. Sobald es dämmerte, nahmen sie ihre Plätze im Boot ein, und Meinik trug zwei oder drei Holzbündel herunter.

Das Boot war ein Kanu, aus einem Kiefernstamm gehauen. Vier Personen hätten darin bequem Platz gehabt, und beide hätten ausreichend Platz gehabt, um sich in voller Länge hinzulegen. Es war sehr leicht, das Holz war so weit abgeschnitten, dass es kaum dicker als Pappe war. Dies war die fast universelle Bauweise: sogar die Kriegskanus, die sechzig Paddler – jeweils zu zweit auf einer Bank sitzend – und dreißig Soldaten transportieren konnten, die aus großen, einzelnen Teakholzstämmen gehauen waren. Die Netze waren an jedem Ende einzeln verstaut. In der Mitte befand sich der Kamin, auf dem bereits die Brandmarken des Feuers ausgelegt waren. In der Nähe befanden sich die Schwuchteln und Geschäfte.

Meinik und Stanley saßen auf den Netzen, jeder mit einem Paddel. Ersterer hatte den größten Teil seines Geldvorrats in der Erde versteckt, bevor er das Dorf betrat. Sobald sie richtig angefangen hatten, sagte Stanley:

„Müssen wir das Feuer nicht besser loswerden, Meinik? Sein Licht würde die Aufmerksamkeit auf uns lenken.“

„Das spielt keine Rolle“, antwortete der Burmane. „Es ist unwahrscheinlich, dass nachts Kriegskanus unterwegs sind, und ich gehe davon aus, dass die meisten von ihnen den Fluss hinuntergefahren sind. Die Leute fischen entweder nachts oder tagsüber, und selbst wenn ein Kriegskanu vorbeikäme, würden sie sich keine Sorgen machen Natürlich bleiben viele Männer, die zu alt sind, um in den Krieg zu ziehen, hier und gehen weiter fischen. Die Menschen können nicht verhungern, weil gekämpft wird. Die alten Männer und Frauen müssen die Felder bestellen und fischen, oder sie und die Menschen von die Städte würden verhungern.

„Viele der jungen Männer gehen nicht hin. Sie halten sich tagsüber von ihren Dörfern fern und arbeiten auf den Feldern; und die Häuptlinge schließen ihre Augen, denn sie wissen, dass die Leute ihre Erträge nicht bezahlen können, wenn die Felder nicht bestellt werden.“ Anteil an den Steuern.

„Trotzdem ist es gut, auf der sicheren Seite zu sein. Wenn das Feuer heruntergebrannt ist, legen wir ein Tuch über das Boot, damit man die Glut der Glut nicht sieht.“

Sie hielten ihren Kurs nahe der Flussmitte; teils, weil die Strömung dort stärker war, teils, weil etwaige Kriegskanus, die heraufkamen, sich in der Nähe des einen oder anderen Ufers hielten. Sie setzten ihren Weg fort, bis ein schwacher Lichtschein am Himmel erschien; Dann paddelten sie ans Ufer, suchten sich eine Stelle aus, an der einige Büsche ins Wasser hingen, und zwangen das Kanu hinter diese, so dass es vor den Blicken vorbeifahrender Boote völlig verborgen war, kochten etwas zu essen und aßen ihr Frühstück , legte mich hin und schlief bis zum Abend.

Nacht für Nacht wurde die Reise fortgesetzt. Ihr Nahrungsvorrat reichte für ihren Lebensunterhalt; und es gab daher keine Gelegenheit, in irgendeinem Dorf anzuhalten, um mehr zu kaufen. An der Stelle, wo sie begannen, war der Fluss etwa zwei Meilen breit; aber an manchen Stellen war es doppelt so breit, während es an anderen auf etwas mehr als eine Meile schrumpfte. Sein Niveau war jetzt viel niedriger als vor zwei Monaten, als Stanley es bestieg. Manchmal zogen sie nachts eines ihrer Netze hinter sich her und besorgten sich so einen großen Vorrat an Fisch für ihren Bedarf.

Jede Nacht legten sie, wie Stanley berechnete, etwa vierzig Meilen zurück und kamen nach einer zehntägigen Reise an den Punkt, an dem sich der große Fluss teilte und ein kleiner Arm nach Rangun floss. ein anderer stieg nach

Bassein hinab und stürzte dann am Kap Negrais ins Meer; während ein großer Teil des Wassers über unzählige Nebenflüsse zwischen den Flüssen Rangoon und Bassein seinen Weg nach unten fand.

In den letzten zwei oder drei Tagen mussten sie große Vorsicht walten lassen, denn unterhalb von Prome fuhren zahlreiche Boote den Fluss hinunter, beladen mit Männern und Vorräten. Diese reisten jedoch nur tagsüber; und das Kanu schwamm zu dieser Zeit immer entweder im Schutz von Büschen oder wurde an Stellen am Ufer hochgezogen, wo es durch dichtes Binsengebüsch nicht sichtbar war.

„Wir werden niemals in der Lage sein, auf dem Wasserweg nach Rangun zu gelangen", sagte Meinik. „Der Fluss wird in der Nähe der Stadt voller Ruderboote sein, und es wird überhaupt keine Chance geben, durch sie hindurchzukommen. Im nächsten Dorf, in das wir kommen, werde ich hineingehen und die Neuigkeiten erfahren. Ihre Landsleute könnten es gewesen sein." bis dahin vertrieben, und in diesem Fall bleibt uns nichts anderes übrig, als zu Fuß nach Norden zu reisen, bis wir Chittagong erreichen.

„Ich habe keine Angst, dass wir vertrieben werden, Meinik."

Dieses Gespräch hatte in der Nacht stattgefunden, als sie den Punkt überschritten hatten, an dem die beiden Flussarme sich trennten. Sie hatten einen größeren Vorrat an Fischen gefangen als sonst, und sobald das Boot angelegt war, machte sich Meinik mit mehreren von ihnen auf den Weg am Ufer entlang zum nächsten Dorf. Er kam in zwei Stunden zurück.

„Es ist gut, dass ich gelandet bin", sagte er, „denn der Punkt, an dem sich der größte Teil unseres Volkes versammelt, ist Henzawaddy, nur etwa fünfzehn Meilen weiter."

„Sie hatten Recht; Ihre Leute wurden nicht vertrieben. Ein großer Teil unserer Truppen ist in der Nähe von Rangun niedergeschlagen, aber in den Kämpfen, die stattgefunden haben, haben wir keinen Vorteil erlangt. Ihre Leute marschierten Ende Mai ab, getragen eine Palisadenanlage; und rückten nach Joazoang vor und griffen einige durch Palisaden verteidigte Dörfer an und eroberten sie, nachdem sie hundert unserer Männer getötet hatten. Dann eine große Palisadenanlage auf einem Hügel in der Nähe des Flusses, drei Meilen von Rangun entfernt – was unsere Leute für möglich hielten nicht eingenommen werden konnte, so stark war es geschützt – wurde angegriffen. Die Geschütze Ihres Volkes rissen eine große Lücke in einem Palisadenzaun eine Meile davor. Zweihundert Männer wurden getötet, auch der Kommandant.

„Dann marschierten Ihre Leute weiter zum großen Palisadenzaun bei Kemmendine. Als Ihre Truppen dort ankamen, sahen sie, wie stark es war, und hatten Angst, es anzugreifen. Sie lagen die ganze Nacht in der Nähe davon; und wir dachten, wir sollten sie vernichten.", alles, als sie am Morgen angriffen; aber ihre Schiffe, die mit ihnen herangekommen waren, eröffneten bei Tagesanbruch das Feuer. Da die Palisaden den Blicken derer auf dem Fluss verborgen waren, hatten wir gedacht, dass die Schiffe nichts tun könnten; aber sie schossen große Kugeln in die Luft, und sie landeten innerhalb des Palisadenzauns, wo sie mit einer Explosion zerplatzten, die dem Lärm einer großen Kanone ähnelte; und töteten so viele, dass die Truppen einem so schrecklichen Feuer nicht standhalten konnten, und gingen davon. Überlassen Sie es Ihren Leuten, die Palisaden zu betreten, ohne zu kämpfen.

Kapitel 6
Unter Freunden.

„Mir scheint es auf jeden Fall so zu sein", sagte Stanley, als er den Bericht des Burmanen über den Stand der Dinge unten hörte, „dass es uns nicht möglich sein wird, auf dem Wasserweg weiter zu gehen."

„Es wäre sehr gefährlich", sagte Meinik. „Es ist sicher, dass alle Manner in diesem Teil des Landes gezwungen waren, zur Armee zu gehen, und selbst wenn wir beide Eingeborene wären und keinen besonderen Grund hätten, einer Befragung zu entgehen, müssten wir beschlagnahmt und hingerichtet werden." einmal, weil wir den Befehl, uns der Armee anzuschließen, missachtet haben. Natürlich können wir mit unserem Boot nicht weiter hinabfahren, sondern müssen an Land. Ich würde sagen, dass wir am besten Speere und Schilde besorgen und uns einer neu angekommenen Gruppe anschließen.

„Aber Sie vergessen, dass meine Tarnung als Eingeborener zwar gut genug ist, um jeden, der uns auf der Straße oder in der Dämmerung nach Sonnenuntergang begegnet, in die Irre zu führen, dass ich aber bei Tag auf jeden Fall Aufmerksamkeit erregen würde, wenn ich mit ihnen reise."

„Das habe ich vergessen. Ich habe mich so daran gewöhnt, dich zu sehen, dass ich vergesse, dass dein Gesicht anderen Menschen seltsam vorkommen würde; so wie mir zuerst im Wald. Tatsächlich siehst du für mich jetzt wie einer von uns aus ; aber wenn wir einer Band beitreten würden, würde bestimmt bald jemand Fragen über Sie stellen. Was sollten wir dann Ihrer Meinung nach am besten tun?"

„Nach dem, was ich von einem Ihrer Kameraden, der aus dieser Provinz stammt, über das Land gehört habe, wäre es für uns unmöglich, nach der Überquerung des Flusses auf der gegenüberliegenden Seite wieder hinunterzusteigen, da das ganze Land sumpfig ist und von Zweigen des Irrawaddy zerschnitten. Auf dieser Seite gibt es nur wenige Hindernisse dieser Art, aber andererseits werden wir das Land voller Truppen vorfinden, die nach Rangun hinabziehen. Ihr Kamerad hat mir erzählt, dass die Hügel, die wir gesehen haben Der Osten, vom Wald bei Ava, erstreckte sich bis hinunter nach Tenasserim und war sehr hoch und konnte nicht durchquert werden, weil es keine Nahrung gab und es Tiger, wilde Tiere und andere Tiere im Überfluss gab. Aber er sagte, dass die kleinere Hügel, die wir auf dem Weg zu Ihrem Dorf überquerten – die er die Pegu Yoma-Hügel nannte – von denen einige bis zum Ufer abfallen, erstrecken sich bis zum Meer zwischen den Flüssen Irrawaddy und Sittang; und das Von ihnen flossen Bäche zu dem einen oder anderen Fluss. Wenn wir also diese Reichweite erreichen könnten, sollten wir das Sumpfland ganz meiden.

„Ein paar Meilen zurück kamen wir an einem Fluss vorbei, der von Osten kam, und wenn wir diesem bis zu dem Punkt folgen, an dem es Wasser gibt, werden wir zwischen den Hügeln sein. Er sagte, dass es dort überhaupt keine Berge gäbe, sondern nur abgerundete Hügel, mit vielen Dörfern und viel kultiviertem Land, so dass es keine Schwierigkeiten geben sollte, unseren Weg entlang zu gehen. Wir werden in der Lage sein, Lebensmittel auf den Feldern zu sammeln oder in Dörfer zu gehen und etwas zu kaufen, denn die Männer werden alle weg sein . Außerdem können wir Speere und Schilde bekommen und können sagen, dass wir, nachdem wir auf einer Reise von zu Hause weg waren – als die Männer alle zum Krieg beordert wurden, zu spät zurückkamen, um mit den übrigen Dorfbewohnern zu gehen, und unsere Reise antreten weit nach unten, um sich ihnen anzuschließen. Viele andere müssen das Gleiche tun, und die Geschichte wird wahrscheinlich genug sein.

„Auf diese Weise können wir herunterkommen, bis wir uns den Truppen um Rangun nähern, und müssen dann unsere Chance nutzen, durch sie hindurchzukommen."

„Das scheint besser zu sein als umgekehrt", sagte Meinik. „Oberhalb von Sarawa gibt es einen Fluss, von dem Sie sprechen. Wir können heute Abend zurückpaddeln und uns in der Nähe der Stadt verstecken. Dann kann ich morgens dorthin gehen und ein paar Speere und Schilde kaufen und noch etwas Reis holen andere Dinge. Wir haben reichlich Munition für unsere Gewehre; die wir vielleicht benötigen, wenn wir irgendwelchen wilden Tieren begegnen."

„Glaubst du nicht, dass eine Gefahr darin besteht, da reinzugehen, Meinik? Natürlich gibt es für uns keinen unbedingten Anlass, Speere und Schilde zu haben, da wir Waffen haben."

„Wir sollten Schilde haben", antwortete Meinik, „und es wäre besser, auch Speere zu haben und auch Äxte zu tragen – im Krieg trägt jeder eine Axt, denn wir errichten immer Palisaden und sind zwar ein sehr armer Mann." Er darf nur sein Messer haben, jeder, der es sich leisten kann, nimmt eine Axt. Die meisten Leute haben so etwas, denn man braucht es zum Brennholzschneiden, zum Roden des Bodens, zum Hausbau und für viele andere Dinge; und ein Burman muss es sein wirklich arm, wer keins besitzt.

„Dann besorge sie uns auf jeden Fall, Meinik; außerdem könnten wir sie für uns selbst nützlich finden."

Sie legten sich nun hin und schliefen bis zum Abend; Dann ging es wieder flussaufwärts, hielt sich dicht im Schatten des Ufers und versteckte das Kanu zwei Stunden vor Tagesanbruch wie üblich an einer Stelle zwei Meilen oberhalb von Sarawa. Meinik machte sich bei Tagesanbruch auf den Weg und kehrte drei Stunden später mit zwei Äxten, Speeren und Schilden zurück.

In dieser Nacht bogen sie in den Fluss ein, der nach Osten floss, und paddelten ihn vier Nächte lang hinauf. Das Land nahm jetzt einen anderen Charakter an, und der Bach floss in einem Tal mit auf beiden Seiten ansteigendem Boden – von hundert bis hundertfünfzig Fuß hoch – und wurde sehr schnell schmaler. Gegen Morgen des fünften Tages war der Fluss zu einem kleinen Bach geworden, der nur zwei bis drei Fuß tief war; und sie beschlossen, das Boot zu verlassen, da klar war, dass sie nur noch eine kurze Strecke weiterfahren könnten.

„Wir können sie genauso gut sorgfältig verstecken", sagte Stanley. „Es ist sicherlich nicht wahrscheinlich, dass wir sie wieder wollen, aber es gibt nie ein Wort darüber, und auf jeden Fall wird es keine großen Schwierigkeiten bereiten, es zu tun."

Sie kochten eine Mahlzeit und machten sich dann sofort auf den Weg, um noch ein paar Stunden zu Fuß zu gehen, bevor die Sonne hoch stieg. Sie beschlossen, weiter nach Osten zu gehen, bis sie den höchsten Punkt des Trennkamms zwischen den beiden Hauptflüssen erreichten, und ihm dann nach Süden zu folgen. Das Land war nun gut bebaut, und es fiel ihnen schwer, die dicht verstreuten kleinen Dörfer zu meiden, da der Kurs, den sie einschlugen, nicht der war, den sie einschlagen würden, wenn sie sich direkt auf den Weg zur Armee machen würden. Sie schliefen drei oder vier Stunden lang in der Hitze des Tages; und dann, als sie weitergingen, befanden sie sich vor Sonnenuntergang auf dem Punkt, der ihnen als der höchste Punkt der Wasserscheide erschien. Rechts konnten sie das flache Land sehen, das sich zum Irrawaddy hin ausdehnte, links war der Boden stärker hügelig. Zwei Meilen entfernt floss ein ziemlich großer Bach, den sie für den Fluss hielten, der nach Pegu hinabfließt und dann unterhalb der Stadt in den Rangoon-Fluss mundet.

Stanley glaubte, dass der Hügel, auf dem sie standen, etwa fünfhundert Fuß über dem Tiefland lag, das sie verlassen hatten. Ein großer Teil der Hügel war mit Bäumen bedeckt, obwohl der Hang an der Stelle, wo sie hinaufgestiegen waren, kahl war. Sie gingen weiter, bis sie den Wald betraten, und machten sich dort an die Arbeit, Feuerholz zu hacken. Meinik trug eine Zunderbüchse und schon bald brannte ein Feuer, und daneben stapelten sie einen großen Vorrat Holz.

„Ich weiß nicht, dass es so weit im Süden Leoparden gibt", sagte er, „aber auf jeden Fall ist es sicherer, ein großes Feuer brennen zu lassen. Früher habe ich nie viel über Leoparden nachgedacht, aber seitdem habe ich das getan." Als ich den Fuß dieses großen Tieres auf meinem Rücken sah, hatte ich eine Abscheu vor ihnen."

Am nächsten Morgen setzten sie ihre Reise nach Süden fort, wobei sie beherzt weiterzogen und dabei mehrere Dörfer durchquerten.

„Sie kommen zu spät zum Krieg", sagte ein alter Mann, als sie eines davon durchgingen.

„Das weiß ich", antwortete Meinik, „aber wir waren mit einer Karawane von Händlern unterwegs, als der Befehl kam; und so mussten wir, anstatt den Fluss hinunterzugehen, zu Fuß gehen. Aber wir werden rechtzeitig dort sein." . Nach allem, was wir gehört haben, gab es noch nicht viele Kämpfe."

„Nein, die weißen Barbaren sind alle in Rangun eingesperrt. Wir haben sie nicht ernsthaft angegriffen, aber wir werden es bald tun, und außerdem werden sie bald alle verhungern, denn das Land wurde seit zwanzig Jahren von jeglichem Vieh befreit." Meilen im Umkreis, die Dörfer verlassen und alles verwüstet; und wir hören, dass die Hälfte von ihnen krank ist und dass eine große Anzahl gestorben ist. Ich wünschte, ich wäre jünger, dass auch ich helfen könnte, das zu zerstören unverschämte Feinde, die es gewagt haben, unseren heiligen Boden zu betreten.

Jetzt bestand kein Grund zur Eile, und sie reisten in einfachen Etappen, bis sie am Rauch, der aus verschiedenen Teilen des Waldes aufstieg, erkannten, dass sie sich der Stelle näherten, an der die burmesischen Truppen um Rangun herum lagen, und sie tatsächlich sehen konnten große Pagode, die sich über das umliegende Land erhebt. Sie hatten in den letzten Dörfern, durch die sie gekommen waren, gehört, dass am 1. Juli ein Angriff auf die Pagode stattgefunden hatte. An diesem Tag waren die Burmesen mit großer Macht in einer Linie parallel zur Straße zwischen der Pagode und der Stadt vorgerückt, an der eine beträchtliche Anzahl unserer Truppen lagerte. Sie waren bis auf eine halbe Meile an Rangun herangekommen, hatten dann die Front gewechselt und die britische Stellung in der Nähe der Stadt angegriffen. Sie besetzten einen Hügel in der Nähe unserer Linie und eröffneten von dort aus mit Jingals und kleinen Kanonen das Feuer. Aber zwei britische Kanonen, die Trauben abfeuerten, brachten ihre Waffen bald zum Schweigen, und ein Madras-Regiment stürmte den Hügel und eroberte ihn zurück.

Dies durchkreuzte den Plan des Wongee, der das Kommando über die Burmesen hatte, völlig. Das Signal an die gesamte Armee zum Angriff hätte gegeben werden sollen, sobald ihre Linke die britische Linie durchbrochen und damit alle Truppen auf der Straße, die zur Pagode führte, von der Stadt abgeschnitten hatte. Als der General sah, dass diese Bewegung gescheitert war, gab er nicht das Signal zum Generalangriff, sondern befahl den Truppen, sich zurückzuziehen. Er war in Ungnade nach Ava zurückgerufen worden; und ein hochrangiger Offizier, der kurz nach der Schlacht eintraf, übernahm das Kommando. Er machte sich sofort daran, in Kummerroot, fünf Meilen von der großen Pagode entfernt, einen sehr starken Zaun zu errichten. und befestigte auch einen Punkt am Fluss oberhalb von

Kemmendine – den Palisadenzaun, der von den Briten erobert worden war – und beabsichtigte, von diesem Punkt aus Feuerflöße herabzuschicken, um die britische Schifffahrt zu zerstören, und führte gleichzeitig nachts kontinuierlich Angriffe durch auf den britischen Linien.

Zu dieser Zeit regnete es unaufhörlich, und die Burmesen glaubten nicht, dass die Briten in der Lage sein würden, gegen sie vorzugehen. Die Position am Fluss war durch starke Palisaden mit der bei Kummerroot verbunden; und der burmesische General war überzeugt, dass ein Angriff leicht zu besiegen sei. Acht Tage nach der Abwehr des ersten burmesischen Angriffs kamen die Schiffe jedoch den Fluss hinauf, während eine Landkolonne gegen Kummeroot vorrückte.

Die Position war stark. Der Fluss wurde hier in zwei Arme geteilt und an der Landspitze zwischen diesen wurde der Hauptzaun errichtet und gut mit Artillerie versorgt; Während an den gegenüberliegenden Ufern beider Flüsse weitere Palisaden mit Kanonen errichtet wurden, so dass jeder Angriff vom Wasser aus mit dem direkten Feuer der großen Palisaden und einem Kreuzfeuer von denen an den Ufern beantwortet werden konnte.

Vier Schiffe kamen heran, und die burmesischen Kanonen schossen auf sie, aber das schwere Feuer der Kriegsschiffe brachte sie nicht lange zum Schweigen; und dann waren eine Reihe von Booten voller Truppen gelandet, stürmten die Palisaden und vertrieben die Burmesen. Die Landkolonne war nicht in der Lage gewesen, Waffen mitzunehmen, da es unmöglich war, sie über die regennassen Wege zu schleppen. und die burmesischen Häuptlinge, die auf die Stärke ihres Hauptpostens vertrauten – der durch drei übereinander liegende Reihen starker Palisaden verteidigt wurde – und auf ihre immens überlegene Streitmacht, behandelten den Vormarsch der kleinen britischen Kolonne mit absoluter Verachtung – Sobald es begann, wurden sie von ihren dicht im Wald verstreuten Kundschaftern darüber informiert.

Der General, Soomba Wongee, saß gerade beim Abendessen, als ihm mitgeteilt wurde, dass die Kolonne fast die erste Palisade erreicht hatte. Er wies seine Häuptlinge an, sich auf ihre Posten zu begeben und „die dreisten Fremden zu vertreiben", und setzte seine Mahlzeit fort, bis ihn die schweren und schnellen Musketenschüsse der Angreifer davon überzeugten, dass die Angelegenheit ernster war, als er erwartet hatte. Die burmesischen Generäle beteiligen sich in der Regel nicht aktiv an ihren Schlachten; aber Soomba Wongee verließ sein Zelt und ging sofort auf den angegriffenen Punkt zu. Er stellte fest, dass sich seine Truppen bereits auf dem Rückzug befanden und dass die beiden äußeren Palisaden vom Feind erobert worden waren. Er versammelte seine Männer und ging selbst zum Angriff voran; Aber das stetige und kontinuierliche Feuer der Briten machte es ihm unmöglich, die

Ordnung wiederherzustellen, und die Burmesen blieben in hoffnungsloser Verwirrung zusammengedrängt. Es gelang ihm jedoch, eine Gruppe von Offizieren und Truppen zusammenzustellen und mit ihnen einen verzweifelten Angriff auf die britischen Soldaten durchzuführen. Er wurde zusammen mit mehreren anderen hochrangigen Anführern getötet; und die Burmesen wurden im Dschungel zerstreut und ließen achthundert Tote zurück.

Die Tatsache, dass zehn mit dreißig Artilleriegeschützen ausgestattete Palisaden an einem Tag von den Briten eingenommen werden sollten, hatte einen tiefen Eindruck bei den Dorfbewohnern der Nachbarschaft hervorgerufen – denen die Wahrheit nicht verborgen bleiben konnte – und tatsächlich Alle Dörfer im Umkreis von vielen Meilen um den Schauplatz herum waren voller Verwundeter. Sie erzählten Meinik, dass die Armee eine Zeit lang zutiefst deprimiert sei. Viele waren desertiert, und die Tatsache, dass Palisaden, die sie für uneinnehmbar gehalten hatten, gegen den Feind, dessen regelmäßiges und kombiniertes Vorgehen ebenso unwiderstehlich war wie gegen ihre eigene isolierte und individuelle Kampfmethode, keinerlei Nutzen hatten, hatte ihren bis dahin tiefen Glauben daran erschüttert ihre eigene Überlegenheit gegenüber allen Menschen, mit denen sie in Kontakt kommen könnten.

Seitdem kam es zu keinen ernsthaften Kämpfen mehr. Gelegentlich kam es zu nächtlichen Angriffen, und alle Bemühungen der Eindringlinge, durch Sammeltrupps an Nahrung zu kommen, hatten sich als erfolglos erwiesen. Die Boote der Flotte waren den Puzendown-Fluss hinaufgefahren, der in einiger Entfernung unterhalb der Stadt in den Rangun-Fluss mündete, und hatten eine große Anzahl von Booten erbeutet, die dort lagen und darauf warteten, dass Rangun eingenommen wurde, bevor sie mit ihrer Ladung den Fluss hinauf fuhren aus Reis und Salzfisch; aber sie hatten keinen anderen Vorteil erlangt, denn obwohl die Dörfer mit Flüchtlingen aus der Stadt überfüllt waren, wurden diese von den zu diesem Zweck dort stationierten Truppen in den Dschungel getrieben, sobald die Boote den Fluss hinaufkommen sahen.

In einigen Fällen kamen die Boote jedoch so plötzlich an, dass dafür keine Zeit mehr vorhanden war; und die Flüchtlinge seien nach Rangun gebracht worden, wo sie angeblich sehr gut behandelt worden seien.

Aus den oberen Provinzen waren nun große Verstärkungen herabgekommen. Zwei Brüder des Königs waren eingetroffen, um das Kommando über die Armee zu übernehmen; einer hatte sich in Donabew niedergelassen, der andere in Pegu. Sie hatten zahlreiche Astrologen mitgebracht, um einen günstigen Zeitpunkt für einen Angriff festzulegen; und die Unverwundbaren des Königs, mehrere Tausend Mann stark – ein

Spezialkorps, das weder Schuss noch Stahl verletzen konnten – waren bei ihnen.

Ungefähr am 6. August war eine starke Stellung, die von einer vom Prinzen in Pegu entsandten Streitmacht in der alten portugiesischen Festung Syriam eingenommen worden war, angegriffen worden; mit dem Befehl, den Kanal des Rangun-Flusses zu sperren, damit keiner der Fremden dem Schicksal entgehen könne, das ihn erwartete. Die Position war sehr stark. Die Bäume und das Gestrüpp rund um die Festung waren abgeholzt worden; Wo es Lücken in der alten Mauer gab, wurden Palisaden errichtet; und große Balken, die an der Brüstung hingen, damit im Falle eines Angriffs die Seile durchtrennt werden könnten und die Balken auf die Köpfe der Angreifer fallen könnten.

Die Briten hatten jedoch eine Brücke über einen tiefen Bach geschlagen, waren gegen den Ort vorgedrungen und hatten ihn in wenigen Minuten erobert; Sobald die Angreifer die Stadtmauer erreicht hatten, flog die Garnison zu einer Pagode, die auf einem sehr steilen Hügel stand, durch Kanonen verteidigt wurde und nur über eine sehr steile Treppe angreifbar war. Die Truppen drängten diese jedoch furchtlos vor; und die Garnison, entmutigt und erschüttert durch die Berichte der Flüchtlinge aus der unteren Festung, war geflohen, sobald die Briten oben an der Treppe ankamen.

Ungeachtet dieses und weiterer, ebenfalls erfolgreicher Angriffe auf ihre Palisaden waren die burmesischen Truppen nun zuversichtlich, dass sie mit ihren zahlreichen Streitkräften siegreich sein würden, wann immer die Astrologen entschieden, dass der günstige Zeitpunkt gekommen sei.

Meinik hatte von den Dorfbewohnern den Namen des Anführers und den Ort erfahren, zu dem das Korps gehörte und der Rangun am nächsten lag. Sobald es dunkel war, betraten er und Stanley den Wald. Der Rauch hatte ihnen als Orientierungshilfe für die Position der verschiedenen Korps gedient; und sie konnten zwischen diesen hindurchgehen, ohne befragt zu werden. Doch bald stießen sie auf einen starken Streikposten.

"Wo gehst du hin?" fragte der kommandierende Offizier.

„Um dem Korps der Woondock Snodee beizutreten", antwortete Meinik. „Wir waren in Bhanno, als der Befehl kam, und der Rest war den Fluss hinuntergegangen, bevor wir nach Mew kamen; also kamen wir allein weiter und wollten unsere Pflicht nicht verfehlen."

„Sie kommen gerade noch rechtzeitig", sagte der Beamte. „Der Woondock ist eine Viertelmeile entfernt, auf der linken Seite."

Sie zogen in diese Richtung weiter; aber bald verließen sie die Spur, mieden das Lager und hielten sich fern, bis sie den Waldrand erreichten. Dann krochen sie durch den Dschungel und das Unterholz vorwärts, hielten von Zeit zu Zeit inne, um zu lauschen, und änderten dreimal ihren Kurs, um Gruppen der Burmesen auszuweichen, die als Außenposten fungierten.

Als sie aus dem Dschungel herauskamen, krochen sie drei- bis vierhundert Meter vorwärts, so dass sie außerhalb des Musketenschusses der Außenposten waren. und blieb dann ruhig, bis der Morgen anbrach. Dann konnten sie in einem kleinen Dorf, vor dem eine Brustwehr errichtet worden war, etwa vierhundert Meter von ihnen entfernt Rotröcke herumlaufen sehen, und als sie aufstanden, rannten sie darauf zu. Aus dem dahinter liegenden Dschungel wurden mehrere Schüsse auf sie abgefeuert; und sofort erschienen einige Soldaten an der Brustwehr. Angenommen, die beiden sich nähernden Gestalten seien burmesische Deserteure, feuerten sie nicht; und Stanley und sein Begleiter waren bald unter ihnen.

Sie waren Soldaten eines der bengalischen Regimenter; und zu ihrer Überraschung sprach Stanley sie in ihrer eigenen Sprache an.

„Ich bin Engländer", sagte er. „Ich bin einer der Gefangenen, die sie in Ramoo gemacht haben und denen ich entkommen bin. Gibt es einen Ihrer Offiziere im Dorf?"

„Ich werde Sie zu ihnen bringen", sagte ein einheimischer Unteroffizier; und Stanley betrat ein oder zwei Minuten später ein Häuschen, in dem vier englische Offiziere gerade ihr frühes Frühstück einnahmen und sich auf den Dienst vorbereiteten.

„Wen hast du hier, Jemadar?" fragte einer von ihnen auf Bengalee.

Stanley antwortete für sich.

„Ich bin ein Engländer, Sir, und bin gerade aus Ava geflohen."

Der Beamte stieß einen überraschten Ausruf aus.

„Nun, Sir", sagte der Älteste von ihnen, als er Stanley seine Hand reichte, „ich gratuliere Ihnen, dass Sie davongekommen sind, wer auch immer Sie sind; aber ich muss sagen, wenn Ihre Rede nicht gewesen wäre, Ich hätte dir nicht glauben sollen; denn ich habe noch nie jemanden gesehen, der weniger wie ein Engländer aussah als du."

„Mein Name ist Stanley Brooke, Sir. Ich bin der Sohn des verstorbenen Captain Brooke vom 15. Eingeborenenregiment."

„Dann sollte ich Sie kennen", sagte einer der anderen Offiziere, „denn ich kannte Ihren Vater; und ich erinnere mich, dass ich Ihren Namen auf der Liste der in Ramoo getöteten Offiziere sah und mich fragte, ob es der Junge sein könnte, den ich vor fünf oder fünf Jahren kannte." vor sechs Jahren."

„Ich erinnere mich an Sie, Captain Cooke“, sagte Stanley. „Ihr Regiment war in Agra, als wir dort waren.“

„Sie haben recht, und ich bin von Herzen froh, dass die Nachricht von Ihrem Tod falsch war“, und er schüttelte Stanley herzlich die Hand.

„Und wer ist dein Begleiter?“ fragte der Major. „Ist er auch ein Engländer?“

„Nein, Sir; er ist ein Eingeborener. Er ist ein äußerst treuer Kerl. Er hat als mein Führer fungiert, den ganzen Weg hinunter von dem Punkt, von dem aus wir angefangen haben, zwanzig Meilen von Ava entfernt. Ohne seine Hilfe hätte ich es nie geschafft.“ „Obwohl ich gut genug Burmesisch spreche, um überall durchzukommen, unterscheidet sich mein Gesicht in seiner Form so sehr von ihrem, dass man mich sofort verdächtigen würde, wenn man mich bei Tageslicht genau betrachtet. Ohne seine Hilfe wäre ich nie hierhergekommen.“

„Wie kam er, um Ihnen zu helfen, Sir?“ fragte Major Pemberton. „Soweit wir sehen können, hassen uns die Burmesen wie Gift. Selbst wenn sie zu Tode verwundet sind, werden sie einen letzten Schuss auf jeden Soldaten abfeuern, der an ihnen vorbeimarschiert.“

„Ich habe ihm zufällig das Leben vor einem Leoparden gerettet“, sagte Stanley, „und er hat wirklich seine Dankbarkeit gezeigt.“

„Jemadar“, sagte der Major, „nehmen Sie diesen Mann mit. Sorgen Sie dafür, dass er gut behandelt wird. Geben Sie ihm natürlich etwas zu essen. Er wird sofort mit diesem Offizier zum General gehen.“

Stanley sagte ein paar Worte auf Burmesisch zu Meinik und teilte ihm mit, dass er etwas zu essen bekommen und anschließend mit ihm zum General gehen würde; und dann setzte er sich auf Einladung der Offiziere mit ihnen zum Frühstück zusammen. Während er es aß, erzählte Stanley ihnen etwas von seinen Abenteuern. Nachdem das Essen beendet war, sagte der Major:

„Sie sollten besser mit Mr. Brooke zum General gehen, Captain Cooke. Ich kann das Regiment nicht gut verlassen.“

„Wir können Ihnen ein Outfit überlassen, Mr. Brooke; obwohl wir, die meisten von uns, schon ziemlich auf unsere letzten Kleidungsstücke reduziert sind. Wegen des Dschungels und wegen der Feuchtigkeit sind wir fast alle im letzten Zustand des Verfalls angelangt ; aber ich bin sicher, der General würde Sie gerne in Ihrer jetzigen Verkleidung sehen.“

„Für mich macht das keinen Unterschied, Sir“, sagte Stanley lachend. „Ich habe mich mittlerweile so an diesen schwarzen Unterrock gewöhnt, dass ich mich in allem anderen fast merkwürdig fühle. Ich fürchte, es wird lange dauern, bis sich dieser Farbstoff abnutzt. Es ist fast drei Wochen her, seit ich das letzte Mal gefärbt wurde, und es ist bisher kaum verblasst.

„Sie brauchen Ihre Waffen sowieso nicht zu nehmen", sagte Kapitän Cooke. „Ohne sie wirst du weniger Aufmerksamkeit erregen, denn man wird nur annehmen, dass du einer der Eingeborenen bist, die von den Booten hergebracht wurden."

Meinik saß zufrieden auf dem Boden vor der Hütte, der Djemadar stand neben ihm.

„Hast du etwas gegessen, Meinik?" fragte Stanley.

Der Mann nickte.

„Gutes Essen", sagte er.

„Das ist in Ordnung. Kommen Sie jetzt mit uns. Ihre Waffen können Sie hier lassen – sie werden nicht erwünscht sein."

Meinik stand auf und folgte Stanley und Captain Cooke. Überall am Straßenrand standen verstreut Häuser. Diese waren jetzt alle mit Offizieren und Truppen besetzt, und es waren so viele, dass es nicht nötig gewesen war, einen der Männer unter Segeltuch zu setzen – ein wichtiger Gesichtspunkt angesichts des fast ununterbrochenen Regens der letzten drei Monate.

„Warum, Cooke, ich wusste nicht, dass Sie Burmesisch sprechen", bemerkte ein Beamter, der an einer der Türen stand, als der Beamte vorbeikam und sich mit Stanley unterhielt.

„Sie kennen nicht alle meine Leistungen, Phillipson", lachte der Kapitän, denn auf die Idee, dass es so etwas wie einen burmesischen Bauern gab, der Englisch sprechen konnte, war der andere noch nicht gekommen. „Ich bringe ihn zum Häuptling, um meine Kräfte unter Beweis zu stellen." und ging weiter und ließ den Beamten zurück, der ihm mit einem verwirrten Gesichtsausdruck nachsah.

Bei ihrer Ankunft im Hauptquartier von Sir Archibald Campbell schickte Kapitän Cooke seinen Namen, und da der General im Moment nicht beschäftigt war, wurde er sofort hereingeführt; gefolgt von Stanley, Meinik blieb ohne.

„Guten Morgen, Sir. Wie ich sehe, haben Sie einen Deserteur hereingebracht", sagte der General.

„Er ist kein Deserteur, Sir. Er ist ein entflohener Gefangener, der von Ava durch die feindlichen Linien nach unten gelangt ist.

„Das ist Mr. Brooke. Er diente als Offizier bei der Eingeboreneneinheit in Ramoo und wurde als getötet gemeldet. Glücklicherweise wurde er jedoch nur betäubt und als einziger lebend aufgefundener Offizier von Bandoola als Gefangener geschickt an Ava. Ich kann sagen, dass er ein Sohn des verstorbenen Kapitäns Brooke vom 15. Eingeborenen-Infanterieregiment ist.

„Sie sind auf jeden Fall wunderbar verkleidet", sagte der General; „Und ich gratuliere Ihnen herzlich zu Ihrer Flucht. Ich hätte jedoch ohne einen zweiten Blick an Ihnen vorbeigehen sollen, als ob Sie ein Eingeborener wären, denn jetzt, wo mir gesagt wird, dass Sie ein Engländer sind, kann ich sehen, dass Sie nicht die breiten Wangenknochen und das flache Gesicht haben von ein Burmane. Wie hast du es geschafft, nach unten zu kommen?"

„Ich bin fast ausschließlich nachts gereist, Sir, und ich hatte einen treuen Führer bei mir Die Sprache ist in den verschiedenen Bezirken sehr unterschiedlich."

„Ist er ein Burmane?"

„Ja, General."

„Haben Sie mit ihm einen bestimmten Betrag für seine Dienste vereinbart? Wenn ja, wird dieser selbstverständlich ausgezahlt."

„Nein, Sir; er ist einfach aus Dankbarkeit für den Dienst, den ich ihm erwiesen habe, heruntergekommen. Ich weiß nicht, ob er die Absicht hat, zurückzukehren; aber ich hoffe, dass er hier bei mir bleiben wird."

„Ich habe Mr. Brooke hierher gebracht, Sir", sagte Kapitän Cooke, „auf Wunsch des Majors und dachte, dass Sie ihm vielleicht ein paar Fragen über den Stand der Dinge im Inneren stellen möchten."

„Ich würde gerne ein langes Gespräch mit Mr. Brooke führen", sagte der General; „Aber solange er keine sicheren Nachrichten über den Zeitpunkt hat, an dem sie uns angreifen wollen, werde ich ihn jetzt nicht festhalten. Das erste, was er tun muss, ist, dass er wieder zivilisierte Kleidung anzieht."

„Übrigens sollen die Habseligkeiten des armen jungen Hitchcock heute Morgen verkauft werden. Ich denke, dass sie Mr. Brooke sehr gut passen würden."

„Lassen Sie mich sehen. Natürlich ist Ihr Gehalt gesunken, seit Sie gefangen genommen wurden, Mr. Brooke."

„Ich fürchte, Sir, dass kein Lohn fällig ist", sagte Stanley. „Ich war zu dieser Zeit zufällig in Ramoo und kümmerte mich um einige Waren meines Onkels, der an der Küste einen beträchtlichen Handel betreibt; und da ich die Sprache spreche und es nur sehr wenige gab, die das konnten, habe ich mich freiwillig gemeldet, als solcher zu fungieren Ich war ein Offizier beim Eingeborenenaufgebot. Ich zog es vor, als Freiwilliger zu arbeiten, damit ich jederzeit gehen konnte, wenn ich von meinem Onkel den Befehl erhielt, mich ihm in Chittagong anzuschließen.

„Ich könnte ihm einen Befehl erteilen, aber ich weiß nicht, wo er zu finden ist. Ich habe einige ungeschliffene Rubine bei mir; allerdings habe ich keine Ahnung, was sie wert sind, denn ich habe sie noch nicht einmal angeschaut; aber Sie sollten auf jeden Fall eine gute Sicherheit für 50 Pfund sein.

„Das können wir jetzt regeln, Mr. Brooke. Ich werde beim Zahlmeister einen Auftrag über 500 Rupien ausstellen, und wir können die Angelegenheit anschließend besprechen. Ich fürchte, dass Sie für die Kleidung fast ziemlich viel bezahlen müssen." Jeder hier hat seine Ausrüstung abgenutzt; und Mr. Hitchcock kam erst vierzehn Tage vor seinem Tod zu uns, so dass seine in einem sehr guten Zustand sind. Natürlich sind sie alle uniformiert – er war in meinem Stab – aber das wird nicht der Fall sein Das ist egal. Man kann hier kaum in Zivil herumlaufen.

„Ich würde mich sehr freuen, wenn Sie heute Abend um sechs Uhr mit mir speisen würden. Sprechen Sie vorher mit Ihrem Mann und sehen Sie, was er tun möchte. Wenn er ein kluger Kerl ist, könnte er sehr nützlich sein zu uns."

Der General schrieb die Bestellung auf den Zahlmeister, und Kapitän Cooke brachte Stanley ins Büro und holte das Geld dafür. Als er nachfragte, stellte er fest, dass der Verkauf in einer Viertelstunde zustande kommen würde.

„Wenn Sie möchten, übernehme ich das Gebot für Sie, Brooke", sagte Kapitän Cooke. „Ich wage zu behaupten, dass es Ihnen im Allgemeinen lieber wäre, in Ihrem jetzigen Gespann vorgestellt zu werden."

„Eher nicht, und ich werde Ihnen sehr dankbar dafür sein, dass Sie es tun."

„In Ordnung. Ich werde dafür sorgen, dass Ihr Geld so weit wie möglich reicht. Natürlich hat der arme Kerl keine Galauniform oder irgendetwas in der Art mitgebracht."

„Sie finden mich hier mit meinem Burman", sagte Stanley. „Wir werden eine halbe Stunde lang umherschlendern und dann wieder hierher zurückkommen."

In der Stadt gab es sehr wenig zu sehen. Meinik war erstaunt, als sie das Flussufer bestiegen und die vor Anker liegenden Schiffe sehen konnten. Eine Zeit lang war er zu überrascht, um etwas zu sagen, da er noch nie etwas Größeres gesehen hatte als die schwerfälligen Frachtschiffe, die einmal im Jahr den Fluss hinauffuhren.

"Es ist wunderbar!" sagte er schließlich. „Wer hätte an solch große Schiffe gedacht? Wenn der Kaiser sie nur sehen könnte, würde er meiner Meinung nach Frieden schließen. Es ist leicht zu erkennen, dass Sie viele Dinge mehr wissen als wir. Könnte man an Bord von ihnen gehen?"

„Nicht so, wie ich im Moment bin, Meinik; aber wenn ich wieder englische Kleidung anziehe und mich von diesem Makel befreie, habe ich keinen Zweifel daran, dass ich dich an Bord eines der Kriegsschiffe nehmen kann .

„Und jetzt sagen Sie mir bitte, was Sie vorhaben? Ich erzählte dem General, welchen Dienst Sie mir erwiesen hatten, und er fragte mich, was Sie tun würden. Ich sagte ihm, dass ich es noch nicht wüsste ob du hier bleibst oder wieder zurückkommst.

„Wirst du hier bleiben?"

„Ich denke schon – zumindest eine Zeit lang. Ich weiß nicht, wo sich der Onkel, von dem ich Ihnen erzählt habe, derzeit aufhält. Jedenfalls kann er, solange dieser Krieg andauert, nur sehr wenig Handel betreiben, und das kann er auch komme ohne mich sehr gut zurecht.

„Solange du hier bleibst, werde ich bleiben", sagte der Burmane. „Wenn ich zurückkäme, müsste ich gegen Ihr Volk kämpfen; und das möchte ich nicht tun. Ich habe keinen Streit mit ihnen und soweit ich sehe, bin ich mir nicht so sicher, ob wir fahren werden." Du ins Meer. Du hast uns geschlagen, wann immer du gekämpft hast; und ich möchte lieber bei dir bleiben, als gezwungen zu sein, gegen dich zu kämpfen.

„Nicht viele Männer wollen kämpfen. Das haben wir in den Dörfern gehört, und dass diejenigen, die keine Frauen und Kinder als Geiseln haben, der Armee entkommen und sich in den Wäldern verstecken."

„Du wirst jetzt ein großer Mann sein und wenn du mich aufhören lässt, werde ich dein Diener sein."

„Ich werde dich gerne bei mir behalten, Meinik, wenn du bereit bist zu bleiben; und ich bin sicher, dass es dir hier besser geht als draußen im Wald und viel sicherer. Bleib auf jeden Fall bis danach." Ihr Volk macht den nächsten Angriff. Dann werden Sie sehen, wie nutzlos es für sie ist, gegen uns zu kämpfen. Wenn wir sie in ihren Palisaden angreifen können, obwohl sie zehn zu eins gegen uns sind, und sie nach einer Viertelstunde vertreiben können Kämpfen; Sie können sicher sein, dass sie auf offenem Gelände ohne Verteidigung überhaupt keine Chance haben werden.

„Ich hoffe, dass sie bald des Kämpfens müde werden und dass das Gericht Frieden schließen wird. Wir wollten nicht mit ihnen streiten – sie waren es, die uns angegriffen haben, aber jetzt, da wir alle Kosten hatten, hierher zu kommen, haben wir Wir werden weiter kämpfen, bis der Kaiser zustimmt, Frieden zu schließen. Aber ich glaube nicht, dass wir Rangun jemals wieder verlassen werden und glauben, dass wir auch die Häfen in Tenasserim halten werden, die wir erobert haben.

„Der Kaiser wird dem niemals zustimmen", sagte Meinik und schüttelte positiv den Kopf.

„Wenn er es dann nicht tut, wird er dafür sorgen, dass wir den Fluss hinauf nach Ava ziehen und am Ende, wenn er weiter kämpft, werden wir das ganze Land erobern und darüber herrschen, so wie wir es über den größten Teil getan haben." von Indien."

„Ich denke, das wäre gut für uns", sagte der Mann philosophisch. „Es würde uns nicht viel ausmachen, an wen wir unsere Steuern zahlen – und Sie würden uns nicht höher besteuern als jetzt – denn als wir herunterkamen, sahen Sie viele Dörfer verlassen und das Land unbebaut, weil die Menschen es konnten nicht die hohen Forderungen zahlen. Es ist nicht der König – er bekommt nicht viel davon – aber er gibt jemandem am Hof eine Provinz, einen Bezirk oder ein Dutzend Dörfer und sagt: „Du musst mich dafür bezahlen." viel, und alles, was du außerdem davon haben kannst, ist für dich selbst;' Also häufen sie die Steuern an, und die Menschen sind immer in großer Armut, und wenn sie feststellen, dass sie nicht bezahlen können, was verlangt wird, und nicht leben können, dann gehen sie alle an einen anderen Ort, wo der Herr nicht so streng ist.

„Ich bin sicher, dass es eine gute Sache für sie wäre, Meinik. Den Menschen in Indien geht es unter uns viel besser als unter ihren einheimischen Herrschern. Es gibt eine feste Steuer, und niemand darf das tun." mehr verlangen oder das Volk in irgendeiner Weise unterdrücken.

„Aber jetzt müssen wir los. Ich sagte, dass ich in einer halben Stunde wieder am Ausgangspunkt sein würde."

Kapitel 7
Über den Stab.

Kapitän Cooke hatte vor Beginn der Auktion sein Bestes getan, um die Opposition zu entwaffnen; indem er unter den Offizieren herumging, die vorbeikamen, in der Absicht, ein Gebot abzugeben, und ihnen etwas von Stanleys Gefangennahme, seinen Abenteuern und seiner Flucht erzählte; und sagte, dass der General ihm selbst geraten habe, sich eine Ausrüstung zu besorgen, indem er einen beträchtlichen Teil der Ausrüstung des jungen Offiziers kaufte.

„Ich habe keinen Zweifel daran, dass er ihn in seinen Stab aufnehmen wird", sagte er. „Aufgrund seiner Kenntnis des Landes und der Tatsache, dass er die Sprache gut spricht, wäre er sehr nützlich, und da er das alles als Freiwilliger ohne Bezahlung durchgemacht hat, hoffe ich, dass Sie nicht auflaufen die Preise, außer für Dinge, die man wirklich will."

Seine Geschichte hatte die gewünschte Wirkung; und als Kapitän Cooke Stanley traf, konnte er ihm sagen, dass er den größten Teil der Ausrüstung für ihn gekauft hatte, einschließlich allem, was absolut notwendig war.

„Gibt es Zivilkleidung?" fragte Stanley, nachdem er sich herzlich für die Mühe bedankt hatte, die er sich gemacht hatte.

„Nein. Natürlich hat er alles in dieser Art in Kalkutta zurückgelassen. Niemand, der noch bei Verstand ist, würde auf die Idee kommen, einen Mufti mitzunehmen, besonders nicht in ein Land wie dieses."

„Dann muss ich in Uniform zum General gehen", sagte Stanley bestürzt. „Mir scheint, dass es eine schreckliche Unverschämtheit wäre, in Stabsuniform zum Essen mit dem General zu gehen, wenn ich überhaupt kein Recht habe, sie zu tragen."

„Nun, da der General Ihnen selbst geraten hat, die Sachen zu kaufen, kann er es Ihnen nicht verübeln, dass Sie sie tragen; und ich habe nicht den geringsten Zweifel, dass er Ihnen irgendeine Anstellung als Stabsmitarbeiter anbieten wird."

„Es würde mir sehr gefallen, solange der Krieg dauerte, Captain Cooke; aber ich glaube nicht, dass es mir wichtig sein sollte, dauerhaft in der Armee zu bleiben. Sehen Sie, mein Onkel macht ein sehr gutes Geschäft. Er ist jetzt schon seit sieben oder acht Jahren dabei; und als ich das letzte Mal bei ihm war, sagte er, er solle mir einen vierten Anteil davon geben, sobald diese Schwierigkeiten vorüber seien und der Handel wieder anfänge; und Machen Sie daraus ein Drittel, wenn ich einundzwanzig bin.

„Dann wären Sie ein großer Dummkopf, wenn Sie es aufgeben würden",
sagte Kapitän Cooke herzlich. „Ein Mann, der hier draußen ein gutes
Geschäft hat, hätte ein Einkommen, das so hoch ist wie das aller Offiziere
eines Regiments zusammen. Er ist sein eigener Herr und kann sich
zurückziehen, wann er will, und sein Geld in England genießen."

„Dennoch, da der Handel derzeit stillsteht, denke ich, dass es klug von Ihnen
wäre, jedes Angebot anzunehmen, das Ihnen der General machen könnte.
Es könnte später sogar zu Ihrem Vorteil sein. Sie werden in Campbells Stab
gedient haben wird eine Einführung in jede Offiziersmesse im Land sein;
und Sie können sicher sein, dass wir in Zukunft nicht nur Rangun halten
werden, sondern dass es zwischen Assam und hier auch viel mehr britische
Stationen geben wird als jetzt; und das würde es auch Sei ein
Anziehungspunkt für Dich, auch im Handel, um überall auf einem guten
Stand zu stehen."

„Das verstehe ich durchaus", stimmte Stanley zu, „und wenn der General so
freundlich ist, mir einen Termin anzubieten, werde ich ihn auf jeden Fall
annehmen."

„Du hast fast ein Recht darauf, Brooke. Auf der Halbinsel erhielten viele
Männer ihre Offiziere, indem sie eine Zeit lang als Freiwillige dienten, bei
Ramoo verwundet wurden und einer der wenigen Überlebenden dieses
Kampfes waren und den Kampf überstanden haben eine Gefangenschaft,
mit der nicht geringen Gefahr, getötet zu werden, als der König zum ersten
Mal wütend wurde, Ihr Anspruch ist in der Tat sehr stark. Außerdem gibt es
hier kaum einen Mann, der Burmesisch spricht, und Ihre Dienste werden es
sein sehr wertvoll.

„Hier sind fünfzig Rupien", fuhr er fort und reichte Stanley das Geld. „Von
fünfhundert ist es nicht viel Wechselgeld; aber ich kann Ihnen versichern,
dass Sie die Dinge zu einem Schnäppchenpreis bekommen haben, denn in
England hätten Sie mehr als das dafür bezahlen müssen; und ich glaube, die
meisten Dinge sind es." in sehr gutem Zustand, denn Hitchcock kam erst
vor etwa vier Monaten heraus. Natürlich sind die Kleidungsstücke nichts
Neues, aber auf jeden Fall sind sie in einem sehr viel besseren Zustand als
die von allen, die vor drei Monaten hierher kamen.

„Ich habe befohlen, sie alle in mein Quartier zu schicken, wo Sie natürlich
Ihren Wohnsitz beziehen werden, bis etwas über Sie geklärt ist; was
wahrscheinlich heute Abend der Fall sein wird. In diesem Fall wird Ihnen
morgen Ihr Quartier zugeteilt ."

„Vielen Dank. Ich werde den größten Teil dieses Nachmittags damit
verbringen, so viel wie möglich von diesem Fleck loszuwerden, zumindest
von meinem Gesicht und meinen Händen. Der Rest spielt auf die eine oder

andere Weise keine Rolle, und wird allmählich nachlassen; aber ich möchte mein Gesicht anständig bekommen.

„Nun, du bist eher ein Objekt, Stanley", sagte er. „Die Farbe wäre nicht so wichtig, aber all diese Tätowierungen sind, gelinde gesagt, einzigartig. Natürlich sehen sie jetzt nicht mehr so schäbig aus, in der einheimischen Kleidung, aber wenn man seine Uniform bekommt an, der Effekt wird verblüffend sein.

„Wir werden uns mit dem Arzt unterhalten. Vielleicht hat er etwas in seiner Hausapotheke, das sie zumindest ein wenig mildert. Wenn es echte Tätowierungsflecken wären, gäbe es natürlich nichts dagegen, aber da es sich nur um Farbstoffe handelt." , oder Farbe irgendeiner Art, sie müssen sich innerhalb kürzester Zeit abnutzen.

„Ich werde alles versuchen, was er mir gibt. Es ist mir egal, ob es mir die Haut abzieht."

Als er in das Quartier von Kapitän Cooke zurückkehrte, wurde Stanley den anderen Offizieren des Regiments vorgestellt; unter ihnen der Arzt, bei dem er sofort um ein Mittel zur Entfernung des Farbstoffs bat.

„Hast du den Mann gefragt, den du mitgebracht hast?" sagte der Chirurg. „Sie sagen, dass er es angezogen hat, und er weiß vielleicht etwas, das es wieder ausziehen kann."

„Nein, ich habe ihn gefragt, und er weiß nichts. Er hat einige der Farbstoffe des Landes verwendet, aber er sagte, er hätte noch nie von jemandem gehört, der den Farbstoff aus gefärbten Dingen entfernen wollte."

„Wenn es nur Baumwolle oder Stoff wäre", sagte der Arzt, „würde eine sehr starke Sodalösung zweifellos den größten Teil des Farbstoffs entfernen; aber die menschliche Haut verträgt kochendes Wasser nicht. Das sollte ich jedoch tun." Sagen Sie, wenn Sie Wasser haben, das so heiß ist, wie Sie es ertragen können, mit viel Soda und Seife, wird es Ihnen helfen. Zweifellos würde es eine große Hilfe sein, wenn Sie ein oder zwei Handvoll sehr feinen Sand nehmen würden Deal; aber wenn Sie das verwenden, sollte ich kein Soda in das Wasser geben, sonst entfernen Sie praktisch die gesamte Haut und Ihr Gesicht sieht aus wie ein rohes Rindersteak; das wird schlimmer sein als der Fleck, und zwar in Eine so heiße Sonne, wie wir sie haben, könnte gefährlich sein und Erysipel hervorrufen. Sie müssen also sehr vorsichtig sein; und es wird für Sie weitaus besser sein, sich eine Zeit lang damit abzufinden, in Ihrem Aussehen etwas seltsam zu sein, als zu liegen Bringen Sie sich in Aufruhr, indem Sie energische Maßnahmen ergreifen, um es loszuwerden.

Nach einer Stunde intensiven Waschens und mehreren Einreibungen mit sehr feinem Sand gelang es Stanley zu seiner großen Zufriedenheit, die

Tätowierungsspuren auf seinem Gesicht fast loszuwerden. Die allgemeine Farbe war ein wenig verblasst, wenn auch nicht viel; aber das, womit die Markierungen gemacht worden waren, war offensichtlich von weniger stabilem Charakter und gab der Seife und Reibung nach.

Noch bevor er mit der Arbeit fertig war, trafen zwei Koffer ein, und als er feststellte, dass sein Gesicht jetzt ganz schön schmerzte, verzichtete er vorerst auf weitere Anstrengungen; und drehte sich mit großem Interesse um, um seine Einkäufe zu begutachten. Die Uniform bestand aus zwei Ausziehanzügen; einer mit Hosen, der andere mit Reithosen und hohen Stiefeln zum Reiten. Es gab auch einen Anzug bestehend aus Sakko, Weste und Hose; drei Anzüge aus weißem Drillich; ein halbes Dutzend weiße Hemden für die Unordnung und ebenso viele aus dünnem Flanell; und einen guten Vorrat an allgemeiner Unterwäsche, ein Paar dicke Stiefel und ein leichtes Paar für Unordnung. Es gab auch das Schwert, den Gürtel und andere Ausrüstungsgegenstände; Tatsächlich alles, was er für einen Feldzug brauchte.

Bevor er sich anzog, begann er, sein Haar von dem Wachs zu befreien, mit dem es verklebt war. Er hatte vom Arzt etwas Terpentingeist erhalten und mit dessen Hilfe fand er die Aufgabe weniger schwierig, als er erwartet hatte, und als Captain Cooke den Regimentsfriseur herbeirief, wurden seine Haare bald auf das normale Maß gekürzt Länge.

„Sie werden es jetzt sehr gut machen", sagte der Major, als er in den Gemeinschaftsraum hinunterging. „Das ist dir auf jeden Fall viel besser gelungen, als ich gedacht hätte. Natürlich siehst du sehr braun aus, aber es gibt viele andere, die fast so dunkel sind wie du; denn zwischen den Regenschauern hat die Sonne eine enorme Kraft, und einige davon Die Gesichter der Männer sind fast gehäutet, während andere wunderbar gebräunt sind. Ich bin sicher, dass viele von ihnen genauso dunkel sind wie Ihres. Sie werden also die Prüfung sehr gut bestehen.

Bevor Stanley anfing, sich zu waschen und umzuziehen, hatte er Meinik die Kleidung gegeben, die er mitgenommen hatte; und als er hinausging, um sich kurz vor Tiffin umzusehen – wofür die Diener bereits das Tuch ausbreiteten –, fand er den Mann, der jetzt wie ein respektabler Burmane aussah, in der Nähe der Tür stehen. Er ging langsam an ihm vorbei, aber der Mann rührte sich nicht – er erkannte ihn in seiner jetzigen Kleidung nicht im geringsten.

Dann drehte sich Stanley um und sah ihn an.

„Du kennst mich also nicht, Meinik."

Der Burmane zuckte überrascht zusammen.

„Sicher kannte ich Sie nicht, Mylord", sagte er. „Wer hätte dich kennen können? Bevor du ein armer burmesischer Bauer warst, bist du jetzt ein englischer Lord."

„Überhaupt kein Lord, Meinik. Ich bin einfach ein englischer Offizier und fast genauso gekleidet wie damals, als deine Leute mich in Ramoo auf den Kopf geschlagen haben."

„Ich kenne deine Stimme", sagte Meinik; „Aber selbst jetzt, wo ich weiß, dass du es bist, erkenne ich dein Gesicht kaum wieder. Natürlich machten die Tätowierungsspuren einen großen Unterschied, aber das ist noch nicht alles."

„Ich denke, es sind die Haare, die den größten Unterschied gemacht haben, Meinik. Sie sehen, sie wurden vorher komplett von der Stirn und dem Nacken abgerissen, und es wird einige Zeit dauern, bis sie wieder auf natürliche Weise wachsen. Ich hatte große Mühe, sie zu bekommen." sich hinzulegen, selbst wenn es nass war; und es wird sicherlich die Tendenz haben, für lange Zeit herauszustehen.

„Das Kleid hat auch bei dir eine Menge Veränderung bewirkt."

„Das sind sehr gute Klamotten", sagte Meinik. „So gute habe ich noch nie getragen. Ich hatte genug Geld, um sie zu kaufen; aber die Leute hätten gefragt, woher ich sie habe, und es ist nie sinnvoll, den Anschein zu erwecken, dass es einem besser geht als seinem Nachbarn. Ein Mann ist das." Wenn er es tut, wird er sicher geplündert.

„Was kann ich für meinen Herrn tun?"

„Im Moment nichts, Meinik. Ich werde hier mit den Offizieren zu Mittag essen, mit dem General speisen und hier schlafen. Morgen werde ich wohl mein eigenes Quartier beziehen.

„Sie kaufen am besten, was Sie heute brauchen, auf dem Markt. Ich weiß nicht, ob die Versorgung gut ist, aber da wir einige Ihrer Leute gesehen haben, muss es Lebensmittel zu besorgen geben."

„Sie gaben mir reichlich zu essen, als ich hereinkam", sagte er, „aber ich werde etwas zum Abendessen kaufen."

„Nein, ich will kein Geld, ich habe noch jede Menge Blei übrig."

„Nehmen Sie auf jeden Fall besser ein paar Rupien mit. Es gibt sicherlich einige Händler aus Indien, die hier Geschäfte eröffnet haben, und sie werden nicht bereit sein, die Bezahlung zu übernehmen. Sie müssen frischen Musselin für Ihren Turban besorgen; und Diesmal solltest du es besser oben verschließen. Es passt besser zu deiner Kleidung."

Meinik grinste.

„Ich werde wie eine bedeutende Person aussehen. Man wird mich zumindest für den Häuptling eines großen Dorfes halten."

Er nahm die zwei Rupien und ging in Richtung Stadt, während Stanley zum Mittagessen hineinging. Es gab viele Bemerkungen zu seinem veränderten Aussehen.

„Wissen Sie, Brooke", sagte einer der jungen Leutnants, „ich war mir überhaupt nicht sicher, ob Cooke uns nicht belächelte, als er Sie uns vorstellte, und dass Sie nicht wirklich ein Burman waren, der gereist war, und hatte irgendwie gelernt, außerordentlich gut Englisch zu sprechen.

„Kleidung, Seife und Wasser machen einen wunderbaren Unterschied", lachte Stanley, „aber ich werde ein ganzes Stück heller sein, wenn der Rest der Farbe nachlässt. Jedenfalls kann ich jetzt herumlaufen, ohne dass mich jemand anstarrt." Mich."

Nach dem Tiffin musste Stanley seine Geschichte noch einmal erzählen, viel ausführlicher als zuvor.

„Sie haben sicherlich einige seltsame Abenteuer erlebt", sagte der Major, als er seine Erzählung beendet hatte; „Und es besteht kein Zweifel daran, dass Sie wunderbares Glück hatten. Erstens wären Sie nicht einer der vier weißen Überlebenden dieser hässlichen Angelegenheit in Ramoo gewesen, wenn die Kugel einen halben Zoll tiefer gelandet wäre; dann hatten Sie Glück." dass sie dir nicht den Kopf abgehackt haben, weder als sie dich zum ersten Mal mitgenommen haben, noch als sie dich nach Ava gebracht haben. Andererseits war es ein Glück, dass Bandoola eine besondere Nachricht geschickt hat, dass er wollte, dass du als Dolmetscher für ihn behältst, und dass das Der für Sie zuständige Beamte erwies sich als anständiger Kerl und half Ihnen bei der Flucht.

„Dass Sie die Dienste des Mannes in Anspruch genommen haben, den Sie mitgebracht haben, halte ich nicht für eine Frage des Glücks. Sie haben das Leben des Mannes durch eine Tat größter Tapferkeit gerettet – eine Tat, die nicht jeder Zehnte getan hätte." für das Leben eines völlig Fremden aufzutreten oder zu spielen versuchen. Ich hoffe, dass ich mir an Ihrer Stelle die Mühe gemacht hätte; aber ich sage ehrlich, dass ich mir keineswegs sicher bin, ob ich das hätte tun sollen.

„Die Wette stand gut zwanzig zu eins gegen den Erfolg. Wenn das Tier deine Schritte gehört hätte, wäre es der sichere Tod gewesen, und selbst als du ihn erreicht hattest, waren die Chancen sehr gering, dass du ihm einen Schlag versetzen konntest." das Tier, das ihn für einen Moment außer Gefecht setzen und Ihnen so Zeit geben würde, sich eine der Waffen zu schnappen – die vielleicht doch nicht geladen war.

„Es war eine wunderbar galante Aktion, Junge. Du hast uns selbst nicht viel darüber erzählt, aber während du die Farbe abbekommst, habe ich einen der Händler hier erwischt, der zufällig vorbeikam und die Situation verstand Sprache; und mit seiner Hilfe habe ich Ihren Kollegen befragt und alle Einzelheiten von ihm erfahren. Ich sage es noch einmal: Es war die mutigste Sache, von der ich jemals gehört habe.

Ein paar Minuten später kam ein Ordonnanzbeamter mit einer Nachricht des Generals herein, in der er den Major und Kapitän Cooke bat, an diesem Abend ebenfalls mit ihm zu speisen. Stanley war sehr erfreut darüber, dass die beiden Offiziere ihn begleiteten, da es ihm das Gefühl der Schüchternheit nahm, das er bei dem Gedanken verspürte, sich in Stabsuniform beim General zu präsentieren.

Sir Archibald Campbell beruhigte ihn sofort durch die Freundlichkeit, mit der er ihn empfing. Stanley begann sich für seine Kleidung zu entschuldigen, aber der General unterbrach ihn sofort.

„Ich hatte natürlich vor, dass Sie ihn tragen sollten, Mr. Brooke. Ich bin sicher, dass Sie im Lager keinen Frack finden würden. Aber wir werden die Sache morgen in Ordnung bringen. Nach dem zu urteilen, was Sie gesagt haben, Da Sie derzeit nicht zu Ihrem Onkel kommen können, wären Sie bereit, hier zu bleiben. Ihr Name wird morgen früh in den Befehlen erscheinen, da Ihnen im 89. eine Provision gewährt wurde, bis die Bestätigung von zu Hause eintrifft; was natürlich in solchen Fällen der Fall ist ein Fall, ist eine bloße Form. Sie werden in den Befehlen auch als mein Adjutant anstelle von Herrn Hitchcock ernannt erscheinen, mit zusätzlicher Bezahlung als Dolmetscher.

„Nein, danken Sie mir nicht. Nachdem Sie als Freiwilliger gedient, an einer schweren Aktion teilgenommen und verwundet und eingesperrt worden waren, hatten Sie fast ein Recht auf eine Provision. Nach dem Abendessen hoffe ich, dass Sie uns allen eine volle Ehre erweisen werden.“ Bericht über Ihre Abenteuer; es war nur eine sehr kleine Skizze, die ich heute Morgen von Ihnen hörte.

Anschließend stellte der General Stanley den anderen Mitgliedern seines Stabes vor.

„Wenn Sie ihn heute Morgen so gesehen hätten, wie ich ihn gesehen habe“, sagte er lächelnd, „würden Sie ihn jetzt sicherlich nicht wiedererkennen. Er war bis zur Taille nackt und trug nichts als die übliche Bauernkleidung.“ aus schwarzem Stoff, der ihm bis zu den Knien reichte. Ich wusste natürlich, dass die Frage des Kostüms bald geklärt sein würde; aber ich gestehe, dass ich nicht glaubte, dass ich ihn für eine kurze Zeit beschäftigen könnte. Nicht nur Sein Fleck war viel dunkler als jetzt, aber er war bis zu den Augen dick tätowiert, und man konnte kaum Nachrichten von einem Adjutanten senden, der so seltsam aussah; aber ich sehe, dass er es irgendwie getan hat Ich habe die Tätowierungsspuren vollständig entfernt; und seine Haut ist jetzt, wenn überhaupt, kaum dunkler als die vieler von uns, so dass ich ihn sofort anspannen kann.

Nachdem das Abendessen vorüber war und die Zigarren angezündet waren, erzählte Stanley seine Geschichte wie zuvor und ging dabei leichtfertig auf die Art und Weise ein, wie er die Freundschaft des Burmanen gewonnen hatte. Als er jedoch fertig war, sagte Major Pemberton:

„Mit Ihrer Erlaubnis, General, werde ich die Geschichte ein wenig ergänzen. Mr. Brooke hat mir etwas mehr erzählt als Ihnen, aber ich habe die gesamten Fakten aus dem Mund seines Führers erfahren.“

„Nein, Major, bitte“, sagte Stanley und errötete, sogar unter seiner Farbe. „Die Sache ist es nicht wert, erzählt zu werden.“

„Sie müssen uns erlauben, darüber zu urteilen, Mr. Brooke“, sagte der General mit einem Lächeln über die Unterbrechung des jungen Mannes gegenüber seinem Vorgesetzten.

„Ich bitte um Verzeihung, Major Pemberton“, stammelte Stanley etwas verwirrt. "Nur--"

„Nur wäre es Ihnen lieber, wenn ich nichts von Ihrem Kampf mit dem Leoparden erzählen würde. Ich denke, es sollte erzählt werden, und ich bin mir ziemlich sicher, dass Sir Archibald Campbell mir zustimmen wird“, und Major Pemberton gab dann einen ausführlichen Bericht über das Abenteuer im Wald.

„Vielen Dank, Major. Sie hatten sicherlich völlig recht mit der Erzählung der Geschichte, denn es ist eine Geschichte, die erzählt werden sollte, und wenn Mr. Brooke mir das verzeihen darf, handelt es sich um einen dieser Fälle, in denen es ein Fehler ist Mann, der versucht, sein Licht unter den Scheffel zu stellen.

„Sehen Sie, es kann nicht umhin, die Wertschätzung, die wir Ihnen entgegenbringen, zu verändern. Die meisten jungen Burschen hätten sich wie Sie ihren Landsleuten angeschlossen, als sie von einem weit überlegenen Feind bedroht wurden, und die meisten hätten es auch getan, wenn sie Gefangene gewesen wären nutzten jede sich bietende Gelegenheit, um ihre Flucht herbeizuführen. Aus dem kurzen Bericht, den Sie mir heute Morgen gaben, kam es mir daher so vor, als hätten Sie sich mutig und klug verhalten und einen Auftrag verdient, zumal Sie wissen, wovon Sie Kenntnis haben die Sprache. Du hast mir einfach gesagt, dass du dem Burmanen , der mit dir gereist bist, einen Dienst erweisen konntest, aber dieser Dienst könnte auch nur darin bestanden haben, dass du ihm geholfen hast, wenn er in Not war, eine Wunde verband oder irgendetwas anderes Kleinigkeit.

„Jetzt stellen wir fest, dass Sie eine Tat von einzigartigem Mut vollbracht haben, eine Tat, auf die selbst der älteste Shikaree Grund hätte, stolz zu sein. Eine solche Tat – auch für einen Fremden und diesen Fremden als Feind – würde, An sich würde jedem Mann ein Anspruch auf Wertschätzung und Ansehen bei jedem zustehen, unter den er geworfen werden könnte, und er würde dazu führen, dass sie ihn in einem völlig anderen Licht betrachten, als sie ihn sonst gesehen hätten.

„Ich denke, Sie werden mir alle zustimmen, meine Herren."

"Sicherlich."

Es gab einen zustimmenden Chor aus dem Kreis der Offiziere. Seine Erzählung hatte, wie der General sagte, gezeigt, dass der junge Mann über Kühle, Standhaftigkeit und Mut verfügte; Aber dieses Kunststück war völlig ungewöhnlich und erschien, wie es von einem einfachen Jungen vollbracht wurde, geradezu wunderbar.

„Sie werden natürlich Hitchcocks Quartier haben", sagte der Generalquartiermeister zu Stanley, als sich die Party auflöste. „Es ist ein kleines Zimmer, aber es hat den Vorteil, dass es wasserdicht ist, was mehr ist, als man von den meisten unserer Unterkünfte behaupten kann. Es ist ein Zimmer im oberen Stockwerk des Nebenhauses. Ich glaube, die Karte des armen Kerls ist es." noch an der Tür. Die Büros des Kommissariats befinden sich im unteren Teil des Hauses, und sie belegen alle anderen Räume im Obergeschoss; aber wir haben dies für einen der Adjutanten aufbewahrt, damit der General sofort eine Nachricht senden konnte , Nacht oder Tag."

„Natürlich werde ich ein Pferd wollen, Sir."

„Ja, Sie müssen ein Pferd haben. Ich werde darüber nachdenken, was wir auf diese Weise für Sie tun können. Hier können Sie kein Pferd kaufen, es sei denn, ein Feldoffizier wird getötet oder stirbt."

„Übrigens sind Hitchcocks Pferde noch nicht verkauft. Sie wurden gestern nicht aufgestellt. Ich habe keinen Zweifel daran, dass eine Vereinbarung über sie und die Sattlerwaren getroffen werden kann."

„Das wäre ausgezeichnet, Sir. Wie ich dem General heute Morgen gesagt habe, habe ich einige Rubine und andere Steine. Ich habe keine Ahnung, was sie wert sind. Sie wurden mir von den Männern gegeben, mit denen ich im Wald war. Sie sagten dass es sehr schwierig sei, sie zu veräußern, da es sich bei den Minen um Monopole der Regierung handele. Als mein Mann Meinik dies vorschlug, kamen sie seiner Bitte sofort nach und übergaben mir einige davon.

„Ich habe sie mir noch nicht einmal angesehen. Vielleicht ist hier jemand, der mir sagen könnte, was sie wert sind."

„Ja, ich habe keinen Zweifel, dass einige dieser parsischen Händler, die in letzter Zeit Geschäfte eröffnet haben, es Ihnen sagen könnten. An Ihrer Stelle würde ich ihnen nur zwei oder drei Steine bringen. Wenn sie wirklich wertvoll sind, könnten Sie es sein ihrer beraubt; aber ich fürchte eher, dass Sie nicht feststellen werden, dass sie es sind. Es ist unwahrscheinlich, dass Räubermenschen Ihnen etwas sehr Wertvolles gegeben haben.

„Ich glaube nicht, dass sie sie selbst angesehen haben; sie waren der Erlös eines Tagesangriffs auf eine Reihe von Kaufleuten. Sie fanden sie versteckt bei sich und waren mit der Beute, die sie in Form von Waren bekamen, so zufrieden Sie konnten darüber verfügen, und ich bezweifle, dass sie überhaupt die kleinen Pakete mit den ihrer Meinung nach gefährlichsten aufzubewahrenden Gütern geöffnet haben; denn wenn man sie erbeutete und Edelsteine auf ihnen fand, würde das ausreichen, sie sofort zu verurteilen."

„Sprechen Sie Hindustani? Wenn nicht, werde ich einen der Angestellten mit Ihnen schicken."

„Ja, Sir; und drei oder vier andere indische Sprachen."

„Ah! Dann kannst du es alleine schaffen.

„Wenn Sie einen dieser Parsen gesehen haben, kommen Sie in mein Büro. Bis dahin werde ich den Zahlmeister gesehen und mit ihm besprochen haben, wie wir uns mit den Pferden arrangieren können. Ich denke, das wäre der beste Weg." Lassen Sie ein Komitee aus drei Offizieren sie und die Sattlerwaren bewerten; und dann könnten Sie ihn ermächtigen, Ihr zusätzliches Gehalt als Dolmetscher zu erhalten und es auf Hitchcocks Konto zu überweisen. Sie werden feststellen, dass Ihr eigenes Personal hier mehr als ausreichend bezahlt wird Es fallen keinerlei Kosten an, außer Ihrem Anteil am Chaos."

„Vielen Dank, Colonel."

Am Morgen nahm Stanley eines der Päckchen aus der Tüte und öffnete es. Es enthielt dreißig Steine, davon zwanzig Rubine, sechs Saphire und vier Smaragde. Sie schienen ihm eine gute Größe zu haben, aber da sie sich im rohen Zustand befanden, hatte er keine Ahnung, wie groß sie im geschnittenen Zustand sein würden.

Es gab drei der parsischen Kaufleute. Der erste, zu dem er ging, sagte sofort, dass er nicht mit Edelsteinen handelte. Beim nächsten Besuch untersuchte er die Steine sorgfältig.

„Es ist unmöglich, mit Sicherheit zu sagen", sagte er, „wie viel sie wert sind, bis sie zerschnitten sind, denn sie könnten Mängel aufweisen, die nicht entdeckt werden können. Wenn ich sie jetzt so kaufen würde, könnte ich das." Geben Sie nicht mehr als hundert Rupien für jeden. Wenn sie alle makellos wären, wären sie viel mehr wert; aber es wäre reine Spekulation, und ich werde diese Summe nicht überschreiten."

Anschließend besuchte Stanley den dritten Laden. Der Händler hier untersuchte sie etwas genauer als der letzte, untersuchte sie mit einer Lupe , hielt sie ans Licht; Dann wog er jeden Stein und notierte einige Zahlen. Schließlich sagte er:

„Die Steine sind fünftausend Rupien wert. Wenn sie makellos wären, wären sie das Doppelte wert. Ich werde dir selbst fünftausend Rupien geben oder, wenn du möchtest, schicke ich sie einem Freund von mir nach Madras. Er ist einer." Er ist einer der besten Edelstein-Experten in Indien. Er soll sagen, was er dafür geben wird, und Sie sollen mir fünf Prozent Provision zahlen. Er ist ein ehrlicher Händler; Sie können jeden der Beamten aus Madras fragen."

„Ich werde dieses Angebot annehmen, wenn Sie mir dafür einen Vorschuss von fünfzehnhundert Rupien gewähren und Ihnen Zinsen in Höhe von zehn Prozent pro Jahr zahlen, bis Sie das Geld dafür erhalten."

Der Parse nahm erneut die Edelsteine und untersuchte sie sorgfältig.

„Sind Sie damit einverstanden, das Angebot des Juweliers anzunehmen, was auch immer es ist?"

„Ja, das heißt, wenn es über fünftausend liegt. Wenn es unter fünftausend liegt, verkaufe ich es dir zu diesem Betrag."

„Dem stimme ich zu", sagte der Mann. „Aber keine Angst; wenn die beiden größten Steine keinen Fehler haben, sind sie allein fünftausend wert."

„Lassen Sie uns sofort die Vereinbarung ausarbeiten", sagte Stanley.

Und dementsprechend wurden die Bedingungen in Hindustani verfasst und von beiden Parteien unterzeichnet. Dann ging der Parse zu einem Safe, schloss ihn auf und zählte die Rupien im Wert von 150 Pfund ab. Diese steckte er in eine Tüte und reichte sie Stanley, der, erfreut über die Summe, die er für nur einen kleinen Teil der Edelsteine erhalten hatte, zum Büro des Generalquartiermeisters ging.

„Wir haben gerade Ihr Geschäft erledigt", sagte Colonel Adair, als er eintrat. „Major Moultrie, der Zahlmeister, Colonel Watt und ich haben die Pferde untersucht. Ich weiß, dass Hitchcock in Kalkutta sechzig Pfund pro Stück für sie bezahlt hat. Sie sind beide Araber, und zwar gute, und es lag ihnen nicht viel am Geld. Unsere Meinung." heißt, dass sie, wenn sie hier versteigert würden, 40 Pfund pro Stück einbringen würden und dass der Sattel und das Zaumzeug, die Holster und die Ausrüstung weitere 20 Pfund einbringen würden. In den Holstern befinden sich auch ein Paar gut verarbeiteter Pistolen. Sie wurden übersehen, sonst wären sie gestern zum Verkauf angeboten worden. Sie schätzen sie auf 8 Pfund pro Stück, insgesamt also auf 108 Pfund.

„Wird Ihnen das passen? Der Major wird, wie ich vorgeschlagen habe, das Geld von Ihrem Gehalt als erstklassiger Dolmetscher streichen – das heißt zweihundertfünfzig Rupien im Monat –, sodass Sie in viereinhalb Monaten Du wirst es beseitigt haben.

„Ich bin Ihnen sehr dankbar, Colonel; aber ich habe gerade einen Vorschuss von fünfzehnhundert Rupien für einige meiner Edelsteine erhalten, die der Parse an einen Juwelier namens Burragee in Madras schicken wird."

„Ich gratuliere Ihnen, denn ich hatte kaum gehofft, dass sie so viel wert sein würden. Burragee ist ein erstklassiger Mann, und Sie können sich darauf verlassen, dass er von ihm einen fairen Preis bekommt. Nun, das beseitigt alle Schwierigkeiten."

„Übrigens würde ich Ihnen empfehlen, sich in einem der Parsee-Läden ein leichtes Bettgestell und ein Bett sowie ein paar Decken zu besorgen. Natürlich haben Sie gestern nicht daran gedacht, sonst hätten Sie vielleicht Hitchcocks gekauft. Aber , Ich habe in einem der Läden der Parsen eine Reihe leichter Bambusbettgestelle gesehen, die in einem Klima wie diesem am kühlsten und besten sind. Wenn Sie ein paar Decken auf die Bambusse legen, werden Sie feststellen, dass Sie keine brauchen Matratze."

„Ich weiß nicht, was meine Pflichten sind, Sir, oder ob der General mich haben will."

„Er wird dich heute nicht wollen. Er wird jedenfalls wissen, dass du deine Vorkehrungen treffen und in dein Quartier einziehen wirst."

„Hitchcock hat übrigens einen Syce mitgebracht. Sie müssen einen Mann für Ihre Pferde haben, und ich habe keinen Zweifel daran, dass er gerne bei Ihnen bleiben wird."

Zwei Stunden später wurde Stanley in seinem Quartier untergebracht – einem Raum von etwa zwölf Fuß Länge und acht Fuß Breite. In einer Ecke stand ein Bett. Es gab einen Tisch zum Schreiben, zwei leichte Bambusstühle und einen indischen Liegestuhl. In der Ecke stand ein kleiner Bambustisch, auf dem ein großes Messingbecken stand; Daneben stand ein großer Tonkrug für Wasser und ein Stück indische Matte bedeckte den Boden.

Er erfuhr, dass das Personal in einem großen Raum im Nebenhaus zusammen herumalberte; und dass er dort um sechs Uhr morgens eine Tasse Kaffee und einen Keks bekommen würde, um halb acht Frühstück, Mittag- und Abendessen; damit er nicht selbst kochen musste. Er hatte Meinik eine kleine Summe gegeben, die er für Kochtöpfe und das Nötigste für den Eigenbedarf bereitlegen konnte.

Der Syce war bereitwillig in seinen Dienst getreten. Stanley hatte die Pferde inspiziert, die, obwohl sie leicht anzusehen waren, durchaus in der Lage sein würden, sein Gewicht einen langen Arbeitstag lang zu tragen. Sie wurden zusammen mit denen des Generals und des Stabes in einer Reihe hinter dem dem Hauptquartier gewidmeten Haus aufgestellt. Nach dem Mittagessen ging er zum General und meldete sich dienstbereit.

„Ich werde Sie heute Nachmittag nicht brauchen, Mr. Brooke. Hier ist ein Plan, der die Position der verschiedenen Korps zeigt. Sie sollten ihn besser auswendig lernen. Wenn es heute Nachmittag kühler wird, würde ich Ihnen raten, auszureiten und ihn zu untersuchen die Position und die Straßen; so dass Sie bei Bedarf auch nachts eine Nachricht an eines der Regimenter überbringen können. Die Burmesen schleichen sich ständig an und erstechen unsere Wachposten, und manchmal greifen sie mit beträchtlicher Stärke an. Wenn überhaupt, feuern wir heftig Beginnt, wird es Ihre Pflicht sein, sofort herauszufinden, was los ist, und mir Bescheid zu geben, da es notwendig sein könnte, Verstärkung zu schicken.

„Am Morgen wird es Ihre Pflicht sein, alle Gefangenen zu untersuchen, die in der Nacht gemacht wurden, und auch Eingeborene, die sich auf den Weg in die Stadt gemacht haben, um festzustellen, ob ein Termin für ihren nächsten Angriff festgelegt wurde und was Es ist wahrscheinlich, dass Kräfte daran beteiligt sind. Sie können Ihren Mann bei dieser Arbeit nützlich machen.

„Übrigens werde ich Colonel Adair sagen, dass er ihn auf die Liste der einheimischen Anhänger des Quartiermeisters setzen soll Weißer Offizier, und er könnte genauso gut dreißig Rupien im Monat verdienen und Rationen beziehen, als den ganzen Tag herumzuhängen und nichts zu tun.

Stanley dankte dem General, nahm den Plan entgegen und studierte ihn aufmerksam, als er in sein Quartier zurückkehrte. Er erzählte Meinik von der für ihn getroffenen Vereinbarung, mit der der Burmane sehr zufrieden war. Dreißig Rupien im Monat schienen ihm eine große Summe zu sein, und er war froh, dass er Stanley kein Geld für sein Essen kosten musste.

Drei Stunden später wurde eines seiner Pferde gebracht und er begann seinen Ritt durch das Lager. Es gab zwei Straßen, die durch die Stadt zur großen Pagode führten. Beide waren dicht von religiösen Häusern und Pagoden gesäumt – letztere befanden sich größtenteils in einem baufälligen Zustand. Sowohl Häuser als auch Pagoden waren in Quartiere für die Truppen umgewandelt worden und während der Regenzeit von unschätzbarem Wert gewesen.

Die Terrasse der großen Pagode war vom 89. Regiment und der Madras-Artillerie besetzt. Dies war die am weitesten fortgeschrittene Position und der Schlüssel zur Verteidigung. Stanley überließ seinem Pferd die Führung seines Pferdes am Fuße des Pagodenhügels, stieg auf die Terrasse und begann bald ein Gespräch mit einigen britischen Offizieren. der sofort erkannte, dass er an diesem Morgen als Adjutant des Generals eingesetzt worden war. Da er allen unbekannt war und seit einigen Tagen kein Schiff mehr eingelaufen war, war man natürlich sehr neugierig, wer der Fremde war, der in eine Kommission und auf den begehrten Posten eines Adjutanten berufen worden war einmal.

Nachdem sie sich zwei oder drei Minuten lang unterhalten hatten, führten sie Stanley zum Quartier des Obersten, einem kleinen Gebäude am Fuße der Pagode.

„Das ist Mr. Brooke, Colonel, der Herr, der uns heute Morgen vorgeführt wurde."

„Ich freue mich, Sie zu sehen, Mr. Brooke; aber ich würde mich noch mehr freuen, wenn Sie gekommen wären, um beizutreten, denn wir haben mehrere Offiziere durch Krankheit verloren, und es gibt andere, die nicht dienstfähig sind. Wann sind Sie angekommen? ?"

„Ich bin erst gestern Morgen angekommen, Sir. Ich bin verkleidet hierher gekommen, nachdem ich von Ava heruntergekommen bin."

„Oh, in der Tat! Wir hörten einen Bericht, dass ein verkleideter Weißer an den Linien der 45. Eingeborenen-Infanterie angekommen sei; aber darüber hinaus haben wir keine Einzelheiten erfahren."

„Ich wurde in Ramoo gefangen genommen, Sir, als ich als Offizier des Eingeborenenaufgebots fungierte. Glücklicherweise wurde ich durch den Streifschuss einer Musketenkugel betäubt und wurde, da ich tot war, nicht getötet; ebenso wie alle anderen gefallenen Offiziere." in die Hände der Burmesen. Ihre Wut hatte nachgelassen, als ich zu mir kam, und ich wurde mit etwa zwanzig Sepoy-Gefangenen nach Ava getragen. Nach einer Weile gelang mir die Flucht aus dem Gefängnis und ich ging in den Wald, wo ich Ich blieb einige Wochen, bis die Suche nach mir etwas nachgelassen hatte. Dann machte ich mich auf den Weg durch das Land, größtenteils in einem Fischerboot, nur nachts unterwegs, und so gelang es mir, hierher zu gelangen. Zum Glück spreche ich den Mug-Dialekt , das den Burmesen sehr ähnlich ist.

„Nun", sagte der Oberst, „ich hoffe, dass Sie das Regiment als Ihre Heimat betrachten werden; obwohl ich annehme, dass Sie uns bis zum Ende des Feldzugs nur gelegentlich einen Besuch abstatten können. Sie haben Glück, dass Sie uns besuchen." die Ernennung des Personals. Zweifellos hat es viel damit zu tun, dass Sie Burmesisch sprechen können."

„Alles, denke ich, Sir. Der General hatte niemanden in seinem Stab, der die Sprache sprechen konnte, und musste oft einige Zeit warten, bis er die Sprache beherrschte, es sei denn, er hatte einen der ganz wenigen Männer hier bei sich, die das konnten Gefangene könnten befragt werden.

Er plauderte noch eine halbe Stunde und ritt dann zurück in die Stadt; Er nahm den anderen Weg zu dem, den er zuvor gegangen war.

Kapitel 8
Die Pagode.

Zwei Tage später wurde ein Gefangener gefangen genommen, als er versuchte, den Pagodenhügel hinaufzukriechen – nachdem er an den Außenposten vorbeigeschlüpft war – und ins Hauptquartier geschickt. Stanley befragte ihn eingehend; konnte aber keinerlei Informationen von ihm erhalten. Er forderte ihn auf, sich neben das Haus zu setzen, und stellte einen britischen Wachposten über ihn.

„Behalten Sie die Tür des nächsten Hauses im Auge", sagte er. Sie werden sehen, wie ein Burman herauskommt. Sie sollen ihn mit dem Gefangenen sprechen lassen, aber niemand sonst soll mit ihm sprechen. Schauen Sie nicht so hin Wenn Sie irgendwelche Befehle über ihn hätten, aber stehen Sie unvorsichtig daneben. Der Kerl wird uns nichts sagen, aber es ist wahrscheinlich genug, dass er mit einem seiner eigenen Landsleute sprechen wird.

„Ich verstehe, Sir."

Stanley ging in sein Haus und erzählte Meinik, was er tun sollte.

„Ich werde es herausfinden", sagte Meinik selbstbewusst und ging ein oder zwei Minuten später hinaus und schlenderte an dem Gefangenen vorbei. Dabei nickte er ihm kurz zu, kam kurz darauf zurück und grüßte ihn auf Burmesisch. Als er zum dritten Mal vorbeikam, blickte er den Wachposten fragend an, als wolle er fragen, ob er mit dem Gefangenen sprechen dürfe. Der Soldat schien ihm jedoch keine Beachtung zu schenken; aber er stand mit aufgesetzter Muskete an die Wand gelehnt, und Meinik ging auf den Mann zu.

„Du hast Pech", sagte er. „Wie haben Sie es geschafft, in die Hände dieser Leute zu fallen?"

„Es ist dir egal", sagte der Burman empört, „da du zu ihnen übergegangen bist."

„Überhaupt nicht, überhaupt nicht", antwortete Meinik. „Wissen Sie nicht, dass es hier viele gibt, die wie ich als Flüchtlinge hereingekommen sind und Anweisungen haben, was zu tun ist, wenn unser Volk angreift? Ich erwarte Neuigkeiten darüber, wann die Wahrsager den Tag für einen glücklichen Tag erklären. Dann Wir werden alle bereit sein, unseren Beitrag zu leisten, sobald die Schießerei beginnt."

„Es wird am vierten Tag von diesem Tag an sein", sagte der Burman. „Wir wissen nicht, ob es die Nacht davor oder die Nacht danach sein wird. Die Wahrsager sagen, dass beide Nächte glücklich sein werden; und die

Unverwundbaren werden dann die Pagode angreifen und die Barbaren vertreiben. Die Prinzen und Woongees werden die Großen feiern." Jahresfest dort, zwei Tage später.

"Das ist gut!" Sagte Meinik. „Wir werden auf der Hut sein, keine Angst haben."

„Was werden sie mit mir machen? Werden sie mir den Kopf abschlagen?"

„Nein, davor brauchen Sie keine Angst zu haben. Diese weißen Männer töten niemals Gefangene. Nachdem sie einmal gefangen genommen wurden, sind sie in Sicherheit. Sie werden eine Zeit lang festgehalten und, wenn unsere Landsleute die Barbaren vernichtet und die Stadt eingenommen haben, sie wird dich aus dem Gefängnis befreien.

„Es kommen einige der weißen Beamten. Ich muss weg, sonst werden sie Fragen stellen."

Als er wegging, legte der Posten seine Muskete an seine Schulter und begann zügig auf und ab zu marschieren. Einen Moment später trat der General auf ihn zu.

„Was machst du, mein Mann? Wer hat dich über diesen Gefangenen bewacht?"

„Ich kenne seinen Namen nicht, Sir", sagte der Wachposten und stand stramm. „Er war ein junger Stabsoffizier. Er kam zum Wachzelt und rief einen Posten, und als ich als nächster im Dienst war, schickte mich der Sergeant mit. Er gab mir die Aufgabe, diesen Mann zu bewachen."

„In Ordnung, pass gut auf ihn auf.

„Ich frage mich, warum Brooke den Kerl hier zurückgelassen hat, anstatt ihn ins Gefängnis zu schicken", sagte der General zu Colonel Adair. „Wir haben ihn untersucht, konnten aber nichts aus ihm herausbekommen, selbst als ich drohte, ihn zu hängen."

„Ich werde einfach zu seinem Quartier rennen und ihn fragen, Sir."

Gerade als er das Haus betrat, kam Stanley die Treppe herunter.

„Der General möchte wissen, Mr. Brooke, warum Sie einen Gefangenen bei seinem Haus unter Bewachung gestellt haben, anstatt ihn wie üblich ins Gefängnis zu schicken?"

„Ich wollte es ihm nur sagen, Sir."

„Ah, nun ja, er ist draußen; also kannst du es uns beiden zusammen sagen."

„Nun, Mr. Brooke, was hat Sie dazu bewogen, einen Wachposten über den Mann zu stellen und ihn hier zu lassen? Die Männer arbeiten hart genug, ohne unnötigen Wachdienst zu haben."

„Ja, Sir, ich habe ihn nur für ein paar Minuten verlassen. Ich war aufgrund seines Verhaltens, als ich ihn befragte, davon überzeugt, dass der Mann etwas wusste, und ich dachte, ich könnte es genauso gut versuchen, wenn mein Mann nicht mehr aus ihm herausholen könnte als ich." Ich stellte also einen Wachposten über ihn und gab ihm die Anweisung, dass er einen Burmanen, der aus diesem Haus kommen würde, mit dem Gefangenen sprechen lassen solle, aber dass sich niemand sonst ihm nähern dürfe.

„Dann wies ich meinen Mann an, welche Rolle er spielen sollte. Er ging zwei- oder dreimal vorbei und machte dem Gefangenen ein Zeichen der Freundschaft. Dann, da der Wachposten anscheinend keine Einwände dagegen hatte, dass er mit ihm sprach, kam er herbei Zuerst sagte der Mann nichts zu ihm, aber Meinik erzählte ihm, dass er einer von denen war, die zum Zeitpunkt des Angriffs nach Rangun geschickt worden waren, um zu helfen, und dass er sehnsüchtig auf die Nachricht warte, wann der günstige Tag kommen würde von den Astrologen verkündet, damit er und seine Begleiter bereit wären, mit ihrer Arbeit zu beginnen, sobald der Angriff begann. Der Gefangene fiel in die Schlinge und sagte ihm, dass er entweder in der Nacht zuvor oder am nächsten Tag erfolgen würde In der Nacht des vierten Tages von diesem Tag an, als die Unverwundbaren es unternommen hatten, die Pagode zu stürmen. Es scheint, dass das Datum teilweise deshalb festgelegt wurde, weil es ein glücklicher Tag war, und auch, damit die Fürsten und obersten Beamten das große jährliche Fest gebührend feiern konnten der Pagode; die, so scheint es, am sechsten Tag von jetzt an fällt.

„In der Tat ausgezeichnet, Mr. Brooke. Es ist für mich eine große Erleichterung zu wissen, wann der Angriff stattfinden wird und von welchem Punkt aus er ausgeführt wird. Aber wie kamen Sie auf die Geschichte, dass der Burman einer von … war? Partei, die gekommen war, um etwas zu tun?"

„Das hat Colonel Adair gestern Abend beim Abendessen erwähnt, Sir. Er sagte, wie unangenehm es wäre, wenn einige dieser Eingeborenen, die hereingekommen sind, die Stadt beschießen würden, gerade als ein starker Angriff im Gange war, und die meisten davon Die Truppen kämpften gegen den Feind. Es war nicht unwahrscheinlich, dass, wenn ein solcher Plan geschmiedet worden wäre, der Gefangene davon erfahren hätte und dass er sehr wohl glauben könnte, was mein Mann sagte, dass einige Männer in die Stadt geschickt worden seien, mit dieser oder einer ähnlichen Absicht."

„Das stimmt. Die Idee war großartig, Mr. Brooke; und wir werden für sie bereit sein, egal in welcher Nacht sie kommen."

„Würden Sie bitte zum Wachzelt hinübergehen und dem Sergeant sagen, er solle einen Unteroffizier zu dem Mann auf der Wache schicken, mit dem Befehl, den Gefangenen ins Gefängnis zu bringen und ihn dort dem befehlshabenden Offizier zu übergeben? Wenn ja Wenn Sie das getan haben, reiten Sie zur Pagode und teilen Sie Ihrem Oberst mit, was Sie entdeckt haben? Es wird eine Erleichterung für ihn und die Männer sein, denn da der Zeitpunkt des Angriffs ungewiss war, musste er weitgehend aufstocken seine Patrouillen und einen Teil seiner Streitkräfte die ganze Nacht unter Waffen zu halten. Er wird in der Lage sein, die Zahl zu verringern und den Männern in den nächsten zwei Nächten so viel Schlaf wie möglich zu geben.

„Die Wolken türmen sich auf, und ich habe große Angst, dass es wieder regnen wird. Man sagt, dass wir noch zwei Monate davon haben werden.“

Nachdem Stanley gesehen hatte, wie der Gefangene wegmarschierte, ritt er zur Pagode und wurde sofort in die Gemächer des Obersts geführt, nachdem er gesagt hatte, dass er mit einer Nachricht vom General gekommen sei.

„Gibt es Neuigkeiten, Mr. Brooke?“

„Ja, Oberst; der General hat mich gebeten, Ihnen sofort die Nachricht mitzuteilen, die ich von einem Gefangenen erhalten habe, nämlich dass Ihre Stellung entweder in der Nacht des 30. oder 31. von den Männern angegriffen wird die man die Unverwundbaren nennt.

„Wir werden ihnen die Chance geben zu beweisen, ob ihr Titel gerechtfertigt ist“, sagte der Oberst fröhlich. „Das sind sehr gute Nachrichten. Die Männer sind durch den zusätzlichen Nachtdienst, der durch diese Unsicherheit verursacht wird, völlig erschöpft. Glauben Sie, dass es keinen Zweifel daran gibt, dass die Nachricht richtig ist?“

„Überhaupt nichts, Sir. Ich konnte mit dem Gefangenen nichts anfangen; aber mein Burman gab vor, hier eine Mission zu haben, um in der Stadt für Aufruhr zu sorgen, als der Angriff begann; und der Mann, der seine Geschichte glaubte, erzählte ihm das sofort Der Angriff der Unverwundbaren auf die Pagode wird am frühen Morgen des vierten Tages von diesem Tag an oder in der nächsten Nacht erfolgen, nachdem die Astrologen erklärt hatten, dass die Zeit günstig sein würde, und auch weil sie sehr besorgt waren die Pagode in ihren Händen zu halten, damit die Fürsten das große jährliche Fest feiern könnten, das anscheinend zwei Tage später stattfindet.

Der Oberst lachte.

„Ich fürchte, dass sie es um ein weiteres Jahr verschieben müssen. Der General hat keine besonderen Befehle gegeben, nehme ich an?“

„Nein, Sir; er hatte die Nachricht gerade erst erhalten und befahl mir, sofort zu Ihnen zu reiten, da er sicher war, dass Sie froh wären zu erfahren, dass es nicht notwendig sein würde, so viele Männer im Nachtdienst zu halten, für die nächsten zwei Tage.

„Vielen Dank, Mr. Brooke. Würden Sie dem General freundlicherweise sagen, dass ich über die Nachricht sehr erfreut bin? Zweifellos wird er heute Nachmittag oder morgen selbst hier oben sein.“

Stanley ritt schnell zurück und konnte gerade noch einem gewaltigen Regenguss entgehen, der wenige Minuten nach seiner Rückkehr einsetzte. Er ging sofort zum General, aber man sagte ihm, er sei mit dem Quartiermeister und den Generaladjutanten verlobt. Er ging deshalb in den Vorraum, wo Tollemache, sein Adjutant, am Fenster stand und in den Regen blickte.

„Das ist ein scheußliches Klima“, murrte er. „Es ist schrecklich, wenn man bedenkt, dass wir wahrscheinlich noch zwei Monate davon haben werden und dann noch mindestens einen weiteren Monat warten müssen, bevor das Land trocken genug ist, um einen Schritt zu machen. Sie hatten Glück, gerade jetzt reinzukommen.“ es begann.“

„Das war ich tatsächlich“, stimmte Stanley zu, „denn ich war ohne meinen Umhang davongeritten und hätte durchnässt sein müssen, wenn es zwei Minuten früher begonnen hätte.“

„Ich sah dich vorbeigaloppieren und fragte mich, warum du es so eilig hattest. War das so, als du draußen im Wald warst?“

„Nicht im Geringsten. In der Nähe von Ava regnet es sehr wenig; obwohl das Land dort, wo es flach ist, ziemlich überschwemmt ist, weil die Flüsse durch die Regenfälle in den Hügeln anschwellen. Wir hatten die ganze Zeit schönes Wetter.“

„Ich würde hier gerne ein bisschen schönes Wetter sehen. Die letzte Woche war fast schlimmer als der Regen – die dampfende Hitze ist wie in einem Dampfbad. Wenn ich nicht im Dienst wäre, würde ich mich am liebsten ausziehen.“ , und rausgehen und eine halbe Stunde lang ein Duschbad genießen.

Stanley lachte.

„Es wäre wirklich angenehm“, sagte er. „Ich glaube nicht, dass ich viel gewonnen habe, als ich zurückgeeilt bin, denn der Galopp hat mich so ins Schwitzen gebracht, dass ich fast genauso gut vom Regen durchnässt sein könnte, wenn meine Kleidung nicht so sehr darunter leiden würde.“

„Ah, es ist alles sehr gut für dich“, grummelte der andere. „Natürlich fühlt man sich, nachdem man einmal wie ein Nigger geschminkt durch den Wald gewandert ist, unter fast allen Umständen fröhlich; aber für uns, die wir eingesperrt sind und nichts tun, ist es an diesem scheußlichen Ort unmöglich, ihn anzusehen Dinge fröhlich.

„Haben Sie gehört, dass der Feind am Dienstag- oder Mittwochabend angreifen wird?"

"NEIN!" rief der andere mit plötzlicher Lebhaftigkeit. „Der General kam erst vor einer Viertelstunde und da er die beiden Großen bei sich hatte, habe ich natürlich nicht mit ihm gesprochen. Ist das sicher? Wie haben Sie es gehört?"

„Es ist ziemlich sicher – es sei denn, die Burmesen ändern ihre Meinung, was unwahrscheinlich ist. Die Prinzen wollen am Freitag das große jährliche Fest in der Pagode feiern; und so gehen die Unverwundbaren, wie sie denken, dorthin." Fangen Sie es entweder am Dienstag- oder am Mittwochabend ein. Ich war gerade dort oben, um es dem Oberst zu sagen.

„Was Ihre andere Frage betrifft – wie habe ich sie erfahren? – Ich habe sie, oder besser gesagt, mein Burman, von dem Gefangenen, den wir heute Morgen befragt haben. Er wollte damals nichts sagen, aber mein Mann kam um ihn herum und glaubte dass er ein Spion oder etwas in der Art war, der Gefangene erzählte ihm alles.

„Werden sie nur die Pagode angreifen?"

„Das kann ich nicht sagen; das ist der einzige Punkt, den der Mann erwähnt hat. Ich würde sagen, dass es nur da wäre."

„Warum sollte es nur da sein?"

„Denn ich kann mir vorstellen, dass selbst die Burmesen anfangen zu zweifeln, ob sie unsere gesamte Streitmacht besiegen könnten, und da sie am Freitag vor allem die Pagode besetzen wollen, würden sie kaum einen Angriff auf andere Punkte riskieren, der vorerst in einer Katastrophe enden könnte Angesichts der günstigen Natur des Tages und der Tatsache, dass die Unverwundbaren sich vorgenommen haben, die Pagode einzunehmen, halten sie das zweifellos für sicher."

„Ich nehme an, dass du Recht hast, Brooke. Nun, ich hoffe, dass der General uns nach oben gehen lässt, um den Spaß zu sehen."

„Was, auch wenn es regnet?"

„Natürlich", sagte der andere empört. „Was kümmert es einen, wenn es regnet, wenn es etwas zu tun gibt? Ich glaube, wenn der Regen in Strömen herunterkäme und die Männer hüfthoch durch die Sümpfe waten müssten, würden sie alle in bester Stimmung marschieren." , wenn am Ende die Chance auf einen Kampf mit den Burmesen bestünde.

„Ich fürchte jedoch, dass es keine Chance gibt, dass wir entkommen, es sei denn, der Häuptling geht selbst. An anderen Orten kann es zu Angriffen kommen. Wie Sie sagen, ist das unwahrscheinlich; aber es ist möglich. Deshalb natürlich Wir sollten in der Nähe sein, um Befehle zu überbringen. Natürlich ist es in Ordnung, wenn er seinen Posten in der Pagode übernimmt; obwohl wir darauf wetten müssen, dass wir im interessantesten Moment davongaloppieren müssen.

Daraufhin verließen die beiden Offiziere den General. Bei diesem klingelte es, und Stanley ging hinein.

„Sie haben den Colonel gesehen, Mr. Brooke?"

„Ja, Sir; und er bat mich zu sagen, dass er sich sehr über die Nachricht freue und Ihnen für die schnelle Übermittlung sehr dankbar sei."

„Es gibt für Sie und Mr. Tollemache jetzt keine Gelegenheit, länger hier zu bleiben; aber um fünf Uhr werde ich zur Pagode reiten. Auf jeden Fall werde ich, sollte ich Sie vorher haben wollen, wissen, wohin ich schicken muss." für dich."

Das war die allgemeine Ordnung, denn am Nachmittag, wenn alles ruhig war, herrschte zwei bis drei Stunden lang Stille. Die Arbeit der Adjutanten war in der Tat im Allgemeinen sehr leicht, denn da es keine Truppenbewegungen, keine nutzlosen Paraden und nur sehr wenige militärische Befehle gab, die ausgeführt werden mussten, hatten sie viel Zeit zur Verfügung; Normalerweise wechselten sie sich dabei ab, einen Tag lang Dienst zu leisten, wobei der eine dienstfreie Tag frei war, um Bekannten in den verschiedenen Lagern oder an Bord eines Schiffes Besuche abzustatten. Während der Regenzeit verließen jedoch nur sehr wenige Offiziere oder Soldaten ihre Unterkunft, es sei denn, sie waren dazu gezwungen, und von zwei bis vier oder fünf Jahren verbrachte kein geringer Teil die Zeit im Schlaf.

Stanley hatte vorgehabt, der Larne einen Besuch abzustatten; denn Kapitän Marryat, der am Abend zuvor in der Kantine gegessen hatte, hatte ihn eingeladen, an Bord zu gehen, wann immer es ihm passte. Die Larne hatten bei den Operationen gegen die Palisaden gute Dienste geleistet; und ihre Boote waren besonders aktiv und erfolgreich gewesen. Ihr Kapitän war einer der beliebtesten und energischsten Offiziere des Dienstes; und sollte bei künftigen Generationen ebenso beliebt werden wie der klügste aller Autoren von Meeresgeschichten.

Allerdings war der Tag für einen Ausflug auf dem Wasser nicht günstig. Stanley ging daher in sein Zimmer zurück, wo er sich aus seiner Jacke zog, sich ans offene Fenster setzte und einen Stapel der letzten Zeitungen aus England durchlas, die ihm Colonel Adair geliehen hatte.

Um fünf Uhr kam Meinik herein und sagte, sein Pferd stehe vor der Tür des Generals. Stanley zog hastig Jacke und Umhang an und machte sich auf den Weg. Der General kam ein paar Minuten später herunter, gefolgt von Tollemache, und aufsteigend ritten sie zur Pagode.

Hier unterhielt sich Sir Archibald mit dem Oberst des 89. Regiments und dem Offizier, der die Batterie der Madras-Artillerie befehligte. Beide waren der Meinung, dass ihre Kraft völlig ausreichte, um jedem Angriff standzuhalten. Der einzige Zugang vom Wald dorthin war eine lange Straße zwischen zwei Sümpfen, die in kurzer Entfernung zu Seen geworden waren, seit das nasse Wetter einsetzte.

„Hätten sie uns überrascht", sagte der Oberst, „wären einige von ihnen vielleicht schon rübergekommen, bevor wir ganz auf sie vorbereitet waren, und hätten uns vielleicht einige Schwierigkeiten bereitet, aber ich glaube nicht, dass wir darauf vorbereitet sein werden." dass irgendjemand von ihnen den Fuß dieses Hügels erreichen wird, und wenn sie es täten, würde keiner von ihnen diese Terrasse erreichen. Wenn ein Angriff von der anderen Seite aus erfolgen würde, wäre er natürlich viel schwerwiegender, da der Boden so ist standhaft und sie könnten entlang des gesamten Fußes des Hügels angreifen; da sie jedoch nicht dorthin gelangen können, bis sie den Rest der Armee besiegt haben, bin ich der Meinung, dass wir den Hügel auch ohne die Hilfe der Kanonen mit Musketen und Waffen halten könnten Bajonett gegen jede Kraft, die sie wahrscheinlich gegen uns einsetzen werden.

„Also gut, ich werde Sie nicht verstärken, Oberst. Natürlich werden wir eine beträchtliche Anzahl Truppen unter Waffen halten, für den Fall, dass sie entlang der gesamten Linie angreifen sollten, während sie gleichzeitig ihre Hauptanstrengungen hier unternehmen.

„Ich hoffe eher, dass der Regen anhält, bis diese Angelegenheit vorbei ist."

Der Oberst sah überrascht aus.

„Ich habe viel mehr Angst", fuhr der General fort, „vor einem Feuer in der Stadt, als vor einem Angriff außerhalb dem Ort, denen es, seit wir ihre Kriegsgaleeren aus einigen Bächen und Kanälen geräumt haben, gelungen ist, den Behörden zu entkommen und entweder zu Fuß oder in Fischerbooten einzudringen; aber einige von ihnen werden vielleicht eingeschickt als Spione oder um uns Schaden zuzufügen. Ich habe heute Nachmittag ein langes Gespräch mit Colonel Adair darüber geführt, und er stimmt mir völlig zu, dass wir mit der Wahrscheinlichkeit eines Versuchs rechnen müssen, die Stadt in Brand zu setzen. Es wäre ein … Wenn es ihnen gelingen würde, wäre es ein schrecklicher Schlag für uns, denn der Verlust unserer Vorräte würde uns völlig lahmlegen. Sie würden natürlich den Anlass eines Angriffs auf unsere Linien als Angriffsversuch wählen, denn erstens werden die meisten Truppen unter Waffen stehen Sie wurden außerhalb der Stadt aufgestellt; und zweitens würde der Anblick des brennenden Ortes viel Verwirrung stiften, unsere Angreifer motivieren und den Abzug einer beträchtlichen Streitmacht vom Feld erfordern, um das Feuer zu bekämpfen.

„Wenn der Regen anhält, brauchen wir uns überhaupt nicht unwohl zu fühlen, denn es gäbe nichts zum Brennen; bei trockenem Wetter könnte ein Mann mit einer Fackel das Strohdach anzünden, so schnell er laufen kann, und eine ganze Straße würde das tun in zwei oder drei Minuten in Flammen stehen, und wenn ein Wind weht, könnte er trotz all unserer Bemühungen den ganzen Ort überschwemmen.

„Das sehe ich, Sir. Ich gebe zu, dass ich vorher noch nie darüber nachgedacht habe.“

„Ich werde hierher kommen, Colonel, es sei denn, wir erhalten rechtzeitig die sichere Nachricht, dass es sich um einen Generalangriff handeln wird; in der Tat ist es auf jeden Fall der beste Ort, um mich zu postieren, denn ich kann darüber hinwegsehen.“ das ganze Land und senden Sie Befehle an jeden Punkt, an dem der Feind Fortschritte macht oder an dem unsere Männer mit Vorteil vorrücken können. Die Feuerlinie der Blitze wird nachts ein ebenso guter Leitfaden sein wie der Rauch am Tag.

„Ich werde ein Feldbett für Sie aufstellen lassen, General, da wir nicht wissen, welche Nacht es sein wird.“

„Vielen Dank. Ja, ich kann genauso gut stehend einkehren, wie die Seeleute sagen, und ein paar Stunden schlafen; denn in diesem Klima kann man nicht Tag und Nacht durchhalten, wie wir es tun mussten.“ Spanien."

Die beiden Adjutanten blieben im Ungewissen, was die Absichten des Generals waren, und erst am Morgen des Dienstags sagte er zu ihnen:

„Ich gehe heute Abend zur Pagode, Herr Tollemache; und Sie sollten deshalb besser etwas Proviant und eine Flasche Brandy in Ihre Holster stecken.“

Um neun Uhr abends ritten sie los. Der Regen hatte aufgehört; Der Mond schien durch die Wolken.

„Um zwölf Uhr wird es unten sein“, sagte Tollemache. „Ich denke, dass sie höchstwahrscheinlich darauf warten werden. Sie werden denken, dass wir in der Dunkelheit nicht auf sie zielen können und dass sie es schaffen werden, ohne Verlust zum Fuß des Hügels zu gelangen.“ "

Als sie die Plattform vor der Pagode erreichten, nahmen ihre Syces ihre Pferde mit. Meinik hatte Stanley gebeten, ihn bei dieser Gelegenheit an die Stelle seines Bräutigams treten zu lassen, legte das Kleid ab, das er normalerweise trug, legte die leichte Kleidung eines Indianers an und lief mit den anderen hinter den Pferden her. Er verspürte den starken Wunsch, die Kämpfe zu sehen, aber sein Hauptgrund für die Erlaubnis, Stanley begleiten zu dürfen, bestand darin, dass er sich, obwohl er von dem, was er über den Drill und die Disziplin der weißen und einheimischen Regimenter gesehen hatte, sehr beeindruckt hatte, nicht abschütteln konnte sein Glaube an die Unverwundbaren; und war davon überzeugt, dass die Pagode eingenommen werden würde, und wollte daher zur Stelle sein, um Stanleys Pferd im kritischen Moment herbeizuholen und ihm bei der Flucht vor den Angreifern zu helfen.

Wie üblich brannten an mehreren Stellen der Terrasse Feuer. Zwei Kompanien standen unter Waffen und standen weit vom Rand der Plattform entfernt, so dass sie für die Menschen im Wald nicht sichtbar waren. Der Rest der Männer saß um die Feuer herum. Ihre Musketen waren dicht daneben in Reihen aufgestapelt.

Als er ausstieg, begab sich der General zur Batterie.

„Haben Sie alles vorbereitet, Major?" fragte er den kommandierenden Offizier.

„Ja, Sir. Die Geschütze sind alle mit Trauben beladen, und da es bei Monduntergang sehr dunkel sein wird, habe ich direkt unter jedem Geschütz ein weißes Band befestigt, damit sie jedoch auf den Damm gerichtet werden können." dunkel kann es sein.

„Das ist eine sehr gute Idee", sagte der General. „Es gibt nichts Schwierigeres, als im Dunkeln Waffen gezielt zu platzieren."

Der Oberst traf nun ein, ein Soldat hatte ihm die Nachricht überbracht, sobald der General den Bahnsteig erreichte.

„Ich sehe, dass Sie gut darauf vorbereitet sind, ihnen einen herzlichen Empfang zu bereiten, Colonel."

„Das hoffe ich, Sir. Ich habe eine starke Patrouille hinter dem Damm. Mein Befehl lautet, dass sie ein oder zwei Minuten lang starken Widerstand leisten sollen, um uns Zeit zu geben, unsere gesamte Streitmacht hier einsatzbereit zu haben. Dann sollen sie sich im Eiltempo zum Fuß des Hügels zurückziehen und dann erneut das Feuer eröffnen, damit wir wissen, dass sie nicht im Weg sind, und dass wir beginnen können, wann wir wollen. Wir haben einen Hafen angelegt Heute Nachmittag gibt es Feuer, und ich habe ein Dutzend Männer auf halber Höhe des Hügels, und sobald die Außenposten sicher auf der anderen Seite sind, sollen sie die Hafenfeuer anzünden, damit wir zielen können. Diese weißen Bänder werden der Artillerie als Orientierungshilfe dienen; aber meine Männer würden sehr schlecht schießen, wenn sie die Mündungen ihrer Waffen nicht erkennen könnten. Jedenfalls halte ich es nicht für wahrscheinlich, dass der Feind den Damm überqueren wird, so zahlreich er auch sein mag."

„Ich glaube nicht, dass sie das tun werden, Colonel. Sicherlich haben sie sich bislang im Angriff als verächtlich erwiesen und haben, als wir einmal ihre Palisaden betraten, nicht einmal für eine Minute erfolgreich Stellung bezogen, obwohl sie sie beherzt verteidigen bis wir drinnen einmal Halt gefunden haben.

„Trotzdem sollten diese Kerle heute Nacht gut kämpfen, denn wenn sie geschlagen werden, wäre das ein Todesstoß für ihren Ruf bei ihren Landsleuten. Außerdem glauben viele von ihnen an die Macht, die sie für sich beanspruchen, und das haben wir schon früher herausgefunden „In Indien sind Fanatiker immer gewaltig."

Nachdem er sich mit dem Oberst umgesehen hatte, begleitete ihn der General in sein Quartier; während die beiden Adjutanten auf der Terrasse blieben und sich mit den Offizieren unterhielten; und dann, nach einer Weile, gingen wir mit einigen von ihnen zum Messezelt, wo sie rauchten und redeten, bis Mitternacht alle hinausgingen.

Die Truppen waren unter Waffen aufgestellt und alle lauschten ungeduldig auf etwas, das zeigen würde, dass der lange verzögerte Angriff in dieser Nacht stattfinden würde. Um halb zwölf ertönte ein Schuss, der die Truppe wie ein elektrischer Schauer erschütterte. Es folgten fast sofort weitere. Die Truppen wurden sofort bis zum Rand des Bahnsteigs marschiert. Als die ersten Schüsse fielen, ertönte ein wildes Geschrei, gefolgt von einer Salve von Schüssen.

Die beiden Adjutanten hatten ihre Plätze in der Nähe des Generals eingenommen, der in der Lücke zwischen der Infanterie und den Geschützen stand; und blickte durch seine Nachtbrille aufmerksam auf den Wald.

„Sie liegen in einer dichten Masse vor", sagte er. „Ich kann nicht sehen, ob sie in einer regelmäßigen Reihenfolge sind, aber sie sind auf jeden Fall viel dichter gedrängt, als ich sie jemals zuvor gesehen habe. Die vorn haben Laternen. Sie kommen schnell voran."

Der Feind war noch eine halbe Meile entfernt, aber die Laternen und das Blitzen seiner Geschütze zeigten seine genaue Position, während das Feuer der Vorposten stetig aufrechterhalten wurde. Als letztere entlang des Damms zurückfielen, verringerte sich der Abstand zwischen den beiden Kräften; und dann hörte das Feuer der Außenposten auf, als sie gemäß ihren Befehlen in die Doppelgänger einbrachen.

Der Aufruhr der vorrückenden Menge war gewaltig. Jeder Mann schrie lauthals Verwünschungen an die Verteidiger der Pagode; die in absoluter Stille dastanden und gespannt auf das Befehlswort warteten. Plötzlich brach das Feuer am Fuße des Hügels erneut aus und sofort schoss ein helles Licht von seinem Gesicht auf.

Der Rand der dichten Masse der Burmesen war jetzt nur noch etwa fünfzig Meter von der Mauer entfernt, die den Fuß des Hügels umgab, und der Damm dahinter war von einer massiven Menschenmasse besetzt. Dann kam der scharfe Befehl an die Artilleristen, und ein Geschütz nach dem anderen ergoss sich in die Menge, während im selben Moment die Infanterie begann, Kompanien in stetigen Salven zu feuern. Für einen Moment verstummte der Lärm der Angreifer, dann wurden ihre Rufe wieder lauter und nach einem Moment des Zögerns setzten sie ihren Vormarsch fort.

Aber nicht lange. Nur die diszipliniertesten Soldaten hätten diesem Sturm aus Trauben und Kugeln standhalten können, und innerhalb von zehn Minuten flohen sie in wilder Verwirrung und ließen den Damm dicht mit Toten bedeckt zurück. Immer wieder erklang der britische Jubel, laut und triumphierend; Dann wurde der Infanterie befohlen, sich zurückzuziehen, aber die Kanonen feuerten weiter, bis die Flüchtlinge weit im Wald waren.

Zwischen den Schüssen hörte der General aufmerksam zu und untersuchte durch seine Brille die Gegend bis zur Stadt hin.

„Alles ist ruhig", sagte er. „Es ist wahrscheinlich, dass diese Kerle, wenn sie den Hügel erobert hätten, ein Signal gegeben hätten und es zu einem Generalangriff hätte kommen können. So wie es aussieht, ist die Angelegenheit für heute Nacht vorbei, und die Unverwundbaren werden einige Schwierigkeiten haben Rechenschaft über ihr Scheitern und ihren Verlust ablegen.

„Jetzt, meine Herren, können wir genauso gut auf die Pferde steigen und zurückreiten. Wir haben kaum damit gerechnet, so schnell wieder wegzukommen."

„Nun, Meinik, was denkst du jetzt über deine Unverwundbaren?" sagte Stanley, als der Burman, nachdem er sein Pferd aufgestellt hatte, in sein Zimmer kam, um zu sehen, ob er etwas wollte, bevor er sich auf sein Bett im Flur legte.

„Ich weiß es nicht", antwortete der Burmane ernst. „Sie mögen heilige Männer sein und vielleicht gegen einheimische Waffen resistent, aber gegen eure Kanonen und Musketen sind sie nicht gut. Jetzt verstehe ich, wie es kommt, dass ihr uns so leicht besiegt habt. Eure Männer standen alle still und drinnen Befehl; man hörte nur die Stimmen der Offiziere und den Krach, als sie gemeinsam feuerten.

„Dann sind Ihre Waffen schrecklich. Ich habe gesehen, wie unsere abgefeuert wurden, aber obwohl unsere Geschütze kleiner sind als Ihre, feuern Ihre Männer fünf Schüsse auf unsere ab Jeder Mann wusste, was er zu tun hatte – einer tat etwas, und direkt, ein anderer tat etwas, und fast bevor der Rauch des letzten Schusses aus der Waffe verschwunden war, war sie bereit, erneut abgefeuert zu werden.

„Mir ist klar, dass wir nicht gelernt haben, wie man kämpft, und dass Ihre Art, nur wenige Männer zu haben, die gut ausgebildet sind und genau wissen, was sie zu tun haben, besser ist als unsere, eine große Anzahl zu haben und alle kämpfen zu lassen." wie es ihm gefällt. Es ist in jeder Hinsicht schlecht. Die tapferen Männer gelangen an die Front und werden getötet; und dann laufen die anderen davon.

„Du hattest Recht. Wir werden dich niemals aus Rangun vertreiben, bis Bandoola kommt. Er hat alle unsere besten Truppen bei sich und wurde nie geschlagen. Alle Truppen kennen ihn und werden für ihn kämpfen, wie sie nicht kämpfen würden." für diese Fürsten – die nichts vom Krieg wissen und nur deshalb ausgewählt wurden, weil sie die Brüder des Königs sind. Wenn er kommt, werdet ihr es sehen."

„Zweifellos werden wir das tun, Meinik. Und du wirst sehen, dass es am Ende genauso sein wird, auch wenn sie vielleicht einen besseren Kampf daraus machen als heute Abend."

Die nächsten zwei Monate vergingen langsam. Nach der Niederlage des Angriffs auf die Pagode kam es zu keinen Angriffen des Feindes. Ankommende Bauern und Deserteure berichteten von einer tiefen Depression unter den burmesischen Truppen. Große Zahlen hatten die Fahnen verlassen, und von einem weiteren Angriff war keine Rede.

Da die Truppen daher von einem Großteil ihres anstrengenden Nachtdienstes entbunden waren, gingen die Engländer in die Offensive. Die Palisaden am Dalla-Fluss und am Panlang-Arm – dem Hauptübergang in den Hauptstrom des Irrawaddy – wurden angegriffen und zerstört, wobei der Feind schwer zu leiden hatte und viele Artilleriegeschütze erbeutet wurden.

Der Regen dauerte fast ununterbrochen und die Gesundheit der Truppen litt schrecklich. Knapp dreitausend blieben dienstfähig, und der größte Teil von ihnen war durch die Auswirkungen des Klimas so abgemagert und erschöpft, dass sie für den aktiven Einsatz völlig ungeeignet waren.

Drei Wochen nach dem Kampf an der Pagode kam ein Schiff flussaufwärts mit einem Brief des Offiziers, der die Truppen befehligte, die sich versammelt hatten, um Bandoolas Vormarsch gegen Chittagong zu verhindern, und in dem es hieß, dass die burmesische Armee auf mysteriöse Weise verschwunden sei. Es war nachts losgegangen, so leise und lautlos, dass unsere Außenposten, die nur eine kurze Entfernung davon entfernt waren, weder ein Zeichen noch eine Bewegung hörten. Die Burmesen hatten ihre Kranken, Zelte und Vorräte mitgenommen; und in ihren verlassenen Palisaden hatte man nichts als eine große Menge Getreide gefunden.

Die Nachricht wurde von den Truppen mit Genugtuung aufgenommen. Es bestand kaum ein Zweifel daran, dass sich der Hof von Ava schließlich an den Anführer gewandt hatte, der eine Provinz nach der anderen erobert hatte, nachdem er festgestellt hatte, dass es allen ihren Generälen nicht gelungen war, auch nur den geringsten Eindruck auf unsere Linien zu hinterlassen, und dass sie große Mengen an Männern verloren hatten es und hatte ihm den Befehl geschickt, mit seiner gesamten Armee zu marschieren, um den Kampf zu beenden. Die Soldaten freuten sich über den Gedanken, endlich einer echten burmesischen Armee gegenüberzustehen. Bisher standen sie im Allgemeinen in der Defensive und mussten eher gegen das Klima als gegen den Feind kämpfen; und es schien ihnen, dass der Feldzug wahrscheinlich endlos sein würde.

Der Marsch der Burmesen von Ramoo nach Sembeughewn, dem der ehemaligen Stadt am nächsten gelegenen Punkt des Flusses, muss schrecklich gewesen sein. Die Entfernung betrug über zweihundert Meilen, es regnete unaufhörlich, das Land war mit Dschungeln und Sümpfen bedeckt und von Flüssen durchzogen. Keine andere Armee hätte eine solche Leistung vollbringen können. Die Burmanen jedoch, die an das ungesunde Klima gewöhnt waren, zogen leicht bekleidet und ohne Gewicht außer ihren Waffen und dem Reisvorrat für 16 Tage schnell darüber hinweg.

Jeder Mann war an den Gebrauch einer Axt und an die Bildung von Flößen gewöhnt, und in unglaublich kurzer Zeit wurden Flüsse überquert, tiefe Sümpfe auf Straßen durchquert, die aus dicht gedrängten Reisigbündeln bestanden, und nur wenige Tage, nachdem Bandoola davon erfahren hatte, war das geschehen Der General erfuhr von Bauern, dass die Nachricht eingetroffen sei, dass er und ein Teil seiner Armee in Sembeughewn angekommen seien.

Fast zur gleichen Zeit erreichten andere Gruppen, die entlang der Küste reisten, Donabew, eine Stadt am Irrawaddy, etwa vierzig Meilen in direkter Linie von Rangun entfernt. Dies war als Treffpunkt der neuen Armee benannt worden, und dorthin machte sich ein beträchtlicher Teil von Bandoolas Streitkräften direkt von Ramoo aus auf den Weg; Es war Brauch der Burmesen, sich auf einem Marsch durch ein Land, in dem kein Widerstand zu erwarten war, in getrennten Abteilungen zu bewegen, jede unter ihrem eigenen Führer, ihren eigenen Weg zu wählen und sich auf ein allgemeines Treffen vorzubereiten. Auf diese Weise reisten sie viel schneller, als sie es in einem Körper geschafft hätten, und konnten besser Schutz und Nahrung finden.

Es war bekannt, dass andere Truppen aus Prome, Tannoo und anderen Vierteln in Richtung Donabew marschierten. Es wurde bald berichtet, dass die niedergeschlagenen Streitkräfte rund um Rangun Mut und Selbstvertrauen gewonnen hatten, als sie erfuhren, dass Bandoola und seine Armee ihnen zu Hilfe kamen und dass die Deserteure in großer Zahl aus ihren Dörfern zurückkehrten. Die britischen Kranken wurden mit der Schifffahrt nach Mergy und Tavoy geschickt, zwei Küstenstädten, die wir in Besitz genommen hatten und die beide in einer gesunden Lage waren.

Die Veränderung hatte eine wunderbare Wirkung, und Männer, die den giftigen Ausdünstungen der Sümpfe rund um Rangun schnell erlegen wären, kamen in ihren neuen Quartieren schnell wieder zu Kräften.

Kapitel 9
Siege.

In der Zwischenzeit waren Verhandlungen mit Siam im Gange, zwischen diesem Staat und Burma herrschte die erbittertste Feindschaft. Man hatte angenommen, dass Siam bereitwillig die Gelegenheit ergriffen hätte, sich für die vielen Gebietsverluste zu rächen, die es durch Burma erlitten hatte. Es bestand kein Zweifel daran, dass es das gerne getan hätte, aber unsere Besetzung mehrerer Punkte an der Küste von Tenasserim weckte Siams Ängste und ließ es glauben, dass wir uns als noch gefährlicherer Nachbar als Burma erweisen könnten.

Der Hof von Ava hatte seinerseits auch dringende Botschaften an den König von Siam geschickt – als das Unglück seinen Stolz in gewissem Maße geschwächt hatte – und ihn aufgefordert, mit Burma gemeinsame Sache zu machen und sich ihm bei der Abwehr anzuschließen ein Feind, der für ihn zweifellos genauso gefährlich sein würde wie für Burma.

Siam war jedoch entschlossen, einen Mittelweg einzuschlagen. Eine Armee wurde zusammengestellt, um für alle Eventualitäten gerüstet zu sein; aber Siam glaubte ebenso wenig wie Burma selbst, dass die Briten möglicherweise über diese Macht siegreich sein könnten; und fürchtete seine Rache, wenn es sich mit uns verbünden würde, während Siam andererseits über eine lange Meeresküste verfügte, und fürchtete den Schaden, den unsere Flotte ihm zufügen könnte, wenn sie sich Burma anschloss. Der König versicherte daher beiden Mächten seine Freundschaft; und marschierte mit seiner Armee bis zur Grenze der Provinz Martaban, die an den großen Fluss Salween an der Küste von Tenasserim grenzte und etwa zweihundert Meilen von Rangun entfernt auf der anderen Seite des Golfs von Martaban lag.

Da die Absichten des Königs so zweifelhaft waren, konnten die Briten den Vormarsch der siamesischen Armee in diese Richtung nicht mit Gleichgültigkeit betrachten. Die Stadt Martaban war das Zentrum der burmesischen Militärmacht in Tenasserim, und der Vormarsch der siamesischen Armee dorthin würde sie in direkte Verbindung mit der Stadt Burma bringen. Am 13. Oktober segelte daher eine Streitmacht, bestehend aus einem Flügel des 41. Regiments und der 3. Madras-Infanterie, von Rangun aus gegen die Stadt. Die Expedition wurde durch leichte Winde verzögert und als sie an der Flussmündung ankam, stellte sie fest, dass alle Vorbereitungen für eine hartnäckige Verteidigung getroffen worden waren. Von einem Bauern erfuhren sie, dass auf jeder Anhöhe rund um die Stadt starke Festungswerke errichtet worden seien; und dass die Straße von der Küste abgeschnitten und mit Palisaden versehen worden sei.

Eine Annäherung auf diesem Weg war unmöglich, da zwanzig Meilen Land zu durchqueren waren; und ein Großteil davon stand aufgrund der Überschwemmungen unter Wasser. Man beschloss daher, flussaufwärts zu fahren, obwohl dieser so flach und voller Untiefen war, dass die Navigation äußerst schwierig war. Schließlich gelang es ihnen nach großer Mühe – die dadurch verursacht wurde, dass die Schiffe ständig an Land gingen – bis nach Martaban vorzudringen und vor der Stadt vor Anker zu gehen.

Zwischen den Schiffen und den feindlichen Werken wurde einige Zeit lang eine schwere Kanonade geführt. Dann wurden die Truppen in Booten eingeschifft, die unter sehr heftigem Feuer des Feindes zum Ufer ruderten. Sobald sie gelandet waren und zum Angriff auf die Palisaden vorrückten, verloren die Burmesen den Mut und zogen sich hastig zurück. während die Einwohner die Truppen bei ihrem Einmarsch mit dem herzlichsten Empfang empfingen – denn sie waren zum größten Teil Eingeborene von Pegu und hegten immer noch einen tiefen Hass gegen die Burmesen wegen der langen Unterdrückung, die sie durch ihre Hände erlitten hatten .

Im übrigen Tenasserim jedoch; und tatsächlich schienen die Bewohner im gesamten Land, das später von den Truppen durchzogen wurde, ihre alte Nationalität und die Eroberung ihres Landes durch die Burmanen völlig vergessen zu haben; und völlig von ihnen absorbiert zu sein. Während der gesamten Zeit, in der wir Martaban besetzten, gaben sich die Menschen keinerlei Mühe und boten sogar an, eine Streitmacht für unsere Dienste aufzustellen, wenn wir das wünschten.

Ende Oktober hörte der Regen auf – zur großen Freude der Truppen – und die kalte Jahreszeit setzte ein. Der November war jedoch ein außergewöhnlich tödlicher Monat – gelegentliche Tage mit schönem Wetter hielten die Ausdünstungen aus den Sümpfen in Atem – und die Zahl der Todesfälle war so hoch wie nie zuvor. Auch für eine Weiterentwicklung bestand derzeit keine Aussicht. Die Expedition war ohne Boote oder andere Transportmittel angetreten, um in einem Land, in dem der gesamte Handel über die Flüsse abgewickelt wurde, eine reichliche Versorgung sicherzustellen. Die Schnelligkeit, mit der die einheimischen Behörden beim ersten Erscheinen der Flotte jedes Boot weggeschickt hatten, hatte diese Erwartung enttäuscht, und obwohl die Öffnung einiger anderer Flüsse es den örtlichen Fischern ermöglicht hatte, ihre Boote nach Rangun zu bringen, wo Obwohl der Fisch eifrig gekauft wurde, verfügten die britischen Truppen bis Ende November immer noch nicht über die Möglichkeit, hundert Mann flussaufwärts zu schicken, außer in den Booten der Flotte.

Die indischen Behörden – die glaubten, dass der Hof von Ava gerne verhandeln würde, wenn die Burmesen nicht in der Lage wären, uns aus Rangun zu vertreiben – hatten bis zum Ende des Herbstes nicht daran gedacht, irgendwelche Vorbereitungen zu treffen Versorgen Sie die Armee mit Wasserwagen. Jetzt jedoch begannen sie sich zu regen. Aus Chittagong wurden fünfhundert Bootsleute geschickt, die viele Boote mitbrachten und andere in Rangun bauten. Transporte mit Zugvieh segelten von Bengalen aus, und Ende Dezember war eine beträchtliche Truppenverstärkung auf dem Weg, sich anzuschließen – denn alle Eingeborenen waren sich einig, dass bis Ende Januar keine Bewegung auf dem Landweg erfolgen könne.

Im November musste sogar Bandoolas Armee auf dem Wasserweg vordringen. Anfang des Monats erfuhr man, dass der burmesische General den Befehl zum Vormarsch gegeben hatte, und man begann sofort mit den Vorbereitungen für einen Angriff, von dem keiner zweifelte, dass er sehr ernst sein würde. Die Verstärkung war noch nicht eingetroffen und die stark reduzierte Streitmacht war viel zu klein für die Länge der zu verteidigenden Linie. Deshalb wurden Schanzen errichtet, Pagoden und andere Gebäude befestigt; und es wurden zwei vollständige Baureihen errichtet, von der großen Pagode bis zur Stadt, eine nach Osten und die andere nach Westen ausgerichtet.

Der Posten in Kemmendine wurde gestärkt und von der HM-Schaluppe Sophie, einem Kreuzer einer Kompanie, und einer starken Kanonenbootabteilung unterstützt. Die Beibehaltung dieses Postens war von großer Bedeutung, da er die Zufahrt zum Fluss nach Rangun versperrte und verhinderte, dass der Feind eine riesige Flotte von Kriegsgaleeren und Feuerlöschflößen entsandte, um die Stadt anzugreifen und die vor ihr liegenden Handelsschiffe in Brand zu setzen.

In der letzten Novemberwoche stieg an vielen Stellen im Wald Rauch auf. Viele Flüchtlinge kamen aus ihren Dörfern und berichteten, dass Bandoolas Armee alle auf dem Weg flussabwärts sei; und am Ende des Monats waren etwa sechzigtausend Mann mit einem großen Artilleriegeschwader und einer Kavallerieeinheit um unsere Stellung versammelt. Von dieser Streitmacht waren dreißigtausend mit Musketen bewaffnet. Sie hatten auch eine große Anzahl von Jingals bei sich. Diese kleinen Geschütze trugen Kugeln von sechs bis zwölf Unzen und waren auf einer leichten Lafette montiert, die zwei Männer problemlos rollen konnten. Die Kanonen wurden auf Elefanten zum Einsatzort getragen. Die Kavallerie war siebenhundert Mann stark und stammte aus den Grenzen von Manipur.

Der Rest der Armee war mit Schwertern und Speeren bewaffnet und trug Geräte zum Einlagern und Verschanzen. Die Truppe wurde von einer Reihe von Astrologen begleitet; und von den Unverwundbaren – die zweifellos zufriedenstellend erklärt hatten, warum es ihnen nicht gelungen war, die Pagode einzunehmen.

Ein großer Halbkreis aus leichtem Rauch, der von den Bäumen aufstieg, zeigte, dass sich die Position, die Bandoola einnahm, vom Fluss oberhalb von Kemmendine bis in die Nähe von Rangun erstreckte. In der Nacht des 31. hörten die Truppen an der Pagode ein lautes und anhaltendes Rühren im Wald. Es näherte sich allmählich und am Morgen hatten sich große Truppenmassen am Rande des Dschungels versammelt, in Musketenschussweite des Postens. Die dortige Garnison war bereit, einen plötzlichen Ansturm abzuwehren, doch gerade als die Sonne aufging, begann ein Lärm von Tausenden von Männern, die mit dem Fällen der Bäume beschäftigt waren, und es war offensichtlich, dass die Burmesen ihren üblichen Plan übernehmen würden sich hinter Palisaden zu verschanzen.

In der Zeit, die zwischen der Abwehr der Unverwundbaren und der Ankunft von Bandoolas Armee verstrichen war, war Stanleys Arbeit leicht und das Leben langweilig und eintönig. Jeden Morgen wurde eine Stunde damit verbracht, die Flüchtlinge zu untersuchen, denen durch den Rückzug der Burmesen der Weg zurück in die Stadt ermöglicht worden war. und von Frauen, die der Wachsamkeit der birmanischen Polizei entkommen waren und aus den Dörfern gekommen waren, in denen sie als Geiseln ihrer Ehemänner festgehalten worden waren. Ein- bis zweimal in der Woche ging er mit dem General zum Lazarettschiff, um sich nach dem Zustand der Kranken zu erkundigen und der langen Reihe von Pritschen auf dem Haupt- und Unterdeck einen Besuch abzustatten. Fast jeden Tag ritt er trotz des Wetters zu dem einen oder anderen Regimentslager; und lernte bald die meisten Offiziere der Truppe kennen. Seine früheren Erfahrungen auf den Flüssen hatten viel dazu beigetragen, ihn zu akklimatisieren, und sein Gesundheitszustand war weiterhin gut.

Am Abend des 30. war er auf Befehl des Generals zur Pagode geritten. Man hielt es für wahrscheinlich, dass der Angriff überhaupt dort stattfinden würde, und als sich um drei Uhr morgens herausstellte, dass sich eine große Gruppe Männer durch den Wald näherte, galoppierte er mit der Nachricht zurück nach Rangun und ritt um fünf Uhr wieder mit Sir A. Campbell aus.

In der Garnison herrschte große Enttäuschung, als das Geräusch von Holzhacken verkündete, dass die Burmesen nicht vorhatten, anzugreifen; Doch der General, der den Rand des Dschungels durch seine Brille beobachtet hatte, ließ sie sinken und legte sie mit zufriedener Miene in den Koffer.

„Ich möchte nicht, dass sie angreifen, Colonel", sagte er. „Wenn sie es tun und wir sie besiegen, sind wir dem Ende nicht näher als zuvor. So etwas könnte monatelang weitergeführt werden; tatsächlich solange es einen Mann gibt, den wir erziehen müssen. Was wir wollen, ist." ihnen einen so schweren Schlag zu versetzen, dass sogar das Gericht von Ava davon überzeugt sein könnte, dass sie nicht darauf hoffen können, uns aus Rangun zu vertreiben; in diesem Fall könnten sie Verhandlungen zustimmen, und wir könnten den Krieg beenden.

„Der Himmel weiß, dass wir derzeit genug Verluste erlitten haben; und ich möchte keine so schwierige Operation wie einen Vormarsch gegen Ava unternehmen müssen. Ich bin froh zu sehen, dass sie mit dem Bau von Palisaden begonnen haben. Das habe ich nicht vor." einzugreifen, bis sie ihre Arbeit vollständig beendet und genug Selbstvertrauen gewonnen haben, um einen Generalangriff auf uns zu starten. Dann werden wir ihnen eine schwere Lektion erteilen können.

„Ah, da sind sie, bei der Arbeit!"

Während er sprach, ertönte plötzlich aus Kemmendine ein Musketen- und Artilleriegebrüll, und alle Augen richteten sich in diese Richtung. Der Ort war zwei Meilen entfernt, aber der Wald versperrte uns den Blick auf den Fluss und die Werke, die wir besaßen. Die genaue Position wurde jedoch durch die über den Bäumen emporragenden Masten der beiden Kriegsschiffe angezeigt.

Bald stiegen in und um Kemmendine große Kränze aus schwerem, weißem Rauch über den Wald und versperrten jegliche Sicht. Das Feuer ging ohne Abklingen weiter, und es war offensichtlich, dass es sich um einen heftigen und entschlossenen Angriff handelte. Obwohl alle zuversichtlich waren, dass die kleine Festung sich erfolgreich verteidigen könnte, wurden die großen Rauchwolken mit einem gewissen Gefühl der Besorgnis beobachtet; denn die Garnison war schließlich nur eine Handvoll. In den kurzen Pausen des Feuers waren die Schreie und Schreie der Eingeborenen deutlich zu hören, und ein- oder zweimal, nach einer heftigen Breitseite der Kriegsschiffe, war der Jubel der britischen Seeleute deutlich zu erkennen.

Nach zwei Stunden Kampf hörte der Lärm allmählich auf. Die Rauchwolken verzogen sich, und die Masten der Schiffe wurden sichtbar, und die Garnison der Pagode erhob drei herzliche Jubelrufe, um den Verteidigern mitzuteilen, dass ihre erfolgreiche Verteidigung beobachtet und begrüßt worden war.

Bald darauf traten aus dem Wald auf der anderen Seite des Flusses einige schwere Kolonnen des Feindes hervor; und marschierte über die Ebene nach Dalla, das Rangun gegenüber lag. Sie bewegten sich mit großer Regelmäßigkeit und Ordnung, angeführt von ihren Häuptlingen zu Pferd, deren vergoldete Regenschirme in den Sonnenstrahlen glitzerten. Als sie das Ufer des Flusses gegenüber von Rangun erreichten, begannen sie, sich zu verschanzen und Palisaden und Batterien aufzuwerfen; mit der offensichtlichen Absicht, das Feuer auf die Schifffahrt zu eröffnen. Bald darauf kamen große Gruppen von Männern aus dem Wald gegenüber der

Pagode und marschierten entlang eines leichten Bergrückens, der sich von diesem Punkt bis zum Bach unterhalb von Rangun erstreckte, nahmen dort ihre Position ein und begannen, sich entlang der gesamten Linie zu verschanzen. Damit war die britische Stellung nun vollständig umzingelt; Es bestand jedoch kein Zweifel daran, dass die Hauptmacht des Feindes immer noch vor der Pagode stand.

„Wir müssen sehen, was sie tun“, sagte der General. „Das ist ein zu wichtiger Punkt für uns, als dass wir ihnen erlauben könnten, in unmittelbarer Nähe eine stark befestigte Stellung zu errichten.“

Dementsprechend wurde Tollemache mit dem Befehl an die 18. Madras-Infanterie – unterstützt von einer Abteilung des 13. Regiments unter Major Sale – geschickt, gegen den Feind im Dschungel vorzurücken. Die Bewegungen dieser Truppe wurden gespannt von der Terrasse der Pagode aus beobachtet. In schnellem Tempo überquerten sie das dazwischen liegende Gelände, und als sie sich näherten, ertönte aus dem Dschungel ein Musketengerassel. Die Briten antworteten nicht; aber sie stürmten mit Jubelrufen los und verschwanden bald in den Bäumen. Ihre regelmäßigen Salven waren in kurzen Abständen über dem vereinzelten Rasseln der burmesischen Musketiere zu hören; und ihr Jubel erklang oft laut und triumphierend. Nach einer halben Stunde tauchte die rote Linie wieder aus dem Dschungel auf, nachdem sie die von den Burmesen errichteten Palisaden zerstört hatte; erbeutete mehrere Waffen, eine Menge Musketen und von den Burmesen weggeworfene Verschanzungswerkzeuge; und tötete eine große Anzahl der Feinde.

Tagsüber unternahm der Feind wiederholt Versuche, von oberhalb von Kemmendine Feuerflöße flussabwärts zu schicken. Diese Flöße bestanden aus Bambus, auf dem große Mengen mit Erdöl gefüllter Tontöpfe standen. Diese Flöße waren geschickt konstruiert und in Abschnitte unterteilt, so dass sie, wenn sie gegen eine Ankerkette trieben, sich teilten – die Flöße auf beiden Seiten drehten sich um, um das Schiff auf beiden Seiten mit Feuer zu umhüllen.

Die Matrosen der Schaluppen und Kanonenboote ruderten auf die Flöße zu, und obwohl der Feind aus den Dschungeln an den Ufern heftiges Feuer aufrechterhielt, gelang es ihnen, die meisten von ihnen sicher ans Ufer zu schleppen. während der Rest auf einer vorspringenden Landzunge vor Kemmendine landete.

Die Burmesen arbeiteten an allen Punkten des Tages so fleißig, dass am Nachmittag ihre gesamte Umgehungslinie mit Erdarbeiten bedeckt war; hinter dem sie völlig verborgen lagen.

„Wenn sie so gut kämpfen könnten, wie sie graben und Palisaden errichten“, bemerkte Sir A. Campbell, „wären sie einer der furchtbarsten Feinde der Welt. Keine europäische Armee schaffte es jemals so schnell, sich zu verschanzen wie sie.“ Sie haben es getan. Ihre Arrangements waren bewundernswert. Alles wurde ohne Verwirrung durchgeführt, und jede Körperschaft hat die ihr zugewiesene Position eingenommen; was durch die Tatsache deutlich wird, dass es keine Lücke in ihren Reihen gibt.

„Zu Bandoolas Taktik kann ich nicht viel sagen. Erstens hat er seine Streitmacht in zwei Teile geteilt, die durch einen Fluss getrennt sind und nicht in der Lage sind, sich gegenseitig zu helfen. Zweitens ist seine Zahl so groß.“ , seine Zeilen sind viel zu lang.

„Nun, wir werden sie eine Zeit lang weitermachen lassen und ihnen dann den Fehler zeigen, den sie begangen haben.“

Den Berichten von Major Sale zufolge bestanden die Schanzen aus einer langen Reihe von Löchern, in denen jeweils zwei Männer Platz fanden. Die Erde wurde auf einer Seite ausgegraben, so dass eine Art Höhle entstand. Darin befand sich ein Bett aus Stroh oder Reisig, auf dem ein Mann schlafen konnte, während der andere zusah. Jedes Loch enthielt einen ausreichenden Vorrat an Reis, Wasser und sogar Treibstoff für seine Bewohner. Eine Reihe dieser Löcher war fertiggestellt und eine weitere wurde ein kurzes Stück vorher gegraben.

Die Burmesen lösen ihre Männer in den Schützengräben nicht ab. Diejenigen, die die zuerst geschaffene Linie besetzen, bleiben dort. Neue Männer graben und besetzen die nächste Linie, und so wird der Vormarsch bis in die Nähe des anzugreifenden Werks fortgesetzt. Das System hat den großen Vorteil, dass eine in eines dieser Löcher fallende Granate nur die beiden Insassen tötet; anstatt viele zu zerstören, wie es passieren könnte, wenn es in einem durchgehenden Graben fallen würde.

Am Nachmittag kehrte der General nach Rangun zurück und ließ Stanley an der Pagode zurück, mit dem Befehl, herunterzureiten, falls sich etwas Wichtiges ändern sollte. Am Abend verließ eine beträchtliche Truppe Burmesen den Dschungel und bereitete sich darauf vor, sich in der Nähe der nordöstlichen Ecke des Pagodenhügels zu verschanzen. Major Piper nahm daher zwei Kompanien der 38. und trieb die Burmesen verwirrt zurück in den Dschungel, als sie den Hügel hinabstiegen.

Am Morgen stellte sich heraus, dass sich der Feind auf einem erhöhten und offenen Gelände verschanzt hatte, in Musketenschussweite vom Nordtor der Pagode entfernt. Es war durch einen großen Tank vom Tor getrennt; Da ihre Jingals und Musketen jedoch von der Stelle aus, die sie besetzt hatten, das Plateau und die von den Truppen besetzten Hütten fegen konnten, zog eine

Gruppe der 38. und 28. Madras-Infanterie aus und vertrieb sie. Sobald jedoch unsere Truppen zurückfielen, besetzten die Burmesen die Position wieder und in den nächsten Tagen tobten an dieser Stelle ständige Scharmützel. während die Angreifer und Verteidiger entlang der gesamten Linie bis hinunter nach Rangun Artilleriefeuer aufrechterhielten und die feindlichen Batterien bei Dalla unaufhörlich auf die Schiffe feuerten. Kemmendine wurde immer wieder angegriffen und es wurden viele Versuche unternommen, Feuerlöschflöße flussabwärts zu starten.

Die Arbeit war für die Truppe sehr belastend. Tag und Nacht erwarteten sie einen heftigen Angriff; und es herrschte allgemeine Freude, als am Abend des 4. der Befehl zu einer allgemeinen Bewegung gegen den Feind erteilt wurde.

Letztere hatten zu diesem Zeitpunkt den größten Teil ihrer Geschütze aus dem Dschungel heraufgeholt und in ihren Schanzen platziert; und es lag daher in der Macht der Briten, einen schweren Schlag zu versetzen. Eine Abteilung der Kanonenbootflottille wurde von der Stadt den Bach hinauf befohlen. Diese eröffneten ein schweres Feuer auf die Flanke des Feindes und lenkten so seine Aufmerksamkeit auf diesen Punkt, und nachdem die Kanonade einige Zeit andauerte, schossen die beiden Angriffskolonnen – die achthundert Mann starke Kolonne unter Major Sale; die anderen fünfhundert wurden unter Major Walker von der Madras-Armee ausgegeben. Letzterer sollte den der Stadt zugewandten Feind angreifen, ersterer sollte sich einen Weg durch die Mitte ihrer Stellung bahnen. Er hatte eine Pferdetruppe bei sich, die erst am Vortag gelandet war.

Die Truppe von Major Walker war die erste, die dem Feind begegnete. Ihr Widerstand war eine Zeit lang hartnäckig. Major Walker und mehrere andere Offiziere fielen beim Angriff auf die erste Verschanzungslinie; aber die Soldaten trugen es an der Spitze des Bajonetts und folgten ihnen, als der Feind brach und sich zurückzog, so heftig, dass die Werke im Rücken mit nur geringem Widerstand in ihre Hände fielen.

Die Kolonne von Major Sale begann nun mit dem Angriff auf das feindliche Zentrum. Hier war der Widerstand schwächer und die Briten durchbrachen die feindlichen Linien und trieben sie in rasanter Flucht vor sich her. Dann drehten sie sich um und fegten die Reihe der Schanzen entlang; Sie trugen alles vor sich her, bis sie eine Kreuzung mit der anderen Kolonne erreichten, die ihnen entgegenrückte. Anschließend vertrieben sie die Burmesen aus allen Teilen ihrer Werke in den Dschungel und ließen den Boden hinter sich mit Toten und Verwundeten bedeckt zurück.

Außer an dem Punkt, den Major Walker zum ersten Mal angegriffen hatte, war der Widerstand der Burmesen sehr schwach und der britische Verlust unbeträchtlich; und eine große Anzahl von Gewehren, Schanzwerkzeugen und Musketen fielen in die Hände der Sieger. Am nächsten Tag sammelte Bandoola die aus der Ebene vertriebenen Truppen und versammelte den größten Teil seiner Streitmacht im Wald um die Pagode, wo sie ihre Werke mit unverminderter Energie weiter vorantrieben.

Die Briten erhielten einen Ruhetag und bereiteten sich am 7. darauf vor, den Feind an dieser Stelle anzugreifen. Es wurden vier Angriffskolonnen gebildet, die aus Abteilungen aller Korps der Armee bestanden. Am Morgen wurde eine schwere Kanonade auf den Dschungel abgefeuert; Die Artillerie wurde von mehreren schweren Geschützen unterstützt, die von den Matrosen unter großer Mühe von den Schiffen zur Pagode gebracht worden waren. Der Feind erwiderte es mit einem stetigen Feuer aus leichter Artillerie, Jingalen und Musketen.

Während das Feuer noch andauerte, waren die vier Kolonnen bereits in Bewegung. Einer war auf der linken Seite des Feindes in den Dschungel eingedrungen, ein anderer auf der rechten Seite. Eine der zentralen Kolonnen rückte vom Fuß des Pagodenhügels aus vor, während das 38. Regiment die Treppe vom Nordtor hinunterstieg und mit einem Flügel auf jeder Seite des Panzers gegen die feindlichen Verschanzungen auf der Anhöhe vorrückte. Als sich die vier Kolonnen dem Feind näherten, hörte unser Artilleriefeuer auf.

Die Burmesen schienen einen Moment lang verwirrt zu sein, als sie sahen, wie ihre Feinde aus so vielen Richtungen gegen sie vorrückten, eröffneten aber bald ein sehr schweres Feuer auf die Angreifer. und hielten es mit unverminderter Beharrlichkeit aufrecht, bis unsere Truppen, dem Angriff folgend, in ihre Schanzen stürmten und sie kopfüber vor sich her in den dichten Wald dahinter trieben – wo eine Verfolgung, die zu jeder Zeit schwierig gewesen wäre, nun unmöglich war; Die Truppen waren durch die siebentägige und nächtelange Wache erschöpft und völlig unfähig, ihren aktiven und leicht bewaffneten Feinden zu folgen.

Es blieb nun nur noch die Streitmacht in Dalla übrig, mit der man fertig werden musste, und am Abend schiffte sich eine Streitmacht, bestehend aus der 89. und 43. Madras-Infanterie unter Oberst Parlby, in Booten ein. Die Nacht war dunkel und die Truppen überquerten unbeobachtet. Der Alarm wurde erst ausgelöst, als die Briten tatsächlich die Verschanzungen betraten und das Feuer auf den Feind eröffneten. die, ahnungslos vor der Gefahr, um ihre Feuer saßen. Es stieß kaum auf Widerstand, und die gesamten Werke mit den Waffen und den Vorräten waren bald in unseren Händen; während der Feind in Richtung Wald flog.

Bei den Aktionen während dieser drei Tage verloren die Burmesen etwa 5000 Mann, 240 Artilleriegeschütze aller Art sowie eine große Anzahl Musketen und große Munitionsvorräte; während die Briten nur 50 Tote und 300

Verwundete hatten. Eine große Anzahl von Bandoolas Männern trat nie wieder der Armee bei und die gesamte Streitmacht wurde über das Land verstreut.

Bandoola selbst zog sich mit nur einem Rest seiner Armee nach Donabew zurück, als er auf dem Weg zu ihm auf beträchtliche Verstärkung traf. Während seiner Operationen hatte er ein Reservekorps im Dorf Kokein, vier Meilen von der Pagode entfernt, zurückgelassen; und diese hatten eifrig die Position gefestigt, die die Straße von Rangun nach Donabew beherrschte. Das Gelände wurde erhöht und bei seiner Ankunft dort stellte Bandoola seine Truppen – inzwischen etwa 25.000 Mann – zur Unterstützung der Arbeiten auf. In wunderbar kurzer Zeit waren die Höhen vollständig mit Baumstämmen bewachsen; und mit einem breiten, tiefen Graben davor. Dahinter befanden sich Reihen gefällter Bäume, deren Köpfe nach außen zeigten und an denen jeder Ast zugespitzt war – sie bildeten einen sehr beeindruckenden Abattis – und da Bandoola glaubte, dies sei uneinnehmbar, wartete er auf den Angriff der Briten.

Sobald seine Armee zerstreut war, strömten große Mengen Deserteure und Dorfbewohner nach Rangun. Unter die Deserteure mischte sich ein großer Teil der Truppen, die Bandoola selbst mit der Anweisung geschickt hatte, die Stadt in Brand zu setzen. Um das Misstrauen der Briten zu besänftigen, ließ er die Meldung verbreiten, dass ein kaiserlicher Kommissar vom Hof von Ava im Laufe weniger Tage eintreffen würde, um Friedensbedingungen auszuhandeln.

Der General beschloss jedoch, Bandoola anzugreifen, bevor der Kommissar eintreffen konnte; denn es war offensichtlich, dass nach der völligen Zerstreuung der Burmesen bessere Bedingungen erzielt werden konnten, als wenn ihr berühmter General mit 25.000 Mann in einer gewaltigen Position in unmittelbarer Nähe bliebe. Die Anwesenheit einer so großen Anzahl von Eingeborenen in der Stadt beunruhigte ihn, und die Vorsichtsmaßnahmen, die vor einiger Zeit gegen Feuer getroffen worden waren, wurden jetzt verdoppelt. Sollte einer ausbrechen, könnten nicht nur alle für den Vormarsch der Armee gesammelten Vorräte zerstört werden, sondern, wenn Bandoola seine Streitmacht am Rande des Dschungels bereithalten würde, könnte er die daraus entstehende Verwirrung ausnutzen verursacht durch das Feuer, und stürmen Sie zum Angriff auf die Stadt.

Zahlreiche Truppen und Matrosen der Flotte patrouillierten nachts in allen Richtungen durch die Straßen, doch trotz ihrer Bemühungen erklang eine Woche nach dem Rückzug von Bandoola der gefürchtete Feuerschrei. An einem Dutzend Stellen auf der Luvseite der Stadt waren Feuer durch Brandstifter angezündet worden, und da ein lebhafter Wind wehte, war die Gefahr äußerst groß. Entlang der gesamten britischen Linien schlugen die

Trommeln zu den Waffen. Es waren bereits Befehle erteilt worden, was in einem solchen Notfall zu tun sei, und während ein Teil der Truppen die Schützengräben säumte, wurde der Rest sofort in die Stadt marschiert und zwischen ihr und dem Dschungel aufgestellt, um jeden abzuwehren Angriff, der dort durchgeführt werden könnte; Die in der Stadt stationierten Truppen und die Matrosen der Flotte mussten mit den Flammen kämpfen.

Eine Zeit lang schien es, als ob der ganze Ort weggeschwemmt werden würde, aber durch das Einebnen von Hüttenreihen und das Löschen der Flammen an der so gebildeten Barriere wurde ihr Vorankommen schließlich aufgehalten; aber erst nachdem mehr als die Hälfte der Stadt zerstört war. Glücklicherweise war dies die Hälfte, die am weitesten vom Fluss entfernt war, und – mit Ausnahme der Lager des Kommissariats für die Versorgung der Truppen der Madras-Präsidentschaft – blieben die Gebäude, in denen Lebensmittel, Munition und Bedarfsgüter für die Armee aufbewahrt wurden, unversehrt.

Was einmal passiert ist, kann jedoch trotz aller Vorsichtsmaßnahmen erneut passieren. Der General beschloss daher, Bandoola sofort anzugreifen, da, wenn seine Streitmacht einmal zerstreut wäre, das Motiv für diese Brandfeuer nicht mehr wirksam wäre.

Die Schwierigkeiten waren gewaltig. Mit der Säule konnten höchstens ein oder zwei Lichtfeldstücke mitgenommen werden. Sie mussten über einen schmalen und gewundenen Fußweg durch einen dichten Wald marschieren und waren jeden Moment einem verzweifelten Angriff des Feindes ausgesetzt. Darüber hinaus wäre es notwendig, eine starke Streitmacht zur Verteidigung von Rangun zurückzulassen, da Bandoola sicher von seinen Spionen von der beabsichtigten Bewegung erfahren würde und, da er Männer bei sich hatte, die mit jedem Waldweg bestens vertraut waren, einen Ansturm unternehmen konnte während der Abwesenheit so vieler ihrer Verteidiger über die Stadt herab.

Der General hielt es jedoch für geboten, unverzüglich anzugreifen, und zog am frühen Morgen des 15. mit einer Streitmacht von 1500 Mann gegen Kokein aus. Sie marschierten ohne Belästigung durch den Wald und als sie dessen Grenzen erreichten, konnten sie die wirklich beeindruckende Natur der Werke erkennen, die sie angreifen sollten. In dem Moment, als sie den Wald verließen, wurde von Seiten des Feindes in der Flanke und im Rücken ein Fallfeuer auf sie eröffnet. und es wurde keine Zeit verloren, sich auf den Angriff vorzubereiten.

Der 13. leichten Infanterie und der 18. Madras mit 60 Kavalleristen unter Brigadegeneral Cotton wurde befohlen, die Palisaden zu umgehen und sie auf der linken Seite anzugreifen. während der Rest der Truppen, etwa 800 Mann stark, mit 100 Kavalleristen unter dem General selbst, an der Front angreifen sollte. Die feindlichen Verteidigungsanlagen bestanden aus einer zentralen Schanze, die mit zwei großen verschanzten Palisaden an der Flanke verbunden war, aber etwas davor lag.

Sobald die Streitmacht unter General Cotton ihre Position im Rücken des Feindes erreicht hatte, wurde ein Geschütz abgefeuert und die gesamte Streitmacht rückte zum Angriff vor. Die Burmanen betrachteten den Angriff einer so unbedeutenden Streitmacht auf ihre Werke als solche Verachtung dafür, dass sie eine Zeit lang keinen Schuss abgefeuert haben; aber sie sangen weiterhin ein Kriegslied, bewegten sich zu dessen Rhythmus und stampften und schlugen mit den Händen auf der Brust den Takt.

Diese Verzögerung erwies sich für sie als fatal. Als sie das Feuer eröffneten, befanden sich ihre Angreifer bereits in der Nähe des Grabens und waren durch einen Sprung in diesen vor dem Feuer der Verteidiger geschützt. Schnell wurden Sturmleitern aufgestellt, und die Truppen liefen darauf hinauf und sprangen in die Schanze hinab. Erstaunt über diesen plötzlichen Eintritt in die Werke, die sie für uneinnehmbar gehalten hatten, zögerten die Burmesen; und die Angreifer, denen sich von hinten ihre Kameraden anschlossen, stürmten ungestüm auf den Feind.

Die Kolonne im Hinterland hatte größere Schwierigkeiten – denn sie musste mehrere starke Palisaden tragen, bevor sie das zentrale Werk erreichte – und verlor allein im 13. Regiment vier Offiziere und acht getötete sowie neunundvierzig verwundete Offiziere und Männer. Fünfzehn Minuten nachdem der erste Schuss abgefeuert worden war, befanden sich die gesamten Werke in unserem Besitz und die Burmesen, die sich in einer verwirrten Masse versammelt hatten, waren durch unsere Salven dezimiert worden. Sie befanden sich jetzt in voller Flucht und viele wurden von der Kavallerie niedergemetzelt, bevor sie den Schutz des Waldes erreichten. Die britischen Truppen marschierten zurück nach Rangun; während sich die Burmesen nach Donabew zurückzogen und starke Posten an den beiden in diese Richtung führenden Flüssen hinterließen.

Ihr Rückzug ließ es der Landbevölkerung frei, nach Rangun zurückzukehren, und eine sehr große Zahl kam herein, darunter auch sehr viele der Dorfbewohner, die gezwungen worden waren, gegen uns zu kämpfen. Alle hatten gleichermaßen unter Hungersnot und Not gelitten. Sogar die Frauen waren zur Arbeit bei der Viehhaltung gezwungen worden, und die Leiden aller waren schrecklich. Die Arbeiten zum Wiederaufbau der Stadt begannen sofort, und die Holzhütten schossen mit großer Geschwindigkeit aus dem Boden. Märkte wurden eröffnet und in kurzer Zeit strömten Vorräte an Fisch, Obst, Wild und Gemüse herein; ausreichend, nicht nur für die einheimische Bevölkerung, sondern auch, um eine äußerst willkommene Änderung in der Ernährung der Truppen herbeizuführen.

Da die meisten Eingeborenen mit dem Bau und der Führung von Booten vertraut waren, ging die Vorbereitung der Flottille, mit der die Truppen die Flüsse hinauf vorrücken sollten, rasch voran; und zahlreiche Männer wurden als Bedienstete und Fahrer für das Kommissariat angeheuert – womit die Truppe sehr unzureichend versorgt war, da die Eingeborenen dieser Klasse in Indien sich aufgrund ihrer Kastenvorurteile größtenteils weigerten, sich für den Dienst zu engagieren über das Meer. Verstärkung traf ein; und Rangun, das noch vor sechs Wochen einen elenden und verlassenen Eindruck machte, war Anfang Januar eine fröhliche und geschäftige Stadt.

In anderen Vierteln wurden Vorbereitungen getroffen, um die Offensive zu übernehmen. Etwa 3000 Männer vertrieben die Burmesen aus Assam; und eine 7000 Mann starke Streitmacht marschierte von Sylhet aus, um sie aus Cachar zu vertreiben und Manipur einzunehmen; während 11.000 Mann in Chittagong versammelt waren und nach Aracan vorrückten, mit der Absicht, die Burmesen aus dieser Provinz zu vertreiben – und sie beabsichtigten, wenn möglich, die Berge zu überqueren und eine Vereinigung mit Sir Archibald Campbells Streitmacht herbeizuführen. Der erste Teil der Operationen wurde mit vollem Erfolg durchgeführt und Aracan entriss Burma; aber es erwies sich als unmöglich, die schreckliche Reise über Berge und Sümpfe durchzuführen oder der Hauptexpedition irgendeine Hilfe zu leisten.

Kapitel 10
Der Vormarsch.

Doch während die Vorbereitungen für den Vormarsch getroffen wurden, waren die Adjutanten des Generals von morgens bis abends bei der Arbeit. Es gab eine ständige Kommunikation zwischen den Militär- und Marinebehörden, da die Expedition gemischt sein sollte. Täglich trafen Transporte mit Truppen und Vorräten ein; unzählige Angelegenheiten im Zusammenhang mit der Organisation, sowohl des Land- als auch des Wassertransports, mussten geregelt werden; und der General selbst war unermüdlich dabei, jedes Detail der Arbeit zu überwachen. Es war vereinbart worden, dass der Vorstoß erst in der zweiten Februarwoche stattfinden könne, da die Straßen bis zu diesem Zeitpunkt unpassierbar seien, und der Beginn der Operationen sei auf den 11. festgelegt worden.

Am Tag nach seiner Ankunft in Rangun hatte Stanley einen Brief an seinen Onkel geschrieben; Er gab ihm einen kurzen Bericht über seine Abenteuer und erklärte, dass er zu einem der Adjutanten des Generals ernannt worden sei. Er sagte, dass er sich natürlich von den Wünschen seines Onkels leiten lassen sollte; Da er aber nun als Offizier in den Feldzug eingetreten sei, wolle er auf jeden Fall bis zum Ende bleiben, um dann sofort von seinem Amt zurückzutreten und sich ihm wieder anzuschließen.

Er schickte dies an den Agenten seines Onkels in Kalkutta, erhielt aber bis Ende Dezember keine Antwort. Nachdem er seine Freude darüber zum Ausdruck gebracht hatte, dass Stanley nicht, wie er angenommen hatte, in Ramoo getötet worden war, sondern sich nun sicher und wohlauf im britischen Lager befand, fuhr er fort:

„Ich habe Ihren Brief erst heute Morgen erhalten, da ich von Punkt zu Punkt gereist bin und aufgrund des Rückgangs des Handels bis jetzt keine Gelegenheit hatte, nach Kalkutta zu reisen, und war in der Tat erstaunt, Ihren Brief zu finden Ich lag hier für mich, da sie den Brief nicht weitergeleitet hatten, hatte keine Ahnung, wo ich war, und wusste, dass die Chance, dass mich ein Brief erreichen würde, äußerst gering war.

„Auf jeden Fall, Junge, bleib stehen, wo du bist. Der Handel verbessert sich wieder, denn jetzt, da Bandoolas Armee von Ramoo wegmarschiert ist, hat sich die Angst unter den Eingeborenen ziemlich gelegt. Trotzdem komme ich sehr gut ohne dich und dich zurecht Es wird für Sie sicherlich ein großer Vorteil sein, ein Jahr lang in der Armee zu dienen; und einer von Campbells Adjutanten gewesen zu sein, wird Ihnen eine Ehre sein und Ihnen eine gute Position auf allen Militärstationen verschaffen.

„Ich bin jetzt sehr froh, dass ich nach der Schlacht bei Ramoo davon Abstand genommen habe, deiner Mutter zu schreiben. Ich habe immer wieder darüber nachgedacht und bin zu dem Schluss gekommen, dass es genauso gut wäre, die Angelegenheit eine Zeit lang in Ruhe zu lassen; nicht, dass ich es getan hätte." Ich hatte nicht die leiseste Ahnung oder auch nur die Hoffnung, dass du am Leben warst, sondern weil ich dachte, dass das Ende der Briefe von dir sie bis zu einem gewissen Grad auf den Schlag vorbereiten wurde, wenn er kam. Es ware sehr unwahrscheinlich, dass sie das tun würde Sehen Sie sich das Amtsblatt mit der Liste der in Ramoo getöteten und verwundeten Personen an, und selbst wenn sie es täte, würde sie den Tod von Fähnrich Brooke in keiner Weise mit Ihnen in Verbindung bringen. Als wir im Land gehandelt haben, gab es einmal oder ... Zweimal hatte sie für ein paar Monate keine Möglichkeit, einen Brief abzuschicken, und deshalb konnte sie nicht begonnen haben, sich ernsthafte Sorgen um Sie zu machen, bevor sie Ihren Brief aus Rangun erhielt.

„Alle sagen, dass Sie erst im Februar vorrücken können, so dass dieser Brief Sie zweifellos lange vor Ihrer Abreise erreichen wird. Ich habe gehört, dass die Verluste aufgrund von Fieber sehr hoch waren, aber ich mache mir keine Sorgen um Sie Diese Punktzahl, denn ich denke, dass Sie sich gründlich akklimatisiert haben. Ich versuche, einen Vertrag über die Lieferung von ein paar tausend Ochsen für die Armee zu bekommen, und da ich das ganze Land so gut kenne, von Chittagong bis Sylhet und unter indischen Preisen kaufen kann, denke ich, dass ich nicht nur den Vertrag bekomme, sondern auch eine sehr gute Sache daraus machen werde, und es könnte zu anderen Angelegenheiten führen.

Danach war Stanley kaum überrascht, als sein Onkel in der letzten Januarwoche sein Quartier betrat. Nachdem das erste Vergnügen des Treffens vorüber war, sagte Stanley:

„Ich nehme an, du hast den Vertrag, Onkel?"

„Das habe ich, Junge. Ich bin mit sechs vollbepackten Dhaus von Ramgur heruntergekommen komm dorthin.

„Ich habe einen ungewöhnlich guten Kerl gefunden. Er hatte sich als kleiner Händler in Chittagong niedergelassen. Sein Geschäft war dort ruiniert, und er nahm gerne mein Angebot für einen Liegeplatz an; er hat sich als ein sehr energischer und energischer Kerl erwiesen." . Er wird mit der nächsten Lieferung herunterkommen.

„Ich selbst werde mich am Rande des Tipperah-Waldes hinaufarbeiten und bis zum Goomtee noch weitere tausend Köpfe einsammeln und sie auf dem Wasserweg nach Sylhet schicken und dann hinaufgehen Auf dem Landweg nehme ich unterwegs noch mehr auf. Ich habe einen Vertrag über die

Entsendung von fünftausend, tausend pro Monat, für die Truppe, die gegen Manipur vorrücken soll; während Johnson weitere zweitausend hierher schicken soll. Also Sie Sehen Sie, das Ladengeschäft kann vorerst warten. Es ist ein guter Weg, den ich eingeschlagen habe. Ich werde daraus einen großen Gewinn machen und habe die Hoffnung, dass es einigermaßen von Dauer sein wird; denn ich kann bekommen Das Vieh ist im Landesinneren auf den Flüssen, die wir kennen, so billig, dass ich es zu günstigeren Konditionen nach Kalkutta transportieren kann, als man es in Indien kaufen kann; und mir wurde sozusagen gesagt, dass, wenn ich meine derzeitigen Verträge zufriedenstellend ausführe, Ich sollte die Versorgung der Truppen dort besorgen. Das wäre an sich natürlich keine große Sache, aber da ich es ohne Probleme im Zusammenhang mit meinem eigenen Geschäft erledigen könnte, wäre es eine stattliche Bereicherung für den Gewinn."

„Aber wie wäre es mit Geld, Onkel?"

„Das ist in Ordnung, Junge. Ich hatte überhaupt keine Schwierigkeiten, in Kalkutta aufgrund meines Vertrags und der Garantie meiner Agenten einen Vorschuss zu bekommen; in dieser Hinsicht geht es mir also gut."

„Ich habe gefragt, Onkel, weil ich dir achtzehnhundert Pfund geben kann, wenn du sie willst."

Tom Pearson sah ihn erstaunt an.

„Warum, was zum Teufel hast du getan – die Schatzkammer des Königs von Ava geraubt?"

„Nein, Onkel. Ein paar burmesische Banditen haben mir eine Tüte Edelsteine geschenkt bekommen. Als ich hier unten ankam, brachte ich ein paar davon zu einem Händler. Er zahlte fünfzehnhundert Rupien dafür vor und schickte sie nach Burragee Juwelier in Madras und sechs Wochen später zahlte er mir weitere dreitausendfünfhundert. Ich schickte eine weitere Ladung hoch und erhielt letzte Woche vom Juwelier eine Bestellung über fünfzehnhundert Pfund, so dass ich mehr als achtzehnhundert Pfund in der Hand habe jetzt, und ich glaube nicht, dass ich mehr als ein Drittel der Edelsteine weggeschickt habe.

„Nun, das ist ein Glücksfall, Stanley! Warum um alles in der Welt haben dir die Räuber die Edelsteine gegeben?"

„Nun, Onkel, das sind Dinge, von denen man mir erzählt hat, dass der Versuch, sie zu entsorgen, sehr schwierig und riskant ist. Sie sind ein königliches Monopol, und niemand wagt es, sie zu kaufen, oder, wenn doch, würde man so gut wie nichts geben." für sie; wegen des Risikos der Transaktion und weil sie wissen, dass die Verkäufer in der Klemme sind und verkaufen müssen. Außerdem besteht eine große Chance, dass sie jeden, der solche Dinge anbietet, den Behörden ausliefern. Das war eines Aus diesem Grund gaben sie sie mir. Außerdem hatten sie eine gute Warenbeute gemacht, die für sie viel wertvoller war, da es keine Schwierigkeiten gab, sie zu entsorgen. Schließlich hatten sie Lust darauf bekommen Ich, weil ich einem ihrer Kameraden das Leben gerettet habe – dem Mann, der Sie hierher gebracht hat.

„Nun, Junge, du sollst mir heute Abend alles darüber erzählen. Ich muss wohl zum Hof des Kommissariats gehen, um die Landung meiner Tiere zu arrangieren. Ich bin sofort zu dir gekommen, direkt nach meiner Landung. Wir haben hier vor Anker geworfen Tagesanbruch."

„Ich werde mit dir gehen, Onkel. Ich werde zuerst zum Chef rennen und für den Tag Urlaub bekommen. Ich habe mir einen Urlaub verdient, denn ich war morgens, mittags und abends ziemlich gut bei der Arbeit Die letzten zwei Monate. Sehen Sie, ich habe nicht nur die Aufgaben eines Adjutanten, sondern auch die eines Dolmetschers und habe sowohl der Quartiermeisterabteilung als auch dem Kommissariat dabei geholfen, ihre Vereinbarungen mit den Eingeborenen zu treffen. Ich glaube, ich werde helfen können um Ihr Geschäft schneller voranzutreiben, als Sie es alleine schaffen könnten.

Der General gewährte Stanley sofort Urlaub, und er ging mit seinem Onkel hinunter zum Büro des Kommissariats und stellte ihn dem höheren Offizier vor.

„Wir werden gerne alles in unserer Macht Stehende tun, um Ihnen zu helfen, Mr. Pearson", sagte der Beamte. „Wir haben Ihre Ankunft seit der letzten Woche erwartet. Natürlich haben wir aus Kalkutta gehört, dass Sie einen Vertrag über zweitausend Stück hatten; mindestens die Hälfte davon sollte bis zum 10. Februar geliefert werden. Wir waren ziemlich besorgt Es. Die Truppe wird wahrscheinlich vor diesem Zeitpunkt starten wollen, und wir müssen sowohl die Land- als auch die Wassersäulen versorgen. Natürlich wusste ich nicht, dass Sie ein Verwandter von Mr. Brooke sind, oder ich hätte es erwähnen sollen ihm, dass du wahrscheinlich kommen würdest.

„Ich möchte so schnell wie möglich aussteigen", sagte Tom Pearson; „Denn bis ich nach Ramgur zurückkomme, wird der Rest des Viehs für mich bereitstehen."

„Ich werde Ihnen eine Bestellung für vier große Boote auf einmal schreiben. Wenn Sie drei Wochen früher gekommen wären, hätten Sie möglicherweise einige Tage warten müssen; aber in letzter Zeit sind so viele einheimische Boote die Flüsse hinuntergekommen, dass wir werden in die Lage versetzt, ausreichend für unsere Arbeit zu bekommen."

Der Offizier gab ihm eine Nachricht an den Verantwortlichen für die Landevorbereitungen.

„Es ist ein Glück, dass Sie gerade in diesem Moment gekommen sind", sagte dieser. „Wir haben gerade unsere letzte Reise mit dem Gepäck des 47. gemacht, und ich habe sechs Boote ausgekuppelt. Sie können sie genauso gut alle mitnehmen."

Bei den fraglichen Booten handelte es sich um einige der erbeuteten Boote – unhandliche Boote, die Fisch und Salz den Fluss hinauf transportierten. Sie waren fast so groß wie die Dhaus, mit denen das Vieh heruntergebracht worden war, verbrauchten aber viel weniger Wasser. Sie wurden eine nach der anderen von zwei erbeuteten Kriegskanus mit jeweils dreißig Ruderern zu den Dhaus geschleppt. Einer wurde zu jeder Dhau gebracht, und die Arbeit zum Umladen des Viehs begann sofort. Diese befanden sich in einem guten Zustand, denn obwohl sie dicht bepackt waren, waren sie auf dem Weg nach unten gut mit Nahrung und Wasser versorgt worden; und in jedem Boot war ein Hirte mit vier Männern unter ihm geschickt worden, um sich um sie zu kümmern, da Tom Pearson sehr darauf bedacht war, dass seine erste Lieferung positiv bewertet würde. Die Tiere wurden alle im Laufe des Nachmittags angelandet, und mit der Empfangsbestätigung in ausgezeichneter Ordnung in der Tasche machte sich der Bauunternehmer mit Stanley wieder auf den Weg zu seiner eigenen Dhau.

„Ich habe ihnen gesagt, dass sie alles bereithalten sollen, um morgen früh mit der Flut flussabwärts zu gehen. Kurz vor Sonnenaufgang wird es umschlagen. Das ist ein seltenes Geschäft, Stanley; und ich bezweifle, dass ein Bauunternehmer jemals seine Arbeit erledigt hat. " So schnell, vorher. Natürlich liegt es hauptsächlich an dir. Sie hätten die Dinge nie so schnell durchgezogen, wenn du nicht mit mir gegangen wärst. Ich dachte, dass ich sehr wahrscheinlich eine Woche hier festgehalten werden würde, bevor ich alles bekommen könnte das Vieh am Ufer – und wenn alles gut geht, werde ich bis dahin wieder in Ramgur sein.

„Jetzt können wir ein gemütliches Abendgespräch führen, was sehr viel besser ist, als wenn ich mit Ihnen in der Kantine zu Abend esse; denn es gibt viel zu hören, und ich wage zu behaupten, dass ich Ihnen ein so gutes Abendessen bereiten kann, wie wir sollten." hatten, an Land."

„Viel besser", sagte Stanley. „Die Dinge haben sich im letzten Monat enorm verbessert; unser Koch ist immer noch sicherlich nicht so gut wie Ihr Mann, und auf jeden Fall ist die Ruhe in Ihrer Hütte eine sehr angenehme Abwechslung, nachdem Sie immer mit einer großen Gesellschaft zusammensitzen."

Nach dem Abendessen berichtete Stanley ausführlich über seine Abenteuer seit seiner Gefangennahme.

„Du hast es wunderbar gut gemacht, Junge, wunderbar gut. Als du Burmesisch von meinem Mann gelernt hast, hatten wir sicherlich keine Ahnung, dass es sich jemals als so nützlich erweisen würde. Ich dachte, dass es eine Hilfe untereinander gewesen wäre Mugs an der Küste; und ich hatte auch die Vorstellung, dass der Krieg zur Eröffnung eines Handelsverkehrs den Irrawaddy hinauf führen könnte; aber es hat sich als unendlich nützlicher erwiesen. Wenn Sie nicht Burmesisch hätten sprechen können, würde Bandoola es nie tun Ich habe darüber nachgedacht, dich als Dolmetscher zu verschonen, und wenn er das nicht getan hätte, wäre dir bei Ava der Kopf abgehackt worden.

„Natürlich war dieses Leopardengeschäft der Wendepunkt Ihres Schicksals, aber obwohl es so gut gelaufen ist, muss ich sagen, dass ich kaum glaube, dass Sie berechtigt waren, Ihr Leben in einer so verzweifelten Tat für einen Eingeborenen zu riskieren; wer könnte, Du weißt schon, sei schon tot. Natürlich war es eine äußerst tapfere Tat, aber die Wette stand zehn zu eins gegen deinen Erfolg. Wie sich jedoch herausstellte, war es insgesamt ein glückliches Geschäft. Das sage ich nicht dass Sie vielleicht nicht ohne Hilfe nach Rangun gelangt wären; aber die Chancen wären sehr schlecht gewesen. Allerdings waren diese Rubine in der Tat ein Glücksfall.“

„Wirst du den Rest nehmen, Onkel, und ihn in Kalkutta verkaufen – oder soll ich sie nach Madras oder nach England schicken?“

„Wenn du willst, nehme ich sie mit nach Kalkutta, Stanley. Ich behaupte nicht, dass es dort bessere Männer gibt als den, den du nach Madras geschickt hast; aber ich denke, dass einige von ihnen im Landesinneren ein größeres Geschäft betreiben.“ mit den einheimischen Fürsten, denen es egal ist, was sie für gute Edelsteine geben. Auf jeden Fall werde ich sie dorthin bringen und sie von einem Experten bewerten lassen; und dann versuche ich es mit zwei oder drei der führenden Firmen und hole mir ihre Angebote. Wenn diese so hoch sind wie der Wert, den der Sachverständige ihnen beimisst , würde ich sie über meine Agenten nach England schicken, die ihr Bestes für Sie tun würden.

„Für uns, Onkel. Natürlich ist das alles ein Partnerschaftsgeschäft. Du hast gerade ein paar Verträge bekommen, die sich gut auszahlen, und während du das gemacht hast, habe ich mir diese Rubine besorgt.“

„Ich glaube nicht, dass das fair ist, Stanley“, sagte sein Onkel ernst.

„Es scheint mir vollkommen fair zu sein; und außerdem wird das Geld, das in das Geschäft gesteckt wird, einen großen Unterschied machen und mich sicherlich viel besser bezahlen als auf jede andere Art und Weise. Ich habe

100 Pfund für meine Mutter nach Hause geschickt, Sofort kam das Geld aus Kalkutta; und ich sagte ihr, dass ich hoffte, jedes Jahr mindestens so viel nach Hause schicken zu können.

„Viel mehr, Junge, wenn du so willst. Ich rechne damit, dass diese Verträge, die ich habe, ein Pfund pro Kopf einbringen werden, so dass ich hoffe, bis zum Ende des Krieges 8000 Pfund eingenommen zu haben, was dann der Fall sein wird." darüber, was Sie mit Ihren Rubinen verdienen werden; und wenn der Handel wieder beginnt, werden wir in der Lage sein, dies im großen Stil zu tun. Aber ich denke immer noch, dass es nicht fair sein wird, dieses Geld zu nehmen."

„Nun, Onkel, wenn du es nicht annimmst, werde ich mit dem Geld, das du verdienst, sicher nichts zu tun haben, während ich weg bin; also lass uns bitte nichts mehr darüber sagen. Soll ich geben?" Sind Sie jetzt achtzehnhundert? Oder haben Sie eine Anweisung beim Zahlmeister in Kalkutta?"

„Das wäre der beste Weg, wenn du es willst, Junge. Ich habe bei Johnson in Ramgur Geld für die nächste Herde hinterlassen, die hierher kommen soll, und ich habe Anweisungen von meinem Agenten an ihre Agenten in Dalla , für diejenigen, die ich für die Manipur-Kolumne kaufen werde. Ich möchte das Geld jetzt also nicht, und wenn die Dau beim Aufstieg verloren geht, könnte das Geld mitgehen. Also, erhalten Sie die Bestellung. Schicken Sie es besser direkt an Bothron und sagen Sie ihm, er solle es abholen und es meinem Konto gutschreiben.

„Wie lange wird dieses Geschäft Ihrer Meinung nach bestehen bleiben?"

„Es hängt davon ab, wie weit wir gehen müssen, bevor die Burmesen entscheiden, dass sie genug davon haben. Derzeit besteht die allgemeine Hoffnung, dass sie nachgeben werden, sobald wir in Prome ankommen. Wenn nicht, werden wir vielleicht nachgeben." Wir müssen nach Ava hinauf, und in diesem Fall können wir es vielleicht erst nächstes Jahr um diese Zeit fertigstellen; denn ich nehme an, dass der Betrieb eingestellt werden muss, wenn die Regenzeit wieder beginnt, und wir könnten Ava vorher kaum erreichen ."

„Ich gehe davon aus, dass wir eines Tages das ganze Land einnehmen müssen, Stanley. Sie können das Gericht durch Angst und Schrecken zur Unterwerfung zwingen, wenn Sie sich der Hauptstadt nähern; aber ich vermute, dass sie sich niemals an die Bedingungen halten werden, auf denen wir bestehen werden, und das Es wird eine weitere Expedition geben müssen. Das ist im Allgemeinen unsere Art – es war so in Mysore, es war so an einem Dutzend anderer Orte. Wenn wir die ganze Arbeit erledigt haben und sie unserer Gnade ausgeliefert haben, geben wir sie vergleichsweise einfache Bedingungen. Sobald sie sich von den Auswirkungen ihrer

Niederlage erholt haben, machen sie sich wieder an die Arbeit, um sich auf einen weiteren Kampf vorzubereiten; und dann müssen wir wieder alle Kosten und Verluste an Menschenleben auf uns nehmen, und am Ende müssen wir ihr Territorium annektieren , was wir genauso gut von Anfang an hätten tun können. Es mag durchaus gut sein, nachsichtig zu sein, wenn man es mit einem europäischen Feind zu tun hat; aber Großmut zahlt sich nicht aus, wenn man es mit Orientalen zu tun hat, die das nicht tun denen Vertragsverpflichtungen am Herzen liegen und die Zugestandnisse immer nur als einen Beweis von Schwäche betrachten.

„Die Annexion Burmas wäre nicht halb so schwierig wie im Falle einer großen Provinz in Indien; denn alle Städte und sogar die meisten ihrer Dörfer liegen an Flüssen, und ein paar Dutzend Kanonenboote würden ausreichen." um das ganze Land in Ordnung zu halten. Sie werden sehen, dass wir das eines Tages tun müssen; aber es wird uns zwei oder drei Expeditionen kosten, das zu tun, was jetzt genauso gut getan werden könnte.

„Nun, Onkel, es ist fast zwölf Uhr und da ich um sechs Dienst haben werde, denke ich, dass ich besser gehen sollte. Ich wünschte, du hättest noch zwei oder drei Tage bleiben und einen Besuch abstatten können die Pagode und die Lager. Ich bin sehr froh, dass ich dich wieder gesehen habe, wenn auch nur für kurze Zeit."

„Ich würde gerne noch ein oder zwei Tage bleiben, Stanley; aber es ist wirklich wichtig für mich, so bald wie möglich nach Ramgur zu kommen und Johnson mit dem Vieh loszuschicken; denn ich möchte mich daran machen, das Vieh zu kaufen Herden für die andere Kolonne, so schnell wie möglich. Ich denke, ich habe mir einen angemessenen Zeitspielraum gelassen, aber es gibt nichts Besseres als Pünktlichkeit bei der Lieferung, und ich möchte mir einen guten Namen für zukünftige Geschäfte verschaffen; und wenn diese Angelegenheit hier ist noch zwölf Monate dauern wird, müssen regelmäßige Vorräte herbeigeschickt werden, da Rindfleisch in der burmesischen Religion verboten ist, sie außer zu Wehrzwecken kein Vieh halten und die Armee ihre Ochsen auf dem Seeweg bekommen muss.

Fünf Minuten später wurde Stanley an Land gerudert. Am nächsten Morgen begleitete er den General und ging hinunter, um das neu angekommene Vieh zu inspizieren.

„Sie sind großartig", sagte er zu Stanley, „eindeutig das Beste, was wir bisher hatten. Sehen Sie, die Reise von Ramgur ist um einiges kürzer als von Kalkutta oder Madras; und die Tiere hatten das wahrscheinlich auch." Eine viel kürzere Landreise, bevor sie verschifft wurden. Auch als Ihr Onkel dann selbst herunterkam, wurden sie auf der Reise zweifellos viel besser betreut als sonst. Ich werde jedoch darauf achten, dies zu erwähnen, wenn ich als Nächstes schreibe Kalkutta, dass das Vieh weit über dem Durchschnitt liegt;

und ich würde mich freuen, wenn sie für weitere Lieferungen sorgen würden, die wir möglicherweise von derselben Quelle benötigen.

„Vielen Dank, Sir. Das wird eine große Hilfe für meinen Onkel sein. Bislang hatte er sehr mühsame Arbeit hinter sich, obwohl es ihm schon sehr gut ging, als der Krieg dem Handel ein Ende machte. Er kennt das ganze Land. " so gründlich, dass er sicherlich an vielen Orten Vieh aufkaufen kann, wo kein europäischer Händler, außer ihm selbst, jemals vorgedrungen ist.

„Kein Zweifel, Brooke; und ich hoffe für Sie, dass er in diesem Vertragsgeschäft gute Erfolge erzielen wird. Er hat auf jeden Fall einen hervorragenden Start hingelegt, und da er im Land zwischen Assam und Ramgur der Erste im Feld ist, sollte er das auch tun." Ich weiß, dass es lange dauert, ein Unternehmen aufzubauen, aber wenn der Grundstein gelegt ist und ein Mann schnell dabei ist, eine Gelegenheit zu nutzen, kann er es schaffen in einem Jahr so viel tun, wie er ohne es in zwanzig schaffen könnte.

„Jetzt gehe ich zu den Linien der 47., um zu sehen, wie sie sich dort eingenistet haben."

Dieses Regiment hatte Zelte herausgebracht, denn da jedes Gebäude bereits besetzt war, war es notwendig, sie unter Planen zu stellen. Der General stellte fest, dass alles in Ordnung war und dass das Lager sicherlich einen angenehmen Kontrast zu den unregelmäßigen und oft überfüllten Quartieren der Truppen darstellte, die dort die Regenzeit verbracht hatten. Der Oberst und drei seiner Offiziere speisten an diesem Abend mit dem General; Die Gruppe bestand aus dem Militärpersonal, einschließlich der beiden Adjutanten.

Zwei Tage später speiste Stanley mit einigen anderen Mitarbeitern in der 47. Messe. Stanley wurde mehreren Offizieren vorgestellt; und diese waren besonders daran interessiert, seine Bekanntschaft zu machen, da sie erfahren hatten, dass er ein Gefangener in Ava gewesen war und ihnen daher viel mehr erzählen konnten, als sie bisher über das Land erfahren hatten, in das sie vordringen wollten.

Unter ihnen war ein junger Leutnant, ebenfalls mit Namen Brooke. Stanley hatte drei Wochen zuvor denselben Rang erreicht. Zum Zeitpunkt seiner Ernennung zum 83. Regiment gab es bereits mehrere freie Stellen im Regiment, und Krankheiten und Kämpfe hatten sechs weitere Offiziere dahingerafft. Die gesamten Fähnriche hatten somit ihren Schritt erreicht. Beim Abendessen fand er sich neben seinem Namensvetter wieder.

„Es ist merkwürdig, dass wir denselben Namen haben", bemerkte der andere, als er sich setzte. „Das kommt nicht sehr häufig vor."

„Nein, ich habe noch nie jemanden mit demselben Namen getroffen", sagte Stanley. „Tatsächlich habe ich bis zu der Affäre in Ramoo fast drei Jahre lang mit einem meiner Onkel flussaufwärts Handel getrieben und hatte nicht viel mit weißen Männern zu tun. Aber davor war ich bei meinem Vater gewesen viele Stationen in Indien; aber soweit ich mich erinnern kann, kann ich mich nicht erinnern, jemanden mit demselben Namen getroffen zu haben.

„Dann war dein Vater auch im Militärdienst?"

„Ja. Er war Hauptmann der 15. Eingeborenen-Infanterie."

„In der Tat", sagte der andere überrascht, „dann sind wir Verbindungen. Aber ich hatte keine Ahnung, dass Captain Brooke jemals verheiratet war."

„Er heiratete kurz nachdem er nach Indien kam", sagte Stanley; „Es ist also wahrscheinlich, dass Sie nie davon gehört haben. Er ist vor drei Jahren gestorben, und meine Mutter und meine Schwestern sind jetzt in England. Welche Verbindung besteht zwischen uns? Ich habe meinen Vater nie viel über seine Familie sprechen hören." "

„Dein Vater war ein Cousin von mir – Cousin zweiten Grades, glaube ich. Ich glaube, es gab einen Streit zwischen deinem Großvater und dem Rest der Familie. Ich weiß nichts darüber, ob das richtig oder falsch ist; denn es war: Natürlich viele Jahre vor unserer Geburt; und ich habe erst vierzehn Tage vor meiner Abreise aus England von der Existenz Ihres Vaters gehört. Dann wurden einige Nachforschungen über die Familie angestellt, da in ihr verschiedene Todesfälle stattfanden. Wissen Sie? dass Ihr Vater – natürlich entfernt – mit dem Earl of Netherly verwandt war?"

„Ich erinnere mich, dass er es einmal erwähnt hat. Ich weiß, dass er sagte, dass es sich um eine entfernte Verbindung handelte und dass er überhaupt nichts über den Grafen oder seine Familie wusste."

„Nun, seltsamerweise ist es jetzt nicht mehr so weit entfernt", sagte der andere. „Ich war ein ziemlich entfernter Verwandter von ihm. Er war kinderlos; und die Familie schien im Allgemeinen nicht produktiv gewesen zu sein. Viele von ihnen starben; und das Ergebnis war, dass ein Jahr bevor ich England verließ, ein... Mein Onkel hat den Titel erhalten. Er hat keinen Sohn, und mein Vater war sein nächster Bruder. Mein Vater starb vor zwei Jahren; und das Ergebnis ist, dass ich zu meinem Erstaunen feststellte, dass ich der nächste Erbe des Titels war. Sie wollten, dass ich die Armee verlasse, als mein Regiment nach Indien geschickt wurde; aber das wollte ich natürlich nicht tun, denn meine Tante könnte sterben und mein Onkel würde wieder heiraten und Kinder bekommen. Außerdem hatte ich nicht vor, das zu tun Jedenfalls würde ich das Regiment verlassen, gerade als es ins Ausland geschickt wurde, und möglicherweise zum Einsatz kommen.

„Allerdings gab es eine große Suche der Anwälte im Stammbaum; und ich weiß, dass entschieden wurde, dass, falls mir etwas zustoßen sollte, Ihr Vater der nächste Erbe gewesen wäre, wenn er noch am Leben gewesen wäre. Ich weiß es nicht." ob weitere Nachforschungen angestellt wurden oder ob jemals festgestellt wurde, dass er geheiratet hatte. Ich glaube nicht, dass dies der Fall war, denn solange ich lebe, ist die Angelegenheit ohne Bedeutung.

„So dass Sie, so wie die Dinge jetzt stehen, der nächste Erbe des Titels sind, wenn eine burmesische Kugel meiner Karriere ein Ende setzt."

„Sie überraschen mich tatsächlich", sagte Stanley. „Aus der Art und Weise, wie mein Vater über die Angelegenheit sprach, bin ich mir sicher, dass er nicht die geringste Ahnung hatte , dass überhaupt eine Chance bestand, dass er eine Chance auf den Titel haben würde."

„Das kann ich mir gut vorstellen, denn erst vor ein paar Jahren, als mehrere, die zwischen ihm und der Nachfolge standen, starben, hielt mein Onkel sein Eintreten für eine Angelegenheit, über die es sich zu denken lohnte, und natürlich über alle anderen Unsere Familie stand zwischen ihm und deinem Vater. Wie du jedoch siehst, sind wir geschrumpft, und wenn ich dieses Geschäft nicht sicher durchkomme, bist du der nächste Erbe."

„Es ist eine merkwürdige Neuigkeit, das bei einem Abendessen in Burma zu hören", sagte Stanley nachdenklich. „Jedenfalls kann ich Ihnen ehrlich versichern, dass die Nachricht mich nicht besonders erfreut. Ich denke, es wäre eine schöne Sache, in den Adelsstand aufgenommen zu werden; aber meine Aussichten hier draußen sind gut. Ich habe nicht die Absicht, dort zu bleiben." Ich bin nach Kriegsende in die Armee eingetreten und habe eine echte Partnerschaft mit meinem Onkel, mit dem ich seit drei Jahren Geschäfte mache, was sich sehr gut entwickelt. Ich mag das Leben und habe jede Chance, etwas zu verdienen genug, um in den Ruhestand zu gehen, mit reichlichen Mitteln. Sicherlich möchte ich nicht durch den Tod von irgendjemandem, den ich kannte, in den Titel gelangen.

„Das ist das Glück des Krieges", sagte der andere lächelnd. „Wir bekommen unsere Steps by Death-Stellenangebote. Wir bedauern die Todesfälle, aber die Steps sind nicht unwillkommen."

„Übrigens, mein Name ist Harry. Ich weiß, dass du Stanley heißt. Ich bin dafür, dass wir uns gegenseitig so nennen. Wir sind Cousins, wissen Sie, und ich nehme an, dass Sie, da Sie mein Erbe sind, mein nächster Mann sein müssen." Beziehung, derzeit; deshalb stimme ich dafür, dass wir uns gegenseitig bei unseren Vornamen nennen, anstatt uns immer gegenseitig anzusprechen.

„Das werde ich sehr gerne tun", sagte Stanley herzlich. „Ich hoffe, dass wir sowohl enge Freunde als auch entfernte Verwandte sein werden."

Dann, als es eine kurze Pause im Gespräch gab, erhob Harry seine Stimme und sagte zum Colonel:

„Gerade ist etwas sehr Merkwürdiges passiert, Colonel. Brooke und ich haben gerade herausgefunden, dass wir Cousins sind und, was noch merkwürdiger ist, dass er meinen Platz als nächster Erbe meines Onkels einnimmt, wenn mir etwas zustößt, eine Tatsache worüber er völlig unwissend war.“

„Das ist sicherlich ein sehr merkwürdiger Zufall, Brooke; sehr einzigartig. Dann hast du dich noch nie getroffen?“

„Ich wusste nicht einmal von seiner Existenz, Colonel, und hatte tatsächlich keine Ahnung, dass Captain Brooke, sein Vater, verheiratet war. Die Cousine ist weit entfernt; aber es besteht überhaupt kein Zweifel daran, dass er der Nächste sein wird als Nachfolger meiner selbst in den Adelsstand.

Die Entdeckung erregte allgemeines Interesse; und lenkte das Gespräch vorerst völlig vom Thema des Krieges und ihres bevorstehenden Vormarsches ab. Nachdem das Abendessen beendet war, versammelten sich viele Offiziere um Stanley und stellten ihm Fragen über die Natur des Landes und seine Erfahrungen als Gefangener in den Händen der Burmesen. Plötzlich schloss sich Colonel Adair, der ebenfalls in der Kantine zu Abend gegessen hatte, der Gruppe an.

„Ich nehme an, Mr. Brooke“, sagte er, „Ihr neu gefundener Cousin hat Ihnen von seinem Abenteuer mit dem Leoparden erzählt?“

„Nein, Colonel, er hat nichts von einem Leoparden gesagt.“

„Er ist sehr von Bescheidenheit geplagt“, fuhr der Oberst fort; „Und deshalb werde ich es ihm erzählen, denn ich denke, Sie sollten wissen, dass er nicht nur in der Lage ist, ein halbes Dutzend Sprachen zu sprechen, sondern dass er auch in der Lage ist, Taten außergewöhnlicher Tapferkeit zu vollbringen.

„Sie können zum Oberst gehen und sich mit ihm unterhalten, Brooke. Er ist gespannt auf Ihren Bericht über das Land, und ich werde hier Ihr Trompeter sein.“

Stanley entfernte sich gerne und begann ein Gespräch mit dem Oberst des 47. Regiments; während Colonel Adair seinem Cousin und den umstehenden Offizieren seine Abenteuer mit dem Leoparden erzählte.

„Bei Gott, das war eine mutige Sache!“ Sagte Harry Brooke bewundernd.

„Das war es tatsächlich!“ Der Oberst stimmte zu, während ähnliche Ausrufe die Runde machten. „Ich glaube nicht, dass einer von hundert Männern einen Leoparden ohne Waffe außer einem Messer angegriffen hätte, es sei denn, um das Leben eines Kameraden zu retten; selbst dann wäre es eine äußerst verzweifelte Aktion. Ich habe viel davon getan." Großwildschießen in Indien; aber ich bin mir sicher, dass nichts als eine starke Zuneigung zu einem Kameraden in den Händen eines Leoparden mich dazu veranlassen würde, den fast sicheren Tod zu riskieren, so wie Ihr Cousin es getan hat. Wir hätten nie davon hören sollen wenn wir nicht die Einzelheiten von dem Mann erfahren hätten, den er rettete und der sich ihm seitdem als Diener angeschlossen hat; und der, wie ich Ihnen vermutlich erzählt habe, als sein Begleiter und Führer bei der Errichtung seines Hauses gedient hat Wie du siehst, Brooke, ist deine Cousine ein ungewöhnlich guter junger Kerl, und du hast allen Grund, stolz auf die Beziehung zu sein."

„Das fühle ich, Colonel; und es ist wirklich eine Freude zu wissen, dass, wenn jemand untergeht, ein durch und durch guter Kerl davon profitieren wird, und nicht eine unbekannte Person, die ein sehr anstößiger Vertreter der Familie sein könnte."

Die nächsten drei bis vier Tage gingen die geschäftigen Vorbereitungen weiter, und am fünften Tag wurde eine Abteilung mit einer Schaluppe und Kanonenbooten losgeschickt, um eine vorgeschobene Stellung des Feindes am Lyne River anzugreifen. Obwohl die 3000 Burmesen, die in einem starken Palisadenposten stationiert waren, von 36 Kanonen unterstützt wurden; Die Arbeiten wurden im Sturm mit geringen Verlusten getragen.

Die beiden Arme des Pellang-Flusses (oder Rangun-Flusses), an denen die Truppe gegen Donabew vorrücken sollte, wurden am folgenden Tag über eine gewisse Distanz erkundet. Mehrere Feuerlöschflöße wurden zerstört, aber die Burmesen waren zu entmutigt, um Widerstand zu leisten.

Zur Enttäuschung der Truppen konnte der General nur eine begrenzte Streitmacht mitnehmen; denn die Transportschwierigkeiten waren enorm und, wie die Erfahrung gezeigt hatte, war das Land bei ihrer Annäherung wahrscheinlich verlassen und verwüstet; Es war daher unmöglich, den Großteil der Armee auf dem Landweg zu besiegen. Es gab jedoch auch andere Punkte, an denen die zurückgebliebenen Truppen gewinnbringend eingesetzt werden konnten. Die Eroberung der wichtigen Stadt Bassein am Hauptarm des Irrawaddy würde den Fluss für die Durchfahrt unserer Schiffe öffnen und dem Handel von Ava ein völliges Ende setzen.

Die für den Vormarsch gegen Donabew eingesetzte Truppe war in zwei Kolonnen aufgeteilt. Das erste, 2400 Mann stark – bestehend aus dem 38., 41. und 47. Regiment, drei Eingeborenenbataillonen, der Leibwächtertruppe; eine Batterie bengalischer berittener Artillerie und ein Teil der Raketenkompanie sollten auf dem Landweg marschieren.

Die zweite Kolonne, die auf dem Wasserweg voranschreiten sollte, war 1169 Mann stark; und es bestand aus dem 89. Regiment, dem 10. Madras-

Europäer und 250 der 18. Eingeborenen-Infanterie; eine Abteilung abgesessener Artillerie und der Rest der Raketenkompanie. Diese Truppe wurde von Brigadegeneral Cotton kommandiert. Es sollte in einer Flottille von zweiundsechzig Booten transportiert werden, von denen jedes mit einem oder zwei Kanonen bewaffnet war; und die Boote aller Kriegsschiffe in Rangun unter dem Kommando von Kapitän Alexander, RN

Major Sale sollte gleichzeitig gegen Bassein vorgehen; mit 600 Mann des 13. Regiments und der 12. Madras-Indianer-Infanterie, mit etwas Artillerie. Nachdem er die Stadt besetzt hatte, sollte er das Land zwischen den beiden Hauptarmen des Irrawaddy durchqueren und sich der Truppe des Generals in der Nähe von Donabew anschließen.

Der Rest der Truppe – fast 4.000 Mann, hauptsächlich einheimische Regimenter und Europäer, die noch nicht genug Kraft für die Teilnahme an Feldoperationen zurückgewonnen hatten – sollte unter Brigadegeneral M'Creigh in Rangun bleiben; der eine Reservekolonne bilden sollte, die bereit war, sich wie angewiesen zu bewegen, sobald genügend Transportmittel gesammelt waren.

Den Wasserstreitkräften wurde die Eroberung von Donabew anvertraut, da es am gegenüberliegenden Ufer des Irrawaddy lag; während die Streitkräfte des Generals gegen Tharawa an der Kreuzung der beiden Hauptarme des Flusses gerichtet waren. Hier sollte sich ihnen nach der Eroberung von Donabew die Truppe von General Cotton anschließen; Dann sollte, sofern das Gericht von Ava nicht um Frieden bat, ein gemeinsamer Vormarsch auf die wichtige Stadt Prome erfolgen.

Kapitel 11
Donabew.

Stanley Brooke begleitete die Landkolonne nicht, wie der General zwei Tage zuvor zu ihm sagte:

„Ich habe mit General Cotton gesprochen und er sagte, dass er sich freuen würde, wenn ich Sie in seinen Stab aufnehmen würde, bis sich die Truppe wieder vereint. Keiner seiner Stabsoffiziere spricht Burmesisch und obwohl er zwei oder drei Dolmetscher dabei hat Für ihn wäre es besser, wenn Bandoola einen Offizier schickt, der seine Kapitulation anbietet, und er dann von einem britischen Offizier empfangen wird.

„Als nächstes könnte es notwendig sein, dass er mit mir kommuniziert, und mit Ihrer Erfahrung im Land würden Sie sicherlich besser durchkommen als alle anderen. Ich befürchte nicht, dass eine große Gefahr bestehen würde , denn wir wissen, dass jeder verfügbare Kämpfer von Bandoola beeindruckt war; und der Durchgang unserer Kolonne wird die Dorfbewohner, die zwischen uns und dem Fluss liegen, völlig einschüchtern.

„Ich nehme an", sagte er mit einem Lächeln, „dass Sie nichts dagegen haben, denn es wird Ihnen einen langen und zweifellos sehr unangenehmen Marsch ersparen; und Sie werden auch einen Einblick in die Angelegenheiten vor Ort erhalten." Palisaden in Pellang und Donabew.

Die Landkolonne startete am 13. Februar, die Wasserkolonne am 16. und das Detachement nach Bassein segelte am folgenden Tag. Stanley war hocherfreut, dass er zum Begleiter der Bootskolonne ernannt wurde. Der Marsch durch das Land würde für ihn keine Neuheit darstellen, und es war wahrscheinlich, dass die Landkolonne auf keinen ernsthaften Widerstand stoßen würde, bis sie, nachdem sie sich der Streitmacht von General Cotton angeschlossen hatte, gegen Prome vorrückte. Seine Pferde standen zusammen mit denen von General Cotton und seinem Stab unter der Obhut des Syce und Meinik.

Das eine Dampfschiff hielt sich zu Beginn hinter der großen Flotte von Booten, so dass es, falls eines von ihnen auf eine Sandbank stoßen sollte, sofort zu Hilfe kommen und es abziehen konnte. Die Szene war sehr heiter, da insgesamt über einhundert Schiffe unterschiedlicher Größe gemeinsam unterwegs waren. Vorne befanden sich ein halbes Dutzend Kanonenboote; daneben kamen die beiden Kriegsschaluppen; gefolgt von den übrigen Booten, die in unregelmäßiger Reihenfolge weiterfuhren. Es gab nur noch sehr wenige Bäche, denn die Flüsse waren jetzt ziemlich niedrig, und obwohl das flache Land immer noch kaum mehr als ein Sumpf war, hatten die Regenfälle in den Hügeln, die das Hauptwasser für sie lieferten, schon lange aufgehört. Die Boote der Schiffe wurden natürlich von den Blaujacken gerudert. Die anderen Schiffe waren größtenteils mit Einheimischen bemannt; obwohl die Soldaten an Bord gelegentlich mit anpackten.

Zwei Tage nach dem Start zerstörten die Boote drei neu errichtete Palisaden, die jedoch unbesetzt vorgefunden wurden. und am 19. erreichten sie Pellang, wo drei sehr starke Palisaden errichtet worden waren. Am nächsten Tag wurde eine Batterie aufgestellt, von der aus ebenso wie vom Dampfschiff und den Kriegsschaluppen Granaten in die Palisaden geworfen wurden; mit der Wirkung, dass zwei der feindlichen Werke evakuiert wurden, sobald die Truppen in die Offensive gingen, und auch die Hauptmauer von Pellang ohne Widerstand aufgegeben wurde. Die beiden kleineren Werke wurden zerstört und ein Teil der 18. Madras-Infanterie wurde hier zurückgelassen, um die Kommunikation mit Rangun aufrechtzuerhalten.

Am 27. erreichte die Flottille den Hauptstrom und am nächsten Tag kam der Vormarsch in Sichtweite von Donabew. Es dauerte weitere fünf Tage, bis die gesamte Truppe in Position war, denn einige der am schwersten beladenen Fahrzeuge blieben auf den Sandbänken an der Flussgabelung fest. Am nächsten Tag wurde Donabew zur Kapitulation aufgefordert. Bandoola, der an der Spitze von 15.000 Mann stand, lehnte ab; die in höflichen Worten vorgetragen wurde, die sich deutlich von der hochmütigen und herrischen Sprache unterschieden, in der alle vorherigen Mitteilungen abgefasst waren.

Am nächsten Tag landete eine Gruppe des 89. Regiments auf dem tief gelegenen Gelände zwischen dem Hauptzaun und dem Fluss und konnte sich trotz des schweren Feuers von der Stärke und Beschaffenheit der Verteidigungsanlagen überzeugen. Das Hauptwerk hatte die Form eines etwa eine Meile langen Parallelogramms und stand auf dem Boden, der sich über das allgemeine Niveau erhob; und fünfzig Kanonen unterschiedlicher Größe waren am Flussufer in Position. Zwei Vorwerke aus quadratischen Holzbalken mit einem äußeren Graben und einer dicken Abbatis verteidigten die Südwand gegen den Angriff eines darunter landenden Feindes.

Es war notwendig, eine starke Wache an Bord der Flottille zu lassen, damit es nicht zu einem Angriff durch Kriegskanus und Feuerlöschflöße kam. Dem General standen daher für den Angriff nicht mehr als 600 Mann zur Verfügung. Da die feindlichen Geschütze den Fluss vollständig beherrschten, war es notwendig, unterhalb des Flusses zu landen; und am Morgen des 7. wurden die Truppen mit zwei Sechspfündern und einer Raketenabteilung von Bord gebracht. In zwei Kolonnen formiert, rückten sie gegen die untere der beiden Deckungsmauern vor und stürmten nach einem Schusswechsel mit dem Feind vor und erzwangen den Zugang dorthin; obwohl der Feind mit größerer Entschlossenheit Widerstand leistete, als er eine Zeit lang gezeigt hatte. 280 Gefangene wurden gemacht, der Rest der Verteidiger floh zum zweiten Werk.

Zwei weitere Kanonen und vier Mörser wurden gelandet und in Position gebracht, und nachdem die Palisaden kurzzeitig beschossen worden waren, rückte eine Sturmtruppe unter Kapitän Rose zum Angriff vor. Es wurde ein so schweres Feuer auf sie eröffnet, dass die kleine Kolonne zum Stillstand kam und zum Rückzug gezwungen wurde; mit dem Verlust seines Kommandanten und von Kapitän Cannon vom 89., während die meisten Seeleute der stürmenden Gruppe entweder getötet oder verwundet wurden.

Dieser Mangel an Erfolg im Vergleich zu einem bloßen Vorwerk zeigte General Cotton, dass es – mit der geringen Streitmacht, die ihm zur Verfügung stand – mehr als sinnlos wäre, den Angriff zu erneuern, denn wenn das Vorwerk durchgeführt würde, wäre der Verlust so groß, dass es dazu kommen würde Es wäre aussichtslos, daran zu denken, Bandoolas Hauptposition anzugreifen. Er beschloss daher, von weiteren Angriffen abzusehen, bis er verstärkt wurde.

„Nun, Mr. Brooke", sagte er, sobald die Truppen wieder an Bord der Boote gebracht worden waren, „muss ich Ihre Dienste in Anspruch nehmen. Das ist genau der Notfall, von dem wir dachten, dass er möglicherweise eintreten könnte. Ich kann nicht weiter vorrücken." den Fluss, bis Donabew eingenommen ist, und ich kann den Ort nicht mit der Streitmacht angreifen, die mir zur Verfügung steht. Deshalb werde ich sofort eine Depesche an General Campbell schreiben, damit Sie sie überbringen. Sie werden von den beiden Männern der Leibwache begleitet, die sind mit mir als Pfleger gekommen. Ich werde hier keinen Nutzen für sie haben; und drei von euch müssen zusammen keine Belästigung durch die wenigen Menschen befürchten, die noch in ihren Dörfern sind, und können sich vielleicht einen Weg durch jedes dieser Dörfer bahnen Banden von Deserteuren oder geschlagene Truppen zerstreuten sich über das Land."

„Sehr gut, General. Ich werde auch meinen Burman auf meinem zweiten Schlachtross mitnehmen. Er kann nützlich sein, um von den Eingeborenen Nachrichten über die Straßen zu erhalten; die werden höchstwahrscheinlich in den Dschungel fliegen, wenn sie uns näherkommen sehen. Es besteht jedoch keine große Angst, dass wir uns verirren, da wir bis nach Tharawa am Fluss entlang verlaufen werden."

Sofort wurde ein Boot mit den beiden Pflegern und den Pferden des Stabes zum Fahrzeug geschickt. Sobald die Depesche geschrieben war, wurde Stanley, nachdem er seinen Gefährten die Hand geschüttelt hatte, ebenfalls zum Pferdekahn gerudert. Dieses wurde auf ein Zeichen des Generals vom Dampfer ins Schlepptau genommen und an das gegenüberliegende Ufer gesteuert. Ein Boot, das vorauslotte, fand bald eine Stelle, an der genug

Wasser vorhanden war, damit der Lastkahn am Ufer entlangfahren konnte. Die Pferde wurden an Land geführt; und Stanley, die beiden Soldaten, und Meinik bestiegen.

Die Burmesen sind schlechte Reiter, aber während der Regenzeit hatte Stanley Meinik oft auf seinem Ersatzpferd mitgenommen, wenn er im Lager umherritt; Zum Teil, weil er darauf vertrauen konnte, dass er sich sorgfältig um die Pferde kümmerte, und zum anderen, weil er ihn an das Reiten gewöhnen konnte, um bei Bedarf als Ordonnanz zu fungieren. Meinik war der festen Überzeugung, dass die Durchquerung von Dörfern überhaupt kein Risiko darstellen würde; hielt es aber für wahrscheinlich, dass sie mit den aufgelösten Truppen zusammenstoßen würden, da bekannt war, dass die Landkolonne kurz nach ihrem Aufbruch das Fort von Mophi erobert hatte; und dass seine Garnison, zwischen zwei- und dreitausend Mann stark, in den Dschungel vorgedrungen sei und sich zerstreut habe.

„Dennoch, Meister", sagte er, „halte ich es nicht für wahrscheinlich, dass sie uns angreifen werden. Sie werden niemanden erwarten, und wir werden sie überraschen; dann werden sie in die Büsche rennen und denken, dass Sie es sind." Sie müssen viel mehr Truppen hinter sich haben. Nein, es ist unwahrscheinlich, dass sie viele Waffen haben werden; sie würden sie wegwerfen, wenn sie flohen, teils, um schneller durch den Wald zu rennen, teils, weil die meisten von ihnen sich auf den Weg in die Dörfer machen werden , in der Hoffnung, verborgen zu bleiben, bis der Krieg zu Ende ist; wenn sie jedoch Waffen in ihren Händen hätten, würde man wissen, dass sie Deserteure waren, und sie könnten gefangen genommen und über den Fluss nach Bandoola oder hinauf nach Prome geschickt werden.

Sie ritten etwa fünfzehn Meilen vor Einbruch der Dunkelheit und bezogen dann ihr Quartier in einem Dorf. Die wenigen alten Männer, Frauen und Kinder, die dort wohnten, flohen, als sie näherkamen; Aber als Meinik an den Rand des Dschungels ging und laut schrie, dass sie sich nicht zu fürchten brauchten, denn keinem von ihnen würde Schaden zugefügt werden und es gute Preise für Essen geben würde, kehrten zwei oder drei zurück und fanden die Um wahr zu sein, ging einer von ihnen wieder in den Dschungel und holte die anderen zurück. Geflügel und Eier wurden in die Hütte gebracht, die Stanley bewohnte, und es wurde auch ein guter Vorrat an Getreide für die Pferde gekauft. So konnte Stanley vermeiden, in den kleinen Vorrat an Proviant einzubrechen, den sie mitgebracht hatten.

Die Bewohner dieses Teils Burmas waren ein Stamm, der als Karier bekannt war. Sie waren die Ackerbauern und eine fleißige und robuste Rasse. Das Land war so reich, dass sie nicht nur genug für ihren eigenen Bedarf aufbrachten, sondern auch große Mengen Getreide und Reis nach Ava schickten. Sie wurden sehr stark besteuert, waren aber in der Regel von der

Wehrpflicht befreit. Dennoch waren sie in diesem Fall zur Arbeit an den Palisaden und beim Transport von Nahrungsmitteln für die Truppen gezwungen worden.

Ihre Walddörfer waren klein. Sie bestanden aus kleinen Hütten, die entweder in gestutzten Bäumen oder auf sehr starken Pfählen errichtet waren. Diese Wohnstätten waren nur über grobe Leitern zugänglich, die aus Holzstücken bestanden, die über die Bäume oder Pfähle genagelt wurden. Dies war aufgrund der vielen Tiger, die den Wald heimsuchten, unbedingt notwendig. Das Dorf, in dem sie Halt gemacht hatten, war jedoch auf dem Boden gebaut; war aber von einem starken Palisaden umgeben. Die Leute versicherten Stanley, dass keiner der Flüchtlinge aus Mophi über diesen Weg gekommen sei.

Sie sagten, es habe nach Bandoolas Niederlage viele gegeben; aber sie hatten in letzter Zeit nichts mehr gesehen. Sie erklärten, dass sie vor diesen weitaus größere Angst hätten als vor den Engländern; Deshalb plünderten sie überall, wo sie hinkamen, und wenn sie nicht genug bekommen konnten, um ihre Erwartungen zu befriedigen, brannten sie die Häuser nieder und töteten oft viele der Bewohner. Die Dorfbewohner meldeten sich freiwillig, die ganze Nacht am Tor der Palisaden Wache zu halten; Obwohl sie sagten, dass es keine Angst davor gäbe, dass sich jemand näherte, da Fremde im Dunkeln ihren Weg durch den Wald nicht finden könnten, und selbst wenn sie es könnten, würde die Angst vor Tigern sie von dem Versuch abhalten. Stanley stimmte zu, einige von ihnen für die Wache zu bezahlen, stellte aber auch einen seiner eigenen Männer als Wachposten auf und löste ihn alle drei Stunden ab.

Eine Stunde nachdem sie das Dorf erreicht hatten, sahen sie eines der Kriegsboote schnell den Bach hinaufrudern; und hatte keinen Zweifel daran, dass es eine Nachricht von Bandoola enthielt, die besagte, dass er den Angriff der Briten abgewehrt hatte. Abgesehen davon , dass er das Geheul der Tiger im Wald hörte, verbrachte Stanley die Nacht ungestört, außer als er ging, um den Wachposten auszutauschen. Meinik übernahm seinen Teil des Zuschauens; und Stanley selbst löste ihn eine Stunde vor Tagesanbruch ab.

Als die Sonne aufging, waren die Pferde gefüttert und gefrühstückt. Nach einigen Kilometern Fahrt wurde das Land offener. Auf den dichten Wald folgten bewirtschaftete Felder. Das Gelände lag höher, und überall dort, wo sich eine kleine Erhebung über das allgemeine Niveau erhob, waren kleine Gruppen von Hütten zu sehen. Die Veränderung war sehr willkommen, denn sie konnten schneller reisen und die Wahrscheinlichkeit, plötzlich auf eine Gruppe der aufgelösten Truppen zu stoßen, war geringer.

Als sie gerade ein größeres Dorf am Flussufer erreichten, stieg dichter Rauch aus einem der Häuser auf und sie hörten Frauenschreie.

"Aufleuchten!" schrie Stanley den drei Männern zu, die hinter ihm ritten. „Sehen Sie, dass Ihre Pistolen griffbereit sind, und ziehen Sie Ihre Schwerter."

Dieses Dorf war nicht, wie das letzte, mit Palisaden bepflanzt; einige Meilen vom Wald entfernt sein. Als sie hineinstürmten, sahen sie etwa zwanzig Burmesen. Zwei Frauen lagen tot vor einem Haus; und einer der Männer wollte mit einer Fackel einen anderen abfeuern. Die Burmesen waren in ihr eigenes Tun vertieft und bemerkten das Kommen der Reiter erst, als diese in ihrer Nähe waren. Dann wandten sie sich mit einem Schrei der Bestürzung um und flohen; aber es war zu spät. Stanley schlug den Mann nieder, der die Hütte in Brand setzen wollte, und dann fielen er und die anderen mit Schwert und Pistole über die Burmanen her. Sechs von ihnen wurden getötet. Der Rest wurde verfolgt, aber als sie zum Fluss hinabstürzten, stürzten sie sich hinein, wobei ihnen Pistolenschüsse nachjagten.

Stanley blieb am Ufer, bis er sah, dass sie gerade dabei waren, den Fluss zu überqueren, dann betrat er das Dorf wieder. Zwei oder drei verängstigte

Menschen kamen aus ihren Verstecken hervor, als Meinik ihnen zurief, dass alles in Sicherheit sei.

„Sie sind alle verschwunden", sagte er, „Sie brauchen nicht zu befürchten, wieder von ihnen gestört zu werden. Sehen Sie, auf der Straße liegen sechs Kanonen, und Sie werden bei den Gefallenen jede Menge Munition finden. Es gibt einige Speere." und Schwerter auch. Natürlich kannst du nichts tun, wenn mehrere dieser Kerle kommen; aber wenn es nur zwei oder drei sind, solltest du und die Frauen in der Lage sein, sie loszuwerden. Jetzt müssen wir weiterreiten.

Am dritten Tag kamen sie in Tharawa an und stellten fest, dass Sir A. Campbell, dem von den Eingeborenen versichert worden war, dass Bandoola sich zurückgezogen hatte, seinen Marsch am Tag zuvor fortgesetzt hatte. Der Ort war so groß, dass Stanley es für unsicher hielt, dort zu schlafen, und sie ritten weiter zu einem kleinen Dorf, zwei Meilen entfernt. Hier wurden sie mit großer Ehrerbietung empfangen, da der Vormarsch der Truppen am Tag zuvor die Dorfbewohner tief beeindruckt hatte. Nachdem sie drei Stunden gewartet hatten, um die Pferde auszuruhen, stiegen sie wieder auf, ritten die ganze Nacht und kamen am Morgen in Yuadit an – einem Dorf 26 Meilen von Tharawa entfernt – und fanden die Streitmacht kurz vor dem Aufbruch.

„Keine schlechten Nachrichten, hoffe ich, Mr. Brooke?" sagte der General, als er auf ihn zuritt.

„Es tut mir leid, sagen zu müssen, Sir, dass meine Nachrichten nicht gut sind. Hier ist die Depesche des Brigadiers."

„Das ist in der Tat bedauerlich", sagte der General, als er einen Blick auf das Dokument geworfen hatte.

„Herr Tollemache, bitte reiten Sie an der Linie entlang und sagen Sie, dass die Kolonne erst dann in Bewegung kommen darf, wenn weitere Befehle vorliegen."

Oberst Adair und die anderen Offiziere des Stabes waren gerade dabei, aufzusteigen, als Stanley heranritt. Der General rief zwei oder drei der höheren Offiziere zu sich.

„Cotton kann Donabew weder ertragen noch daran vorbeikommen", sagte er. „Hier ist seine Depesche. Sehen Sie, er hat mehrere Offiziere und viele Männer verloren, und das nur bei dem Angriff auf ein abgelegenes Werk. Ich fürchte, es bleibt uns nichts anderes übrig, als zu seiner Hilfe zurückzukehren ."

„Ich fürchte nicht, Sir", sagte Colonel Adair. „Unsere Vorräte gehen bereits zur Neige, und Sie sehen, wir haben beschlossen, alle Karren in Tharawa aufzufüllen, wo wir dafür gesorgt haben, dass wir von den Booten abgeholt werden. Das Land hier ist völlig entvölkert, und es wäre ein ..." Es ist eine sehr ernste Angelegenheit, sich zu bemühen, ohne Vorräte nach Prome vorzudringen. Darüber hinaus könnten wir mit einem viel ernsteren Widerstand rechnen, als wir erwartet hatten. Die Nachricht, dass Bandoola seine Angreifer zurückgeschlagen hat – und Sie können sicher sein, dass dies übertrieben wurde Ein großer Sieg wird den Geist der Burmesen wiederherstellen. Es ist offensichtlich, dass wir umkehren und Bandoola erledigen müssen, bevor wir weiter vorrücken.

Dementsprechend wurde den Befehlshabern der verschiedenen Korps der Befehl erteilt, dass die Kolonne ihre Schritte zurückverfolgen sollte, und während sie durch das Dorf zogen, berichtete Stanley viel ausführlicher als in der Depesche über die Ereignisse des Angriffs und die Art der Verteidigungsanlagen bei Donabew.

Die Truppen marschierten mit fröhlicher Miene. Es war natürlich ärgerlich, den Weg zurücklaufen zu müssen, den sie zuvor zurückgelegt hatten, aber andererseits herrschte allgemein die Befriedigung, dass sie schließlich an der Eroberung von Bandoolas letzter Festung teilnehmen würden.

Oberst Adair ritt mit der kleinen Kavallerietruppe weiter. Er sollte nach Tharawa vordringen und den dortigen Eingeborenen für jedes mitgebrachte Boot eine Belohnung aussetzen. Es bestand kaum ein Zweifel daran, dass viele der Fischer ihre Boote in Büschen und Unterholz verstaut hatten, um einer Beschlagnahmung zu entgehen von Bandoola, und obwohl es nicht wahrscheinlich war, dass jetzt eine große Anzahl erhalten würde, wäre es doch hilfreich, selbst wenn nur ein Dutzend gefunden würde.

Der Rest der Truppe erreichte Tharawa am folgenden Abend, mit Ausnahme einer Gruppe, die zurückzog, um die langsam fahrenden Waggons zu schützen. Sie fanden heraus, dass neun Kanus beschafft worden waren und dass ein beträchtlicher Teil der dürftigen Bevölkerung den ganzen Tag damit beschäftigt gewesen war, Bambus und Holz für Flöße zu fällen.

Am nächsten Morgen waren alle Truppen mit der gleichen Arbeit beschäftigt, und zwar mit dem Bau von Flößen; und bei Einbruch der Dunkelheit wurden dreihundert Männer des 49. Regiments über den Fluss in die Stadt Henzada gebracht, für den Fall, dass Bandoola, nachdem er von den Vorbereitungen für die Überfahrt erfahren hatte, eine Streitmacht entsenden sollte, um sich der Durchfahrt zu widersetzen. Es dauerte vier Tage ununterbrochener Arbeit, um die kleine Armee hinüberzubringen, da große Holzflöße gebaut werden mussten, um die Karren, Pferde und Ochsen, Waffen und Vorräte zu transportieren.

Als wir hörten, dass etwa fünfzehn Meilen entfernt eine Streitmacht stationiert war, um die Abteilung abzufangen, die von Bassein aus marschierte; Colonel Godwin wurde in dieser Nacht mit einer Gruppe losgeschickt, um zu versuchen, sie zu überraschen. Die Burmesen waren jedoch alarmiert, bevor sie angegriffen wurden; und in alle Richtungen zerstreut, ohne einen Schuss abzufeuern. Die Armee marschierte am rechten Ufer entlang und kam am 25. März vor Donabew an. Die Kommunikation mit der Truppe von General Cotton unterhalb der Stadt wurde aufgenommen. und beide Abteilungen machten sich an die Errichtung von Batterien.

Die Burmesen machten mehrere Ausfälle, um die Arbeit zu unterbrechen, und einer davon wurde von Bandoolas siebzehn Elefanten begleitet. Der Trupp aus Kavallerie, berittener Artillerie und der Raketenkompanie stürmte dicht an die Elefanten heran; und eröffneten das Feuer auf die mit Truppen gefüllten Howdahs, die sie trugen. In kurzer Zeit wurden die meisten von ihnen und die Fahrer getötet; und die Elefanten – von denen viele ebenfalls verwundet worden waren – rannten in den Dschungel, während die Infanterie zurück in die Palisaden floh, in die den ganzen Tag lang Granaten und Raketen abgefeuert wurden.

Am nächsten Morgen, dem 1. April, waren die Mörserbatterien fertiggestellt; und diese und andere, die mit leichten Kanonen bewaffnet waren, hielten ein ununterbrochenes Feuer auf das Lager des Feindes aufrecht. Bei Tagesanbruch des 2. eröffneten auch die schweren Geschütze der durchbrechenden Batterien das Feuer, und schon nach kurzer Zeit konnte man sehen, wie der Feind im hinteren Teil seiner Werke ausströmte und in den Dschungel vordrang. Da man nicht ahnen konnte, dass sie die Palisade so schnell räumen würden, waren keine Vorbereitungen getroffen worden, sie abzuschneiden; und die Garnison konnte daher mit nur geringem Verlust entkommen.

Die Truppen besetzten sofort das Werk und fanden dort große Vorräte an Getreide und Munition sowie eine große Anzahl von Gewehren. Von einigen der verwundeten Burmanen wurde festgestellt, dass die Evakuierung der Festung auf den Tod von Bandoola zurückzuführen war; der durch die Explosion einer Granate getötet worden war, als er die Operationen von einem Aussichtspunkt aus beobachtete, der für ihn auf der Spitze eines hohen Baumes errichtet worden war. Sein Tod hatte in der Garnison die tiefste Depression ausgelöst. Ihre Anführer versuchten vergeblich, ihren Mut wiederzubeleben. Die Eröffnung des Feuers mit den schweren Kanonen vervollständigte ihr Unbehagen und sie flohen, ohne an Widerstand zu denken. Tatsächlich hatte sich der größte Teil in der Nacht davongeschlichen.

Ein Teil der Flotte war unter schwerem Feuer bereits über die Festung hinausgekommen; und der Rest kam jetzt. Die Getreidevorräte wurden erneuert, und da eine Wache zurückgelassen wurde, um die Werke zu bewachen, die nun als Stützpunkt dienen sollten, machte sich die Armee erneut auf den Weg flussaufwärts – die Wassersäule marschierte weiter nach Tharawa, die Landstreitkräfte marschierten zurück nach Henzada und von dort aus Sie wurden in den Booten über den Fluss getragen. Hier schloss sich der Truppe die Reservekolonne aus Rangun an, bestehend aus mehreren Kompanien der Royals und der 28. Eingeborenen-Infanterie, mit einem Nachschub an Elefanten und Kutschvieh, der aus Kalkutta eingetroffen war.

Am 14. wurde Yuadit erneut erreicht. Es gab überhaupt keinen Widerstand; Tatsächlich war das ganze Land verlassen, da die Einwohner von den burmesischen Behörden vertrieben worden waren, sobald der Fall von Donabew bekannt wurde. Als innerhalb von vier Tagen vor Prome zwei einheimische Beamte eintrafen, mit der Mitteilung, dass die Burmesen bereit seien, einen Friedensvertrag abzuschließen. Da jedoch bekannt war, dass Verstärkungen von Ava herabkamen, war klar, dass dies nur ein Vorwand war, um Zeit zu gewinnen; und der General teilte mit, dass er bei seiner Ankunft in Prome bereit sei, Friedensverhandlungen aufzunehmen.

Das Land, durch das die Armee jetzt zog, war sehr schön. In der Ferne auf der linken Seite waren die Berge von Aracan zu sehen; während auf der rechten Seite das Land hügelig, reich bebaut und von Baumgruppen unterbrochen war, mit einem Hintergrund aus der Hügelkette, die in der Nähe des Pegu-Flusses entlanglief. Am 24. waren die acht Meilen entfernten Höhen von Prome sichtbar; und die Flottille war zu sehen, wie sie ein kurzes Stück unterhalb der Stadt vor Anker lag. An diesem Nachmittag kamen Boten heraus, um zu versuchen, den General davon abzuhalten, das Haus zu betreten; Es wurde jedoch eine Antwort geschickt, dass dies ausgeschlossen sei, dass den Bewohnern kein Schaden zustoßen würde und dass der General – sobald er eingetreten sei – bereit sei, alle Personen zu empfangen, die für einen Friedensvertrag geeignet seien.

Einige Stunden vor Tagesanbruch marschierte die Armee vor und befand sich bei Sonnenaufgang in der Nähe der Stadt. Die Position erwies sich als äußerst stark. Jeder Hügel, der den Ort beherrschte, war bis zum Gipfel befestigt. Starke Palisaden verliefen in alle Richtungen, und es war offensichtlich, dass eine große Anzahl von Männern lange Zeit damit beschäftigt gewesen sein musste, den Ort uneinnehmbar zu machen.

Es war jedoch kein Soldat zu finden. Ein Eingeborener des Ortes traf sie bald mit der Nachricht, dass der Gouverneur und seine Truppen den Ort geräumt hatten, mit Ausnahme einer kleinen Gruppe, die die Stadt in Brand setzte. Diese Geschichte wurde durch Rauchkränze bestätigt, die an verschiedenen Stellen aufstiegen.

Die Truppen drängten mit Höchstgeschwindigkeit vorwärts. Als sie die Stadt betraten, stellten sie fest, dass die einheimische Bevölkerung alle zum Verlassen gezwungen worden war, und machten sich mit gestapelten Waffen an die Arbeit, um die Flammen zu löschen. Dies gelang ihnen jedoch erst, als fast die Hälfte der Stadt zerstört war. Glücklicherweise konnte das Feuer unter Kontrolle gebracht werden, bevor es die großen Getreidelager und andere Vorräte der Armee erreichte.

Der Glaube, dass die Verhandlungen nur ein Vorwand gewesen seien, um den Vormarsch der Truppen gegen die Stadt aufzuhalten, bis die erwarteten Verstärkungen eintrafen, wurde von den Eingeborenen bestätigt; die bald aus den Verstecken, in denen sie Zuflucht gesucht hatten, zurückkamen, bis ihre Armee sich zurückzog. Sie sagten, dass, sobald die Nachricht vom Fall Donabews eintraf, die Erhebung neuer Abgaben in allen Teilen Oberburmas angeordnet worden sei; während die gesamte Bevölkerung der Provinz damit beschäftigt war, die Verteidigungsanlagen der bereits sehr stark belagerten Stadt zu verstärken.

Es war eine Enttäuschung für die Truppe, die gehofft hatte, dass die Besetzung von Prome zur Unterwerfung des Hofes von Ava führen würde; und es ihnen ermöglichen, mit Booten den Fluss hinunter zu fahren und einzuschiffen, bevor die Regenzeit wieder einsetzte. Dennoch war die Aussicht, diese Jahreszeit in Prome zu verbringen, weitaus angenehmer, als wenn sie in Rangun verbracht werden müsste. Sie befanden sich nun landeinwärts, jenseits der Stelle, an der es ununterbrochen regnete. Die Stadt lag auf einer Anhöhe und die Umgebung war offen und gesund. Obwohl das Vieh über eine kleine Strecke ringsum vertrieben und die Dörfer zerstört worden waren; Es war sicher, dass fliegende Kolonnen vor Beginn der Regenzeit jede Menge Vieh einbringen könnten.

Für kurze Zeit glaubte man, dass die Besetzung von Prome dem König und dem Hof zeigen würde, dass es sinnlos sei, den Kampf noch länger fortzusetzen; Diese Hoffnungen wurden jedoch zerstreut, als bekannt wurde, dass eine weitere Aushebung von 30.000 Mann einberufen worden war. Das Gericht war sich jedoch offenbar darüber im Klaren, dass seinen Befehlen nicht mehr mit der zuvor geäußerten Schnelligkeit Folge geleistet werden würde. Die ersten Soldaten waren dem Ruf freudig gefolgt; Sie glaubten an ihre Unbesiegbarkeit und waren zuversichtlich, dass sie mit Beute beladen nach Hause zurückkehren würden, nachdem sie die kühnen Fremden ohne Schwierigkeiten ins Meer getrieben hatten. Die Dinge hatten sich jedoch nicht so entwickelt. Die Truppen, die Ava in Hochstimmung verlassen hatten, waren unter sehr schweren Verlusten in die Flucht geschlagen worden. Ihr großer General Bandoola war getötet worden; und Flüchtlinge der Armee wurden über das Land verstreut und berichteten von der außergewöhnlichen Kampfkraft dieser weißen Feinde und von der

Hoffnungslosigkeit, ihnen Widerstand zu leisten. Die Folge war, dass bei der Erteilung des Befehls für die neue Abgabe jedem Mann, der dem Aufruf Folge leistete, ein Kopfgeld von zwanzig Pfund ausgesetzt wurde, was für die Burmanen eine sehr große Summe war.

Der erste Schritt seitens des britischen Generals bestand darin, Proklamationen durch das Land zu schicken; Gewährleistung des Schutzes für alle und Einladung der Bevölkerung zur Rückkehr in ihre Städte und Dörfer. Die Truppen waren damit beschäftigt, mit Hilfe so vieler einheimischer Arbeitskräfte, wie beschafft werden konnte, bequeme Hütten außerhalb der Stadt zu errichten; so dass die Eingeborenen bei ihrer Rückkehr ihre Häuser unbewohnt und unberührt vorfinden würden. Es dauerte nicht lange, bis diese ausgezeichnete Politik ihre Wirkung zeigte. Sobald diejenigen, die zuerst zurückgekehrt waren, die Nachricht an ihre Freunde weitergaben, kamen die Flüchtlinge in großer Zahl aus ihren Verstecken in den Wäldern hervor und kehrten in die Stadt zurück. Diejenigen, deren Häuser noch standen, ließen sich darin nieder und gingen ihren gewöhnlichen Beschäftigungen nach, gerade als ob ihre einheimischen Herrscher noch immer an der Macht wären; während diejenigen, deren Häuser niedergebrannt waren, mit der für ihre Rasse charakteristischen Fröhlichkeit daran arbeiteten, ihre hellen Holzhäuser wieder aufzubauen.

Die im ganzen Land verbreiteten Berichte über unser Verhalten waren so positiv, dass die Bevölkerung von Prome in kurzer Zeit erheblich größer war als vor dem Vormarsch unserer Armee. Ähnliche Ergebnisse zeigten sich schnell im gesamten Bezirk unterhalb der Stadt. Aus dem großen Wald, der mehr als die Hälfte davon bedeckte, strömten die Dorfbewohner herbei und trieben Viehherden vor sich her, und innerhalb von zwei oder drei Monaten füllte sich das Land, das wie eine Wüste aussah, mit einer fleißigen Bevölkerung. Die Ordnung wurde hergestellt. Die örtlichen Zivilbeamten wurden wieder auf ihre früheren Posten berufen, ihre Befugnisse zur Unterdrückung und Einschüchterung wurden jedoch aufgehoben, indem angeordnet wurde, dass bis zur Einleitung des Verfahrens keine Strafe über eine kurze Freiheitsstrafe hinaus gegen irgendjemanden verhängt werden dürfe vor den britischen Behörden; und bald war die einzige Angst der Menschen im reichen Bezirk des unteren Irrawaddy, dass die britischen Truppen abmarschieren und sie erneut der Unterdrückung und Tyrannei ihrer früheren Herren überlassen würden.

Die Märkte von Prome waren reichlich mit Nahrungsmitteln aller Art versorgt, und da für alles großzügig bezahlt wurde, konnte man jede Menge Ochsen erwerben, obwohl es den Burmesen aufgrund ihrer Religion verboten ist, Rinder zu töten, und sie sie daher nur zu Zugzwecken halten. sie hatten nichts dagegen, dass wir sie töteten; oder tatsächlich, das Fleisch zu essen, wenn sie es bekommen konnten. Arbeitskräfte aller Art gab es in

Hülle und Fülle, und eine große Anzahl von Kanus wurde gebaut, um Vorräte aus den Dörfern am Fluss zu holen und die Truppe am Ende der Regenzeit voranzubringen. Bis es ernst wurde, marschierten kleine Truppenteile durch die Wälder; Sie vertrieben die Banden, die sie befallen hatten, und plünderten und töteten die Landbevölkerung gnadenlos.

Die Adjutanten des Generals hatten viel zu tun, da sie ständig damit beschäftigt waren, Befehle in die Städte und Dörfer zu übermitteln, Beschwerden anzuhören und, in Stanleys Fall, Vereinbarungen über den Kauf von Vieh und Getreide abzuschließen. In Prome verbrachte er einen Großteil seiner Freizeit mit seinem Cousin, der, nachdem er sich ein Pferd gekauft hatte, häufig die Erlaubnis erhielt, ihn auf seinen Dienstausflügen zu begleiten. Zwischen ihnen war eine herzliche Freundschaft entstanden. Harry war zwei Jahre älter als Stanley und war bis zu seinem Eintritt in die Armee in Eton gewesen. Er war jedoch in gewisser Weise nicht älter als sein Cousin; dessen Arbeit ihn in den drei Jahren vor Kriegsausbruch ernster und männlicher gemacht hatte, als es ein Leben unter Jungen seines Alters hätte tun können.

Meinik begleitete Stanley immer, wohin er auch ging. Zu dessen stiller Belustigung hatte er nun sein burmesisches Kostüm geändert; Dadurch sah es aus wie das einiger Weißer, und tatsächlich wäre er in seinem weißen Nankeen-Anzug ohne Aufsehen als einer der goa-portugiesischen Kasinokellner durchgegangen. Beim Reiten oder bei Diensten außerhalb des Hauptquartiers trug er einen Anzug aus robustem braunem Khaki, den er von einem der Händler in Rangun erhalten hatte. Der Mantel unterschied sich kaum von dem Anzug, den Stanley ihm gegeben hatte; außer dass es etwas kürzer und ohne den kleinen Schulterumhang war und tatsächlich der modernen Regimentstunika sehr ähnelte. Unten trug er Kniehosen aus dem gleichen Material; mit Kitten oder langen Stoffbändern, die immer wieder um das Bein gewickelt waren und viele Vorteile gegenüber Gamaschen hatten. Er klammerte sich immer noch an den Turban, aber dieser war nicht weiß, sondern hatte die gleiche Farbe wie seine Kleidung und war viel größer als der burmesische Turban.

„Burmesen sind große Narren", sagte er oft zu Stanley. „Sie denken, dass sie viel wissen; sie wissen überhaupt nichts. Sie denken, dass sie große Kämpfer sind; sie sind nicht gut im Kämpfen, denn ein Engländer schlägt zehn von ihnen. Ihre Regierung ist nicht gut – sie hält alle sehr arm und …" elend. Du kommst hierher; du weißt nichts über das Land, und dennoch machst du es allen bequem. Wir reiten durch die Dörfer; wir sehen alle froh darüber, dass sie von den Engländern regiert werden, und hoffen, dass die Engländer nie wieder verschwinden werden.

„Was denken Sie, Herr – werden Sie für immer hier bleiben? Sie hatten große Mühe, das Land einzunehmen. Sehr viele Menschen waren krank, sehr viele sind gestorben. Jetzt haben Sie es, warum sollten Sie wieder weggehen? ?"

„Es ist ganz sicher, dass wir nicht alles aufgeben werden, Meinik. Es war, wie du sagst, eine mühsame und sehr teure Angelegenheit; und je weiter der König uns zwingt, hinaufzugehen, bevor er Frieden schließt, desto mehr wird er werden zahlen müssen, entweder in Geld oder mit Territorium. Natürlich kann ich nicht sagen, wie die Bedingungen des Friedens aussehen werden; aber ich denke, dass wir das Land mit großer Wahrscheinlichkeit vom Meer bis hierher halten werden, mit Aracan und anderen Streifen entlang der Küste von Tenasserim.

„Das wird gut", sagte Meinik. „Ich werde das englische Land nie wieder verlassen. Es wird viel zu tun geben und einen tollen Handel auf dem Fluss; alle werden glücklich und zufrieden sein. Ich wäre ein Narr, wenn ich nach Oberburma zurückkehren würde, wo sie hacken würden." Ich wüsste nicht, dass ich in Rangun war, als die Engländer dort waren.

Kapitel 12
Harry entführt.

Anfang September wurde Stanley geschickt, um in einigen Dörfern am Fuße der Hügel Vieh zu kaufen und glcichzeitig Nachforschungen über die Bewegungen einer großen Bande von Plünderern anzustellen, die in dieser Gegend Raubzüge unternommen hatten. Er hatte vier Leibwächter bei sich. Harry Brooke begleitete ihn. Aufgrund der gesünderen Lage in Prome kam die Zahl der Krankheiten während der Regenzeit zwar nicht annähernd an die in Rangun heran, doch viele Männer lagen im Krankenhaus und es gab viele Todesfälle. Harry hatte einen heftigen Fieberanfall erlitten und da er sich inzwischen einigermaßen erholt hatte, empfahl ihm der Sanitätsoffizier seines Regiments dringend, eine Veränderung vorzunehmen; und daher erhielt er ohne Schwierigkeiten die Erlaubnis seines Obersten, Stanley zu begleiten, da das Gelände viel höher sein würde als das am Fluss, und die bloße Tatsache, aus einem Lager wegzukommen, in dem jeden Tag so viele Todesfälle stattfanden, würde dies schon allein tun , von großem Wert sein.

Stanleys tägliche Reisen dürften nicht lange dauern, da er die Anweisung hatte, in allen Dörfern anzuhalten; und um zu sehen, wie die Dinge liefen und ob die Menschen irgendwelche Beschwerden über die Unterdrückung und Erpressung durch ihre örtlichen Behörden haben würden.

„Es ist eine enorme Anziehungskraft, dass du die Sprache sprechen kannst, Stanley", sagte Harry. „Wenn das nicht gewesen wäre, wärst du wie der Rest von uns in Prome festgefahren. Stattdessen bist du immer unterwegs und siehst so frisch und gesund aus, als wärst du in einer Bergstation Indien."

„Ja, es war in jeder Hinsicht ein großer Vorteil für mich. Ohne das hätte ich natürlich nie meine Anstellung als Mitarbeiter bekommen."

„Übrigens habe ich Ihnen nicht gesagt, dass, während Sie unter dem Fieber litten, das Amtsblatt herauskam, das die Bestätigung meiner Ernennung durch den General und die Bekanntmachung meiner Beauftragung enthielt, die auf den Tag meiner Ernennung datiert war. Ich hatte eine ziemliche Pauschalsumme zu beziehen, obwohl ich die ganze Zeit über als Dolmetscher bezahlt wurde und der Zahlmeister Schwierigkeiten mit meiner Bezahlung als Subalternant hatte, bis ich regelmäßig ins Amtsblatt aufgenommen wurde; ich habe also eine ziemlich große Summe vor mir Mein Gehalt und meine Zulagen. Ich weiß nicht, wie du zu Bargeld stehst, aber wenn du überhaupt knapp bei Kasse bist, kann ich dir alles geben, was du willst."

„Ich habe wirklich mehr, als ich zu tun weiß, Stanley. Wie Sie wissen, habe ich vor sechs Wochen ein ungewöhnlich gutes einheimisches Pferd gekauft, und ich werde es jetzt zum ersten Mal reiten, aber das ist es wirklich Fast der erste Penny, den ich ausgegeben habe, seit wir Rangun verlassen haben. Außer Essen gibt es hier nichts zu kaufen, und das ist natürlich eine Sauerei. Ich hatte die Vorstellung, dass dies ein reiches Land sei, aber bisher hat man es gesehen nichts in der Art von edlem Kleidungsmaterial, oder Tüchern, oder Teppichen oder Schmuck, den man als Geschenk nach Hause schicken könnte. Nun, in Indien war ich immer in Versuchung; aber hier ist es sicherlich eher das Nützliche als das Zierliche, das sich tritt das Auge."

„Ich habe bei Ava ein paar schöne Dinge gesehen, aber natürlich sind alle Oberschichten abgehauen, als wir das Land hinaufkamen; und die Händler für edle Waren taten dasselbe. Willst du einen Diener mitnehmen, Harry? „Ich glaube nicht, dass dazu Anlass besteht, denn Meinik kann sich gut um uns beide kümmern.“

„Ja, ich denke darüber nach, meinen Einheimischen mitzunehmen, den Mann, den ich gleich nach meiner Ankunft eingestellt habe. Er ist ein sehr guter Kerl und hat sich sehr nützlich gemacht, während ich krank war. Ich habe mir gestern ein Tattoo für ihn holen lassen ein paar Rupien. Ich weiß, dass Ihr Mann für uns beide sehr gut geeignet wäre, aber manchmal, wenn Sie ein Dorf zu Ihrem Hauptquartier machen und von dort aus reiten, um andere zu besuchen, fühle ich mich vielleicht nicht gut genug, um mit Ihnen zu gehen; und dann würde er es tun Das ist sehr praktisch, denn er hat viele Wörter Englisch gelernt. Ihr Mann kommt also sehr gut zurecht.“

„Ja, es dauerte einige Zeit, bis er anfing, denn natürlich hatte er keinen Anlass dazu; aber jetzt, da er sich für etwas entschieden hat, das er als englische Tracht ansieht, ist er zu dem Entschluss gekommen, dass er sich nie wieder darin niederlassen wird Da er eine burmesische Regierung ist, hat er sich sehr bemüht, die Sprache zu erlernen. Ich empfand es zunächst als ziemlich lästig, als ich ihm nicht in seiner eigenen Sprache sagen musste, was gewünscht wurde, sondern es ihm auf Englisch sagen und es dann übersetzen musste Es ist für ihn. Mittlerweile versteht er aber schon einiges, und wenn er nichts anderes zu tun hat, unterhält er sich mit den Soldaten. Da er so viel mit mir herumgeritten ist, kennt man ihn natürlich inzwischen ziemlich gut; und da er ein gutmütiger, fröhlicher Kerl ist, fühlt er sich bei ihnen wohl, und wenn der Feldzug noch sechs Monate dauert, denke ich, dass er sehr gutes Englisch sprechen wird.“

„Ich schätze, Sie müssen sich dazu entschließen, dass er dauerhaft bleibt, Stanley. Ich bin sicher, dass er die Absicht hat, Ihnen zu folgen, wohin Sie auch gehen; ob nach England, Indien oder irgendwo anders.“

„Das wird mir nicht leid tun, Harry, schon gar nicht, solange ich hier draußen bin. Erstens ist er wirklich ein sehr geschickter Kerl und bereit, sich in jeder Hinsicht nützlich zu machen Es besteht kein Zweifel daran, dass er sehr an mir hängt und für mich durch Feuer und Wasser gehen würde. Ein Mann dieser Art ist für jeden von unschätzbarem Wert, der so herumschlägt wie ich, wenn der Krieg vorbei ist und ich wieder mit dem Handel beginne. Sein Einziger Fehler ist, dass er wirklich zu sehr darauf bedacht ist, Dinge für mich zu erledigen. Natürlich kann er nicht viel tun, wenn ich im Dienst bin, aber wenn ich in einem Zimmer sitze, hockt er stundenlang in der Ecke und schaut zu Ich. Wenn meine Zigarre zur Neige geht, ist er sofort mit einem frischen und einem Feuer da. Wenn ich mein Taschentuch oder einen Stift fallen lasse, ist er da, bevor ich Zeit habe, mich zu bücken. Manchmal habe ich wirklich Zeit Besorgungen zu erfinden, um ihn weiterzuschicken, um ihm etwas zu geben, das er für mich tun kann. Ich gestehe, dass ich nicht darüber nachgedacht habe, welche Position er einnehmen würde, wenn ich handeln würde; aber ich bin mir völlig darüber im Klaren, dass er mit mir gehen wird, und das auch Er würde ein Teil meines Establishments werden, selbst wenn dieses Establishment nur aus ihm selbst bestünde.

„Wirst du bereit sein, um vier Uhr morgens aufzubrechen? Die Sonne ist jetzt, an den Tagen zwischen den Regenfällen, enorm heiß; auf jeden Fall wird es für dich viel besser sein, in der Kühle zu reisen, bis du wieder zu Kräften kommst." des Morgens oder des Abends.

„Ich werde bereit sein. Zu dieser Stunde werde ich mit meinem Diener hier sein. Übrigens, was soll ich mitbringen?"

„Überhaupt nichts. Ich werde ein paar Hühner und etwas Brot und Kaffee und Zucker und eine Flasche Brandy für den Notfall mitnehmen; aber wir werden keine Schwierigkeiten haben, in den Dörfern Essen zu bekommen. Die Soldaten werden nur ihre Tagesrationen mitnehmen mit ihnen. Danach bin ich immer als Messe-Caterer tätig und berechne die Kosten, wenn ich zurückkomme."

Dementsprechend ging es am nächsten Morgen um vier Uhr los. Stanley bestand darauf, dass Harry vorerst sein zweites Pferd reiten sollte; denn sein eigenes Kind war, nachdem es sechs Wochen lang keinen Sport getrieben und sich sehr viel besser ernährt hatte, als es gewohnt war, viel zu gut gelaunt, als dass es für einen Kranken angenehm gewesen wäre. Meinik nahm daher Harrys; und dieser ritt neben seinem Cousin, dessen Pferd reichlich Bewegung gehabt hatte, und begnügte sich damit, ruhig an der Seite seines Begleiters zu galoppieren.

Am Ende der zehn Tage hatte Harry einen Teil seiner Kräfte wiedererlangt. Sie erreichten nun ein Dorf, das Stanley für einige Tage als Hauptquartier nutzen wollte, während er innerhalb eines Tagesritts Ausflüge zu anderen Orten unternahm. Es war ein guter Ort für einen Zwischenstopp; Stand wie in einer gewissen Höhe auf den Hügeln, wo die Luft nachts viel kühler war als im Flachland. Es war von einer etwa 100 Acres großen Lichtung umgeben; bepflanzt mit Kakaobäumen, Pfeffer und vielen Gemüsesorten.

„Das ist herrlich!" Sagte Harry, als sie vor der für sie geräumten Hütte saßen und über die Ebene blickten. „Hier muss es zwanzig Grad kühler sein als in Prome. Ich glaube, ich werde morgen nichts tun, Stanley, sondern einfach hier sitzen und mich amüsieren. Ich weiß, dass es sehr faul ist, denn ich fühle mich wieder ganz bei mir; immer noch.", nach zehn Tagen Reiten denke ich, dass es angenehm sein wird, einen Tag Ruhe zu haben."

„Tu es auf jeden Fall", sagte Stanley. „Ich denke, Sie sollten die drei Tage, die wir bleiben, besser hier bleiben. Ihr Mann ist ein sehr guter Koch, und an Essen mangelt es nicht. Die Hühner, die wir gerade hatten, waren ausgezeichnet, und die Leute haben versprochen, sie mitzubringen Morgen etwas Wild. Es gibt auch viele Schlangen; und ich kann Ihnen versichern, dass man viel verliert, wenn man die Nase darüber rümpft. Sie sind genauso gut wie Aale, wie Meinik sie kocht – gedünstet mit einem Eine Zimtstange und ein paar scharfe Paprikaschoten. Ich kann mir nicht vorstellen, dass sie etwas unangenehmer zu essen sind als Aale; tatsächlich könnte der Aal, soweit man weiß, am Tag, bevor er gefangen wurde, einen Ertrunkenen gefressen haben; während die Schlangen nur etwa einmal in der Woche eine Mahlzeit zu sich nehmen, und dann auch nur einen kleinen Vogel.

„Ich wage zu behaupten, dass Sie völlig Recht haben, Stanley, und ich gebe zu, dass die Gerichte, die Ihr Mann zubereitet, verlockend aussehen; aber ich kann mich nicht dazu durchringen, es zu versuchen, jedenfalls solange ich etwas anderes zu essen bekomme. Wenn ich es wüsste ob es sich um eine Schlange handelte oder nichts, ich würde es versuchen; aber bis dahin bleibe ich lieber bei Vögeln und Tieren.

Am nächsten Morgen ritt Stanley mit zwei seiner Eskorten und Meinik los, der es überhaupt ablehnte, zurückgelassen zu werden.

„Nein, Meister", sagte er, „es lässt sich nie sagen, wann Sie mich brauchen könnten; und was sollte ich mir jemals sagen, wenn Ihnen Unglück widerfahren würde und ich nicht da wäre?"

Stanley hatte einen langen Arbeitstag vor sich. In der Regel hatten die Dorfbewohner wenig zu beanstanden, aber an dem Ort, den er dieses Mal aufsuchte, hatte sich der Häuptling wie in alten Zeiten verhalten; und Stanley musste sich eine lange Reihe von Beschwerden im Namen der Dorfbewohner anhören. Der Fall wurde vollständig bewiesen, sowohl hinsichtlich der Erpressung als auch der Misshandlung. Stanley entzog dem Mann sofort sein Amt und forderte die Dorfbewohner auf, sich zu versammeln und einen anderen an seiner Stelle zu wählen.

„Wenn Sie nicht zufrieden sind", sagte er zu dem Kerl, „können Sie nach Prome gehen und sich dort an den General wenden; aber ich warne Sie, dass Sie in diesem Fall den Dorfbewohnern Ihre Absicht mitteilen müssen, damit …" Sie können, wenn sie möchten, zwei oder drei von ihnen schicken, um die Aussage, die sie mir gegeben haben, zu wiederholen. Ich habe dies vollständig notiert und kann Ihnen sagen, dass der General, wenn er es liest, dies viel wahrscheinlicher tun wird Ihnen eine ordentliche Auspeitschung anzuordnen, als Sie wieder in Ihr Amt einzusetzen.

Es war Abenddämmerung, als Stanley nur noch zwei Meilen von dem Dorf entfernt ankam, in dem er Harry zurückgelassen hatte. Meinik, der direkt hinter ihm ritt, brachte sein Pferd nebenher.

„Sehen Sie das, Sir? Da ist ein Licht am Himmel. Es ist direkt über dem Dorf. Ich fürchte, dort brennt ein Feuer."

„Du hast recht, Meinik. Ich hoffe, dass nichts schief gelaufen ist."

Er berührte sein Pferd mit der Ferse und ritt im Galopp weiter. Je näher er dem Dorf kam, desto unruhiger wurde er. Es waren keine aufsteigenden Flammen zu sehen, aber am Himmel lag ein trübes Leuchten. Als er auf die Lichtung ritt, zügelte er bestürzt sein Pferd. Allein eine Anzahl glühender Kohlen markierte die Stelle, an der das Dorf gestanden hatte; und es waren keine Gestalten zu sehen, die sich bewegten.

„Es gab ein Foulspiel, Meinik.

„Machen Sie sich einsatzbereit, Männer", sagte er zu den beiden Soldaten, und sie stürmten im Galopp vorwärts.

Zwei oder drei kleine Gruppen von Menschen saßen in tiefer Niedergeschlagenheit vor den Überresten ihrer Häuser.

"Was ist passiert?" schrie Stanley, als er heranritt.

„Die Räuber waren hier und haben viele getötet und das Dorf niedergebrannt."

"Wo ist mein Freund?"

„Sie haben ihn weggetragen, mein Herr; oder zumindest können wir seine Leiche nicht finden. Sein Diener und einer der Soldaten liegen tot; aber von dem anderen Soldaten und dem Offizier gibt es keine Anzeichen."

"Das ist fürchterlich!" rief Stanley aus. „Erzähl mir genau, wie es passiert ist."

„Es war vor vier Stunden, mein Herr. Die Räuber kamen plötzlich aus der Plantage und fielen über die Menschen her. Viele töteten sie auf einmal; aber viele sind auch wie wir entkommen, indem sie zwischen den Plantagen und so weiter rannten Wir hörten eine Weile Gewehrfeuer, dann war es still und wir wussten, dass die Räuber die Häuser durchsuchten. Eine halbe Stunde später stieg an vielen Stellen Rauch auf, dann Flammen, dann nach einer Weile Alles war still. Ein Junge schlich sich zwischen die Büsche und kam mit der Nachricht zurück, dass sie alle verschwunden seien.

„Dann kamen wir wieder heraus. Dreiundzwanzig unserer Leute waren getötet und acht verschleppt worden; zumindest können wir die Leichen nicht finden. Der weiße Offizier und einer seiner Soldaten sind ebenfalls verschwunden."

„In welche Richtung sind sie gegangen?"

„Die Spuren zeigen, dass sie den Hügel hinaufgegangen sind. Höchstwahrscheinlich sind sie nach Toungoo gegangen, wenn sie überhaupt in eine Stadt gegangen sind; aber wir glauben tatsächlich, dass sie die Gefangenen mitgenommen haben, um eine Belohnung für sie zu bekommen."

Stanley hatte sich beim Heranreiten vom Pferd gestürzt; und er stand einige Zeit da und lehnte sich schweigend dagegen. Dann sagte er zu Meinik:

„Stellen Sie die Pferde auf und kommen Sie dann vorbei, um mit mir zu reden."

Dann wandte er sich an die beiden Soldaten:

„Es gibt jetzt nichts zu tun", sagte er. „Sie sollten sich besser umschauen und sehen, was Sie an Nahrung finden können; und dann ein Grab für Ihren Kameraden ausheben lassen und ein weiteres für Mr. Brookes Diener."

Die beiden mahommedanischen Soldaten salutierten und führten ihre Pferde weg. Nachdem Meinik die Tiere aufgepfercht hatte, kehrte er zu Stanley zurück, aber als er sah, dass dieser auf und ab ging und offensichtlich nicht in der Lage war, etwas zu sagen, ging er weg.

In der Nähe der Hütten liefen viele Vögel verwirrt umher. Als die Räuberbande eintraf, waren sie wie üblich unterwegs gewesen, um in den Plantagen und Feldern nach Nahrung zu suchen, und als sie in der Abenddämmerung nach Hause zurückkehrten, hatten sie festgestellt, dass sich alles verändert hatte. Ein Junge fing und tötete sofort zwei davon, rupfte sie und brachte sie zu Meinik, der etwas Glut aus den Feuern holte, die Hühner in zwei Teile schnitt und sie zum Braten anrichtete. Ein paar Minuten reichten aus, um sie zu kochen. Sobald sie fertig waren, brachte Meinik sie zu Stanley.

„Sie müssen essen, Meister", sagte er. „Seit wir heute Morgen angefangen haben, hast du nichts gehabt; und Kummer allein ist ein schlechtes

Abendessen. Du wirst etwas tun wollen, das weiß ich, und dafür wirst du deine ganze Kraft brauchen."

„Du hast recht, Meinik. Ja, gib mir eins davon und nimm das andere selbst und während wir essen, können wir uns unterhalten. Natürlich muss ich mich bemühen, meinen Cousin aus den Händen dieser Bande zu retten." "

„Ja, Meister, ich wusste, dass du das tun würdest."

„Hast du gefragt, wie viele es davon gibt, Meinik?"

„Manche sagen vierzig, manche sagen sechzig."

„Wenn wir wüssten, wo sie jetzt sind, und an sie herankommen könnten, könnten wir es vielleicht schaffen, sie herauszuholen, während die Räuber schliefen."

Meinik schüttelte den Kopf.

„Sie werden einen weißen Offizier mit Sicherheit streng bewachen", sagte er; „Aber wenn wir hineinstürmten und brüllten und Pistolen abfeuerten, könnten sie alle weglaufen."

„Ich fürchte nicht, Meinik. Es könnte für eine Minute einen Schrecken geben, aber als sie sahen, dass wir nur zu zweit waren, würden sie sich umdrehen und uns töten. Deine Leute sind mutig genug. Sie könnten das Gefühl haben, dass sie nicht dagegenhalten können." unsere Truppen, dank unserer Disziplin; aber sie kämpfen tapfer im Nahkampf. Allerdings wissen wir nicht genau, welchen Weg sie gegangen sind; und es wäre aussichtslos, im Wald nach ihnen zu suchen, während es dunkel ist.

„Warum sollten sie nach Toungoo gehen?"

„Ich habe darüber nachgedacht, Meister; und es scheint mir, dass viele von ihnen dorthin oder in die umliegenden Dörfer gehören. Sie wagen es möglicherweise nicht, in ihre Häuser zurückzukehren, weil sie Angst haben, dass sie dafür bestraft werden, dass sie gegangen sind Sie würden sicherlich wieder dorthin geschickt werden. Nun denken sie vielleicht, dass sie belohnt werden, wenn sie mit einem weißen Offizier und Soldaten zurückkehren und die Geschichte erzählen, dass sie viele Engländer geschlagen haben; und vielleicht sogar Sie könnten einige Zeit in ihren Häusern bleiben, bevor sie weggeschickt werden; oder es könnte ihnen befohlen werden, mit ihren Gefangenen nach Ava zu marschieren, wo sie noch mehr Belohnung erhalten würden. Ich kann keinen anderen Grund für die Entführung des Offiziers erkennen. "

„Ich halte das für sehr wahrscheinlich, Meinik. Wie auch immer, es ist wahrscheinlicher, dass wir meinen Cousin in Toungoo retten, als wir es auf der Straße tun sollten. Es wäre nahezu unmöglich, sie zwischen all den

Hügeln und Bäumen zu finden." Selbst wenn wir nachts auf sie stoßen und uns mitten hineinschleichen könnten, könnten wir feststellen, dass mein Cousin zu schwer verwundet ist, um zu reisen, denn da es einen Kampf gab, ist es fast sicher, dass er schon einmal verwundet worden sein muss Er wurde gefangen genommen. Deshalb halte ich es für das Beste, direkt nach Toungoo zu gehen.

„Wie viele Meilen sind es Ihrer Meinung nach von hier?"

Meinik ging zu den Eingeborenen und stellte die Frage. „Ungefähr fünfundvierzig Meilen, sagen sie; sehr schlechtes Reisen; alle Berge, aber zehn Meilen nördlich führt eine Straße direkt dorthin."

„Dann sollten wir dem besser folgen, Meinik. In diesem zerstörten Land und Wald sollten wir uns ständig verirren."

„Wie wollen Sie gehen, Meister? Zu Pferd oder zu Fuß?"

„Wir werden so weit wie möglich zu Pferd gehen; derzeit ist es unwahrscheinlich, dass wir auf der Straße unterwegs unterwegs sind. Eine andere Sache ist, dass sie, wenn wir die Pferde so nah wie möglich an die Stadt bringen könnten, sehr zufrieden wären Nützlich, denn wenn Mr. Brooke schwer verwundet wurde, kann er möglicherweise nicht weit gehen.

„Sie wissen nicht, ob das Land in der Nähe der Stadt offen ist oder ob die Wälder nahe daran liegen?"

Die Eingeborenen wurden erneut angesprochen.

„Es ist dort ein reiches Land, sagen sie, und gut kultiviert, fünf bis sechs Meilen rund um die Stadt."

„Ich werde gleich hingehen und mit ihnen reden. Es wird natürlich notwendig sein, dass ich mich wieder verkleide."

Meinik nickte.

„Ja, das müssen Sie tun, Meister."

„Glauben Sie, dass wir von hier aus zwei oder drei Männer mitnehmen können?"

„Wenn Sie sie bezahlen, Meister, werden sie zweifellos bereit sein zu gehen. Sie sind mit den weißen Herrschern sehr zufrieden. Sie stellen fest, dass sie nicht unterdrückt werden und alles bezahlt ist; und dass die weißen Offiziere sie freundlich und freundlich behandeln Nun ja, sie haben in dieser Angelegenheit heute viel verloren und wären froh, ein wenig Geld zu verdienen.

„Wie viele möchten Sie haben?"

„Vier oder fünf, Meinik. Ich weiß im Moment nicht genau, was sie tun könnten; aber sie könnten helfen, Feuer zu machen und Wache zu halten, während wir etwas tun. Auf jeden Fall könnten sie es nützlich sein.

„Natürlich werde ich den Soldaten auch herausholen, wenn ich kann. Sehr wahrscheinlich werden sie zusammen eingesperrt sein, und wenn wir einen retten, können wir natürlich auch den anderen retten.“

„Jetzt muss ich etwas schreiben. Besorg mir eine Taschenlampe, und ich werde es tun, während du mit den Eingeborenen sprichst.“

Stanley hatte beim Herumreiten immer ein Notizbuch sowie Stift und Tinte dabei, um Aussagen und Beschwerden aufzuschreiben. Er setzte sich nun hin und schrieb einen Bericht darüber, was während seiner Abwesenheit geschehen war.

„Wir hatten vorher keine Nachricht von der Existenz der Bande“, fuhr er fort, „und die Eingeborenen selbst hatten sicherlich keine Angst vor einem bevorstehenden Angriff. Hätte ich gedacht, dass es das geringste Risiko gäbe, hätte ich es nicht gemacht.“ Das Dorf ist mein Hauptquartier; oder ich habe Mr. Brooke dort zurückgelassen, nur mit seinem Diener und zwei Soldaten. Ich bedauere die Angelegenheit zutiefst und bin im Begriff, mit meinem Mann nach Toungoo aufzubrechen. Ich werde natürlich hineingehen Ich werde mich verkleiden und alle Anstrengungen unternehmen, um meinen Cousin zu befreien.

„Ich vertraue darauf, General, dass Sie mir zu diesem Zweck die Erlaubnis erteilen werden. Ich kann natürlich nicht sagen, wie lange es dauern wird, aber wie lange auch immer, ich werde durchhalten, bis ich erfahre, dass mein Cousin tot ist, oder bis Ich selbst bin getötet worden. Ich vertraue darauf, dass ich keine Pflichtverletzung begehe, wenn ich sofort anfange und davon ausgehe, dass Sie mir Erlaubnis gewähren. Aber wenn ja, und Sie haben das Gefühl, dass Sie es unter den gegebenen Umständen nicht können Sie werden beauftragt, einem Offizier die Erlaubnis zu erteilen, aus privaten Gründen abwesend zu sein. Ich füge einen formellen Rücktritt von meinem Auftrag bei und erkläre, warum ich mich gezwungen fühle, selbst in Gegenwart des Feindes zu versuchen, meinen Cousin aus der Bande zu retten hat ihn entführt. Jedenfalls kann man nicht sagen, dass ich zurückgetreten bin, um der Gefahr zu entgehen.

„Ich habe vor zwei Tagen von einem der Eingeborenen hier einen Bericht über meine bisherigen Vorgänge abgeschickt und habe nun die Ehre, die Notizen beizufügen, die ich heute über meine Nachforschungen zum Verhalten des Häuptlings von Pilboora gemacht habe , und meine Gründe, ihn seines Amtes zu entziehen. Ich werde die beiden Soldaten meiner Eskorte hier zurücklassen, mit dem Befehl, zu bleiben, bis ich entweder zurückkomme oder sie Anweisungen von Prome erhalten. Ich nehme einige der Dorfbewohner mit. Sollte Wenn mir in Toungoo etwas einfällt, werden sie den Soldaten die Nachricht zurückbringen, und ich werde ihnen die Anweisung hinterlassen, sie Ihnen sofort zu überbringen. Wenn ich herausfinde, dass Mr. Brooke nach Ava geschickt wurde, werde ich das tun Natürlich folgen Sie ihm und bemühen sich, seine Rettung auf der Straße herbeizuführen.

„Da es möglich ist, General, dass ich keine weitere Gelegenheit habe, Ihnen für die vielen Freundlichkeiten zu danken, die Sie mir erwiesen haben, gestatten Sie mir, dies jetzt von ganzem Herzen zu tun."

Als Stanley den Brief beendet und das Papier verfasst hatte, in dem er seinen Rücktritt darlegte und seine Gründe dafür darlegte, rief er Meinik zu sich.

„Nun, Meinik, hast du Männer gefunden, die bereit sind, mit uns zu gehen?"

„Ja, Meister, ich habe fünf Männer; zwei von ihnen kennen Toungoo gut. Alle sind stämmige Kerle. Ich habe ihnen die Bedingungen angeboten, die Sie erwähnt haben – fünfzig Unzen Silber für jeden Mann, wenn es Ihnen mit ihrer Hilfe bei der Rettung gelingt Sie freuten sich über das Angebot, das es ihnen ermöglichen würde, alles zu ersetzen, was sie verloren hatten.

„Ich habe ihnen natürlich gesagt, dass sie kämpfen müssten, wenn es notwendig wäre, und dass viele ihrer Landsleute als Waffenlascars und in anderen Berufen bei den Engländern rekrutiert wurden und es auch tun Natürlich würden sie angesichts der Angriffe ihrer Landsleute nur das tun, wozu andere bereit waren.

„Sie sagten, dass sie bereit genug seien zu kämpfen. Ihr seid jetzt die Regierung, und ihr seid eine gute Regierung, und sie würden für euch kämpfen, und außerdem war es ihre Pflicht, als der Offizier aus ihrem Dorf entführt wurde Helfen Sie ihm, ihn zurückzubekommen.

„Einer von ihnen sagte: ‚Diese Männer, die uns angegriffen haben, sind burmesische Soldaten. Da sie uns angreifen, gibt es keinen Grund, warum wir sie nicht angreifen sollten.'

„Deshalb denke ich, Herr, dass Sie auf sie zählen können. Die Burmesen haben schon immer gern gekämpft, weil Kämpfen Beute bedeutet. Die Truppen wollen nicht mehr kämpfen, weil sie keine Beute bekommen, und zwar in großer Zahl werden getötet. Aber jetzt, da die Dorfbewohner gezwungen wurden, gegen ihren Willen in den Krieg zu ziehen, und von burmesischen Soldaten geplündert und viele getötet wurden, sind sie durchaus bereit, Partei für Sie zu ergreifen. Drei von ihnen hatten Frauen oder Kinder getötet, heute; und das macht sie voller Kampf."

„Nun, du sagst ihnen besser, sie sollen sofort Essen für zwei oder drei Tage kochen. Um vier Uhr sollen sie durch den Wald zu der Straße aufbrechen, von der du gesprochen hast. Wir werden zur gleichen Zeit aufbrechen , zu Pferd; aber wir müssen einen Umweg machen, damit sie vor uns auf der Straße sind. Wenn sie dort ankommen, sagen Sie ihnen, sie sollen anhalten, bis wir heraufkommen.

„Ja, Meister. Es ist gut, dass ich gestern auf Ihrem zweiten Pferd geritten bin und nicht auf Mr. Brookes Tier.“

„Ja, er ist viel mehr wert als der andere, Meinik, und es hätte mir auf jeden Fall leidgetan, ihn zu verlieren.“

„Einer der Männer, die mit uns gehen, sagt, dass er von den Ruinen eines alten Tempels weiß, acht oder neun Meilen diesseits von Toungoo, und dass dies ein guter Ort für uns wäre, unsere Pferde abzustellen. Es ist sehr, sehr alt; einer von denen, die von den Menschen erbaut wurden, die in dem Land lebten, bevor wir dorthin kamen, und die Burmanen gehen nicht gern in seine Nähe; damit wir dort keine Angst haben müssen, gestört zu werden. Sogar diese Männer tun es Es war nicht so, als würde ich dorthin gehen; aber ich sagte ihnen, dass dort, wo weiße Männer seien, keine bösen Geister kommen würden.

„Es ist ziemlich weit weg, Meinik; aber wie du sagst, das Land ist kultiviert, für eine Strecke rund um die Stadt werden wir unsere Pferde sicherlich etwa sechs oder sieben Meilen entfernt zurücklassen müssen; und zwei oder drei Meilen werden keinen großen Unterschied machen . Dort können wir uns verkleiden.

„Du solltest besser ein paar Jungs mitnehmen, die sich während unserer Abwesenheit um die Pferde kümmern.“

„Sie würden dort nachts nicht schlafen“, sagte Meinik zweifelnd. „Ich glaube auch nicht, dass die Männer es tun würden, wenn du nicht da wärst.“

„Das würde keine Rolle spielen, Meinik, wenn, wie du sagst, keine Angst davor besteht, dass noch jemand dorthin geht.“

„Sicherlich wird niemand sonst nachts dorthin gehen, Meister.“

„Jedenfalls, wenn Sie zwei Jungen mitnehmen können, können wir sie genauso gut mitnehmen. Sie könnten tagsüber dorthin gehen und die Pferde füttern und tränken und nachts in einiger Entfernung schlafen.“

Meinik fand zwei sechzehnjährige Jungen, die sagten, sie würden mit ihnen gehen, und zur vereinbarten Stunde machten sich Stanley und Meinik auf den Weg zu Pferd. Sie stiegen den Hügel hinunter zur Ebene an seinem Fuß, bogen nach rechts ab und ritten etwa zehn oder zwölf Meilen weit; Als sie auf die Straße stießen und dieser in gemächlichem Tempo folgten, stießen sie im Laufe einer weiteren Stunde auf die Gruppe von Dorfbewohnern, die am Straßenrand saßen.

Die Sonne ging gerade auf und sie reisten drei Stunden lang, ohne jemanden zu treffen; Dann zogen sie in den Wald, an einer Stelle, wo ein kleiner Bach die Straße kreuzte, und nachdem sie eine Mahlzeit gegessen und die Pferde gut gefüttert hatten, legten sie sich schlafen, bis die Hitze des Tages nachließ – die Eingeborenen, die alle mit Speeren und Schwertern bewaffnet waren und abwechselnd Wache hielten.

Um vier Uhr machten sie sich wieder auf den Weg und um zehn näherten sie sich der Stelle, wo tief im Wald der Tempel lag. Der Mann, der seine Position kannte , erklärte jedoch, dass er es nachts nicht finden konnte. Stanley zweifelte nicht daran, dass er wirklich Angst davor hatte, dorthin zu gehen, aber da er sie nicht gegen ihren Willen unter Druck setzen wollte, sagte er nachlässig, dass es keinen Unterschied machte, ob sie dort oder in der Nähe der Straße anhielten und ein Feuer ausbrach angezündet, sie biwakierten darum herum.

Meinik hatte die nötigen Farbstoffe in einem Dorf besorgt, und Stanley war erneut fleckig und mit Tätowierungsspuren übersät, wie zuvor.

„Was soll ich mit deinen Haaren machen, Meister?" er hat gefragt. „Es wird niemals genügen, wenn du so gehst."

Stanley hatte an diesen Punkt nicht gedacht und war eine Zeit lang völlig ratlos. Sein eigenes Haar war jetzt kurz und konnte unmöglich hochgesteckt werden.

„Das Einzige, was ich sehen kann", sagte er nach einer langen Pause, „ist, dass Sie und die Männer jeweils eine Haarsträhne von Ihrem Kopf abschneiden, wo sie nicht sichtbar ist. Die sechs Locken würden es tun." Seien Sie weit, aber ich sehe nicht, wie Sie es unter dem Turban befestigen sollen.

„Es gibt Beeren, aus denen wir Wachs gewinnen können", sagte Meinik. „Wir kochen sie in Wasser, und das Wachs schwimmt oben. Damit, Meister, könnten wir die Haare zwischen deinen befestigen, damit sie gut aussehen."

Die Männer hatten alle über den Vorschlag gelacht, waren aber bereitwillig bereit, sich von einem Teil ihrer Haare zu trennen. Meinik machte sich daher daran, Stanleys kurze Ernte schwarz zu färben, und als Erstes am Morgen gingen die Jungen hinaus und kehrten bald mit einer Menge Beeren zurück. Etwas Wasser wurde in einen Tontopf darüber gegossen und über das Feuer gestellt, und innerhalb einer halben Stunde sammelte sich eine dicke Ölschicht auf der Oberfläche. Meinik schöpfte es so schnell ab, wie es sich gebildet hatte, und als es abkühlte, verfestigte es sich zu einer zähen Masse, die ein wenig an Schusterwachs erinnerte. Die sechs Haarsträhnen waren bereits abgeschnitten, und die Enden waren mit dem Wachs bestrichen und zwischen Stanleys eigenem Haar eingearbeitet worden; Dann wurde etwas von dem heißen Wachs eingerieben, und alle Männer erklärten, dass niemand etwas Besonderes an seinem Aussehen bemerken würde. Die langen Locken waren oben auf dem Kopf rundherum gelockt und mit einem Ring aus Musselin umwickelt. Die Burmanen waren äußerst amüsiert über die Veränderung, die Stanleys Aussehen bewirkt hatte; und folgte ihm durch den Wald zum Tempel, ohne Anzeichen von Nervosität.

Die Ruinen waren weitläufig. Ein beträchtlicher Teil des Gebäudes war in der Art einiger Hindu-Tempel aus einem steilen Felsen gehauen worden; und es war offensichtlich, dass es das Werk eines Volkes gewesen war, das enger mit der indischen Rasse verbunden war als mit dem tatarischen oder chinesischen Volk, aus dem die Burmesen hervorgingen. An den Wänden waren unhöfliche Figuren gemeißelt. Die Burmesen blickten diese mit einiger Ehrfurcht an, aber als Stanley über sie lachte und scherzte, kehrten sie bald wieder zu ihrem gewohnten Verhalten zurück.

„Ich habe viel mehr Angst vor Tigern als vor Geistern", sagte Stanley; „Ein verlassener Ort wie dieser ist genau der Ort, an dem sie sich wahrscheinlich aufhalten würden. Wenn diese Höhlen jedenfalls nicht weiter in den Hügel hineinreichen – und es gibt keine Anzeichen dafür –, dann könnte es so sein." Ich hoffe, dass die Tiger auch ihren Aberglauben haben. Auf jeden Fall wird es eine gute Sache sein, eine große Menge Brennholz am Eingang zu stapeln; und ich denke, einer von euch sollte besser hier bleiben, bei den Jungs. Sie und die Pferde wären hier, wenn ein Feuer brennt, viel sicherer als im Wald, wo sich jeden Moment ein Tiger über sie stürzen könnte. Was diese Torheit über Geister angeht, so ist das nur Geschwätz alter Frauen. "

Die Burmesen redeten untereinander und einer der Männer stimmte schließlich zu, bei den Jungen zu bleiben. Eine Stunde wurde damit verbracht, einen Haufen Reisig und Baumstämme zusammenzutragen, und der Mann sagte, dass er und die beiden Jungen im Laufe des Tages noch viel mehr sammeln würden. Um vier Uhr sollten sie die Pferde zum eine Meile entfernten Fluss hinunterbringen und sie satt trinken lassen. Sie hatten einen großen Sack Getreide mitgebracht, den die Männer getragen hatten, eine Menge Kochbananen und einige Hühner. Daher wäre die verbleibende Partei gut versorgt.

Darüber hinaus waren beim Sammeln des Holzes Dutzende Schlangen getötet worden. Einiges davon und ein Hühnchen hatten sie während der Arbeit gekocht und sobald es gegessen war, machten sie sich auf den Weg in die Stadt. Als sie bis auf eine Meile herankamen, betrat Stanley eine Plantage mit Obstbäumen, und Meinik und die vier Männer gingen weiter.

Zwei Stunden später kehrten sie mit der Nachricht zurück, dass am Vortag eine Gruppe von zehn Männern mit zwei Gefangenen in der Stadt eingetroffen sei. Einer, ein Farbiger, konnte laufen. Der andere, ein Weißer, war auf einer Sänfte hereingetragen worden. Sie waren beide im Gefängnis untergebracht.

Zu diesem Zeitpunkt hatte das Verhalten der Engländer gegenüber den Eingeborenen in Rangun und dem von ihnen besetzten Gebiet eine positive Wirkung gehabt. Bezeichnenderweise hatten die Burmesen durch ihre Niederlage ihren individuellen Hass auf die Fremden verloren. Sie wussten, dass ihre Verwundeten und Gefangenen stets freundlich behandelt wurden, und obwohl der Hof von Ava nach wie vor arrogant und bigott blieb, hatten die Menschen in Unterburma gelernt, ihre Eindringlinge zu respektieren, und die wenigen Gefangenen, die sie gemacht hatten, erhielten viel bessere Behandlung als diejenigen, die zu Beginn des Krieges gefangen genommen worden waren.

Sobald es dämmerte, ging Stanley mit Meinik in die Stadt. Es handelte sich um einen Ort von beträchtlicher Größe, dessen Gebäude mindestens denen in Prome entsprachen. Toungoo war Teil des Königreichs Pegu, bevor es von den Burmesen unterworfen wurde. Die eigentümliche und charakteristische Gesichtskontur des letzteren war hier viel weniger deutlich ausgeprägt und fehlte in vielen Fällen ganz; Daher hatte Stanley das Gefühl, dass er selbst bei Tageslicht vorbeigehen würde, ohne Aufmerksamkeit zu erregen.

Das Gefängnis war von einem starken und hohen Bambuszaun umgeben, und in dem von diesem umschlossenen Raum befanden sich acht oder zehn Wohnungen in üblicher Holzbauweise. Ein Dutzend bewaffneter Männer saßen an einem Feuer im Hof, und zwei Wachposten lehnten achtlos am Tor.

„Mit zwei Strickleitern sollte es kein Problem sein, dorthin zu gelangen – eine zum Hochklettern und eine zum Absteigen auf der anderen Seite", sagte Stanley. „Sie können sicher sein, dass die meisten Wärter nachts schlafen gehen. Das erste, was man herausfinden muss, ist, in welchem Haus die Gefangenen festgehalten werden, und zweitens, wie es meinem Cousin geht. Wir können nichts tun, bis er kann eine kurze Strecke laufen.

„Lasst uns auf die andere Seite der Umzäunung gehen. Es kann sein, dass ein Wachposten an ihrer Tür postiert ist."

Als sie auf die andere Seite kamen und durch die Spalten zwischen den Bambusbüschen blickten, konnten sie zwei Gestalten erkennen, die an der

Tür eines der Häuser hockten; und hatte keinen Zweifel daran, dass dies der Fall war, in dem Harry Brooke eingesperrt war.

„Also, Meinik, als Erstes gehst du los und kaufst ein Seil. Wenn es ganz ruhig wird, machen wir eine Schleife und werfen es über die Palisade hinter der Hütte; dann werde ich hinaufklettern und Lass mich hineingehen und krieche dann zur Hütte hinauf und schaue, was dort vor sich geht. Wenn mein Cousin allein ist, werde ich versuchen, mit ihm zu sprechen; aber natürlich kann es sowohl drinnen als auch draußen einen Wachmann geben Tür. Wenn er sehr krank ist, wird es wahrscheinlich Licht geben.

„Lass mich gehen, Meister!"

„Nein, Meinik, ich gehe lieber selbst. Ich werde beurteilen können, wie es ihm geht, wenn ich ihn zu Gesicht bekomme."

Kapitel 13
Vorbereitung einer Rettung.

Stanley blieb, wo er war, bis Meinik eine halbe Stunde später mit dem Seil zurückkam. Stanley machte an einem Ende eine Schleife; und verknotete es dann im Abstand von etwa einem Fuß, damit er leichter darauf klettern konnte. Dann warteten sie, bis das Wachfeuer niedergebrannt war, und die meisten Männer gingen in eine Hütte ein paar Meter entfernt, nur drei blieben übrig und unterhielten sich vor dem Feuer. Dann ging Stanley auf die andere Seite der Palisade, wählte einen Platz direkt hinter der Hütte, wo die Wachen postiert waren, und warf das Seil hoch. Es brauchte viele Versuche, bis die Schlaufe an der Spitze eines Bambusses hängenblieb. Sobald dies geschehen war, kletterte er hinauf.

Er empfand die Lage als äußerst unangenehm. Die Bambusstämme waren alle so abgeschnitten, dass jeder von ihnen in drei Stacheln endete, und es war so unmöglich, diese zu überqueren, dass er das Seil erneut hinunterrutschen musste. Als er Meinik erzählte, was los sei, zog dieser sofort sein Gewand aus und faltete es zu einer zwei Fuß langen Rolle zusammen.

„Wenn Sie das oben drauf legen, Meister, können Sie überqueren.“

Diesmal hatte Stanley kaum Schwierigkeiten. Als er oben angekommen war, legte er die Rolle auf die Bambusstäbe; und konnte sich darauf erheben und dort sitzen, während er das Seil hochzog und es nach innen fallen ließ. Als er abstieg, begann er sofort zur Hütte zu kriechen. Wie er vor dem Aufstieg gesehen hatte, brannte drinnen Licht und das Fenster befand sich auf der Rückseite des Hauses. Dies war nur etwa zwanzig Meter von der Palisade entfernt, und als er sie erreichte, stand er auf und blickte vorsichtig hinein.

Der indische Soldat saß schlafend auf einem Stuhl, ohne seine Tunika. Ein Arm war verbunden und ein blutbeflecktes Tuch um seinen Kopf gewickelt. Auf einer Bambuspalette, über die ein dunkler Teppich geworfen war, befand sich eine weitere Gestalt. Die Lampe an der Wand gab ein zu schwaches Licht ab, als dass Stanley hätte erkennen können, ob es sich bei der dort liegenden Gestalt um Harry handelte, aber er hatte keinen Zweifel daran, dass es so war.

Mit leiser Stimme sagte er auf Hindustani: „Wach auf, Mann!“

Der Soldat bewegte sich ein wenig. Stanley wiederholte die Worte etwas lauter, und der Soldat sprang auf und blickte sich verwirrt um.

„Komm ans Fenster“, sagte Stanley. „Ich bin es, Ihr Offizier.“

Der Blick des Mannes richtete sich auf das Fenster, doch überrascht, dass er
– wie er vermutete – anstelle des Offiziers einen burmesischen Bauern sah,
stand er zögernd da.

„Komm schon", sagte Stanley. „Ich bin Leutnant Brooke."

Der Soldat erkannte die Stimme, richtete sich auf, salutierte militärisch und
trat dann ans Fenster.

„Ich bin gekommen", sagte Stanley, „um zu versuchen, Leutnant Brooke und
Sie selbst zu retten. Ich habe einige Freunde ohne. Wie geht es ihm?"

„Er ist sehr krank, Sir. Er ist schwer verwundet und bewusstlos. Manchmal
liegt er stundenlang, ohne sich zu bewegen; manchmal spricht er mit sich
selbst, aber da ich die Sprache nicht verstehe, weiß ich nicht, was er sagt; aber
manchmal weiß er ganz sicher ruft dich an. Er benutzt deinen Namen oft.

„Ich tue für ihn, was ich kann, aber es ist sehr wenig. Ich bade seine Stirn mit
Wasser und gieße es zwischen seine Lippen. Natürlich kann er nichts essen,
aber ich behalte das Wasser, in dem mein Reis gekocht ist, und wenn es…
ist cool, gib ihm etwas zu trinken. Da ist etwas Kraft drin."

„Dann kann derzeit nichts getan werden", sagte Stanley. „Morgen Abend
bringe ich etwas Obst mit. Du kannst den Saft einiger Limetten in etwas
Wasser auspressen und ihm geben. Es gibt nichts Besseres gegen Fieber.
Sobald es ihm wieder gut genug geht, können wir ihn durch die Palisaden
bringen." , wir werden eine Sänfte für ihn bereithalten und ihn wegtragen;
aber bis dahin kann nichts unternommen werden.

„Wie werden Sie behandelt?"

„Sie geben mir reichlich Reis, Sahib, und es steht mir frei, tagsüber in den
Hof zu gehen, und da ich jetzt weiß, dass du in der Nähe bist, muss ich keine
Angst mehr haben. Ich habe erwartet, dass sie mich schicken würden." nach
Ava, wo sie mich zweifellos töten würden; aber ich habe am meisten gedacht,
dass er mit Sicherheit sterben würde, wenn sie mich von hier wegschicken
würden und niemand da wäre, der sich um den Sahib kümmerte.

In diesem Moment spürte Stanley, wie eine Hand grob auf seine Schulter
gelegt wurde. Er drehte sich um, schlug mit aller Kraft zu, mitten ins Gesicht
eines Mannes, und er fiel wie ein Baumstamm.

„Wenn sie Sie fragen, wer hier war", sagte er hastig zu dem Soldaten, „sagen
Sie, dass Sie nicht wissen, wer es war. Ein Burmese kam und sprach mit
Ihnen, aber Sie dachten natürlich, dass er einer der Wachen war."

Dann rannte er zum Seil, kletterte hinauf und als er drüber war, zog er es
hoch und warf es Meinik hinab – da er dachte, dass es schwierig sein könnte,

es vom Bambus abzuschütteln – dann ließ er sich auf den fallen Boden und riss das Pad mit sich herunter.

„Hast du ihn getötet, Meister?" fragte Meinik, als sie davon eilten. „Ich schaute durch das Fenster und sah, wie du drinnen mit jemandem redest; dann sah ich, wie plötzlich ein Mann ins Licht kam und seine Hand auf dich legte, und sah, wie du dich umdrehtest, und er fiel, ohne dass ein Laut zu hören war."

„Es besteht keine Angst, dass er getötet wird, Meinik. Ich habe ihn einfach hart geschlagen, und er ist, daran habe ich keinen Zweifel, fassungslos zu Boden gegangen. Es ist bedauerlich, aber auch wenn sie eine Zeit lang zusätzliche Wachen aufstellen werden, denke ich, dass sie das nicht tun werden." Glauben Sie der Geschichte des Mannes oder nehmen Sie zumindest an, dass es nur einer von den Wächtern war, der, da er nicht schlafen konnte, dort umherwanderte und von hinten in die Hütte schaute. Das Schlimmste ist, dass ich Angst habe, dass dort Es besteht keine Chance, dass ich meinem Cousin morgen Abend ein paar Limetten und anderes Obst bringen kann, wie ich es versprochen hatte. Er ist sehr krank und völlig bewusstlos.

„Das ist sehr schlimm, Meister. Ich werde morgen versuchen, ihn mit etwas Obst zu versorgen. Wenn sie mich nicht hineinlassen, werde ich vor den Toren Wache halten und ihn beiseite nehmen, wenn einer der Wächter herauskommt; und ich habe keinen Zweifel daran, dass er gegen ein kleines Bestechungsgeld die Früchte hereinbringen und sie dem Soldaten geben wird. Ich wundere mich, dass sie sie in diese Hütte mit dem Fenster nach hinten gesteckt haben.

„Ich glaube nicht, dass sie das getan hätten, wenn mein Cousin nicht so krank gewesen wäre, dass offensichtlich war, dass er für einige Zeit keinen Fluchtversuch unternehmen konnte."

Sie schlossen sich den Dorfbewohnern außerhalb der Stadt an und kehrten zum Tempel zurück, als sie ihnen sagten, dass es in dieser Nacht nichts zu tun gäbe. Sie fanden den Mann und die beiden Jungen, die an einem großen Feuer saßen, aber vor Angst zitterten.

"Was ist los?" fragte Stanley.

„Die Geister haben draußen alle möglichen Geräusche gemacht, und am Ende der Höhle, in der Nähe der Pferde, gibt es noch andere Geräusche."

Stanley nahm eine Marke und ging zu ihnen. Sie aßen beide schweigend ihr Getreide.

„Nun, Sie sehen, die Pferde haben keine Angst. Sie können also sicher sein, dass die Geräusche, die Sie gehört haben, nichts Unnatürliches an ihnen waren. Wie waren sie?“

Die Frage wurde nicht beantwortet, denn in diesem Moment war über ihnen ein Geräusch zu hören, das einem lauten, tiefen Seufzer ähnelte. Die Eingeborenen machten sich auf den Rückweg; und sogar Stanley fühlte sich für einen Moment unwohl.

„Es ist nur der Wind“, sagte er. „Dort oben muss es eine Öffnung geben, und der Wind macht darin ein Geräusch, genau wie in einem Schornstein. Wir werden morgen früh alles darüber sehen.“

„Nun zu den Geräuschen draußen.“

„Sie haben geweint“, sagte der Mann.

„Puh! Es müssen Tiger oder Leoparden gewesen sein, oder vielleicht auch nur Wildkatzen. Zweifellos haben sie dich und die Pferde gerochen, hatten aber zu große Angst vor dem Feuer, um näher zu kommen. Du musst Tiger oft genug gehört haben, um es zu wissen ihre Schreie.

„Ich dachte selbst, dass es Tiger seien“, sagte der Mann ziemlich beschämt, „aber die Jungen sagten, sie seien sicher, dass sie es nicht seien; und ich selbst war mir nicht sicher, auf die eine oder andere Weise.“

Stanley setzte sich ans Feuer und teilte den Männern die genaue Position der Gefangenen mit. und sagte, dass er befürchte, dass es vorerst völlig unmöglich sein würde, Harry herauszuholen.

„Ich würde alles dafür geben, ihn hier zu haben“, sagte er; „Aber es wäre unmöglich, ihn über die Palisade zu bringen.“

„Wir könnten es durchbrechen, Meister“, sagte Meinik. „Mit einer scharfen Säge könnten wir in einer Stunde ein Loch schneiden, das groß genug ist, um seinen Müll herauszutragen. Das Einzige ist, dass wir sein Bett nicht durch das Fenster bekommen konnten.“

„Wir könnten das überwinden, indem wir eine schmale Sänfte machen“, sagte Stanley, „und ihn aus dem Bett darauf heben. Die Schwierigkeit wäre, was wir mit ihm machen sollten, wenn wir ihn herausholten? Wie wir ihn über eine beliebige Distanz tragen konnten.“ , in seinem jetzigen Zustand käme das nicht in Frage; außerdem werden die Wachen sicherlich noch einige Zeit wachsam sein. Ich denke, dass der beste Plan für Sie alle wäre, morgen in Ihr Dorf zurückzukehren und die … zu übernehmen Pferde mit euch, und dass einer von euch jeden zweiten Tag vorbeikommt, um Befehle einzuholen. Dann gäbe es für niemanden die Gelegenheit, auf die Pferde aufzupassen. Sie werden uns im Moment sicherlich nichts nützen, denn das wird der Fall sein Wochen bevor mein Cousin stark genug ist, um zu reiten.

„Meinik und ich werden unsere Unterkunft nahe am Waldrand beziehen, denn das erspart uns jeden Tag etwa vier bis fünf Meilen Fußweg. Als erstes am Morgen sollst du mit mir gehen und einen Platz auswählen; damit ihr beide wisst, wo ihr uns findet. Zwei von euch haben Äxte, und wir werden einen Unterschlupf in einem Baum bauen; damit wir ohne Angst vor Tigern schlafen können, wenn wir dort hinausgehen, obwohl ich das so sagen darf Wir werden in der Regel in der Nähe der Stadt schlafen, an den Tagen, an denen Sie uns treffen, wird jedoch immer der eine oder andere von uns mittags vor Ort sein.

„Wenn ich darüber nachdenke, können zwei von euch vorerst auch im Tierheim bleiben, während die anderen drei und die beiden Jungen nach Hause gehen. Dann wird es keinen Anlass mehr geben, die lange Reise so oft auf sich zu nehmen. Wenn wir Holen Sie doch meinen Cousin raus, wir müssen eine Zeit lang hier oder im Wald unsere Wohnung beziehen, bis es ihm wieder gut genug geht, um die Reise zu überstehen.

Am Morgen untersuchte Stanley die Decke der Höhle genau, konnte aber keine Öffnung entdecken, die den Lärm erklären könnte, den er gehört hatte. Er hatte jedoch keinen Zweifel daran, dass es irgendwo einen gab. Er ließ einen Mann mit den beiden Jungen zurück, der für die Pferde verantwortlich war, und ging mit den anderen, bis sie sich dem Waldrand näherten . Sie hielten sich eine halbe Meile lang in den Bäumen auf, damit die Leute, die auf der Straße unterwegs waren, kein Feuer sehen konnten, das sie anzündeten. Die Männer hielten diese Vorsichtsmaßnahme für unnötig, da sie erklärten, dass nach Einbruch der Dunkelheit niemand mehr wagen würde, daran vorbeizugehen; teils aufgrund der Angst vor Tigern, teils aufgrund der Nähe des Tempels.

Ein geeigneter Baum wurde bald darauf befestigt; und die Burmesen, die nun in ihrem Element waren, bestiegen ihn, indem sie Pflöcke im Abstand von zwei Fuß voneinander einschlugen. Als sie zwischen den hohen Ästen angekommen waren, schnitten sie alle kleinen Äste ab, die im Weg waren, und schnitten beim Abstieg eine Reihe von Stangen und viele Längen zäher Schlingpflanzen ab und errichteten damit eine Plattform zwischen den höheren Ästen; und darauf errichtete man eine Art Laube, die ausreichend Platz für vier oder fünf liegende Personen bot. Diese Laube würde selbst von Suchenden kaum bemerkt werden; da es größtenteils durch das Laubwerk darunter verborgen war. Stanley sagte zu Meinik, dass sie besser ein Seil für eine Leiter kaufen und die Pflöcke herausnehmen sollten; denn diese könnten die Aufmerksamkeit eines Passanten auf sich ziehen und ihn dazu veranlassen, eine genauere Suche nach oben durchzuführen.

Sobald die Arbeit beendet war, gingen zwei der Männer zum Tempel zurück, um sich mit ihrem Begleiter, den Jungen und den Pferden sofort auf den Heimweg zu machen. Stanley hatte seine Pistolen, die beiden Pferdedecken und andere Dinge mitgebracht, die nützlich sein könnten, und als diese oben verstaut waren, machte er sich mit Meinik und den beiden Männern auf den Weg in die Stadt. Er blieb wie zuvor ein kurzes Stück draußen stehen. Gerade als es dämmerte, kamen die Männer mit dem Seil, das Meinik gekauft hatte, und einem Vorrat an Lebensmitteln zurück. Mit diesen wurden sie zum Tierheim geschickt und Stanley betrat die Stadt, wo er Meinik traf.

„Ich habe die Früchte eingeschickt", sagte dieser. „Ich hatte keine Schwierigkeiten damit. Ich erzählte dem ersten Soldaten, der herauskam, nachdem ich es gekauft hatte, dass ich aus dem Dorf käme, in dem der weiße Offizier von den Banditen gefangen genommen worden war. Er war sehr freundlich zu uns allen gewesen und Da wir wussten, dass er schwer verwundet worden war, war ich herübergekommen, um etwas Obst für ihn zu holen; aber ich musste feststellen, dass sie mich am Tor nicht hineinlassen wollten. Ich sagte, ich würde ihm eine Unze Silber geben, wenn Er würde die Sachen für mich dem Gefangenen übergeben.

„Er sagte sofort, dass er es tun würde. Er hatte gehört, dass die Weißen ihre verwundeten Gefangenen immer sehr gut behandelten und dass es keine Schwierigkeiten geben würde, da es an der Rückseite der Hütte ein Fenster gab, durch das man hindurchgehen konnte Er log, und er konnte dort problemlos Dinge weitergeben, ohne dass es jemand bemerkte. Wenn der Gefangene, wie gesagt, ein guter Mann war, war es nur richtig, dass ihm geholfen wurde.

„Ich habe ihm gesagt, dass ich auf ihn aufpassen solle und vielleicht möchte, dass er das Gleiche an einem anderen Tag tut. Ich denke, dass er ein ehrlicher Kerl war und die Früchte vielleicht weitergegeben hätte, auch ohne eine Belohnung. Trotzdem sind es alle." Ich bin froh, etwas Geld zu verdienen.

„Er erzählte mir, dass letzte Nacht etwas Seltsames passiert sei. Einer seiner Kameraden hatte erklärt, er habe einen Riesen gefunden, der am Fenster stand, wo der Gefangene war. Er legte seine Hand auf ihn, als er vom Blitz niedergeschlagen wurde . Niemand hätte seiner Geschichte geglaubt, wenn ihm nicht die Nase gebrochen worden wäre. Der andere Gefangene war befragt worden, aber da er kein Burmesisch verstand, konnten sie nichts von ihm lernen. Zwei Wärter waren es, künftig , sowohl an der Rückseite als auch an der Vorderseite des Hauses zu platzieren."

„Dieser Teil des Geschäfts ist schlecht, Meinik."

„Ich wage zu behaupten, dass wir sie bestechen können, Meister. Sie können sicher sein, dass die meisten von ihnen darauf erpicht sind, in ihre eigenen

Dörfer zurückzukehren, und dass sie uns für ein paar Unzen Silber gerne helfen würden, und." Dann konnten sie fliehen und zu ihren Häusern gehen. Der Mann, den ich heute sah, könnte mit ihm jemanden unter ihnen finden, der bereit wäre, dies zu tun; vor allem, wenn ihre Häuser zufällig auf der anderen Seite der Hügel lägen, und das würde dann der Fall sein Es besteht keine Chance, dass sie von ihrem Häuptling gefangen genommen und wieder zurückgeschickt werden. Der Wachposten müsste uns nur mitteilen, an welcher Nacht er dafür sorgen würde, dass sie beide gemeinsam hinter der Hütte Wache halten; dann sollten wir dazu in der Lage sein schaffe es gut.

„Das wäre ein Kapitalplan, Meinik, wenn er arrangiert werden könnte.

„Nun, es ist ein großer Trost zu wissen, dass die Früchte sicher angekommen sind. Vor allem die Limetten werden meinem Cousin eine große Hilfe sein. Wenn Sie den Mann das nächste Mal sehen, müssen Sie versuchen, ihn dazu zu bringen, herauszufinden, wie es ihm geht." es geht voran."

Vierzehn Tage lang blieb Stanley im Wald. Meinik traf den Soldaten jeden zweiten Tag, schickte Obst und hörte am Ende der zehn Tage, dass der Gefangene wieder zu sich gekommen sei. Es hieß, sobald es ihm wieder gut genug ginge, um sich zu bewegen, solle er nach Ava geschickt werden.

„Jetzt sollten Sie besser anfangen, den Mann zu befragen, ob er bereit ist, ihm bei der Flucht zu helfen."

„Daran habe ich kaum Zweifel, Meister, denn ich habe bereits erfahren, dass sein Zuhause auf der anderen Seite der Hügel liegt. Er ging mit Bandoola hinunter und kehrte nach seiner Niederlage mit einer Reihe anderer zurück und reiste das Ufer hinauf des Pegu-Flusses. Wenn sie ihren Militärchef nicht bei sich gehabt hätten, wären sie direkt nach Hause aufgebrochen. Aber sie wurden hierher marschiert und sind seitdem in der Stadt im Dienst. Er hat gehört, wie gut es ihnen ging Die Menschen befinden sich auf der anderen Seite der Hügel, unter englischer Herrschaft; ich bin mir also sicher, dass er gerne fliehen wird, wenn er eine Chance sieht, davonzukommen."

„Das ist gut. Lassen Sie ihn zunächst wissen, dass der andere englische Offizier, der mit dem, den sie gefangen genommen hatten, im Dorf war, gesagt hatte, dass er bereit wäre, jeden gut zu bezahlen, der ihm bei der Flucht helfen würde. Wenn er sagt, dass er es gerne tun würde, wenn er auch entkommen könnte, und ihm sagen würde, dass ein Mann nicht von Nutzen sein würde, aber wenn er einen anderen dazu bringen könnte, sich ihm anzuschließen, so dass sie beide gemeinsam hinter dem Haus Wache halten könnten, es ließe sich bewerkstelligen.

„Aber sagen Sie, dass ich zunächst selbst mit dem weißen Offizier sprechen und genau erfahren muss, wie es ihm geht und ob er eine Reise bis zu diesem Baum oder zum Tempel – was auch immer wir wählen mögen – ertragen kann Am besten. Wenn ich ihn gesehen habe, werde ich nach den anderen Männern aus dem Dorf schicken. Ich habe es nicht eilig, ihn wegzuholen, denn je länger er schweigt, desto besser. Aber der Gouverneur kann jederzeit entscheiden, dass er es tut Er ist so weit genesen, dass er transportiert werden kann, und schickt ihn möglicherweise unter einer starken Eskorte nach Ava. Obwohl wir den Transport so lange wie möglich aufschieben werden, dürfen wir daher nicht das Risiko eingehen, dass er weggeschickt wird."

Vier Tage später sagte Meinik, der Mann habe mit einem anderen vereinbart, sich ihm anzuschließen, und beide würden an diesem Abend zwischen neun und Mitternacht hinter der Hütte Dienst leisten. Dementsprechend traf Stanley um zehn Uhr mit Meinik und den beiden Dorfbewohnern an der Palisade ein. Meinik hatte darauf bestanden, ihn zur Hütte zu begleiten.

„Ich glaube, dass man diesem Mann vertrauen kann, Herr; ich bin mir tatsächlich sicher, dass er es ist, aber den zweiten Mann kenne ich nicht. Möglicherweise hat er so getan, als würde er das Angebot annehmen, nur mit der Absicht, seinen Kameraden zu verraten und Ehre zu erlangen." und Belohnung dafür, dass du die Flucht des weißen Mannes verhindert hast. Deshalb muss ich bei dir sein, falls du angegriffen wirst. Unsere anderen beiden Männer könnten nützlich sein, um Alarm zu schlagen, falls eine Gruppe geschickt wird, um uns abzuschneiden."

Stanley, der eine Pferdedecke mitgebracht hatte, um sie oben auf die Palisade zu legen, war der Erste, der sich in die Umzäunung fallen ließ. Meinik folgte ihm dicht. Der Wache war nichts darüber gesagt worden, dass der weiße Offizier, von dem Meinik gesprochen hatte, selbst von der Gruppe war; und Stanley hatte seine Pistolen absichtlich zurückgelassen, um nicht in Versuchung zu geraten, sie zu benutzen. Für den Fall eines Angriffs trug er einen Speer und ein langes burmesisches Messer bei sich.

Meinik hatte darum gebeten, als Erster nach vorne gehen zu dürfen, während Stanley am Seil blieb. Er wies darauf hin, dass möglicherweise einige Änderungen vorgenommen worden seien und dass möglicherweise andere Männer als Wachposten eingesetzt worden seien.

„Ich kenne dich, Meister", sagte er; „Wenn du dort ankommst und zwei Fremde findest und sie dich angreifen, würdest du kämpfen; dann würden sie Alarm schlagen und andere würden auftauchen, bevor du die Palisade überqueren könntest. Ich werde mich stehlen. Wenn ich in der Nähe bin, werde ich soll ein Geräusch machen wie das Zischen einer Schlange. Wenn meine Männer beide da sind, werden sie das Geräusch wiederholen. Wenn nicht, und einer nach vorne kommt, um nach der Schlange zu suchen und sie zu töten, werde ich ihn töten, bevor er Zeit dazu hat Einen Laut von sich geben. Wenn der andere beim Geräusch seines Sturzes vorwärts rennt, werde ich ihn ebenfalls töten.

„Wenn kein Alarm gegeben wird, können Sie nach vorne kommen und mit Ihrem Cousin sprechen. Wenn es einen Alarm gibt, müssen Sie das Seil hochklettern. Sie werden nicht wissen, in welche Richtung ich gerannt bin, und ich werde genügend Zeit haben, darüber hinwegzukommen." Palisade und ziehen Sie das Seil hoch; dann werden sie denken, dass die Wachen von einigen ihrer Kameraden getötet wurden.

„Ich hoffe, dass solch ein Unglück nicht passieren wird", sagte Stanley ernst, „denn dann gäbe es überhaupt keine Chance mehr, ihn wegzubekommen. Er würde wahrscheinlich an einen anderen Ort gebracht werden, und unsere einzige Hoffnung wäre, dass wir." könnte ihn auf der Straße retten; was in der Tat eine schwierige Angelegenheit wäre, wenn er, was sicherlich der Fall wäre, mit einer starken Eskorte geschickt würde. Ihr Plan ist jedoch zweifellos der beste, denn wenn ich getötet oder gefangen genommen würde, dann wäre jede Chance auf Rettung vorbei.

Meinik kroch vorwärts und nach ein oder zwei Minuten hörte Stanley ein leises Zischen, gefolgt von zwei weiteren. Als er zurückkam, ging er ein oder zwei Schritte vorwärts, um Meinik zu treffen.

„Es ist in Ordnung, Meister; Sie können furchtlos weitermachen."

Meinik ging mit ihm zum Fenster zurück und postierte sich draußen im Schatten; während Stanley durch den offenen Fensterflügel eintrat, der tatsächlich nur mit einem Fensterladen außen versehen war. Normalerweise wäre es geschlossen gewesen, aber aufgrund der Krankheit des Gefangenen und des starken Wunsches des Gouverneurs, dass er noch leben sollte, um nach Ava geschickt zu werden, war es geöffnet worden, um einen freien Luftdurchgang zu ermöglichen.

Der Soldat sprang von seinem Sofa auf, als Stanley ein leises Geräusch von sich gab, bevor er versuchte einzutreten; aber Stanley sagte auf Hindustani:

„Ruhe! Ich bin es, Mr. Brooke."

Der Soldat starrte zweifelnd auf die dunkle, tätowierte, halbnackte Gestalt.

„Ich bin es, Runkoor, aber ich bin verkleidet. So war ich, als ich vor zwei Wochen durch das Fenster zu dir sprach, aber du konntest meine Gestalt damals nicht sehen."

„Bist du wach, Harry?" fragte er auf Englisch, als er sich der Palette näherte.

„Ja, ich bin wach; zumindest glaube ich das. Bist du es wirklich, Stanley?"

„Ich bin es tatsächlich, Mann", antwortete Stanley, während er die dünnen Hände des Kranken drückte. „Hat Runkoor dir nicht erzählt, dass ich schon einmal hier war?"

Aber Harry war völlig zusammengebrochen. Die Überraschung und die Freude waren zu viel für ihn in seinem schwachen Zustand.

„Natürlich", fuhr Stanley leise fort, „ich wusste, dass er kein Englisch konnte, aber ich dachte, dass er vielleicht Zeichen machen würde."

„Er machte ein Zeichen. Jedes Mal, wenn er mir Früchte gab, sagte er ‚Sahib Brooke', deutete nach draußen und fuchtelte mit den Armen herum; aber ich konnte nicht verstehen, was er meinte. Warum er meine Worte immer wieder wiederholen sollte Jedes Mal, wenn er mir die Frucht gab, war es für mich ein völliges Rätsel. Was die Zeichen anging, die er machte, schien es mir, als wäre er verrückt geworden. Ich war zu schwach, um darüber nachzudenken, also gab ich es Ich machte mir darüber Sorgen; und es kam mir kein einziges Mal in den Sinn, dass du es warst, der mir die Frucht geschickt hat.

„Was für eine schreckliche Figur du bist!"

„Kümmere dich nicht darum, Harry. Ich bin hergekommen, um zu sehen, wie stark du bist. Ich habe die beiden Wachen bestochen, die dahinter stationiert sind."

„Ich kann mich einfach im Bett aufsetzen und mein Essen zu mir nehmen, Stanley, das ist alles. Ich könnte keinen Schritt gehen, um mein Leben zu retten."

„Ich habe nicht erwartet, dass du gehst. Ich möchte wissen, ob du stark genug bist, um ein paar Meilen auf einer Sänfte getragen zu werden. Ich habe fünf Männer aus dem Dorf, in dem wir waren, und sie können die Palisaden dahinter durchbrechen." Ich möchte Ihnen so viel Zeit wie möglich geben, aber ich fürchte, dass der Gouverneur Sie eines Tages herausholen und in einer Sänfte unter starker Eskorte nach Ava schicken wird.

„Ich könnte es ohne Zweifel ertragen, wenn ich weggetragen würde; aber wenn ich es nicht könnte, würde es mir meiner Meinung nach keinen Schaden zufügen, solange meine Wunden nicht wieder aufbrechen. Ich nehme an, das Schlimmste, was mir passieren könnte, wäre das." Ich würde ohnmächtig werden, bevor ich das Ende der Reise erreicht hätte.

„Bist du sicher, alter Mann, dass das kein Traum ist?"

„Ganz sicher; wenn es dir gut genug ginge, würde ich dir eine scharfe Prise geben. Wenn du bereit bist, es zu wagen, werde ich sofort meine Vorbereitungen treffen. Ich muss ins Dorf schicken; aber in drei Tagen werde ich bereit sein und , in der ersten Nacht danach, in der es den Männern gelingt, gemeinsam Wache zu halten, werden wir hier sein. Es kann eine Woche dauern, es kann auch länger sein, aber machen Sie sich auf jeden Fall keine Sorgen, wenn sie Sie plötzlich mitnehmen. Ich werde versuchen, dich irgendwie aus ihren Händen zu befreien.

„Mein lieber Stanley", sagte Harry mit einem schwachen Lachen, „weißt du, dass du deine Chance auf eine Grafschaft verspielst?"

„Sie können davon ausgehen, dass ich das nicht tun werde, wenn Sie den Titel nicht erlangen, alter Kerl; denn wenn Sie untergehen, werde ich es auch tun."

„Jetzt auf Wiedersehen, es wäre fatal, wenn ich hier erwischt würde. Versuchen Sie, so stark wie möglich zu werden, aber lassen Sie sie nicht bemerken, dass Sie das tun."

Ohne Harry Zeit zu geben, zu antworten, drückte Stanley seine Hand und verließ sein Bett. Er hielt eine Minute inne, um den Polizisten über die Fluchtpläne zu informieren, und stieg dann durch das Fenster. Meinik gesellte sich sofort zu ihm, und ohne ein Wort zu sagen, überquerten sie die Palisade, warfen das Seil und die Decken hin und ließen sich hinter ihnen auf den Boden fallen.

Auf dem Weg zurück zu ihrem Baum sagte Stanley den beiden Männern, dass es dem Beamten besser gehe; und dass am nächsten Morgen bei Tagesanbruch einer von ihnen zum Dorf aufbrechen müsse, um seine drei Kameraden abzuholen. Die Jungen sollten auch mit ihm zurückkommen, da sie große Kerle waren und Speere trugen; und könnte, wie Stanley dachte, entweder im Kampf oder beim Tragen von Harry nützlich sein.

Am nächsten Morgen, nachdem der Mann aufgebrochen war, ging Stanley mit Meinik, um den Tempel genauer zu untersuchen als zuvor. Er dachte, dass es ein weitaus besseres Versteck wäre als ihre Hütte im Baum. Es würde sicherlich eine heiße Verfolgung geben, und am nächsten Tag könnten sie entdeckt werden, sei es im Tempel oder im Baum; aber in letzterem wären sie machtlos, sich zu verteidigen, denn die Burmesen würden es mit ihren Äxten in wenigen Minuten niederreißen können; wohingegen im Tempel eine Zeit lang eine starke Verteidigung errichtet werden könnte. Außerdem wäre es in den Felskammern mitten am Tag viel kühler als in der Hütte.

Sein Hauptziel beim Besuch des Tempels war es, eine Kammer mit einem schmalen Eingang zu finden, die von einem halben Dutzend Männern gegen eine Reihe von Feinden gehalten werden konnte; und es war wünschenswert, wenn möglich, einen Raum zu finden, der so gelegen war, dass sie sich im Bedarfsfall in ein anderes Zimmer oder ins Freie zurückziehen konnten. Meinik war so überzeugt von der Macht des weißen Mannes, sogar böse Geister zu bekämpfen, dass er sich mit Stanley dem Tempel näherte, ohne jegliche Nervosität zu verraten. Sie hatten sich mit einigen Fackeln aus harzigem Holz ausgestattet, und Meinik trug ein paar Fackeln von ihrem Feuer.

Die Kammer, in der sie sich zuvor aufgehalten hatten, war offenbar die größte im Tempel, aber es gab noch mehrere andere Öffnungen im Felsen.

„Das ist der Eingang, den wir zuerst ausprobieren werden", sagte Stanley und zeigte auf einen etwa drei Meter über dem Boden. „Sie sehen, es führten einst einige Stufen dorthin. Zweifellos war dort, wo wir stehen, ein Tempel an der Felswand gebaut; und wahrscheinlich führte dieser Eingang in eine der Kammern der Priester."

Um den Zugang zum Eingang zu ermöglichen, war es notwendig, drei oder vier Steinblöcke oben auf die beiden intakten Stufen zu stapeln.

„Lass mich die Fackeln anzünden, bevor du hineingehst", sagte Meinik. „Vielleicht gibt es Schlangen."

„Das ist kaum wahrscheinlich, Meinik. Sehen Sie, die Felswand ist flach gemeißelt, und ich glaube nicht, dass eine Schlange bis zu diesem Eingang klettern könnte."

„Vielleicht nicht, Meister, aber es ist am besten, auf sie vorbereitet zu sein."

Sie zündeten zwei Fackeln an und gingen durch die Tür. Aus einiger Entfernung ertönte ein wütendes Zischen.

„Das ist tatsächlich eine Schlange, Meinik. Ich frage mich, wie sie hierher gekommen ist."

Sie hielten ihre Fackeln über ihre Köpfe und sahen, dass die Kammer etwa vierzehn Fuß breit und zwanzig Fuß lang war. In der linken Ecke lag etwas und darüber bewegte sich ein dunkler Gegenstand hin und her.

„Es ist eine große Boa", sagte Meinik. „Nun, Meister, nehmen Sie die beiden Fackeln in eine Hand und halten Sie Ihr Messer in der anderen bereit. Wenn es sich um Sie windet, schneiden Sie es sofort durch. Dies ist ein guter Ort, um dagegen anzukämpfen, denn hier gibt es nichts damit es seinen Schwanz rund bekommt; und eine Boa kann nicht sehr stark zudrücken, es sei denn, sie tut das."

Stanley, der das Gefühl hatte, dass der Burman in einem Kampf dieser Art vollkommen zu Hause sein würde, obwohl er selbst nichts davon wusste, tat, was ihm gesagt wurde; Entschlossen, einzugreifen, sollte es seinen Anhänger angreifen.

„Sie können direkt auf ihn zugehen, Meister. Ich werde mich umschleichen. Er wird Sie beobachten und ich könnte ihn treffen, bevor er mich bemerkt."

Stanley bewegte sich langsam vorwärts. Dabei bewegte die große Schlange ihren Kopf immer höher und zischte wütend, während ihre Augen auf die Fackeln gerichtet waren. Stanley wandte seinen Blick nicht davon; aber er trat vor und ergriff sein Messer. Er wusste, dass der Biss der Boa harmlos war und nur ihre Umarmung zu fürchten war.

Er war etwa acht Fuß von dem Reptil entfernt, als es eine Quelle gab. Der Kopf der Schlange verschwand, und einen Augenblick später wand sie sich, drehte sich und peitschte ihren Schwanz so schnell, dass seine Augen ihre Bewegungen kaum verfolgen konnten.

„Tritt zurück, Meister", rief Meinik. „Wenn dich sein Schwanz trifft, könnte es dir eine Verletzung zufügen. Ansonsten ist es harmlos. Ich habe ihm den Kopf abgeschnitten."

Stanley trat ein oder zwei Schritte zurück und starrte voller Ehrfurcht auf die gewaltigen Bewegungen der kopflosen Schlange.

„Es ist ein Monster, Meinik", sagte er.

„Es ist eine große Schlange, Meister. Tatsächlich würde ich sagen, dass sie etwa zwölf Meter lang und so dick wie mein Körper sein muss. Sie wäre einem Tiger mehr als gewachsen."

„Nun, ich hoffe, es sind nicht mehr viele davon, Meinik."

„Das kommt darauf an, Meister. Es mag seinen Partner haben, aber es ist wahrscheinlicher, dass es keinen anderen gibt. Natürlich würde es alle kleineren seiner Art fressen; aber es könnten ein paar kleine giftige Exemplare in der Nähe sein."

Als das Winden der Schlange aufhörte, schaute Stanley sich um und sah eine schmale Tür in der Ecke gegenüber der, in der sie gelegen hatte.

„Hier ist eine Passage, Meinik. Mal sehen, wohin sie führt."

Meinik hatte inzwischen zwei weitere Fackeln angezündet.

„Je mehr Licht, desto besser", sagte er, „wenn man nach Schlangen sucht", und mit ihnen in einer Hand und seinem Messer in der anderen ging er durch die etwa einen Meter hohe Tür.

Stanley folgte ihm. Die Wohnung ähnelte der vorherigen, war jedoch schmaler; und wurde durch eine Öffnung beleuchtet, die nicht größer als ein Quadratfuß war.

„Sehen Sie, Meinik, da ist eine Treppe, in der Ecke uns gegenüber."

Die Stufen waren sehr schmal, aber perfekt erhalten. Ohne zu bleiben, um den Raum zu untersuchen, ging Meinik voran; Jeden Schritt sorgfältig prüfend und das Messer schlagbereit haltend. Sie stiegen etwa vierzig Stufen hinauf und betraten dann einen Raum von etwa drei Quadratmetern. Abgesehen von einem etwa fünfzehn mal drei Fuß großen Fenster gab es keinen erkennbaren Ausgang aus der Kammer.

„Ich denke, dass es einen Weg aus diesem Ort geben muss, Meinik. Warum hätten sie sich die Mühe machen sollen, diese lange Treppe durch den Felsen zu schlagen, nur um diese elende kleine Kammer zu erreichen?"

Meinik schüttelte den Kopf. Die Methoden dieser antiken Baumeister waren für ihn unerreichbar.

„Es muss irgendwo einen Auslass geben, wenn wir ihn nur finden könnten. Außerdem haben wir noch nicht herausgefunden, wo die Schlange reingekommen ist."

„Er hätte durch die Tür reinkommen können, Meister. Eine kleine Schlange hätte nicht hochklettern können, aber dieser große Kerl konnte seinen Kopf heben und ganz leicht hineinkommen. Wir haben überhaupt keine kleinen Schlangen gefunden."

„Nun, das mag sein, aber ich denke immer noch, dass es von hier aus einen Ausweg geben muss. Warum sollten sich Menschen die Mühe machen, diese lange Treppe zu hauen und diese Kammer hier auszugraben, ohne welchen Grund auch immer? Schauen wir durch das Fenster, Meinik.

Es war eher ein Durchgang als ein Fenster; denn die Felswand war vier Fuß dick geblieben. Als er herauskroch, sah Stanley, dass er sich fünfzehn Meter über dem Fuß der Klippe befand. Einen Meter unter ihm befand sich ein etwa zwei Fuß breiter Felsvorsprung. Es war eben und in regelmäßigen Abständen mit tiefen Rillen versehen. Er hatte keinen Zweifel daran, dass das Dach des Außentempels an dieser Stelle begonnen hatte; und dass die Rillen für die Enden massiver Sparren aus Teakholz oder Stein gemacht wurden. Der Gang zur Kammer, den er verlassen hatte, diente damals zweifellos als Ausgang auf das Flachdach.

Er trat auf den Sims und rief Meinik zu sich.

„Jetzt, Meinik", sagte er, „wir werden diesem Felsvorsprung folgen. Vielleicht gibt es noch einen Weg nach oben."

Mit großer Vorsicht bahnte sich Stanley seinen Weg bis zu einem Punkt, an dem der Felsvorsprung abrupt aufhörte. Als er nach unten schaute, sah er die Überreste einer Mauer aus massivem Mauerwerk und erkannte, dass er mit seiner Vermutung hinsichtlich des Zwecks des Simses richtig gelegen hatte. Dann drehten sie sich um und gingen zurück zum anderen Ende des Felsvorsprungs. Ein paar Meter bevor sie dies erreichten, blieb Meinik – der jetzt voranging – stehen.

„Hier ist eine Passage, Meister."

Der Eingang hatte ungefähr die gleiche Größe wie der, durch den sie auf den Sims getreten waren, aber anstatt direkt hineinzugehen, begann er nach oben.

„Noch eine Treppe, Meinik. Ich fange an zu hoffen, dass wir oben einen Ausweg finden. Wenn uns das gelingt, sind wir in Sicherheit. Wir könnten diese Treppe und den Eingang für eine lange Zeit verteidigen und Als wir weg wollten, konnten wir uns in aller Stille davonmachen, ohne dass irgendjemand merkte, dass wir weg waren."

Kapitel 14
Im Tempel.

Sie stiegen ein beträchtliches Stück die Treppe hinauf, dann stellten sie fest, dass der Durchgang durch eine Reihe großer Steine blockiert war. Stanley stieß einen Ausruf des Ekels aus.

„Es ist hineingefallen", sagte er. „Zweifellos sind wir nahe der Spitze des Felsens. Entweder war die Treppe überdacht, oder über dem Eingang wurde ein Gebäude errichtet; und entweder das Dach oder das Gebäude, was auch immer es war, ist eingestürzt. Das ist sehr unglücklich. Wann Wir gehen hinunter, wir werden den Hügel hinaufklettern und sehen, ob wir etwas darüber herausfinden können.

„Mit reichlich Nahrung und Wasser", fuhr er fort, als sie in die unterste Kammer hinabstiegen, „könnte man diesen Ort jederzeit halten."

„Ja, Meister, man könnte das Essen aufbewahren; aber wo sollen wir das Wasser aufbewahren? Wir könnten Häute mitbringen, die uns eine Woche, vielleicht zwei Wochen, reichen würden, aber danach?"

„Danach sollten wir uns irgendwie auf den Weg machen, Meinik", sagte Stanley selbstbewusst. „Nun, es besteht kein Zweifel daran, dass dies der Ort ist, an dem man Schutz finden kann. Es ist unwahrscheinlicher, dass sie uns hier finden als anderswo, und wenn sie uns finden, können wir uns tapfer verteidigen. Das sollte ich auch sagen, wenn wir darüber nachdenken Als es vorbei war, sollten wir in der Lage sein, einen Plan zu finden, wie wir Geräusche machen könnten, die sie erschrecken würden. Du weißt, wie sehr der Mann und die beiden Jungen Angst hatten, als sie in der anderen Kammer dieses Seufzen hörten. Wir könnten sicherlich noch beunruhigendere Geräusche machen als Das."

Meinik nickte.

„Das könnten wir, Meister. Mit einigen Schilfrohren unterschiedlicher Größe könnte ich Geräusche erzeugen, einige so tief wie das Brüllen eines Tigers und andere wie der Gesang eines Vogels."

„Dann werden wir sicher ein paar Schilfrohre mitbringen, Meinik. Ich glaube nicht, dass es ihnen tagsüber etwas ausmachen wird, welche Geräusche sie hören; aber nachts, glaube ich, würden nicht einmal ihre Offiziere Lust haben, sich hier zu bewegen , wenn wir nur ein paar Geräusche machen könnten, die sie nicht verstehen.

„Nun, vorerst haben wir unsere Arbeit hier erledigt; und Sie gehen am besten mit den Burmanen los, um Lebensmittel zu kaufen, um sie im Falle einer Belagerung zu versorgen. Sie sollten besser zu einigen der Bauernhäuser am

Rande gehen das Holz, für Reis und Obst. Wenn Sie dort das Essen bekommen, können Sie statt einer zwei oder drei Fahrten am Tag machen.

„Aber bevor wir uns wieder auf den Weg machen, werden wir auf die Spitze des Hügels klettern und sehen, was passiert ist, um die Treppe zu verschließen."

Es dauerte eine Viertelstunde, bis sie durch Wald und Unterholz den oberen Rand der Felswand erreichten, in die die Kammern gegraben worden waren. Offensichtlich war es in erster Linie eine natürliche Klippe gewesen, denn als Stanley auf dem Felsvorsprung stand, war ihm aufgefallen, dass der Felsen unterhalb dieser Stelle zwar so glatt wie eine gebaute Mauer war, darüber aber rau und offenbar von der Hand unberührt geblieben war Mann. Sie folgten dem Rand der Klippe, bis sie so nah wie möglich über dem Eingang zur Treppe standen, und gingen zwischen den Bäumen zurück. In einer Entfernung von etwa dreißig Metern stießen sie auf eine Ruine. Es wurde aus massiven Steinen gebaut, wie sie auf dem Boden verstreut waren, wo einst der Tempel gestanden hatte. An einer Seite erhob sich ein großer Baum, und es war offensichtlich, dass sein Wachstum an dieser Stelle überhaupt erst die Mauer zum Einsturz gebracht hatte. Kletterpflanzen und Sträucher hatten ihre Wurzeln zwischen die Blöcke geschlagen, die durch das Wachstum des Baumes nur leicht bewegt worden waren; und hatte sie mit der Zeit auseinander gezwungen; und so war nach und nach das ganze Gebäude eingestürzt.

„Dieser Baum muss sehr alt sein", sagte Stanley und blickte zu ihm auf, „denn es ist offensichtlich, dass diese Mauer vor vielen Jahren niedergerissen wurde."

„Sehr alt, Meister. Es ist eines unserer härtesten Hölzer, und solche Bäume leben angeblich fünf- oder sechshundert Jahre. Es gibt einige, von denen bekannt ist, dass sie sogar noch älter sind."

„Nun, es ist klar, dass die Treppe hier hinaufführte; aber wir haben keine Möglichkeit zu wissen, wie weit der Punkt, den wir erreicht haben, darunter liegt. Ich würde sagen, dass die Steine, die wir sahen, die Überreste des Pflasters und des Daches sind, wie Sie sehen Diese großen Blöcke, die die Mauern bildeten, reichen nicht bis zur Mitte, wo es eine große Senke gibt. Dennoch können die Stufen natürlich auf der einen oder anderen Seite entstanden sein und nicht nur in der Mitte kleiner Tempel – denn zweifellos war es ein Tempel.

„Nun sehen Sie, der Grund für die Stufen hinauf zu diesem kleinen quadratischen Raum wird erklärt. Wahrscheinlich waren diese drei Kammern die Wohnungen der Hauptpriester, und von dort konnten sie entweder auf das Dach des Tempels hinausgehen; oder konnten , indem Sie die obere

Treppe bis zu diesem Punkt nehmen, verlassen oder betreten Sie ihn unbeobachtet.

„Jetzt lasst uns gehen.“

Als sie in ihrem Baumschutz ankamen, stellten sie fest, dass der Burma eine Mahlzeit vorbereitet hatte, und nachdem er davon gegessen hatte, begann Meinik zusammen mit dem Mann, Proviant zu kaufen. Es war ein Glück, dass Stanley, bevor er von Prome aufbrach, vom Zahlmeister Silber im Wert von etwa zwanzig Pfund abgehoben hatte. Er hatte damit gerechnet, drei oder vier Wochen weg zu sein und in dieser Zeit Proviant für sich, Harry und die vier Soldaten kaufen zu müssen; und könnte möglicherweise Gelegenheit haben, Geld für andere Angelegenheiten zu beschaffen. Er hatte die Männer aus dem Dorf nicht bezahlt, denn er wusste, dass einer von ihnen ihn bereitwillig nach Prome begleiten würde, um für sie alle Bezahlung zu erhalten.

Eine sehr kleine Menge Silber reichte in Burma aus, um eine beträchtliche Menge Lebensmittel zu kaufen. Obst, von dem viele Arten wild in den Wäldern wuchsen, war äußerst billig; ebenso wie Reis und Getreide. Daher war sein Geld, mit Ausnahme der kleinen Summe, die in Toungoo ausgegeben wurde, praktisch unberührt.

Die beiden Burmanen unternahmen vor Einbruch der Dunkelheit drei Reisen und kehrten jedes Mal mit großen Körben voller Obst, Getreide und Reis zurück. Am nächsten Morgen gingen sie in die Stadt und kauften sechs der größten Wasserschläuche – wie sie für die Truppen in Indien getragen werden, einer auf jeder Seite eines Ochsen. Sobald sie damit zurückkamen, machten sie sich auf den Weg zum Tempel. An einem Bach, etwa hundert Meter vom Eingang entfernt, füllten sie teilweise eine der Häute, und indem sie einen starken Bambus durch die zu diesem Zweck angenähten Riemen steckten, trugen Meinik und die Burmanen ihn zum Tempel und hoben ihn mit Stanleys Hilfe hoch in die untere Kammer. Die anderen wurden einer nach dem anderen danebengestellt; Dann wurde Wasser in die kleineren Schläuche getragen und hineingegossen, bis sie alle so voll waren, wie sie fassen konnten.

„Es gibt genug Wasser, um bei Bedarf einen Monat lang zu reichen“, sagte Stanley, während sie, nachdem sie die Münder fest zugebunden hatten, die Häute nebeneinander ablegten.

Die kleineren Muscheln wurden dann gefüllt und mit den großen Schalen belegt; und dann, nachdem sie einen langen Tag lang gearbeitet hatten, kehrten sie zu ihrem Baum zurück, gerade als die Sonne unterging. Die vier Männer und zwei Jungen waren bereits da, nachdem sie die sechzig Meilen vom Dorf ohne Halt zurückgelegt hatten. Sie hatten bereits etwas Reis und ein paar Scheiben Wildbret gekocht – die Meinik am Morgen mit den Wasserschläuchen aus der Stadt mitgebracht hatte – und lagen nun da und rauchten in ruhiger Zufriedenheit ihre Zigarren.

In den nächsten sechs Tagen ging Meinik jeden Nachmittag in die Stadt. Als er am letzten Abend zurückkam, sagte er, der Wärter habe ihm erzählt, dass der Gouverneur an diesem Tag dem Gefängnis einen Besuch abgestattet und den weißen Gefangenen gesehen habe; und hatte entschieden, dass es ihm jetzt gut genug ginge, um zu reisen, und dass er in zwei Tagen nach Ava aufbrechen sollte, nachdem das Gericht eine dringende Anordnung erlassen hatte, dass er dorthin gebracht werden sollte, sobald es ihm gut genug ging, um die Krankheit zu ertragen Ermüdung.

„Dann müssen wir ihn morgen rausholen", sagte Stanley. „Werden unsere beiden Männer Dienst haben?"

„Ja, Meister, sie waren seit der letzten Nacht, in der wir dort waren, nicht mehr im Einsatz. Sie werden die zweite Wache bilden und um Mitternacht Wache halten. Ich habe zwei sehr scharfe Sägen gekauft und zwei starke Bambusstämme für die Einstreu geschnitten ."

Dieser wurde am nächsten Tag aufgebaut. Es war sehr einfach, es entstand durch festes Nähen einer Decke an den beiden Bambusstämmen. Zwei kleinere Bambusstämme, jeder vier Fuß lang, waren lose an den Hauptstangen befestigt. Sobald sie die Palisade hinter sich gelassen hatten, sollten diese quer festgezurrt werden, um einen Abstand von drei Fuß zwischen den Stangen zu gewährleisten – was, da die Decke von Stange zu Stange eine Länge von vier Fuß hatte, ein bequemes Einsacken ermöglichen würde. Die Querstücke konnten erst befestigt werden, als sie über die Palisade hinausgingen; denn das Fenster war nur zwei Fuß breit, und deshalb wurde vorgeschlagen, den Spalt durch die Palisade nur gleich breit zu machen.

Am späten Abend betraten sie die Stadt und setzten sich in eine verlassene Ecke, bis die Zeit gekommen war, mit ihrer Arbeit zu beginnen. Schließlich sagte Meinik, den Sternen zufolge sei es schon nach Mitternacht; und dann gingen sie zu der Stelle, wo sie zuvor auf die Palisade geklettert waren. Hier machten sie sich sofort an die Arbeit. Die Sägen waren gut geölt und in wenigen Minuten wurden fünf Bambusstämme auf Bodenhöhe und sechs Fuß über dem Boden abgeschnitten. Da die Palisade mit Querstücken zusammengehalten wurde, blieben die anderen Teile des Bambusses an ihrem Platz.

Meinik und Stanley gingen zuerst, gefolgt von drei Burmanen, von denen einer die Sänfte trug. Die anderen beiden Burmanen blieben mit den Jungen bei der Eröffnung auf der Hut. Alle waren barfuß, außer dass Stanley ein Paar der leichtesten Ledersandalen trug. Sie gingen lautlos ans Fenster; Der Wachmann reagierte wie zuvor auf Meiniks Zischen. Wortlos betraten einer nach dem anderen den Saal. Der Soldat hatte am Tisch gesessen und offenbar gespannt auf ihre Ankunft gewartet.

Stanley ging zum Bett.

„Geht es dir besser, Harry?" fragte er flüsternd.

„Besser, aber immer noch schwach."

Alles war vorher arrangiert worden. Die Einstreu wurde auf den Boden gelegt, wobei die Stangen so weit wie möglich auseinander standen. Dann gab Stanley dem Polizisten ein Zeichen, ein Ende des Teppichs zu nehmen, auf dem Harry lag; während er den anderen nahm. Die Burmanen stellten sich auf beiden Seiten auf; und die Decke wurde hochgehoben, zusammen mit dem Bewohner und dem Kissen, das aus seinen Kleidern bestand, und ruhig auf die Decke der Sänfte gelegt. Dann gingen zwei Burmanen nach draußen, während die anderen vier Männer die Stangen hochhoben und ein Ende zum Fenster trugen.

Die Burmanen draußen hielten die Enden weit über ihren Köpfen, und Stanley und der Soldat hoben ebenfalls ihre Hände. Die anderen Burmanen krochen dann darunter hindurch aus dem Fenster. Als die Sänfte durch das Fenster vorwärts bewegt wurde, nahmen sie die Plätze von Stanley und dem Soldaten an den Stangen ein und gingen schweigend weiter auf die Palisade zu. Stanley und Meinik folgten, zusammen mit den beiden burmesischen Wachen.

Nicht das leiseste Geräusch war zu hören, als die acht Männer den kurzen Weg zur Palisade zurücklegten und durch die Öffnung gingen, wo die anderen mit dem Speer in der Hand auf sie warteten; bereit, einzugreifen und sich an der Auseinandersetzung zu beteiligen, sollte ein Alarm gegeben werden. Stanley atmete erleichtert auf, als sie ohnmächtig wurden. Ein paar Schritte weiter hielten sie an und die Querträger wurden an den Stangen festgezurrt.

„Gott sei Dank, dass du draußen bist, Harry!" Stanley sagte, sobald sie das getan hatten. „Hat es dir sehr wehgetan?"

„Nichts Besonderes", antwortete Harry. „Das hast du wunderbar hinbekommen. Bin ich wirklich ganz außerhalb des Ortes?"

„Ja, ganz klar. Du wirst dich wohler fühlen, wenn wir diese Querstücke festgezurrt haben. Dann wirst du nicht wie jetzt am Boden eines Sacks liegen."

Als die Arbeiten abgeschlossen waren, ging es zügig voran; denn Harrys Gewicht, das durch das Fieber reduziert worden war, war für seine Träger eine Kleinigkeit. Die anderen folgten dicht dahinter und nach einer Viertelstunde hatten sie die Stadt weit hinter sich gelassen. Stanley sprach ein- oder zweimal mit Harry, erhielt aber keine Antwort; Daher hatte er keinen Zweifel daran, dass sein Cousin ruhig eingeschlafen war. Die sanfte Bewegung der Sänfte würde wahrscheinlich diesen Effekt haben; Vor allem, weil Harry wahrscheinlich in den letzten ein oder zwei Nächten wach gelegen und auf die Freunde gelauscht hatte, die jederzeit eintreffen könnten.

Als sie den Waldrand erreichten, waren alle Fackeln angezündet, die die Jungen getragen hatten; und jeder trug zwei – mit Ausnahme der Träger, die jeweils nur einen hatten –, während alle dicht beieinander um die Sänfte herum blieben. Während sie gingen, schwenkten sie ihre Fackeln, und obwohl sie die Schreie mehrerer Tiger im Wald hörten, hatten sie keine Angst, angegriffen zu werden; denn so viele wehende Lichter würden das hungrigste Tier davon abhalten, sich in die Nähe zu wagen.

In der Kammer des Tempels angekommen, wurde die Streu zusammen mit einem großen Vorrat an Reisig und Baumstämmen auf einen Haufen Schilfrohr und Blätter gelegt, die am Vortag gesammelt worden waren. Harry schläft immer noch ruhig. In kurzer Zeit loderte ein helles Feuer, und dadurch und durch den Schein der Fackeln bekam die Kammer ein ganz heiteres Aussehen. Unterwegs hatte Stanley mit den beiden Wachen gesprochen, ihnen für ihren Dienst gedankt und ihnen versichert, dass sie die von Meinik versprochene Belohnung erhalten würden.

„Ich bin der britische Offizier", sagte er, „der mit meinem Freund im Dorf war, obwohl ich abwesend war, als er entführt wurde. Wie Sie sehen, bin ich verkleidet."

Beide hatten Anzeichen von Unruhe gezeigt, als sie sich dem Tempel näherten; aber Meinik hatte ihnen versichert, dass die Geister es nicht wagen würden, sich einer Gruppe zu nähern, die einen Weißen bei sich hatte, und dass bereits eine Nacht im Tempel vergangen sei, ohne dass dabei Schaden entstanden sei. Sofort wurde eine Mahlzeit, bestehend aus Wildbretscheiben, zubereitet, und als diese gegessen war und die ganze Gesellschaft Zigarren angezündet hatte, freute sich die Stimmung über den Erfolg des Unternehmens. Die Soldaten waren jedoch enttäuscht, als sie erfuhren, dass man dort eine kurze Zeit bleiben würde, damit der Verwundete wieder zu Kräften kommen könne.

„Wir werden vielleicht nicht lange aufhören", sagte Stanley; „Aber sehen Sie, mit der Sänfte konnten wir nicht schnell reisen; und Sie können sicher sein, dass zu diesem Zeitpunkt bereits Alarm gegeben wurde, denn als sie nach Ablauf von drei Stunden kamen, um Sie abzulösen, würde sich herausstellen, dass Sie es waren vermisst; und dann würden sie sofort entdecken, dass auch die Gefangenen verschwunden waren. Bei Tagesanbruch wird die gesamte Garnison draußen sein. Wie viele sind es von ihnen?"

„In der Stadt sind dreitausend Männer", sagte der Wachmann. „Nachdem eine Gruppe Ihrer Soldaten vor zwei Monaten in die Nähe davon kam, wurde die Garnison um fünfzehnhundert Mann erweitert."

„Nun, sehen Sie, mit dreitausend Mann könnten sie den ganzen Wald durchkämmen, und wenn sie uns überholten, wären wir nicht in der Lage, uns zu verteidigen. Hier können wir hoffen, dass sie uns nicht entdecken; aber wenn sie es tun, können wir es." Leisten Sie verzweifelten Widerstand, denn da jeweils nur ein Mann diese Tür betreten kann, wäre es für sie nahezu unmöglich, gewaltsam einzudringen. Sie haben Ihre Waffen, und ich habe ein Paar Pistolen und, wie alle anderen auch Wenn sie Speere haben, müssen die dreitausend Männer so viel tun, wie sie tun könnten, um durch diese Tür einzudringen. Wenn sie es getan hätten, gäbe es in der Ecke eine noch schmalere Tür, die es zu verteidigen gilt, und dahinter gibt es eine lange, schmale, steile Treppe, die ein Mann einem Heer entgegenhalten konnte.

„Morgens werden wir als erstes unsere Vorräte in die obere Kammer tragen. Wir haben genug Wasser und Reis, um einen Monat lang zu reichen, wenn wir vorsichtig sind. Ich hoffe also, dass sie uns nicht finden." werden überhaupt keine Angst davor haben, dass wir sie verprügeln, wenn sie es tun."

Sobald es hell wurde, wurden die Steine, die man zu den Stufen am Eingang hinzugefügt hatte, heruntergeworfen; und dann wurden durch ihre vereinten Anstrengungen die beiden verbleibenden Stufen entfernt. Dann halfen sie sich gegenseitig beim Aufstehen, wobei der letzte Mann oben von zwei seiner Kameraden unterstützt wurde.

„Da", sagte Stanley; „Wenn sie kommen, um nach uns zu suchen, werden sie wahrscheinlich nicht vermuten, dass wir hier oben einen schwer verwundeten Mann haben. Sie durchsuchen möglicherweise die große Kammer, in der wir zuvor waren, und alle anderen, die sich dort auf derselben Ebene befinden ; aber dieser schmale Eingang, zehn Fuß über ihnen, wird kaum ihre Aufmerksamkeit erregen. Wenn das der Fall ist, müssen wir, wie gesagt, dagegen ankämpfen; aber es wird eine wunderbar harte Nuss für sie sein, sie zu knacken."

Dann befahl er den Männern, alle Vorräte in die obere Kammer zu tragen. Gerade als sie mit der Arbeit begannen, gab es eine leichte Bewegung auf dem Bett. Stanley ging sofort darauf zu. Harry sah sich verwirrt um.

„Na, Harry, wie fühlst du dich? Du hast gut geschlafen."

„Oh, bist du es, Stanley? Ich war mir nicht ganz sicher, aber dass ich geträumt habe. Wo bin ich? Sie machten die Hängematte bequemer.

„Sie befinden sich in einem Tempel – etwa vier- oder fünftausend Jahre alt, würde ich sagen – und dies ist eine Felsenkammer. Der Tempel selbst liegt in Trümmern. Wir sind zehn Meilen von Toungoo entfernt und werden hier bis zur Verfolgung warten Du hast nachgelassen. In einer weiteren Woche wirst du bewegungsfähiger sein als jetzt. Ich möchte dich nicht so weit tragen, wie du es jetzt bist. Außerdem, wenn wir weitergegangen wären, hätten sie es sicher getan Überholen Sie uns; denn diese Kerle können wie Hasen rennen.

„Aber warum sollten sie uns nicht hier finden, Stanley?"

„Natürlich dürfen sie das tun, aber der Eingang zu dieser Kammer liegt zehn Fuß über dem Boden; und außerdem hegen sie alle möglichen Aberglauben über den Ort. Nichts würde sie dazu bewegen, sich ihm nach Einbruch der Dunkelheit zu nähern; und Selbst tagsüber kommen sie nicht gern in die Nähe. Wenn sie uns schließlich finden, werden sie ihre ganze Zeit brauchen, um einzudringen. Ich habe fünf Männer und zwei junge Burschen, die durchaus kampffähig sind Da sind deine zwei Wachen, Meinik, der Soldat und ich. Wie du siehst, sind wir zwölf. Wir haben zwei Gewehre und zwei Pistolen und Speere für uns alle; und wenn wir diesen engen Durchgang nicht verteidigen können, gegen irgendjemanden Wie viele Burmanen werden wir unser Schicksal verdienen.

„Außerdem gibt es in der Ecke hinter dir eine weitere, noch schmalere Tür. Sie müssten sie erzwingen; und in der Kammer dahinter gibt es eine schmale, gerade Treppe, etwa zwölf Meter hoch, die ein Mann mit einer Axt haben sollte um einer Armee standhalten zu können. Sie bringen jetzt die Vorräte dort hinauf. Wir haben Proviant und Wasser für einen Monat. Wenn alles in Ordnung ist, werden wir euch dort hinauftragen und, wenn sie sich nicht davorsetzen Platz nehmen und uns regelmäßig verhungern lassen, sind wir so sicher, als wären wir in Prome.

„Ich wünschte zum Himmel, du hättest diese schreckliche Farbe ab, Stanley. An deiner Stimme weiß ich, dass du es bist, aber angesichts der Farbe, der vielen Tätowierungen und deiner außergewöhnlichen Haare kenne ich dich überhaupt nicht." "

„Ich trage genau die gleiche Verkleidung wie die, in der ich von Ava heruntergekommen bin", lachte Stanley. „Anfangs habe ich mich sehr unwohl gefühlt, wenn ich nur dieses kurze Unterrock-Ding anhatte; aber mittlerweile habe ich mich daran gewöhnt und muss sagen, dass es cool und bequem ist."

„Jetzt erzähl mir von deinen Wunden."

„Sie sind nicht sehr ernst, Stanley. Ich wurde mit einem Schwert über den Kopf geschlagen – das war es, das mich zu Fall brachte – und mir wurde vom Ellbogen aus ein Stück aus dem Arm gerissen, fast bis zur Schulter. Außerdem eine Speerwunde in der Seite; aber das war eine Kleinigkeit, da sie von den Rippen abprallte. Wenn ich beim Fallen zurückgelassen worden wäre und jemand meine Wunden sofort verbunden hätte, wäre es mir inzwischen wieder gut gegangen. Die Kerle haben sie zwar bis zu einem gewissen Grad verbunden, aber die Bewegung der Sänfte ließ sie wieder bluten, und ich vermute, dass ich fast das gesamte Blut in meinem Körper verloren habe. Ich glaube, dass es reine Schwäche und kein Fieber war. das hielt mich so lange bewusstlos; denn ich schätze aus der Pantomime des Soldaten, dass ich fast vierzehn Tage bewusstlos gewesen sein muss.

„Ja, das warst du sicher, als ich das erste Mal hier war, Harry; aber ich denke, im Großen und Ganzen ist es vielleicht ein Glück, dass du es warst. Du hättest wahrscheinlich viel mehr Fieber gehabt, wenn du nicht so gewesen wärest." sehr schwach; und wenn du dem entkommen wärst und es dir gut gegangen wäre, hätte man dich vielleicht nach Ava schicken können, bevor ich alle Vorkehrungen für deine Flucht treffen konnte.

„Erzähl mir alles darüber", sagte Harry. „Mir kommt es wunderbar vor, wie du das geschafft hast."

Stanley erzählte ihm die ganze Geschichte. Als er fertig war, waren alle Vorräte nach oben gebracht worden; und das Feuer wurde sorgfältig gelöscht, da der Rauch sie sofort verraten hätte. Die Querstücke der Sänfte waren entfernt worden, damit Harry durch die Tür hineingetragen werden konnte, und er wurde nun hochgehoben. Zwei der Männer zogen ihre Kleidung aus, wickelten die Stoffe des Bettes darin ein und trugen sie sofort hoch. Sobald sie weitergegangen waren, wurde Harry langsam und vorsichtig in die obere Kammer gebracht und wieder auf das Bett gelegt. Stanley nahm seinen Platz neben ihm ein, und der Rest der Gruppe ging in den unteren Raum hinunter; Sie hatten den strengsten Befehl erhalten, sich nicht in der Nähe des Eingangs zu zeigen und nicht zu rauchen, bis sie sicher waren, dass ihre Verfolger vorausgegangen sein mussten.

Die Bambusstäbe der Sänfte wurden in eine grobe Leiter umgewandelt und auf dieser nahm Meinik seinen Posten am kleinen Fenster im zweiten der unteren Räume ein. Aufgrund der enormen Dicke der Felswand hatte er keine weitreichende Aussicht, aber er konnte den Weg erkennen, auf dem sich jeder, der durch den Wald hinaufkam, dem Tempel näherte. Es war jetzt etwa halb acht, und zu diesem Zeitpunkt könnten die Verfolger bereits in der Nähe sein; Nach zehn Minuten waren tatsächlich entfernte Rufe zu hören, und Stanley ging sofort hinunter und gesellte sich zu den Männern unten.

Er stellte sich in die Reihe der Tür. Da die Wand hier einen Meter dick war, lag der Raum im Halbdunkel, und als er weit zurückstand, war er sicher, dass seine Gestalt von niemandem, der draußen im grellen Sonnenlicht stand, wahrgenommen werden konnte. Die Geräusche wurden immer lauter; und nach ein oder zwei Minuten tauchte ein Offizier, gefolgt von etwa zwanzig Männern, aus den Bäumen auf. Alle hielten inne, als sie den Tempel sahen. Die Männer hätten sich sofort zurückgezogen; aber der Offizier rief ihnen zu, sie sollten vorrücken, obwohl er selbst kaum Lust dazu zeigte.

Sie standen immer noch unentschlossen, als ein Vorgesetzter zu Pferd, gefolgt von etwa fünfzig Lakaien, den Weg heraufkam. Er rief ihnen den Befehl zu, den Tempel zu durchsuchen, und da die Angst vor ihm noch größer war als ihre Angst vor den Geistern, machten sich alle Männer auf den Weg über die gefallenen Steine und hinauf zur Felswand. Sie betraten zunächst die Kammer, in der die Pferde untergebracht waren. Der zuerst eingetroffene Offizier ging mit seinen Männern hinein und berichtete beim Herauskommen seinem Vorgesetzten, dass ein Feuer gemacht worden sei und dass auch einige Pferde dort gewesen seien; aber dass seitdem drei Wochen oder ein Monat vergangen sein müssen.

"Bist Du Dir sicher?"

„Ganz gewiss, Mylord. Es ist außergewöhnlich, dass irgendjemand es gewagt hat, dort einzutreten, schon gar nicht, um Pferde zu stallen, wenn, wie jeder weiß, der Tempel von bösen Geistern heimgesucht wird.“

„Ich interessiere mich nicht für Geister“, sagte der Beamte. „Es sind Männer, nach denen wir suchen. Gehen Sie und sehen Sie sich eventuell noch andere Kammern an.“

In diesem Moment war ein tiefer, trauriger Ton zu hören. Es wurde immer lauter und verstummte dann allmählich. Die Soldaten standen wie gelähmt da. Sogar der hohe Beamte – der gezwungen war, sein Pferd zu verlassen und zu Fuß über die umgestürzten Blöcke zu gehen – trat mit einem Ausdruck der Ehrfurcht einen Schritt zurück. Er erholte sich bald und rief den Männern wütend zu, sie sollten weitergehen. Doch erneut wurde der Klagegesang lauter und lauter. Es schwoll an und verschwand dann allmählich; aber dieses Mal mit einer zitternden Modulation.

Die Männer blickten auf und drehten sich um. Einige blickten auf den oberen Teil des Felsens, andere geradeaus, während andere sich umdrehten und auf den Wald blickten.

"Suchen!" schrie der Beamte wütend. „Böse Geister oder keine bösen Geister, niemand soll sich von hier rühren, bis der Ort durchsucht ist.“

Dann erklang ein schriller, vibrierender Ton, als wäre es ein unheimliches Lachen. Nicht einmal die Autorität des Offiziers oder die Angst vor Strafe konnten die Soldaten zurückhalten. Mit Schreckensschreien stürmten sie über die Ruinen und stürzten sich in den Wald; Dem folgte in einem Tempo, das er vergeblich zu würdigen versuchte, der Offizier, der, sobald er sein Pferd erreicht hatte, darauf sprang und davongaloppierte.

Die Burmesen wissen einen Witz sehr zu schätzen und sobald die Truppen geflohen waren, warfen sich die Dorfbewohner und Wachen im Tempel auf den Boden und brüllten vor Lachen. Stanley begab sich sofort in den oberen Raum.

„Großartig gemacht, Meinik! Es war wie der Ton einer Orgel. Obwohl ich wusste, was du tun würdest, war ich selbst fast erschrocken, als dieser tiefe Ton anstieg. Kein Wunder, dass sie Angst hatten."

„Nun, jedenfalls sind wir vorerst in Sicherheit, Meister."

„Vorerst zweifellos, Meinik; aber ich frage mich, ob wir nicht noch einmal von ihnen hören werden. Dieser Offizier war ein entschlossen aussehender Kerl, und obwohl er auch Angst hatte, blieb er wie ein Mann dabei ."

„Das ist der Gouverneur der Stadt, Herr. Ich habe gesehen, wie er auf seinem Stuhl durch die Straßen getragen wurde. Alle beugten sich zu Boden, als er vorbeikam. Er war einst ein berühmter General; und man sagt, dass er es wahrscheinlich ist." erneut einen Teil der Armee zu befehligen, wenn der Kampf beginnt."

„Nun, ich denke, dass wir noch einmal von ihnen hören werden, Meinik. Ich glaube nicht, dass er wirklich geglaubt hat, dass wir hier waren, gewiss, kein Burman würde sich hier niederlassen, auch nicht, um sein Leben zu retten. Sie wird die Verfolgungsjagd durch den Wald den ganzen Tag vorantreiben und bis dahin werden sie sicher sein, dass sie uns überholt hätten, wenn wir geradeaus weitergefahren wären. Dann würde es mich überhaupt nicht wundern, wenn er es hier noch einmal versucht.

„Vielleicht wird er das tun, Meister. Zum Beispiel wird er einigen der Männer, die geflohen sind, die Köpfe abschlagen und einige seiner besten Truppen für die Suche auswählen. Dennoch hoffe ich, dass er nicht daran denkt."

Stanley schüttelte den Kopf.

„Das hoffe ich auch, Meinik. Eines bin ich mir sicher: Wenn er uns hier findet, wird er hier bleiben oder zumindest einige Truppen hier zurücklassen, bis er uns erwischt. Er würde es wissen dass er in Ava in Schwierigkeiten geraten würde, weil er die Gefangenen entkommen ließ; und dass es für ihn von größter Wichtigkeit wäre, sie zurückzuerobern.

„Jetzt, wo wir hier oben sind, Meinik, werden wir noch einmal einen Blick auf die obere Treppe werfen. Wenn wir belagert werden, ist das unsere einzige Hoffnung auf Sicherheit."

Sie gingen wieder den Sims entlang und die Treppe hinauf. Stanley untersuchte einige Zeit lang die Steine, die den Durchgang blockierten, und rief schließlich aus:

„Da, Meinik, schau an der Seite dieses Steins entlang. Ich kann einen Lichtstrahl sehen. Ja, und einige Blätter. Ich glaube nicht, dass sie mehr als zehn Meter über uns sind!"

Meinik richtete seinen Blick auf die Spalte.

„Ich sehe sie, Meister. Ja, ich glaube nicht, dass diese Blätter weiter als so weit entfernt sind."

„Das ist es, wonach ich gesucht habe", sagte Stanley. „Es war klar, dass es sich bei diesem Schutt nur um die Steine der Wurzel und das Pflaster über der Vertiefung in der Mitte der Ruine handeln konnte und dass diese diese Treppe nicht weit versperren konnten. Die Frage ist, ob es möglich sein wird, sie zu beseitigen." Sie weg? Offensichtlich wird es eine furchtbar gefährliche Arbeit sein. Man könnte es schaffen, einen Stein nach dem anderen in Sicherheit herauszuholen. Aber jeden Moment könnte das Lösen eines Steins eine Reihe anderer mit einem Lauf zu Fall bringen; und Jeder auf dieser schmalen Treppe würde wie ein Strohhalm davongeschwemmt werden.

Meinik stimmte der Gefahr zu.

„Nun, wir müssen jetzt nicht darüber nachdenken, Meinik; aber wenn wir wirklich belagert werden, müssen wir, wenn überhaupt, auf diesem Weg entkommen. Wir müssen hoffen, dass wir nicht bedrängt werden; aber wenn wir Wir müssen es hier versuchen. Ich möchte lieber sofort getötet werden, indem ein Stein auf meinen Kopf fällt, als zu Tode gefoltert zu werden.

Meinik nickte, und sie gingen die Treppe hinunter, löschten die Fackeln, die sie dort benutzt hatten, und kehrten über den Sims zu der Kammer zurück, in der Harry lag.

„Also hat Meinik sie verscheucht", sagte dieser, als Stanley sich neben ihn setzte. „Ich konnte mir nicht vorstellen, was er tun würde, als er mit diesem langen Rohr, so dick wie mein Bein, hierher kam. Er zeigte es mir, und ich sah, dass darin eine Art Mundstück befestigt war; und er machte Anzeichen dafür, dass er es in die Luft sprengen würde. Als er es tat, war es gewaltig und als es immer lauter wurde, legte ich meine Hände an meine Ohren. Alles schien zu beben. Die andere Reihe – dieses teuflische Lachen – Er machte es mit einem kleineren. Es war furchtbar; aber der große Ton ähnelte eher einer Posaune, nur zwanzigmal lauter.

„Na, denkst du, dass wir mit ihnen fertig sind?"

„Das hoffe ich, Harry. Auf jeden Fall kannst du sicher sein, dass sie sich nie hier hochkämpfen werden, und lange bevor unsere Vorräte aufgebraucht sind, habe ich keinen Zweifel daran, dass es mir gelingen wird, einen Fluchtplan zu schmieden." "

Der Tag verlief ruhig. Im Wald war es so still wie immer. Die Burmesen waren alle in Hochstimmung über den Erfolg von Meiniks Horn. Als es dunkel wurde, hängten sie eine Decke vor den Eingang, stellten einen der Burschen direkt davor auf und zündeten ein Feuer an. Stanley nahm ein paar Taschenlampen und ging zu Harry, wobei er vorsichtshalber ein Tuch vor das Fenster hängte.

„Ich habe nicht viel davon gesagt, dir zu danken, alter Kerl", sagte Harry, „aber du musst wissen, wie ich mich fühle."

„Du sagst besser nichts dazu, Harry. Ich habe nur das getan, was du getan hättest, wenn du an meiner Stelle gewesen wärst. Wenn du die Leitung dieser Gruppe gehabt hättest und ich entführt worden wäre, weiß ich, dass du es getan hättest." Alles in deiner Macht stehende, um mich zu retten. Es wäre dir vielleicht nicht ganz so gut gelungen, weil du ihre Sprache nicht kennst; aber ich weiß, dass du es versucht hättest. Schließlich bin ich noch nicht annähernd so viel Risiko eingegangen wie damals Ich habe Meinik vor dem Leoparden gerettet. Und er war mir natürlich völlig fremd.

„Außerdem bist du noch nicht gerettet; und wir werden nicht grüßen, bis wir aus dem Wald sind."

„Es ist sehr kühl und angenehm hier", sagte Harry, nachdem er einige Minuten lang wortlos dagelegen hatte. „In dieser Hütte war es mitten am Tag furchtbar heiß, und ich hatte immer das Gefühl, dass ich tagsüber fast so viel Kraft verloren habe, wie ich nachts zugenommen habe. Heute Abend geht es mir wunderbar besser. Natürlich, Dieser lange Schlaf hatte etwas damit zu tun, und das Vergnügen, frei und mit dir zu sein, hatte noch mehr zu bieten; aber sicherlich waren die Kühle und die Luft, die durch diese Öffnung wehte, von Bedeutung.

„Nun, wir werden dich satt essen, solange du hier bist, Harry; und ich hoffe, dass wir dich in vierzehn Tagen wieder ziemlich fest auf deinen Beinen sehen werden; und dann, wenn nichts dagegen spricht, werden wir dich tragen." triumphierend davon.

Hier kam Meinik mit zwei Schüsseln Brühe herein; denn sie hatten bei einem ihrer Besuche in Toungoo ein paar Steingutgeräte gekauft.

„Das ist erstklassig!" Sagte Harry, als er sein erstes beendet hatte. "Aus was ist es gemacht?"

„Ich stelle nie Fragen", antwortete Stanley – der erfolgreich versuchte, ein Lächeln zu unterdrücken. „Meinik ist ein großartiger Koch und bereitet allerlei nette kleine Gerichte zu. Hier kommt wieder sein Schritt.

„Was hast du da, Meinik?" fragte er, als der Burmane mit zwei Tellern eintrat.

„Eine Scheibe Hammelfleisch am Spieß über dem Feuer, Meister, und etwas Reis dazu."

„Das ist erstklassig!" Sagte Harry herzlich, als er fertig war. „Sie haben mir im Gefängnis kein Fleisch gegeben. Ich nehme an, sie dachten, ich sei nicht stark genug dafür."

„Sie essen selbst sehr wenig Fleisch, Harry. Jetzt denke ich, dass dein Abendessen fertig ist, bis auf etwas Obst. Davon haben wir jede Menge."

Es gab jedoch ein paar gebratene Bananen und Harry erklärte, dass er wie ein König geschlemmt hatte.

„Wenn das so weitergeht, Stanley, werde ich wetten, dass ich in einer Woche bei dir sein werde und dir anbieten werde, in zwei Wochen ein Rennen mit dir zu laufen."

„Sie werden noch viel länger brauchen, bevor Sie in der Lage sind, eine Strecke zu gehen. Trotzdem mit einem guten Appetit – den Sie nach Ihrer Krankheit sicher haben werden – reichlich Essen und der kühlen Luft darin Höhlen, ich gehe davon aus, dass du schnell lernen wirst.

Der nächste Tag verlief ruhig.

„Ich werde froh sein, wenn morgen vorbei ist", sagte Stanley als Letztes zu Meinik, bevor er zu Harrys Zelle ging. „Heute erwarte ich, dass sie alle wieder zurückmarschieren, und wenn sie uns noch einmal besuchen, wird es morgen früh früh sein. Stellen Sie sicher, dass zwei Männer Wache halten. Sie können sich jede Stunde gegenseitig ablösen; und ich werde selbst herunterkommen." , gelegentlich, um zu sehen, ob alles in Ordnung ist; aber ich glaube nicht, dass selbst der Gouverneur seine Männer dazu bringen könnte, nach Einbruch der Dunkelheit in die Nähe dieses Ortes zu kommen.

„Wir werden gut wachen, Meister, aber ich habe keine Angst vor ihrem Kommen."

Kapitel 15
Der Angriff.

Stanley stand in der Nacht mehrmals auf und ging nach unten, um Wache zu halten. Er war sich sicher, dass sie nervös sein würden, denn obwohl sie ihre abergläubischen Ängste inzwischen weitgehend überwunden hatten, würden sie nachts immer noch schüchtern sein. Sie berichteten, dass rund um den Tempel noch alles sei, dass sie aber ferne Geräusche im Wald gehört hätten; und bei der ersten dieser Gelegenheiten war er, nachdem er in das Zimmer darüber zurückgekehrt war, auf den Sims hinausgegangen; und aus dieser Höhe konnte man am Himmel das Spiegelbild einer Reihe von Feuern sehen, die sich in einem Halbkreis in einer Entfernung von etwa einer Meile vom Tempel ausbreiteten. Daher war er davon überzeugt, dass der Gouverneur entschlossen war, am nächsten Morgen eine gründliche Durchsuchung durchführen zu lassen.

Sobald es hell geworden war, war der Klang von Hörnern und Trommelschlägen im Wald zu hören, und eine halbe Stunde später strömte eine große Schar Männer aus den Bäumen, angeführt vom Gouverneur selbst.

„Jetzt", rief er, „muss dieser Ort durchsucht werden, in jedem Loch und jeder Ecke."

„Was die bösen Geister betrifft, so gibt es keine Angst vor ihnen, weder bei Tag noch bei Nacht. Haben Sie jemals gehört, dass sie eine große Gruppe von Menschen angreifen? Sie können einen einzelnen Reisenden erwürgen, der sich in ihre Schlupfwinkel wagt, aber nie jemanden Ich habe gehört, dass eine burmesische Armee von ihnen angegriffen wurde. Jetzt muss jeder seine Pflicht tun; und dem ersten, der schwankt, muss sofort der Kopf abgeschlagen werden.

"Nach vorne!"

Die Truppen stürmten stürmisch über die Ruinen, drangen in die verschiedenen Kammern im Felsen ein und nach wenigen Minuten wurden alle als leer gemeldet.

„Es gibt Kammern weiter oben", sagte der Gouverneur. „Wir werden sie durchsuchen und – schauen Sie sich die Tür dort oben an, sie muss irgendwohin führen. Bringen Sie Steine und bauen Sie eine Treppe dorthin."

Es war nun offensichtlich, dass es keine Hoffnung mehr auf ein Verstecken gab, und Stanley trat zum Eingang.

„Mein Herr Gouverneur", schrie er, „hier gibt es eine starke Streitmacht, und Ihre gesamte Armee konnte nicht eindringen. Wir wollen nicht das Leben tapferer Männer nehmen; aber wenn wir angegriffen werden, müssen wir uns verteidigen." Ich bitte Sie, sich mit ihnen zurückzuziehen und das Leben nicht wegzuwerfen.

Diese Ansprache eines scheinbaren Bauern erregte den Zorn des Gouverneurs, der rief:

„Erschießt ihn, Männer!"

Doch bevor dem Befehl Folge geleistet werden konnte, war Stanley in die Kammer zurückgekehrt, wo er den Männern bereits befohlen hatte, sich außerhalb der Türreihe aufzuhalten. Mehrere Musketen wurden abgefeuert und mehrere Kugeln schlugen in die Rückwand der Kammer ein. Die Schießerei ging weiter und Stanley sagte:

„Bleiben Sie, wo Sie sind, Männer, bis sie fertig sind. Gehen Sie dann zur Tür, denn sobald sie mit dem Angriff beginnen, müssen die Männer dahinter aufhören zu schießen. Sie werden noch einige Minuten brauchen."

Er rannte schnell zu Harrys Zimmer.

„Sie greifen uns an", rief Harry; „Oh, wie ich wünschte, ich könnte herunterkommen und helfen!"

„Sie können niemals hineinkommen, Harry. Britische Soldaten könnten das tun, aber nicht diese Kerle. Sie können nur zu zweit nebeneinander eindringen, und was können sie tun, wenn ihnen ein Dutzend Speerspitzen gegenüberstehen? Ich dachte, ich würde einfach hochkommen und Sag dir, es war alles in Ordnung. Sie werden mindestens fünf Minuten brauchen, um die Steine auf Höhe der Tür zu stapeln.

Stanley schloss sich erneut den unten aufgeführten Personen an. Meinik, der Soldat und einer der Burmesen sollten die erste Linie bilden; die vier anderen Burmesen sollten mit ihren Speeren zwischen den Männern vorne stehen; Die beiden Wachen mit ihren Musketen und die Jungen sollten als Reserve dienen. Stanley hatte sich mit einer der Äxte bewaffnet und sollte an der Seite des Eingangs stehen, damit er sie niederschlagen würde, wenn die Speerkämpfer zurückgedrängt würden und es einem der Angreifer gelang, den Eingang zu passieren.

Plötzlich herrschte draußen Stille.

„Halten Sie sich gut zurück", sagte er. „Sie haben ihre Steine gelegt, und wir werden sofort einen Ansturm erleben; aber sie werden höchstwahrscheinlich zuerst eine Salve abfeuern."

Die Pause dauerte ein oder zwei Minuten. Dann wurde eine Trommel geschlagen und hundert Musketen abgefeuert. Ein Kugelregen flog in die Höhle.

„Jetzt", rief Stanley, „formiert euch."

Die Burmesen stießen einen wilden Schrei aus. Jetzt wussten sie, dass sie gegen menschliche Feinde kämpften, ihr Mut kehrte zurück und die Männer stürmten den Steinhaufen zum Eingang hinauf; aber vergeblich versuchten sie, in die Kammer einzudringen. Die Vordermänner wurden von den Speeren durchbohrt, und während die Verteidiger ihre Gestalten im Licht sehen konnten, konnten die Angreifer, die aus dem Sonnenlicht herauskamen, nichts in der Kammer sehen, die jetzt durch das Verstopfen des Eingangs verdunkelt war. Nicht ein einziges Mal musste Stanley zuschlagen. Die Speere der Burmanen verrichteten ihre Arbeit gründlich und nach zwei oder drei Minuten war der Eingang fast mit Leichen verstopft, was die Schwierigkeit für die Angreifer noch verstärkte.

Von den Hintermännern vorangetrieben, stürzten die vordersten über diese Hindernisse und wurden augenblicklich von den Speeren durchbohrt; bis es nicht mehr möglich war, durch den äußeren Eingang zu gelangen, geschweige denn in die Kammer vorzudringen. Immer wieder wurde der Angriff wiederholt und ebenso oft abgewehrt. Bevor die Burmesen vorrückten, versuchten sie jedes Mal, den Durchgang freizumachen, indem sie die Leichen ihrer Kameraden herauszogen; aber die beiden Wachen stellten sich nun vorn auf und erschossen einen Mann nach dem anderen, der den Versuch unternahm. Schließlich zogen die Burmesen ab, aber erst nachdem etwa fünfzig oder sechzig getötet worden waren.

Man sah, wie der Gouverneur wütend auf eine Gruppe von Offizieren gestikulierte, und kurz darauf erfolgte ein letzter Angriff, angeführt von mehreren hochrangigen Offizieren. Dies war ebenso erfolglos wie die anderen. Tatsächlich bildeten die Leichen der Getöteten nun eine nahezu unüberwindbare Barriere, und nachdem mehrere Offiziere und viele der tapfersten Männer gefallen waren, zogen sich die übrigen plötzlich zurück. Der Gouverneur schien zu erkennen, dass die Aufgabe unmöglich war; und zwei- bis dreihundert Männer machten sich sofort daran, Bäume zu fällen, und bei Einbruch der Dunkelheit war rund um das offene Gelände vor dem Tempel ein hoher Zaun errichtet worden.

„Sie werden versuchen, uns auszuhungern", sagte Stanley. „Heute Nacht gibt es keine Chance mehr zu kämpfen."

Sobald die Umzäunung fertig war, stellten sich Musketiere dahinter auf und eröffneten am Eingang ein Fallfeuer, während die Holzfäller weiterhin Bäume fällten.

„Wir müssen diese Leichen loswerden, wenn wir können", sagte Stanley, „sonst wird der Ort in ein oder zwei Tagen unbewohnbar sein."

„Hol die beiden Bambusstämme, die wir für die Sänfte hatten, Meinik. Wir werden die Leichen einen nach dem anderen herausschieben, beginnend mit denen oben auf dem Haufen von ihnen raus. Danach müssen wir unsere Chance auf einen Schuss nutzen."

Es kostete sie einige Stunden Arbeit, aber schließlich wurde der Durchgang geräumt und die Leichen wurden alle nach draußen geworfen. Das Feuer wurde im Nebenzimmer angezündet; und Stanley forderte zwei Männer auf, aufmerksam auf jede Bewegung zu achten, und ging wieder auf Harry zu – dem er einen kurzen Besuch abgestattet hatte, sobald die Burmesen abgefahren waren.

„Wir können es nicht riskieren, hier ein Licht zu haben, Harry", sagte er. „Ich möchte nicht, dass sie eine Ahnung davon haben, dass diese Kammer, die fast fünfzehn Meter über dem Eingang liegt, in irgendeiner Weise mit den darunter liegenden Räumen verbunden ist. Wenn ihnen eine solche Idee in den Sinn kam, könnten sie Männer mit Seilen von oben herablassen, und so nimm uns in den Hintergrund."

„Haben Sie gesagt, dass wir regelmäßig vor diesem Zaun eingesperrt werden?"

„Ja, auf diesem Weg gibt es sicherlich kein Entkommen. Dahinter ist es, wissen Sie, eine steile Felswand; und die einzige Möglichkeit, die ich sehe, ist, dass wir eine Treppe freimachen, die durch den Felsen hinaufführt. Von einem Felsvorsprung auf der Höhe dieses Raumes bis zu den Ruinen eines Gebäudes darüber. Der obere Teil ist derzeit vollständig mit Steinblöcken und Müll verstopft, und es wird eine sehr umständliche Arbeit sein, hindurchzukommen; aber so ist es Bei weitem, so scheint es mir, geht es um das oder nichts."

„Warum fällen sie Bäume?"

„Ich glaube, ihr General tut dies, um eine große Anzahl seiner Truppen in die Nähe der Palisaden zu bringen; teils vielleicht, um die Stimmung an der Front durch ihre Kompanie aufrechtzuerhalten, teils, um jeden Versuch unsererseits unmöglich zu machen Durch einen plötzlichen Ansturm finden wir den Weg nach draußen. Natürlich wissen sie nicht, was unsere Stärke ist, aber sie haben heute eine so wichtige Lektion erhalten, dass sie in Zukunft alle Vorsichtsmaßnahmen treffen werden.

„Na, was ist denn, Meinik?"

„Wir haben miteinander gesprochen, Meister, und wir denken, wenn wir fordern würden, dass sie die Leichen wegbringen könnten, ohne dass wir eingreifen, würden sie das tun. Mehrere hochrangige Offiziere sind dort gefallen, und das ist es auch." Es ist unsere Sitte, die Toten immer wegzutragen, wenn es möglich ist."

„Es würde sich auf jeden Fall lohnen, das Experiment auszuprobieren, Meinik. Aber wir müssen alle zu den Waffen stehen, während sie es tun, sonst könnten sie plötzlich losrennen. Allerdings würden wir das riskieren, denn diese Körper haben mir große Sorgen gemacht." viel, und ich würde alles geben, um sie wegzunehmen. Ich werde mit dir hinabgehen."

Daraufhin ging Meinik zum Eingang hinunter und rief:

„Frieden, Frieden! Der englische Offizier befiehlt mir zu sagen, dass er wünscht, dass diejenigen, die so tapfer gekämpft haben, nach ihrem Tod geehrt werden, und dass kein Schuss abgefeuert und keine Einmischung gegen diejenigen gemacht werden soll, die kommen." um die Toten wegzutragen."

Zwei, drei Minuten herrschte Stille, dann rief eine Stimme zurück:

„Es ist gut; zwei Stunden lang soll Frieden zwischen uns sein."

„Ich habe keinen Zweifel daran, dass der Gouverneur dies genauso gerne tut wie wir. Es wird als Schande angesehen, wenn die Toten nicht vom Boden zur Beerdigung getragen werden; und wenn er Depeschen an Ava schickt, wird er froh sein, wenn er dazu in der Lage ist." Ich möchte hinzufügen, dass die tapferen Männer, die gefallen sind, alle mit den gebührenden Ehren begraben wurden. Außerdem, Meinik, wäre es für seine Truppen nicht ermutigend, wenn sie diesen Haufen Leichen vor sich hätten, und es würde tatsächlich ausreichen, um etwas anzurichten eine Pest, in ein paar Tagen.

Die Männer formierten sich wieder um den Eingang herum. Die Burmesen erledigten ihre Arbeit im Stillen. Gelegentlich war eine leichte Bewegung zu hören, aber niemand hätte ahnen können, dass draußen hundert Männer beschäftigt waren. Einige von ihnen trugen Fackeln, und alle arbeiteten unter der Leitung von zwei oder drei Offizieren gleichmäßig und in guter Ordnung. Einer der Pfosten der Umzäunung war hochgezogen worden, und durch diesen wurden die Leichen getragen. Es dauerte weniger als zwei Stunden, bis eine Hupe ertönte und ein lauter Ruf ertönte:

„Der Frieden ist vorbei; alles ist erledigt."

Jenseits der Palisade loderten große Feuer zwischen den Bäumen. Die Arbeit des Abholzens des Waldes ging weiter, und am Morgen war der Boden in einer Entfernung von dreißig bis vierzig Metern vom Zaun entfernt gerodet. Dann errichteten die Burmesen vierzig Fuß hinter der ersten einen weiteren Palisadenzaun, so dass, falls es den Belagerten durch Nachlässigkeit oder Verrat gelingen sollte, durch die erste Linie zu gelangen, sich noch ein weiterer vor ihnen befand.

„Ich gehe davon aus, Meister", sagte Meinik, während er weit zurücktrat und den Männern bei der Arbeit zusah, „der General baut diese zweite Linie auf, nicht weil er glaubt, dass es eine Chance gibt, dass wir durch die erste kommen, sondern um sie beizubehalten." die Männer bei der Arbeit, um zu verhindern, dass sie an die Geister denken. Nachdem sie nun eine Nacht dort verbracht haben, werden sie ihre Angst einigermaßen überwunden haben und natürlich jeden Tag, der vergeht, ohne dass ihnen etwas Böses widerfährt werde immer weniger an die Bösen denken.

„Glaubst du an sie, Meinik?"

Meinik zögerte.

„Jeder weiß, Meister, dass böse Geister die Schätze der Menschen bewachen, die vor langer, langer Zeit in diesem Land lebten. Niemand kann bezweifeln, dass Menschen, die voreilig nach Schätzen gesucht haben, tot aufgefunden wurden, mit starren Augen und geschwollenen Körpern; aber Da sie derzeit genau wissen müssen, dass weder wir noch die Außenstehenden nach Schätzen suchen, dürfen sie sich nicht einmischen.

„Dann denkst du, dass hier irgendwo Schätze vergraben sind?"

„Das kann ich nicht sagen, Meister; jeder sagt es. Es ist die Geschichte überliefert, dass dies einst der größte Tempel des alten Volkes war; und dass, als sie von Stämmen aus dem Osten besiegt wurden – ich weiß nicht, ob es das war." waren wir oder einige Leute vor uns – die Priester aus allen anderen Tempeln kamen hierher. Die Überreste ihrer Armee kamen auch hierher und kämpften außerhalb des Tempels, bis alle getötet wurden.

„Als die Eroberer eintraten, fanden sie die Priester alle in regelmäßigen Reihen auf dem Bürgersteig liegen. Alle waren tot. Eine Geschichte besagt, dass sie sich selbst erstochen hatten, eine andere, dass sie Gift genommen hatten. Jedenfalls wurden keine Schätze gefunden ; obwohl bekannt war, dass die Reichtümer des Tempels groß waren und dass alle anderen Priester, die hierher gekommen waren, die Schätze aus ihren Tempeln mitgebracht hatten. Das war der Beginn der Zerstörung des Ortes; denn das Pflaster war zerrissen an einigen Stellen wurden die Mauern eingeebnet und die Bilder der Götter auf der Suche nach den Schätzen zerbrochen.

„Die Arbeit der Schutzgeister hatte bereits begonnen. Sie sagen, dass alle, die an der Suche beteiligt waren, an einer schrecklichen Pest starben, die ausbrach. Seitdem ist der Ort verflucht. Ein- oder zweimal haben Könige Leichen geschickt Truppen, um zu suchen; und sie sagen, dass einige den Tempel nie finden konnten, sondern tagelang durch den Wald wanderten und vergeblich danach suchten. Andere fanden eine so dichte Dunkelheit, wie der schwärzeste Rauch, der den Wald erfüllte, dass selbst die Mutigsten Wagen Sie es nicht, einzutreten. Ich sage nicht, dass das so war; ich sage nur, dass dies die Geschichten sind, die uns überliefert sind."

„Nun, Meinik, wir werden nicht nach dem Schatz suchen; und es ist offensichtlich, dass die Geister uns keinen Groll hegen; tatsächlich fühle ich mich ihnen gegenüber verpflichtet, denn es ist wahrscheinlich genug, dass die Soldaten ihr Unglück darauf zurückführen werden Ihr Einfluss ist geschwächt, und selbst der Gouverneur könnte das Gefühl haben, dass es sinnlos wäre, zu versuchen, sie zu einem erneuten Angriff zu bewegen. Heute Abend werden wir hinaufgehen und einen weiteren Blick auf die Treppe werfen und sehen, wie wir uns am besten an die Arbeit machen können Räumen Sie sie auf. Es gibt keine große Eile, aber je früher wir uns an die Arbeit machen, desto besser.

Den ganzen Tag über wurde am Eingang von den Truppen hinter der ersten Palisade ein Fallfeuer aufrechterhalten; Da aber die Verteidiger mit

Ausnahme von drei Männern, die ständig Wache hielten, in der nächsten Kammer stationiert waren, prasselten die Kugeln harmlos gegen die Wand. In der Nacht war der angesammelte Staub der Jahrhunderte vom Boden aufgewirbelt worden; und dies war drei Zoll tief in den Durchgang zwischen der Außenluft und der Kammer gestreut worden, um das dort vergossene Blut zu bedecken.

Sobald es ganz dunkel war, gingen Stanley, Meinik und drei der Dorfbewohner auf den Sims vor der oberen Öffnung, gingen daran entlang zum Eingang der Treppe und stiegen auf. Sie trugen zwei oder drei glühende Brandmarken des Feuers bei sich, in einem der irdenen Kochtöpfe, der mit einem Tuch abgedeckt war, um zu verhindern, dass der Feind das geringste Leuchten bemerkte. Auf Stanleys Befehl brachten die Männer die Bambusstämme der Sänfte, die Säge, die sie beim Zaunbau benutzt hatten, ein Beil und einige Blöcke Brennholz mit.

Als sie an der Stelle ankamen, an der die Stufen verstopft waren, zündeten sie die beiden Fackeln an – die Männer, die den Schluss der Gruppe bildeten, hielten einen Teppich hoch, um zu verhindern, dass die Fackeln draußen reflektiert wurden. Als Stanley und Meinik das Hindernis erneut untersucht hatten, zog sich dieser zurück; und die Burmanen kamen einer nach dem anderen herbei und schauten es sich an.

"Was denkst du darüber?" Stanley fragte sie.

„Es wäre gefährlich, es zu berühren, Mylord“, sagte einer von ihnen. „Wenn sich nur ein Stein von seinem Platz lösen würde, wäre das der Tod für uns alle. Sie sind jetzt fest, ziemlich fest; aber wenn zwei oder drei gestört würden, könnte das Ganze auf einmal einstürzen.“

„Das verstehe ich durchaus“, sagte Stanley. „Kann einer von euch einen Plan vorschlagen, wie wir rauskommen könnten, ohne das große Risiko einzugehen, sie in Gang zu setzen?“

Die Burmesen schwiegen,

„Dann erzähle ich dir meinen Plan. Ich schlage vor, die Bambusstämme in Längen zu schneiden, die gerade über den Durchgang reichen. Es sind die unteren Steine, vor denen man am meisten Angst hat. Solange diese fest bleiben, besteht keine Angst davor allgemeine Bewegung, aber wenn sie gingen, könnte die ganze Masse herunterfallen. Dieser Durchgang ist weniger als drei Fuß breit und die Bambusse sind zwölf Fuß lang, so dass jeder vier Fuß ergeben würde, die Breite des Durchgangs. Ich schlage vor, sie zu treiben fest hinein und befestigen Sie sie mit Keilen fest. Sie müssen so eingesetzt werden, dass sie die Steine tatsächlich berühren, um zu verhindern, dass sie die geringste Abwärtsbewegung machen. Wenn sie zu rutschen begannen, würden sie zweifellos die Bambusse wegtragen; aber wenn diese durch Keile fest befestigt wären, müssten sie ausreichen, um jegliche Bewegung zu verhindern – zumal es so viele davon gäbe, dass sie einander fast berühren würden, und zwar von dieser untersten Stufe, auf der die Felsen ruhen, etwa fünf Fuß hoch – das heißt bis auf etwa zwei Fuß unter das Dach, was für uns ausreichen würde, durchzukriechen, und die Bambusstämme würden als Leiter dienen. Dann schlage ich vor, dass wir uns nach oben arbeiten, die kleinen Steine und den Müll rückwärts passieren und alle Risse und Spalten unter uns auffüllen.

„Ich sehe natürlich, dass wir auf viele Hindernisse stoßen werden. Es können große Steine herausragen, die vielleicht am Dach festgeklemmt sind; diese müssten abgebrochen oder in Stücke geschlagen werden. Zweifellos wird die Arbeit einige Zeit in Anspruch nehmen, aber Auf jeden Fall gibt es genug Nahrung für drei Wochen, und wenn wir abwechselnd Tag und Nacht arbeiten, sollten wir in der Lage sein, uns nach draußen zu graben. Wenn wir weiterkommen, werden wir vielleicht feststellen, dass die Steine nicht mehr so fest zusammengepresst sind, wie sie sind , hier. Wie dem auch sei, als wir das Licht über uns sahen, nur etwa zehn Meter hoch, dürften nicht mehr als sechs Meter dicht gepacktes Zeug da sein, um durchzukommen.

„Zweifellos wird die Arbeit sowohl gefährlich als auch hart sein, aber da wir wissen, dass unser ganzes Leben verwirkt ist, wenn es uns nicht gelingt, können wir uns der Gefahr stellen. Jeder von uns wird der Reihe nach seinen Anteil übernehmen; ich werde es tun.“ „Ich selbst und soll die Arbeit im Allgemeinen leiten. Was halten Sie von dem Plan?“

„Ich denke, dass es möglich ist, Meister“, sagte Meinik. „Auf jeden Fall müssen wir es versuchen; denn nur so haben wir eine Chance auf Leben.“

Die Burmesen stimmten alle zu und machten sich sofort an die Arbeit. Die Bambusse wurden zunächst in Längen geschnitten; und dann wurden sie mit der Axt und den Keilen von einer Seite zur anderen so fest eingeklemmt, dass es großer Kraft bedurft hätte, sie zu lösen. Diese Stützen waren etwas unregelmäßig platziert, da sie unbedingt die Steine berühren mussten. Während sie mit der Arbeit fortfuhren, wurden die Räume hinter den Bambusstämmen dicht mit Schutt aufgefüllt, um das Ganze zu verfestigen.

Als die letzte Stütze an ihrem Platz war, sagte Stanley:

„Nun, Meinik, erledige diese drei Arbeiten heute Abend; vier weitere werden deinen Platz vor Tagesanbruch einnehmen. Bedenken Sie, ich möchte zunächst nicht, dass Sie versuchen, festsitzende Steine zu bewegen, sondern einfach alle kleinen Steine wegzuräumen , und Schutt. Einen guten Teil kannst du hinter den beiden oberen Bambusstämmen verstauen. Den Rest musst du auf die Treppe legen. Ich werde heute Abend sehen, was wir an Werkzeugen zum Abschlagen der großen Steine, die nicht bewegt werden können, hinbekommen . Ihr solltet euch am besten sehr oft gegenseitig ablösen. Die drei, die nicht bei der Arbeit sind, sollen sich draußen auf den Sims setzen, damit ein versehentlich gelöster Stein nicht auf irgendjemanden fällt. Alle zehn Minuten wird einer heraufkommen, um den Platz einzunehmen des Mannes bei der Arbeit. Stellen Sie sicher, dass jeder, wenn er auf- oder absteigt, die Decke sorgfältig zurücklegt."

Tatsächlich hatten sie, bevor sie mit dem Zersägen der Bambusstämme begannen, die Decke an einem der Querstücke der Trage befestigt und diese auf die Breite des Durchgangs zugeschnitten und dicht an das Dach geklemmt; so dass der herunterhängende Vorhang das Licht effektiv ausschaltete.

Dann stieg Stanley die Stufen hinunter und gesellte sich unten zu Harry zurück. Bevor er weiter nach unten ging, erzählte ihm Stanley, der Harry im Laufe des Tages von seinem Plan erzählt hatte, von dem Anfang, den sie gemacht hatten.

„Natürlich hängt alles davon ab, auf welche Steine man trifft", sagte Harry. „Wenn du an einen großen, festen Block kommst, weiß ich nicht, wie du da hindurchkommst."

„Wir haben die Beile und können sie wegschnitzen; und vielleicht können wir aus den Ladestöcken der Gewehre Ihrer Wachen ein paar Meißel machen. Mit Geduld und vielen Händen kann man viel tun."

Stanley ging dann nach unten und erklärte den anderen den vorgeschlagenen Plan. Die Nachricht erfüllte sie mit großer Befriedigung; Denn obwohl Meinik ihnen gesagt hatte, dass oben eine mit Steinen blockierte Treppe sei, schien es ihm so unmöglich gewesen zu sein, sie freizumachen, dass er die Tatsache nicht betont hatte; und die Vorbereitungen des Feindes, jeden möglichen Rückzug zu verhindern, hatten sie sehr deprimiert.

Stanley nahm einen der eisernen Ladestöcke, kratzte etwas Glut aus dem Feuer und legte ihn etwa einen Fuß von einem Ende entfernt hinein; Dann wies er die anderen an, die Glut anzufachen, bis sie fast weißglühend glühte. Er nahm den Ladestock heraus, legte die Schneide eines ihrer Messer darauf und schnitt den glühenden Stab bald durch, indem er mit einem Stein auf den Rücken schlug. Er wiederholte den Vorgang und hatte nun drei kurze Stäbe gleicher Länge. Nun erhitzte er jeweils ein Ende, legte es auf eine Axt auf den Boden und hämmerte es mit der Rückseite eines leichten Beils in Meißelform. Wiederholen Sie dies mehrmals, bis es die gewünschte Form und Schärfe hat. dann tauchte er dies in einen Topf mit Wasser. Das Gleiche tat er auch mit den anderen beiden; und hatte nun drei Meißel, mit denen er die Steine abschlagen zu können hoffte. Den anderen Ladestock ließ er intakt, nur dass er ein Ende schärfte.

Dann ging er in Harrys Zimmer, legte sich hin und schlief einige Stunden; Er stellte die beiden Jungen auf Wache und befahl dem Polizisten, auf sie aufzupassen. Die beiden Burmanen sollten zusammen mit einem der Wachen mit ihm zur Arbeit gehen. Mehrmals wachte er auf. Als er das letzte Mal hinausschaute, glaubte er, dass es ein schwaches Licht am Himmel gäbe, und als er hinabstieg, rief er die drei Männer herbei und forderte sie auf, die beiden schweren Äxte, ein leichtes Beil und die drei kurzen Meißel herbeizuholen. Er führte sie die Stufen zur Arbeitsgruppe hinauf.

„Wie geht es dir, Meinik?"

„Wir haben vier Fuß überwunden, Meister; aber jetzt ragt ein großer Stein heraus, und wir können nichts damit anfangen."

„Wir werden es versuchen und ihr geht alle auf einmal runter."

„Zieht einer von euch sein Tuch aus und füllt ihn mit diesem Müll auf den Stufen. Tut es so schnell ihr könnt. Der Tag wird anbrechen, in ein paar Minuten."

Stanley kletterte nun hinauf und untersuchte den Durchgang. Der Boden war eben. Jeder Spalt und jede Spalte zwischen den Steinen wird mit Müll aufgefüllt. Das Hindernis, von dem Meinik gesprochen hatte, war offenbar Teil einer flachen Platte. Es reichte bis auf wenige Zentimeter an das Dach heran und berührte an einer Seite die Felswand; Auf der anderen Seite gab es einen Abstand von etwa zehn bis fünf Zoll, und die Erde und der Müll waren bereits dahinter herausgekratzt worden. Als er seine Hand hineinsteckte, stellte er fest, dass der Block etwa zehn Zentimeter dick war.

Er glaubte, dass er es vielleicht abbrechen würde, wenn er ihm nur einen ordentlichen Schlag mit der Rückseite einer der schweren Äxte versetzen könnte; aber das war unmöglich. Die Gesamtbreite des Durchgangs betrug nicht mehr als drei Fuß; und da die Männer im Laufe der Zeit etwas nach unten gearbeitet hatten, waren jetzt etwa dreißig Zoll zwischen dem Erd- und Schuttbett, auf dem er lag, und dem Dach. Er nahm den Stiel der Axt mit beiden Händen und benutzte den Kopf als Rammbock. aber ohne Erfolg. Dann rief er den kleinsten der drei Männer herbei und forderte ihn auf, neben ihn zu kriechen, und mit vereinter Kraft schlugen sie einige Zeit lang auf den Stein ein. Als Stanley feststellte, dass auf diese Weise nichts getan werden konnte, schickte er den Mann erneut zurück. Dann nahm er einen der drei Meißel und ein kleines Beil und markierte eine Linie entlang der Unterseite des Steins. und dann zehn Minuten lang mit Meißel und Hammer daran gearbeitet. Dann rief er einen der anderen herbei und zeigte ihm, was er tun sollte. Den ganzen Tag über arbeiteten sie abwechselnd, und obwohl die Fortschritte sehr langsam waren, war die Rille bei Einbruch der Dunkelheit einen halben Zoll tief.

Stanley und der stärkste Burman gingen dann gemeinsam hinein und versuchten, wieder auf dem Rücken liegend, die Wirkung der schweren Axt; aber immer noch ohne Erfolg. Dann forderte Stanley den Mann auf, herunterzukommen und den Keil an der Spitze der Axt herauszunehmen. und das Holz unterhalb des Kopfes wegzuschneiden, so dass dieser vier bis fünf Zoll nach unten rutschte; dann den Kopf der anderen schweren Axt abnehmen und darüber aufsetzen und den Keil wieder einsetzen. Nach ein paar Minuten gesellte sich der Mann wieder zu ihm.

„Wir müssen es so nah wie möglich am Dach treffen", sagte Stanley. Beide umklammerten den Griff fest. „Wir werden es dreimal hin und her schwingen und beim dritten Mal zuschlagen."

„Eins, zwei, drei – Hurra!"

Als die zweiköpfige Axt mit vereinter Kraft auf den Stein traf, gab es einen scharfen Knall.

„Das hat es geschafft", sagte Stanley und drehte sich um.

Entlang der Rille verlief eine dunkle Linie, und die Oberseite des Steins neigte sich fünf Zentimeter von der Senkrechten nach hinten; wird durch den Müll dahinter an seinem Platz gehalten. Stanley steckte seine Hand in das Loch und legte seine Finger hinter den Stein; während die Burmesen den Meißel in den Spalt steckten und ihn als Hebel benutzten. In zwei oder drei Minuten wurde der Stein aus seiner Position bewegt, aus dem Loch genommen und auf die Stufen gelegt.

Eine halbe Stunde später kam Meinik mit einem Soldaten, einem weiteren Wachmann und einem der Jungen herauf; und stellte erfreut fest, dass das Hindernis, das seiner Meinung nach ihre Hoffnungen vernichtet hatte, beseitigt worden war. Stanley zeigte, wie sie die Arbeit ausgeführt hatten; und dann ging er mit seiner Gruppe in die Felsenkammern hinunter.

„Es war eine ziemlich anstrengende Arbeit, Harry", sagte er, „obwohl wir jeweils nur etwa eine Viertelstunde damit beschäftigt waren. Meine Handgelenke, Arme und Schultern schmerzen, als hätte man mich mit Stöcken geschlagen. Morgen." Ich werde einen guten Vorrat an Brennholz mitnehmen. Die Meißel waren stumpf, bevor wir eine Stunde gearbeitet hatten; und wir würden schneller zu einem Geschäft kommen, wenn wir sie häufig schärfen könnten."

„Ist der Stein hart?"

„Nein, es ist eine Art Marmor, glaube ich. Wir hatten den unteren Teil der Platte auf unserer Seite und ich dachte nicht daran, nachzuschauen, als wir ihn abnahmen. Jedenfalls war er nicht sehr hart und hatte eine gute Festigkeit

Mit einem Meißel und einem kurzen, schweren Hammer hätten wir es sicher in einer Stunde geschafft.

„Jedenfalls ist es ein Trost, dass nichts auf uns heruntergefallen ist. Ich habe den Haufen sorgfältig untersucht und festgestellt, dass sich zwischen den unteren Steinen nicht die geringste Bewegung gezeigt hat; ein Teil der Schwierigkeit scheint also überwunden zu sein."

„Jetzt muss ich runtergehen und etwas essen, und dann werde ich gut schlafen. Geht es dir gut, hoffe ich?"

„Besser könnte es nicht gehen, Stanley. Ich habe heute drei feste Mahlzeiten zu mir genommen und eine Zeit lang auf der Bettkante gesessen. Ich habe versucht aufzustehen, aber es ging nicht; trotzdem glaube ich das." , in ein oder zwei Tagen schaffe ich es."

Sechs Tage lang ging die Arbeit weiter. Eine Gruppe schaute abwechselnd zu, eine andere schlief und die dritte arbeitete. Einige der Steine verursachten viel größere Probleme als die ersten, denen sie begegnet waren; aber das Feuer in der Nähe zu haben erwies sich als große Hilfe, da die Meißel häufig geschärft werden konnten. Die Männer gewöhnten sich immer mehr an die Arbeit, und die stetigen Fortschritte, die sie machten, weckten in ihnen große Hoffnungen.

Am Ende der Woche versperrte jedoch ein Stein den Weg. Dies war jedoch bei weitem das Furchtbarste, dem sie begegnet waren. Es schien eine Säule oder ein riesiger Torpfosten gewesen zu sein; und war quadratisch und maß auf jeder Seite etwa zwanzig Zoll. Das Hindernis war umso gewaltiger, als das obere Ende ihnen zugeneigt war, was den Umgang mit dem Meißel erheblich erschwerte. Dahinter befand sich, soweit sie sehen konnten, lediglich eine Masse kleinerer Steine.

Die Gruppe, die an diesem Block gearbeitet hatte, war sehr entmutigt, als Stanley heraufkam, um sie abzulösen. Aufgrund der Neigung des Steins hatten ihre Meißel nur wenig Biss, und obwohl sie sechs Stunden lang daran gearbeitet hatten, hatten sie kaum einen Eindruck hinterlassen; Tatsächlich hatten sie das Gesicht nur an einer Stelle so weit durchbrochen, dass der Meißel hätte schneiden können. Meinik war zwei Stunden zuvor heruntergekommen, um Stanley die Art des Hindernisses zu melden, und als er hinaufstieg, nahm er den zweiten Ladestock mit, der bisher noch nicht benutzt worden war.

Er erkannte sofort, dass es, wie Meinik ihm gesagt hatte, unmöglich sein würde, mit den gleichen Mitteln wie zuvor durch diesen Block zu kommen, denn je tiefer die Rille wurde, desto größer würde die Arbeit werden, und aufgrund der Neigung des Steins würde Sie würden mit der Zeit einen Punkt erreichen, an dem die Axt nicht mehr zum Schlagen des Meißels verwendet werden konnte.

Die Stelle, an der die leichte Vertiefung angebracht war, befand sich fast an der Ecke des Steins. Diese wurde nach und nach durch Hämmern mit dem Axtkopf vergrößert und nach einer Stunde Arbeit war die Oberfläche so weit gestampft, dass der Meißel sie flach festhalten konnte. Dann legten sich Stanley und einer der Burmanen nieder und legten das schneidende Ende des langen Ladestocks dagegen; und die anderen schlugen abwechselnd mit der Rückseite eines leichten Beils auf das Ende, wobei diejenigen, die den Stab hielten, ihn nach jedem Schlag leicht drehten. Jede halbe Stunde wurde die Kante des Meißels nachgeschärft, und als die nächste Gruppe sie ablöste, war ein Loch von einem halben Zoll Durchmesser und zwei Zoll Tiefe in den Stein gebohrt. Stanley blieb eine halbe Stunde bei den Neuankömmlingen, unterwies sie in die Arbeit und ging dann nach unten.

„Nun, Stanley, was wirst du mit diesem monströsen Stein machen, von dem Meinik mir erzählt hat?“

„Es gibt nur eins, was man damit machen kann, Harry, nämlich es zu sprengen. Der Block ist so geneigt, dass man mit den Meißeln nichts machen kann, und wir bohren jetzt ein Loch. Ich weiß nicht, ob ich das tun werde.“ Es gelingt mir, aber ich werde es auf jeden Fall versuchen. Wenn es nicht klappt, muss ich einen anderen Weg finden. Die Vorräte halten ganz gut, und Meinik rechnet damit, dass wir mit ein wenig Geiz noch einen anderen Weg kriegen könnten Drei Wochen. Wir haben das Loch heute in einer Länge von 2 Zoll gebohrt, und je mehr wir uns an die Arbeit gewöhnen, desto mehr wage ich zu behaupten, dass wir es in jeder Schicht auf 3 Zoll schaffen könnten. Der Block hat auf der Geraden einen Durchmesser von 20 Zoll und kann 60 cm lang sein auf der Linie, der wir folgen; so dass wir in vier Tagen fast fertig sein werden.

„In drei Wochen werden wir fünf Löcher gebohrt haben, die es schwächen, so dass wir es vielleicht abbrechen können. Ich hoffe jedoch, dass wir ein Loch finden, das ausreicht. Ich werde es fünfzehn Zoll tief machen und es dann aufladen der Inhalt von einem Dutzend Patronen. Ich denke, das sollte genügen.“

In zweieinhalb Tagen hatte das Loch die erforderliche Tiefe. Harry hatte so schnelle Fortschritte gemacht, dass er an diesem Morgen durch sein Zimmer gehen konnte.

„Wir müssen den Schuss sofort versuchen“, sagte Stanley, „denn wenn er fehlschlägt, müssen wir weiterarbeiten. Wenn er gelingt, können wir, wenn wir möchten, noch eine Woche warten, bevor wir uns auf den Weg machen. Bis dahin werden Sie das tun.“ Seien Sie stark genug, um durch diesen niedrigen Gang zu kommen, und gehen Sie ein kleines Stück; dann können wir ein paar Stangen abschneiden und die Hängematte wieder aufstellen.

„Wissen Sie etwas über Bergbau, denn ich weiß nichts? Eine Idee, wie man das Loch bohrt, hatte ich nur, weil ich vor Jahren in Agra einige Ingenieure bei der Arbeit gesehen habe; aber ich weiß sicher nicht, wie sie den Schuss abgefeuert haben. oder vorbereitet.

„Ich kann dir ein wenig darüber erzählen, Stanley; denn ich bin ein- oder zweimal in einer Kohlenmine gewesen und habe den Männern dabei zugesehen. Sie haben zuerst die Ladung hineingelegt, dann haben sie einen Holzstab hineingesteckt, genau das Dicke der von ihnen verwendeten Zündschnur; dann streuten sie ein wenig trockenen Staub darum herum, drückten ihn vorsichtig mit einem kleinen Holzstab nach unten; dann befeuchteten sie etwas Staub und hämmerten ihn fest hinein. Nachdem sie etwa einen halben Zoll hineingegeben hatten Davon verwendeten sie leicht angefeuchteten Staub und schlugen ihn wie zuvor ein. Als er ganz voll war, zogen sie den Mittelstab heraus und steckten die Zündschnur in das Loch, das er hinterlassen hatte.

„Wir haben keine Sicherung", sagte Stanley, „aber ich denke, wenn wir einen schmalen Streifen Stoff nehmen, ihn anfeuchten und Schießpulver hineinreiben, ihn trocknen lassen und ihn dann aufrollen, wäre alles in Ordnung." . Dann könnten wir eine Reihe feuchten Pulvers darauf legen, das Ende anzünden und losrennen."

„Ich denke, das würde reichen", stimmte Harry zu, „aber du müsstest sehr schnell losrennen, denn wenn es losgeht, bevor du am Fuß der Treppe angekommen bist, könnte es sehr unangenehm sein."

„Ich glaube nicht, dass die Wirkung des Schocks so groß sein wird, Harry. Der Stein könnte brechen, aber ich glaube kaum, dass dadurch irgendetwas aus dem Loch fliegen würde."

Kapitel 16
Wiederbeitritt.

Seit Beginn der Belagerung hatten die Verteidiger jeden Tag gelegentlich einen Schuss auf die Palisaden abgefeuert; nicht mit der Absicht, Schaden anzurichten, sondern damit die Angreifer wussten, dass sie sich noch in der Höhle befanden. An diesem Abend, als das Loch die richtige Tiefe erreicht hatte, ging Stanley, nachdem er seine Zündschnur vorbereitet hatte, mit zwanzig Patronen in der Tasche in Begleitung von Meinik hinauf. Das Loch wurde aufgeladen und gestopft und die Sicherung eingesetzt. Dies nahm eine beträchtliche Zeit in Anspruch. Die Zündschnur war so durchtrennt, dass ein Zoll davon aus dem Loch herausragte. Die anderen acht Patronen wurden dann zerkleinert und das Pulver angefeuchtet; und ein etwa zwei Fuß langer Zug wurde von der Zündschnur bis zum Eingang des Lochs verlegt. Dann wurde ein Stück Lumpen um ein Ende des Ladestocks gewickelt; und dieser war wiederum an eine lange Rute gebunden, die in der Nacht zuvor von einem der Jungen zerschnitten worden war, der lautlos aus dem Eingang geschlüpft war. Der Lappen war angefeuchtet und mit Schießpulver eingerieben worden.

„Jetzt, Meinik", sagte Stanley, „ist alles bereit. Diese Stange ist sechzehn Fuß lang, so dass meine Füße im Liegen knapp am Rand des Lochs sind und ich bald herunterfallen kann." Ich habe den Zug angezündet und bin davongerannt. Ich werde eine Fackel etwa einen Fuß vom Zug entfernt anbringen; dann muss ich nur noch die Stange dorthin heben, den Lappen anzünden, den Zug anzünden und dann nach unten rutschen und Bolzen.

„Jetzt musst du zuerst runtergehen."

„Nein, Meister", sagte Meinik bestimmt; „Ich werde den Zug anzünden. Ich glaube nicht, dass eine Gefahr besteht, aber ob sie besteht oder nicht, ich werde sie auf mich nehmen. Wenn ich getötet werde, spielt das keine Rolle; wenn du hingegen getötet würdest, wäre alles verloren, denn Wenn die Explosion den Stein nicht zum Platzen gebracht hat, bin ich sicher, dass wir nie in der Lage sein würden, ohne Ihre Anweisung durchzukommen. Nein, Meister, wenn Sie bleiben, bleibe ich; und das würde unsere Chancen, herunterzulaufen, nur verringern die Schritte in der Zeit.

Stanley argumentierte und befahl sogar, aber Meinik blieb hartnäckig und da er sah, dass der treue Burman nicht bewegt werden sollte, überließ er die Angelegenheit widerstrebend seinen Händen und ging nach unten. Er bewegte sich ein kurzes Stück den Sims entlang und wartete. Die Zeit kam ihm wie eine Ewigkeit vor, so dass er einen Freudenschrei ausstieß, als Meinik plötzlich in Sicht kam und seinen Platz neben ihm einnahm.

„Ich habe den Zug angezündet, Meister. Das Pulver zischte, schien aber nicht sehr schnell zu brennen."

Es dauerte tatsächlich noch zwei Minuten, bis ein tiefes, gedämpftes Brüllen zu hören war. Es gab keinen weiteren Lärm, aber sie hörten Rufe von den Burmanen hinter den Palisaden.

„Sie werden sich fragen, was das Geräusch ist", sagte Stanley, „aber sie werden nicht sagen können, aus welcher Richtung es kam; denn ich gehe davon aus, dass fast alle tief und fest geschlafen haben. Jetzt gehen wir hinauf und sehen uns das Ergebnis an." ."

Sie stiegen die Stufen hinauf, die jetzt in völliger Dunkelheit lagen. Der Vorhang hing immer noch an seinem Platz, etwa drei Meter unter dem Hindernis. Sie zündeten eine Fackel an der Glut in der Pfanne an; und dann kletterte Stanley in den Gang hinauf und kroch hastig entlang.

Er stieß einen zufriedenen Schrei aus, als er sich dem Ende näherte. Die Explosion war völlig gelungen – das Ende des Blocks lag auf dem Boden. Ob das Ganze weggeflogen war oder nicht, konnte er nicht sehen; aber er war sich sicher, dass der größere Teil abgespalten sein musste. Es war klar, dass es viel Zeit und die Kraft mehrerer Männer erfordern würde, den Block herauszubekommen. Deshalb stiegen sie sofort hinab, um die Herzen derer unten zu erfreuen; mit der Nachricht, dass ihnen nun der Ausweg offen stand, wann immer sie gehen wollten.

Harry zeigte keinerlei Überraschung über die Nachricht.

„Ich habe dafür gesorgt, dass du Erfolg haben würdest, Stanley. Nachdem du mich befreit hast, wie du es getan hast, und zuvor selbst geflohen bist, kommt es mir so vor, als hättest du den ‚öffnen Sesam' von Ali Baba erwischt, und zwar nur die kabbalistischen Worte zu verwenden, um ein- und auszusteigen, wohin man auch gehen möchte."

„Ich bin mir meiner eigenen Kräfte keineswegs so sicher, wie du zu sein scheinst, Harry; und ich kann dir versichern, dass ich sehr zweifelhaft war, ob dieser Schuss gelingen würde. Ich habe es jedenfalls gehofft." Blasen Sie ein gutes Stück des Steins heraus, und in diesem Fall hätten wir die Meißel wieder zum Arbeiten bringen können. Es war die schräge Position des Blocks, die uns besiegt hat. Aber Gott sei Dank ist die Arbeit jetzt erledigt, und Sie haben es geschafft nur um ein bisschen stärker zu werden, und wir werden loslegen.

„Ich bin jetzt so weit, dass es losgehen kann, Stanley. Ich halte es für absurd, noch länger zu warten, denn man kann nie sagen, was passieren wird. Dieser burmesische General, der ein hartnäckiger Bettler zu sein scheint, könnte es sich in den Kopf setzen Stellen Sie eine Wache auf die Spitze des Hügels, und dann wird all Ihre Arbeit vergeudet sein.

„Das ist durchaus wahr, Harry; und da ich wirklich nicht glaube, dass dir das Reisen jetzt ernsthaften Schaden zufügen würde, werde ich mich für morgen entscheiden. Auf jeden Fall werde ich sofort ein paar Männer mitnehmen, und Hol den Stein raus.

Die Aufgabe war schwierig. Der Steinblock war so groß wie der Durchgang, dass es ihnen nicht gelang, ein Seil dahinter zu wickeln, und nachdem sie es zwei Stunden lang vergeblich versucht hatten, kamen sie zu dem Schluss, dass der einzige Ausweg darin bestand, ihn vor sich herzuschieben. Sie stellten jedoch bald fest, dass dies unmöglich war; und dass zumindest ein Teil des Steins an seinem Platz blieb. Schließlich gelang es ihnen, eine Schlaufe des Seils über die Oberseite des Blocks zu schieben; und dann zogen acht von ihnen es mit größter Gewalt aus dem Loch und ließen es auf die oberste Stufe sinken.

Als sie dies getan hatten, nahte die Morgendämmerung; und deshalb kehrten sie sofort in die Kammern darunter zurück.

Die Männer waren alle sehr erfreut, als Stanley ihnen sagte, dass sie noch in dieser Nacht gehen würden. So zuversichtlich sie auch waren, dass die Burmesen nicht mit Gewalt eindringen konnten, überkam sie jetzt, da der Weg frei war, ein neues Gefühl der Nervosität, weil sie befürchteten, dass unvorhergesehene Umstände eintreten könnten, die ihr Eindringen verhindern könnten. Der übriggebliebene Reis wurde in drei oder vier Pakete aufgeteilt. Das Fleisch war längst fertig.

Stanley besprach mit Meinik, wie Harry am besten durch den Gang geführt werden sollte. Er konnte, so waren sie sich einig, den Sims entlanggehen, mit einem vor und einem hinter ihm, um ihn zu stützen; und konnte dann von vier Männern in einer Decke die Stufen hinauf getragen werden. Er muss natürlich in den Gang gehoben und bis zum Ende hindurchgeschleppt werden; Danach wäre es ganz einfach. Sechs Männer konnten ihn in einer Decke so weit tragen, dass sie Stangen zerhacken konnten, ohne dass die Burmesen das Geräusch der Äxte hörten.

Von Beginn ihrer Arbeit an wurden alle Anstrengungen unternommen, um Geräusche zu dämpfen. Die über dem Gang aufgehängte Decke hatte gewissermaßen als Schalldämpfer gewirkt; Über die Hammerköpfe der Äxte war aber stets ein Stück Stoff gebunden, um zu verhindern, dass die scharfen Klirrgeräusche der Schläge auf die Meißel oder den Stein zu hören waren.

Sobald es dunkel genug war, dass sie den Felsvorsprung entlanggehen konnten, ging Meinik mit Stanley, um den Boden zu untersuchen. Glücklicherweise war der Steinanteil, der über dem Niveau blieb und das

Zurückrollen des Felsens verhinderte, nur gering; und sie konnten es mit den Äxten in einer halben Stunde zerschlagen. Dann marschierten sie problemlos weitere einen Meter weiter und standen dann aufrecht in der Vertiefung in der Mitte der Ruine. Sie stiegen sechs weitere Stufen hinauf und gelangten zu den Büschen, die das Gelände des Tempels bedeckten.

Sie räumten nun sorgfältig alle Steinsplitter vom Boden des Durchgangs weg, und als Stanley zurückkam, gab er den Befehl, aufzubrechen. Vom unteren Eingang wurden zwei oder drei Schüsse abgefeuert, um dem Feind zu zeigen, dass er dort war und auf der Hut war; und dann gingen alle hinauf zu Harrys Zimmer. Er war zum ersten Mal angezogen und bereit für den Start. Zwei der stärksten Burmesen gingen zuerst weiter.

„Jetzt, Harry, sollst du deine Hände auf meine Schultern legen. Meinik wird dir dicht folgen und seine Arme um dich legen, falls du Hilfe brauchst. Natürlich werden wir ganz langsam vorangehen.“

„Ich glaube nicht, dass all diese Vorsichtsmaßnahmen notwendig sind“, sagte Harry. „Ich bin sicher, dass ich diese Strecke problemlos zurücklegen kann. Sie sagen, die Treppe ist nur etwa zwölf Fuß lang.“

„Ich wage zu behaupten, dass du es könntest, Harry; aber wir wollen kein Risiko eingehen. Dein Kopf ist im Moment nicht sehr stark, und es könnte sein, dass dir schwindelig wird oder du stolperst. Also, im Moment wirst du gerade noch so viel haben.“ zu tun, was dir gesagt wird.

"Lass uns anfangen."

Harry fand es nicht so einfach, wie er erwartet hatte, durch die untere Öffnung herauszukommen; und es tat ihm keineswegs leid, die Unterstützung von Stanley und Meinik zu haben, als er den Felsvorsprung entlangging. Sie bewegten sich sehr vorsichtig und langsam; und alle waren sehr erleichtert, als er sich auf eine Decke setzte, die auf den Stufen lag.

„Jetzt leg dich zurück, Harry. Wir werden keine Schwierigkeiten haben, dich hierher zu bringen.“

Zwei Burmanen nahmen das obere Ende der Decke, Stanley und Meinik das untere, und bald waren sie oben auf der Treppe.

„Du bist jetzt nicht sehr schwer, Harry; aber du bist viel schwerer, als du warst, als wir dich unten hereingebracht haben.

„Der nächste Teil ist nun der schwierigste Teil der Arbeit – wenn wir Sie erst einmal durch diesen Gang gebracht haben, wird es kein Problem sein. Sehen Sie, Sie müssen geschleppt werden. Die Stelle ist nur zwei Fuß hoch, so dass sie … Es wäre unmöglich, Sie überhaupt anzuheben. Wir haben den Boden so glatt wie möglich gemacht, aber ich fürchte, es gibt viele hervorstehende Ecken, die Sie sehr auf die Probe stellen werden.

„Es lässt sich nicht ändern, Stanley. Feuern Sie ab, sobald Sie wollen."

Der Rest der Gruppe war nun alle auf den Stufen darunter versammelt; und Meinik und Stanley, die zuerst in das Loch stiegen, empfingen Harry, während die anderen ihn hochhoben und ihn mit Hilfe von zwei der Burmanen auf seine Decke im Gang legten.

„Jetzt", sagte Stanley zu den beiden Männern, die das andere Ende der Decke nahmen, „halten Sie sie so fest wie möglich, und wenn ich ‚heben' sage, heben wir ihn alle gemeinsam an und bewegen ihn ein paar Zentimeter nach vorne." . Beeilen Sie sich nicht – wir haben noch viel Zeit vor uns."

Sie waren so dicht gedrängt, dass ihnen bis auf einen Arm jeder zur Verfügung stand. Nach und nach bewegten sie ihn voran und gewannen jedes Mal etwa sechs Zoll; dann mussten sich alle bewegen, um sich für die nächste Anstrengung vorzubereiten. Doch nach fünf oder sechs Minuten hatten sie ihn durch und trugen ihn ins Freie. Der Rest der Gruppe schloss sich ihnen sofort an, und mit drei Eingeborenen auf jeder Seite der Decke waren sie bald hinter dem Ruinenkreis und marschierten in flottem Tempo durch den Wald. Nachdem sie eine Viertelmeile zurückgelegt hatten , hielten sie an, schnitten einige Stangen für die Hängematte ab und machten sich nach kurzer Zeit wieder auf den Weg. nachdem er einen der Reisbeutel als Kissen für Harry hineingelegt hatte.

Sie reisten einige Stunden und machten dann Halt, um Reis zu kochen. Alle hatten tagsüber viel geschlafen, so dass sie sich nach einer Stunde Ruhe wieder auf den Weg machten. Sie hatten überhaupt keine Angst vor Verfolgung; und die einzige Gefahr, die sie eingehen konnten, bestand darin, sich mit einer Bande zu treffen, ähnlich der, die Harry entführt hatte. Als sie die Hängematte aufbauten, hatten sie Holz für Fackeln geschnitten, um sich vor Tigern zu schützen. Diese wurden weggeworfen, sobald es hell wurde.

Um die Mittagszeit machten sie erneut Halt, eine weitere Stunde; und als sie dann ihre Reise fortsetzten, kamen sie vor Einbruch der Dunkelheit im Dorf an. Sie wurden mit großer Freude empfangen, die Dorfbewohner stießen einen Willkommensruf aus. Die Freunde der Männer und Jungen waren besonders überschwänglich in ihrer Freude, denn sie waren über ihre lange Abwesenheit äußerst besorgt. Die beiden Soldaten waren immer noch da; und diese grüßten Stanley mit weniger als der üblichen steifen Förmlichkeit des mohammedanischen Soldaten.

Er selbst lachte.

„Im Moment sehe ich nicht besonders aus wie ein britischer Offizier", sagte er in ihrer Sprache. „Na, war hier alles ruhig?"

„Ja, Sahib. Ein Sowar überbrachte uns den Befehl des Generals, hier zu bleiben und sofort zu schicken, wenn wir Neuigkeiten von dir hörten. Wir schickten einen der Dorfbewohner los, als der Mann zurückkam, um die anderen zu holen , und sagte, dass Sie gute Hoffnungen hätten, Leutnant Brooke Sahib aus den Händen der Burmesen zu befreien.

„Ich werde eine Notiz schreiben", sagte Stanley. „Satteln Sie sofort Ihr Pferd. Sobald wir Mr. Brooke es bequem gemacht haben, werde ich Ihnen den Brief geben."

Während Stanleys Abwesenheit waren die Häuser wieder aufgebaut worden und das Dorf hatte sein allgemeines Aussehen angenommen. Sofort wurde ihnen eine Hütte übergeben, und Harry legte sich auf eine Bambuspalette. Er hatte den größten Teil des Weges nicht geschlafen.

„Du siehst, ich hatte völlig recht, Stanley. Ich habe dir gesagt, dass die Reise nichts bringen würde."

„Zum Glück ist es so gekommen. Meinik hat bereits ein Huhn geschlachtet und wird daraus eine Brühe für dich machen. Es wird eine Abwechslung für dich sein, nach deiner Reisdiät. Die Küche war ausgezeichnet, die ersten drei oder ... vier Tage; aber es ist leider abgelaufen. Das war einer der Gründe, warum ich deinem Wunsch nachgegeben habe, sofort anzufangen. Du hast es wunderbar gemacht, aber eine ständige Reisdiät ist nicht ganz das Richtige, um einen kranken Menschen aufzubauen .

„Jetzt werde ich ein paar Zeilen an den General schreiben, um ihm mitzuteilen, dass Sie sicher unten angekommen sind, aber noch mindestens eine Woche brauchen werden, bevor Sie auf einem Pferd sitzen können. Natürlich können Sie weitergetragen werden, aber Ich denke, dass die Luft hier viel gesünder und erfrischender ist als in Prome, und je länger man hier bleibt, desto besser."

Stanleys Notiz war kurz. Es hieß lediglich, dass es ihm gelungen sei, seinen Cousin und den gleichzeitig entführten Soldaten aus den Händen der Burmesen zu befreien, dass Harry jedoch immer noch sehr schwach sei; und dass er, wenn er selbst verschont bleiben könnte, noch eine Woche oder zehn Tage bei ihm im Dorf bleiben und am Ende dieser Zeit in einfachen Etappen nach Prome reiten würde.

Drei Tage später kehrte der Soldat mit einer Nachricht des Generals zurück.

„Ich gratuliere Ihnen ganz herzlich zur Rettung Ihres Cousins", schrieb er. „Bleiben Sie auf jeden Fall dort, wo Sie sind, bis er wieder ganz stark ist.

Dieser Ort ist derzeit überhaupt nicht gesund. Wir werden erst in drei Wochen weitermachen."

Stanley blieb noch vierzehn Tage im Dorf und am Ende dieser Zeit hatte sich Harry soweit erholt, dass er durchaus in der Lage war, eine kurze Tagesreise zu Pferd zu bewältigen. Zwei der Männer, die bei der Rettung geholfen hatten, waren mit einem Befehl von Stanley an den Stabszahlmeister nach Prome gegangen, um die Belohnungen zu holen, die den Dorfbewohnern und den beiden burmesischen Soldaten versprochen worden waren. Sie kehrten mit dem Geld zurück und alle Männer waren hocherfreut über das Ergebnis der Expedition.

Stanley behielt die Dienste der beiden Soldaten, solange er im Dorf blieb. Er hatte keinerlei Angst vor der Rückkehr derselben Bande, die zuvor das Dorf besucht hatte; und er erfuhr, dass man in der Nachbarschaft von keinem anderen gehört hatte, hielt es aber gleichzeitig für gut, dass an jedem Ende des Dorfes Tag und Nacht ein Mann Wache halten sollte. Die Bauern stimmten zu, an einem Ende zuzusehen, während die beiden burmesischen Soldaten und die Soldaten das andere Ende übernahmen. Der Großteil der Dorfbewohner war damit beschäftigt, einen starken Palisadenring zu bilden, um sich im Falle eines weiteren Angriffs zu verteidigen; und Stanley versprach, ihnen zwanzig Musketen und einen Vorrat Munition zu schicken, sobald er in Prome ankam.

Als die Zeit für den Beginn der Party gekommen war, herrschte auf Seiten der Burmesen echtes Bedauern. Für sie war es etwas völlig Neues, Beamte unter sich zu haben, die für alles bezahlten. Diese Engländer hatten sie freundlich behandelt und waren mit allem zufrieden und zufrieden. Das Geld, das die fünf Männer und zwei Jungen verdient hatten, hatte das Dorf bereichert und es ihnen ermöglicht, ihre Verluste durch den jüngsten Überfall mehr als auszugleichen und, wenn Stanley alle Geschenke an Obst, Geflügel und Eiern angenommen hätte, die sie gegeben hätten Für ihn hätte er ein paar zusätzliche Pferde benötigt, um sie zu transportieren. Für Meinik war ein starkes Pony gekauft worden und nach einem herzlichen Abschied von den Dorfbewohnern ritt die Gruppe los.

„Ich wünschte, wir hätten einen so guten Koch wie Ihr Mann, Stanley", sagte Harry, während sie im Schritt weitergingen. „Ich habe nie eine bessere Suppe gegessen, als er serviert. Ich muss ihn unbedingt dazu bringen, unserem Koch beizubringen, wie man sie zubereitet."

„Weißt du, was es ist, Harry?"

„Ich habe nicht die geringste Ahnung; es könnte alles Mögliche sein. Ich glaube, es schmeckte für mich eher nach geschmortem Aal als nach irgendetwas anderem."

„Sie sind nicht sehr weit entfernt. Es besteht aus den Kreaturen, über die Sie die Nase gerümpft haben – Schlangen.“

„Unsinn, Stanley!“

„Das ist es, das kann ich dir versichern. Ich würde es dir vorher nicht sagen, weil es dich vielleicht dagegen verärgert hätte. Die Suppe, die du in der Höhle gegessen hast, wurde aus Schlangenfleisch zubereitet. Die Nischen in Teilen der Höhlen wimmelten davon, und Die Männer legten einen großen Vorrat davon an, bevor wir belagert wurden. Leider hielten sie sich selbst in diesen kühlen Kammern nicht gut, also mussten wir auf Reis zurückgreifen. Es hat dir so gut gefallen, obwohl es keine Gelegenheit dazu gab Ich habe mit Schlangensuppe weitergemacht, nachdem wir im Dorf angekommen waren, habe ich sie dir weiterhin gegeben; denn sie ist sehr nahrhaft.

„Nun, ich bin froh, dass Sie es mir damals nicht gesagt haben; aber ich muss zugeben, dass es ausgezeichnet war, und ich denke, dass ich in Zukunft keine Einwände gegen die Schlange in dieser Form haben werde.“

„In anderer Hinsicht sind sie genauso gut“, antwortete Stanley. „Die Burmanen sind keine Dummköpfe, und ich bin der Meinung, dass Schlangen und Eidechsen viel besser zu essen sind als ihr Hammelfleisch; das ist im besten Fall geschmackloses Zeug.“

„Wenn wir zurückkommen, müssen wir eine große Abfindung haben, Stanley. Natürlich gehen all die Männer, die Sie bezahlt haben, und die Wachen, die Sie bestochen haben, ausschließlich auf meine Rechnung, ganz zu schweigen von meinem Anteil an den allgemeinen Ausgaben.“

„Die allgemeinen Ausgaben sind praktisch nichts, Harry. Ich habe dich eingeladen, mitzukommen, und natürlich warst du mein Gast. Was die andere Sache angeht, ist das auch meine Sache. Ich würde es nicht sagen, wenn ich nicht genug hätte.“ Geld, aber mit meinem Gehalt als Dolmetscher und dem Jahr der Nachvergütung, das ich bekam, als die Gazette herauskam, habe ich genug von meinem Einkommen, um es zu bezahlen, ganz zu schweigen von dem Betrag, von dem ich Ihnen gesagt habe, dass ich ihn bekommen habe für diese Rubine.

„Ich sollte dich bezahlen, Stanley, wenn du Geld einstreichen würdest. Nicht, dass es mir etwas ausmachen würde, Geld von dir anzunehmen, wenn ich es wollte, aber meine Ausgaben, seit ich hier gelandet bin, waren nicht annähernd so hoch wie mein Gehalt und meine Zulagen; und das habe ich auch.“ außerdem, wie ich Ihnen sagte, ein eigenes Einkommen von 500 Pfund pro Jahr. Sie haben Ihr Leben für mich riskiert, und ich werde nicht zulassen, dass Sie auch den Pfeifer bezahlen.

„In Ordnung, wenn es dir gefällt, Harry. Ich freue mich, dass ich dich retten konnte, und im Moment scheint Geld auf die eine oder andere Weise keine wichtige Angelegenheit zu sein; also ob es dir wirklich eine Befriedigung wäre zu bezahlen, ich werde es dir bestimmt nicht vorenthalten.

Obwohl sie am ersten Tag nur zehn Meilen zurücklegten, musste Harry zugeben, dass er müde wie ein Hund war, als er abstieg; und am nächsten Morgen war er so steif, dass ihm auf sein Pferd geholfen werden musste. Dies ließ jedoch allmählich nach und am Abend des vierten Tages kamen sie in Prome an. Stanley ließ Harry in seinem Regimentslager zurück, ritt zum Hauptquartier und stieg dort ab. Meinik hatte das zweite Pferd geführt, nachdem Harry abgestiegen war; und führte sie nun beide hinüber zu den Linien, mit der Miene eines Mannes, der erst ein paar Stunden weg war. Stanley ging sofort zum General.

„Willkommen zurück, Junge!" Sagte Sir Archibald. „Du warst länger weg, als wir erwartet hatten, als wir angefangen haben. Ich bin in der Tat froh, dass es dir gelungen ist, deinen Cousin zu retten, und wir alle brennen darauf, davon zu hören. Ich habe dir diesen Brief in Eile geschrieben, denn ich Ich wollte gerade eine Besichtigungstour durch das Lager machen, als Ihr Sowar eintraf. Ich wollte ihn bei meiner Rückkehr über Sie befragen, denn ich hatte keine Ahnung, dass er nach einer so langen Reise zurückkehren würde sofort, aber ich stellte fest, dass er sofort geritten war, als ihm die Nachricht ausgehändigt wurde. Du musst heute mit mir speisen und mir die ganze Geschichte erzählen. An der Farbe deiner Haut erkenne ich, dass du es gewesen bist wieder verkleidet.

„Ja, Sir. Es gab Mittel zum Färben der Haut im Dorf, aber nichts, was geholfen hätte, sie zu entfernen. Es geht allmählich voran, und da ich jetzt in der Lage sein werde, vom Arzt etwas starkes Alkali zu bekommen, hoffe ich soll bis morgen vorzeigbar sein."

„Das sind ehrenvolle Auszeichnungen", sagte der General lächelnd. „Ich glaube nicht, dass irgendjemand von uns etwas dagegen hätte, eine Zeit lang so farbig zu sein, wenn wir so gute Arbeit geleistet hätten wie Sie; aber ich werde Sie jetzt nicht aufhalten, denn das Abendessen wird in einer halben Stunde fertig sein."

Stanley eilte in sein Zimmer, nahm ein Bad, zog seine Messeuniform an und war fertig, als das Signalhorn ertönte. Drei oder vier der Mitarbeiter waren wie üblich Mitglieder der Partei. Nach dem Essen wurde er gebeten, seine Abenteuer ausführlich zu erzählen. Die Geschichte war zwangsläufig lang und als er zu Ende ging, lobten alle den General herzlich für die Art und Weise, wie er das Abenteuer durchgeführt hatte.

„Ihre letzte Geschichte war bewegend, Mr. Brooke", sagte der General; „Aber das gilt umso mehr. Als ich Ihre erste Nachricht erhielt, hielt ich es für Wahnsinn, wenn Sie versuchen würden, Ihren Cousin, der, wie Sie ihn kannten, schwer verwundet war, aus den Händen der Burmesen zu befreien. Das ist nicht der Fall Es war eine leichte Sache, einen Mann aus dem Gefängnis zu holen, aber als der Mann nicht in der Lage war, sich selbst zu helfen, schien es nahezu unmöglich; und ich hatte große Angst, dass Sie, anstatt sein Leben zu retten, Ihr eigenes verlieren würden. Natürlich, Die Tatsache, dass Sie das Land bereits zuvor erfolgreich durchquert hatten, sprach stark für Sie; aber dann waren Sie unbelastet, und die beiden Dinge waren daher nicht miteinander zu vergleichen. Ich werde Ihnen natürlich morgen Befehle erteilen Nachdem er eine außergewöhnlich tapfere Tat vollbracht hatte, indem er Leutnant Brooke vom 47. und einen Sowar aus ihrer Gefangenschaft durch die Burmesen in einem Gefängnis in Toungoo rettete.

„Sie sind gerade rechtzeitig angekommen, denn nachdem Sie in den letzten drei Monaten versucht haben, uns durch Verhandlungen zu täuschen, die nie zu etwas führen sollten, rückt der Feind jetzt mit großer Kraft vor und ist nur noch wenige Meilen von der Stadt entfernt. Also wir werden wahrscheinlich schwere Arbeit vor sich haben, denn allen Berichten zufolge haben sie eine fast so große Armee zusammen wie Bandoola. Ich weiß nicht, ob sie etwas aus seinem Unglück gelernt haben, aber ich muss sagen, dass das Gericht es weiß scheinen sich die Lektion nicht im Geringsten zu Herzen genommen zu haben; und ihre Arroganz ist genauso unerträglich wie vor dem Schuss."

Stanley erfuhr, dass es bereits einen Kampf gegeben hatte. Der Feind rückte in drei Kolonnen vor. Ihre Rechte – bestehend aus 15.000 Mann unter dem Kommando von Sudda Woon – hatte den Irrawaddy überquert und marschierte das andere Ufer hinunter; mit dem offensichtlichen Ziel, unterhalb von Prome erneut zu überqueren und die britische Kommunikationslinie zu unterbrechen. Das Zentrum – 25.000 bis 30.000 Mann stark, befehligt vom Kee Wongee – kam in Begleitung einer großen Flotte von Kriegsbooten das linke Ufer des Flusses hinunter. Die linke Division – 15.000 Mann stark, angeführt von einem alten und erfahrenen General, Maha Nemiow – bewegte sich parallel zu den anderen, etwa zehn Meilen vom Zentrum entfernt, aber von diesem durch einen dichten und undurchdringlichen Wald getrennt. Eine Reserve von 10.000 Mann unter dem Kommando des Halbbruders des Königs besetzte einen stark befestigten Posten bei Melloon. Darüber hinaus war eine große Streitmacht in der Nähe von Pegu versammelt und drohte mit einem Angriff auf Rangun.

Am 10. November, vierzehn Tage vor Stanleys Rückkehr, waren zwei Brigaden einheimischer Infanterie – unter Oberst M'Dowall – ausmarschiert, um Maha Nemiow zu vertreiben; deren Division drohte, die Briten nach rechts zu wenden und in den Rücken zu ziehen. Die Truppe war in drei Kolonnen aufgeteilt; Einer bewegte sich direkt auf die Position des Feindes zu, die anderen marschierten auf Umwegen, die so angeordnet waren, dass sie gleichzeitig am Angriffspunkt ankamen, und sollten in der Flanke und im Rücken angreifen, während die Hauptmacht den Feind von vorne angriff . Die Burmesen hatten jedoch von Spionen Informationen über die beabsichtigte Bewegung erhalten und trafen, indem sie kühn vorrückten, auf halber Strecke auf die britischen Kolonnen; Sie lieferten sich in den Wäldern hitzige Auseinandersetzungen mit ihnen und drohten mit einem Angriff großer Pferdetrupps.

Das Zentrum trieb die Burmesen vor sich her und erreichte ihre belagerte Position. Oberst M'Dowall wurde bei der Erkundung durch eine Musketenkugel getötet und da die beiden flankierenden Kolonnen nicht wie erwartet eintrafen, musste sich die Truppe zurückziehen. Der Rückzug verlief geordnet, aber der Verlust war groß, da die Burmesen mehrere Meilen lang heftig auf sie eindrangen.

Seit dieser unglücklichen Angelegenheit war der Feind stetig vorgerückt. Maha Nemiow war direkt auf Prome zugegangen; er ging langsam voran und versorgte sich ständig mit Vorräten. Auch das Zentrum war vorangekommen; und befestigte nun einige Höhen über dem Fluss, fünf Meilen entfernt, in Sichtweite von Prome. Sudda Woon verschanzte sich am gegenüberliegenden Ufer. Alle diese Abteilungen arbeiteten Tag und Nacht; sie rückten stetig, aber langsam vor und errichteten dabei gewaltige Verschanzungsreihen; und es schien die Absicht des burmesischen Generals zu sein, auf diese Weise vorzugehen, bis seine gesamten Truppen in unmittelbarer Nähe der Stadt versammelt waren, und sie dann von allen Seiten anzugreifen.

Am Morgen ging Stanley zu den Linien des 47. Harry hatte seine Geschichte natürlich bei seiner Ankunft erzählt; und die Geschichte hatte sich im ganzen Regiment verbreitet, und als er einritt, rannten die Männer aus ihren Hütten und jubelten ihm herzlich zu. Eine nicht minder herzliche Begrüßung erhielt er von den Beamten, obwohl er beteuerte, dass die Angelegenheit wirklich keine großen Schwierigkeiten oder Gefahren mit sich gebracht habe.

„Was ich besonders bewundere", sagte einer der Beamten lachend, „ist, dass jeder Mann dieses Risiko absichtlich hätte eingehen sollen, um zu verhindern, dass er in eine Grafschaft kommt. Man brauchte die Sache nur auf sich beruhen zu lassen, und da." Du warst – Erbe von Titeln und Gütern."

„Ich hätte von Harrys Geist heimgesucht werden sollen", lachte Stanley. „Es wäre genauso schlimm gewesen wie Banquo und Macbeth; er hätte an meinem Tisch gesessen und am Kopfende meines Bettes gestanden. Nein,

nein, das wäre eine viel ernstere Angelegenheit gewesen als eine Gruppe von." Burmesisch. Der Titel und die Besitztümer wären für diesen Preis zu teuer gewesen.

„Nun, Sie haben sich jedenfalls wie ein Ziegelstein benommen", sagte der Oberst, „und es gibt keinen Mann im Regiment, der nicht wirklich stolz gewesen wäre, wenn er eine solche Leistung vollbracht hätte. Die Hälfte meiner Subalternen redete Beim Abendessen gestern Abend haben wir versucht, die Sprache zu lernen, damit sie, falls sich ihnen die Gelegenheit dazu bietet, Ihre Taten nachahmen können.

„Es ist ziemlich schwierig, diese Sprache zu beherrschen", antwortete Stanley. „Es hat mir mehr Probleme bereitet als die vier oder fünf indischen Sprachen, die ich spreche. Ich fürchte, der Feldzug wird noch lange vorüber sein, bevor einer Ihrer Offiziere gut genug Burmesisch sprechen lernt, um als Eingeborener durchzugehen."

Nach dem Scheitern der Expedition vom 10. wurden keine weiteren Anstrengungen gegen den Feind unternommen. Tatsächlich waren die Truppen aus ihren Außenstellungen abgezogen worden; und es hatte sogar eine Finte gegeben, Vorräte einzuschiffen, als wollte man sich flussabwärts zurückziehen, in der Hoffnung, die Burmesen zu einem Angriff zu verleiten.

Nun war die Zeit gekommen, in der die Operationen wieder fortgesetzt werden konnten, und der General war bestrebt, dem Feind einen entscheidenden Schlag zu versetzen und dann den Marsch nach Ava in Angriff zu nehmen. Über den Ausgang des Kampfes hegte niemand den geringsten Zweifel; Obwohl der zahlenmäßige Unterschied sehr groß war, verfügte der burmesische Befehlshaber zwar über fast 70.000 Mann, Sir Archibald Campbell jedoch über nicht mehr als 6.000 Mann, von denen etwa die Hälfte Briten waren.

Es wurde beschlossen, dass der Hauptangriff auf die Division Maha Nemiow erfolgen sollte. Dies war jetzt etwa sechs oder sieben Meilen entfernt und außer der Tatsache, dass es sehr stark im Dschungel verankert war, konnten keinerlei Informationen gewonnen werden; denn sie hielten die wachsamste Wache, und alle Versuche, einheimische Spione in ihre Reihen zu bringen, schlugen fehl. Es war jedoch bekannt, dass zu seiner Division 8.000 Shan aus Oberburma gehörten, und da diese Männer bisher noch nicht mit uns in Kontakt gekommen waren, wurde erwartet, dass sie mutiger und entschlossener kämpfen würden als diejenigen, die mit unserer Macht vertraut geworden waren .

Eine große Anzahl von Fürsten und Adligen war bei der Truppe; und die Burmesen setzten großes Vertrauen auf drei junge Damen von hohem Rang; Sie glaubten, sie seien mit übernatürlichen Gaben ausgestattet und hätten die

Macht, die Raketen der Engländer unschädlich zu machen. Diese jungen Frauen, gekleidet in kriegerische Kostüme, ritten ständig zwischen den Truppen; Sie beleben sie durch ihre Anwesenheit und ermahnen sie zu mutigen Taten. Die Engländer hatten vage Gerüchte über die Taten dieser burmesischen Jeanne d'Arc erhalten und hielten es für wahrscheinlich, dass der Feind besser als gewöhnlich kämpfen würde.

Am 30. November wurden Vorkehrungen für den Angriff auf den Feind am nächsten Morgen getroffen. Die Flottille sollte eine wütende Kanonade auf ihre Werke auf beiden Seiten des Flusses eröffnen. Eine Abteilung einheimischer Infanterie sollte die Vorposten des Zentrums erobern; während die Hauptstreitmacht ihre linke Seite in zwei Kolonnen angreifen sollte, wobei eine direkt dagegen vorgehen sollte, während die andere auf der rechten Flanke angreifen sollte, um so den Feind am Rückzug in Richtung Zentrum zu hindern. In Prome blieben vier Regimenter einheimischer Infanterie zurück.

General Cotton befehligte den Hauptangriff und kurz nachdem die Kolonne das Lager verlassen hatte, zeigte eine gewaltige Kanonade, dass die Flottille auf beiden Seiten des Flusses mit den Burmesen im Kampf war. Die Kolonne, die aus dem 41. und 89. Regiment sowie zwei Bataillonen einheimischer Infanterie bestand, rückte ein Stück vor, bevor sie mit den Außenposten des Feindes in Konflikt geriet. da die Burmesen durch die Kanonade getäuscht worden waren und glaubten, dass der Angriff ausschließlich auf das Zentrum gerichtet war. Die Truppen erreichten daher ohne ernsthaften Widerstand ihre Hauptposition rund um zwei Eingeborenendörfer.

Als sie aus dem Dschungel in den freigelegten Raum vor dem Palisaden kamen, formierten sie sich unter gewaltigem Feuer schnell und stürmten zum Angriff vor. Der alte burmesische General – der zu gebrechlich zum Gehen war – war zu sehen, wie er in einer Sänfte von Punkt zu Punkt getragen wurde und seine Männer anfeuerte, während die drei Amazonen sich furchtlos dem Feuer aussetzten. Die Leitertrupps stürmten jedoch ungehindert vorwärts und erklommen trotz des Widerstands des Feindes an einer Stelle die Palisadenanlage und gewannen auf dem Erdwall dahinter Halt. Andere drängten hinter ihnen her, und schon bald wurde ein zerstörerisches Feuer auf die überfüllte Masse eröffnet, die zwischen der äußeren Palisade und der nächsten eingepfercht war. Die burmesische Methode, eine Palisade hinter der Palisade zu bilden, war nützlich, gegen einen Feind, der nicht über mehr Schlagkraft und Energie verfügte als sie selbst; Im Gegensatz zu den englischen Truppen, die ihnen keine Zeit ließen, sich durch die engen Öffnungen in den Palästen zurückzuziehen, war dies jedoch absolut tödlich. Diese wurden bald von Sterbenden und Toten blockiert.

Einige der Shan, angeführt von ihren Häuptlingen, kämpften mit verzweifeltem Mut; waren jedoch nicht in der Lage, dem Vormarsch der Briten standzuhalten, deren stetige Salven, die aus einigen Metern Entfernung auf sie zuströmten, sie hinwegfegten. Verwundete Pferde, die wild in der Menge umherjagten, trugen zu der schrecklichen Verwirrung bei. Gruppen von Männern versuchten, sich einen Weg durch die Palisaden dahinter zu bahnen, andere versuchten darüber zu klettern. Maha Nemiow wurde getötet, während er seine Männer tapfer ermahnte, standhaft zu bleiben, und einer der heldenhaften Amazonen wurde erschossen. Sobald die Truppen die Stelle erreichten, an der sie fiel, und sahen, dass es sich um eine Frau handelte, wurde sie in eine Hütte getragen; und starb dort wenige Stunden später. Palisade um Palisade wurde getragen, bis die gesamte Stellung in unsere Hände fiel.

In der Zwischenzeit war die andere Kolonne, die von General Campbell selbst kommandiert wurde und aus dem 13., 38., 47. und 87. Regiment sowie der 38. Madras-Infanterie bestand, auf die andere Seite des Nawine-Flusses vorgerückt; und bezog eine Position, um dort die Furt zu befehligen, die die Flüchtlinge aus dem Palisaden überqueren müssen, um sich dem Zentrum anzuschließen. Als die Menge verängstigter Männer aus dem Dschungel hervorkam und über die Furt strömte, griff die Artillerie sie mit Granatsplittern an und vervollständigte ihr Unbehagen. Jeder Gedanke, sich dem Zentrum anzuschließen, wurde aufgegeben, und als sie den Dschungel wieder betraten, zerstreuten sie sich; und der größte Teil von ihnen machte sich auf den Weg nach Hause, nur mit der Absicht, einen weiteren Kampf mit ihren Feinden zu vermeiden. Eine weitere burmesische Heldin wurde an der Furt getötet.

Bei der Erstürmung der Palisaden waren dreihundert Männer getötet worden; Der Verlust war jedoch bei dem Rückzug weitaus größer: Nur sehr wenige der Shan konnten ihr Land jemals zurückgewinnen. Der größte Teil verhungerte in den großen Wäldern, durch die sie reisten, um den burmesischen Behörden zu entkommen, die sie gezwungen hätten, sich wieder der Armee anzuschließen.

Kapitel 17
Der Stolz Burmas gedemütigt.

Sobald der Sieg vollendet war, stapelten die Truppen Waffen; und bekamen zwei Stunden Ruhe. Dann marschierten sie zurück, bis zu dem Punkt, an dem General Campbells Division am Morgen den Nawine River durchquert hatte. Von hier aus führte ein Weg zum Zentrum des Feindes; Es war entschlossen, dieses bei Tagesanbruch des nächsten Morgens anzugreifen, bevor die Nachricht von der Niederlage seiner Linken es erreichen konnte.

Der Tag war lang und ermüdend gewesen, und es war spät, als alle Truppen ihren Rastplatz erreichten. Es wurde eine Mahlzeit serviert und dann legten sich alle zum Ausruhen hin. Ein Bote wurde nach Prome geschickt, um den erzielten Erfolg zu verkünden; und den Kommandeur der Flottille aufzufordern, am Morgen das Feuer zu eröffnen, sobald gesehen wurde, wie der Feind aus dem Dschungel vor der Hauptposition der Wongee in Napadee hervorkam.

Lange vor Tagesanbruch waren die Truppen in Bewegung. Die Division von General Campbell ging voran, entlang des schmalen Pfades, der zum Fluss führte; während General Cotton, der folgte, befohlen wurde, auf jedem Weg, der zur burmesischen Division führte, abzubrechen, durch den Wald zu gehen und die Palisaden anzugreifen, sobald er sie erreichte. Die Hauptdivision würde angreifen, sobald sie seine Waffen hörten.

Nach einem zweistündigen Marsch kam die erste Division auf offenes Gelände am Flussufer, signalisierte der Flottille ihre Ankunft und formierte sich vor den belagerten Höhen von Napadee. Die Position war äußerst stark. Der Feind besetzte drei Hügelketten, die sich hintereinander erhob und von denen jede die davorliegende beherrschte. Eine Flanke dieser Hügel war durch den Fluss geschützt, die andere durch den fast undurchdringlichen Wald. Die Hügel waren alle mit Palisaden bedeckt, und beim Vorrücken waren die Truppen einem so heftigen Feuer eines am rechten Rand des Dschungels verschanzten Feindes ausgesetzt, dass sie zunächst vorrücken mussten, bevor sie weiter vorrücken konnten sie aus dieser Position. Sechs Kompanien der 87. wurden in den Wald zurückgeschickt und drangen auf ihrem Weg durch diesen in den hinteren Teil der Palisaden ein, befreiten sie schnell von ihren Verteidigern und zwangen die Vorhut des Feindes, sich ihrer Hauptmacht anzuschließen.

Die Truppen rückten dann bis zum Fuß des ersten Hügels vor, wo der Feind zwei starke Schanzen errichtet hatte. Die Flotte eröffnete das Feuer; aber die Kolonne blieb eine Zeit lang stehen und wartete auf das Geräusch von Schüssen, das ihnen verraten sollte, dass die Kolonne von General Cotton im Einsatz war. Es war jedoch kein Laut zu hören, da es dieser Streitmacht nicht gelungen war, durch den dichten Wald zu dringen; und General Campbell gab schließlich den Befehl zum Angriff.

Es wurde von der 47. und 38. Eingeborenen-Infanterie unter Oberst Elvington begonnen; die sich durch den Dschungel und den Wald drängten, bis sie einige der flankierenden Vorwerke auf dem Hügel erreichten. Diese griffen sie mit solcher Schnelligkeit und Entschlossenheit an, dass sie sie schnell in Besitz nahmen und so eine günstige Ablenkung für den Hauptangriff herbeiführten.

Dieses, bestehend aus dem 13., 38. und 87. Regiment, rückte stetig vor, ohne einen Schuss auf das unaufhörliche Feuer aus den verschiedenen Verschanzungen des Feindes zu erwidern; eroberte die beiden Schanzen am Fuße des Hügels; und dann drängten sie nach oben, wobei sie an der Spitze des Bajonetts eine Position nach der anderen einnahmen, bis sie den Gipfel des ersten Hügels erreichten.

Als die burmesischen Flüchtlinge zur nächsten Verteidigungslinie flohen, erschütterten sie den Mut der Truppen dort; und die Briten drängten energisch im Rücken der fliegenden Menge vor und leisteten Arbeit nach Arbeit, bis im Laufe einer Stunde die gesamte fast drei Meilen lange Stellung vollständig in ihrer Hand war. Zwischen vierzig und fünfzig Kanonen wurden erbeutet, und der Verlust des Feindes an Toten und Verwundeten war sehr groß, während der Wongee allein durch Desertion ein Drittel seiner Armee verlor. Während der Angriff andauerte, passierte die Flottille die Schutzbauten am Flussufer der Hügel und eroberte alle Boote und Vorräte, die mit Vorräten für die burmesische Armee gefüllt waren.

Damit waren nun zwei der drei burmesischen Divisionen vollständig geschlagen; und es blieb nur das von Sudda Woon auf der anderen Seite des Flusses übrig. Den Truppen wurde zwei Ruhetage gewährt, und am Morgen des 5. rückte eine Streitmacht an Bord der Flottille vor. Ihr Durchgang über den Fluss wurde vom Feuer einer Raketenbrigade und einer Mörserbatterie – die in der Nacht zuvor auf einer Insel aufgestellt worden war – verdeckt und sie landeten in einiger Entfernung über den feindlichen Palisaden. Dann marschierten sie herum und griffen diese in der Flanke und im Rücken an, während die Batterien und Boote der Flottille sie vorn beschossen.

Die feindlichen Truppen waren bereits entmutigt über die Niederlage, die sie der Wongee-Armee zugefügt hatten, und flohen nach schwachem Widerstand zu einer zweiten Palisadenlinie im Dschungel hinter ihnen. Die Truppen drängten jedoch so heftig auf sie ein, dass sie hier keinen wirksamen Widerstand leisten konnten. Die Zahl ging zurück, als sie versuchten, durch die engen Eingänge des Werks zu gelangen; und der Rest floh voller Angst in den Wald.

Diese umfangreichen Operationen waren mit dem Verlust von nur sechs Offizieren und etwa siebzig oder achtzig Mann durchgeführt worden.

Es war bekannt, dass der Feind mehrere Stellungen in und um Meaday sehr stark befestigt hatte; und es wurde beschlossen, sofort auf dem langen Marsch von dreihundert Meilen nach Ava vorzustoßen, bevor der Feind sich von seiner Niederlage erholen und sich zur Verteidigung dieser Stellungen sammeln konnte. Am 9. startete die erste Division unter General Campbell selbst in Prome. Die Straßen waren extrem schlecht und sie konnten sich nur langsam fortbewegen.

Ihr Kurs war zunächst landeinwärts gerichtet; denn es war beabsichtigt, die Position des Feindes bei Meaday zu ändern, indem man einer Straße mehrere Meilen vom Fluss entfernt folgte und ihn so zum Rückzug zwang, während wir vorrückten. Am nächsten Tag erreichte die Truppe die Stelle, an der Oberst M'Dowall bei dem erfolglosen Angriff auf Maha Nemiow getötet worden war. und dann bog es nach Norden ab und folgte der Straße parallel zum Fluss.

Am 12. verwandelten heftige Regenfälle mehrere Stunden lang die Straße in Morast, und obwohl der Marsch nur fünf Meilen lang war, erreichte der größte Teil der Kolonne ihr Ziel nicht. Dies war jedoch nicht das Schlimmste. Die Cholera brach sofort aus und forderte eine große Zahl von Opfern; zwei der britischen Regimenter wurden durch die verheerenden Auswirkungen nahezu dienstunfähig.

Am 14. lagerte die Division auf trockenem Boden auf einem bewaldeten Hügelrücken und wartete ein paar Tage, bis der Tross herankommen konnte. Die Veränderung kam der Gesundheit der Truppen sehr zugute, und die Rebhühner, Dschungelhühner und Hirsche, die es in der Umgebung des Lagers in Hülle und Fülle gab, sorgten für Vergnügen.

Bis zu diesem Zeitpunkt war kein einziger Eingeborener gesehen worden. Die Dörfer wurden alle zerstört und das Land war völlig verlassen. Am 16. wurde eine starke burmesische Festung eingenommen, die außer einer kleinen Wache, die sich bei unserem Vormarsch zurückzog, unbesetzt blieb. Dieser war offenbar zu dem Zweck errichtet worden, eine Umkehrung der Flussbefestigungen zu verhindern, und seine Aufgabe bewies, dass das Ziel des Landmarsches erreicht worden war; und dass der Feind die Stellungen verlassen hatte, die er mit so viel Sorgfalt zur Verteidigung des Flusses vorbereitet hatte.

Am 18. schlossen sie sich der Kolonne von General Cotton an und marschierten am nächsten Tag in Meaday ein. Hier bot sich ein schreckliches Schauspiel. Die Stadt und das Gelände innerhalb der Palisaden waren mit Toten und Sterbenden übersät; einige aufgrund von Wunden, andere aufgrund von Cholera – denn die Verwüstungen dieser Pest waren bei den Burmesen ebenso groß wie bei den britischen Streitkräften. Mehrere Männer wurden an Galgen gekreuzigt aufgefunden, zweifellos als Strafe für den Versuch, zu desertieren. Die Luft war giftig; und die Truppe war tatsächlich froh, am nächsten Morgen von der Ortschaft weitermarschieren zu können.

Sie haben durch die Veränderung etwas, aber nicht viel gewonnen. Auf den nächsten fünfzig Meilen traf man in sehr kurzen Abständen auf Leichen und jeden Tag vor dem Zelten mussten viele Leichen entfernt werden, bevor die Zelte repariert werden konnten.

Es war nun bekannt, dass die burmesische Armee auf ihrem Rückzug bei Melloon konzentriert war, wo die Reserve von 10.000 Mann stationiert war. Am 27. schlug die Division ihr Lager im Umkreis von vier Meilen um diese Stadt auf. Sie waren nun hundertvierzig Meilen von Prome entfernt marschiert, ohne einen einzigen Bewohner des Landes zu treffen oder die Möglichkeit gehabt zu haben, Vieh, was auch immer, für die Versorgung der Truppen zu besorgen, so effektiv hatte der Feind das Land verwüstet, als er sich zurückzog .

Melloon stand am gegenüberliegenden Ufer des Irrawaddy; Aus dieser Stadt waren Briefe eingetroffen, in denen stand, dass ein Kommissar aus Ava eingetroffen sei und vom König die Vollmacht erhalten habe, einen Friedensvertrag abzuschließen. Oberst Adair und Stanley wurden daher am nächsten Morgen nach Melloon geschickt, um ein sofortiges Treffen der Kommissare zu vereinbaren. Sie konnten jedoch keine Einigung erzielen, da die burmesischen Führer darauf bestanden, dass ein so wichtiges Geschäft nur weitergeführt werden könne, wenn ein günstiger Tag käme; und dass derzeit kein Zeitpunkt angegeben werden könne. Da der Oberst sah, dass das Hauptziel der Burmesen darin bestand, Zeit zu gewinnen, teilte er ihnen durch Stanley mit, dass die Truppen ihren Vormarsch wieder aufnehmen würden, da keine Vorkehrungen getroffen worden seien, sobald er ins Lager zurückgekehrt sei, und dementsprechend am nächsten Morgen Die Division rückte in eine Stadt unmittelbar gegenüber von Melloon vor.

Dieser Ort lag auf einem abfallenden Hügel, und da der Irrawaddy hier nur 600 Yards breit war, hatte man einen guten Blick auf die Befestigungsanlagen. Der Hauptzaun hatte die Form eines Quadrats, auf jeder Seite etwa eine Meile lang, und war mit einer beträchtlichen Anzahl von Geschützen ausgestattet, insbesondere auf der dem Fluss zugewandten Seite. und eine Reihe von Palisaden erstreckten sich eine Meile weiter entlang der Ufer. Das große Werk war voller Männer. Vor der Stadt lag eine große Flotte von Kriegsbooten und größeren Fahrzeugen mit Vorräten.

Kurze Zeit nachdem die Truppen die Stelle erreicht hatten, erklang auf der anderen Seite ein großer Lärm von Gongs, Trommeln und anderen kriegerischen Instrumenten, und man sah Scharen von Bootsleuten zu den Schiffen hinabrennen. Diese waren bald bemannt, die Ruder wurden herausgeholt und sie begannen, den Fluss hinaufzurudern. Da das Dampfschiff und die Flottille wegen der Enge des Kanals noch nicht eingetroffen waren, wurden von den Feldgeschützen einige Schüsse auf die Boote abgefeuert. Dies hatte den gewünschten Effekt: Viele der Bootsleute sprangen über Bord und ließen ihr Boot den Fluss hinuntertreiben; während die große Masse ihre Schiffe hastig umdrehte und in ihrer früheren Position ankerte.

Sobald der Dampfer mit der Flottille auftauchte, stießen zwei Kriegsboote vom Ufer ab, salutierten vor dem Dampfer und ruderten neben ihm her, bis er und die Flottille sicher über der Stadt vor Anker lagen. Dies war so offensichtlich ein Zeichen des echten Wunsches nach einer Einstellung der Feindseligkeiten, dass die beiden Offiziere erneut über den Fluss geschickt wurden. Es wurde ein Waffenstillstand vereinbart und eine Vereinbarung für das Treffen der Unterhändler am folgenden Tag getroffen.

Es fanden vier Treffen zwischen den beiden Kommissaren und den vom britischen General ernannten Personen statt. Die Treffen fanden auf Booten statt, die in der Mitte des Flusses festgemacht hatten. Schließlich wurde der Vertrag von den Burmesen angenommen und unterzeichnet, und ein fünfzehntägiger Waffenstillstand ermöglichte die Ratifizierung des Vertrags durch den König. Als sich das Ende dieser Frist näherte, protestierten die Burmesen, dass sie noch keine Antwort erhalten hätten, und baten um weitere Frist; Dies wurde abgelehnt, es sei denn unter der Bedingung, dass Melloon evakuiert wurde, und die burmesische Armee zog sich zurück, bis sie die Ratifizierung des Vertrags erreichte. Wie seit einiger Zeit stark vermutet wurde, waren die Verhandlungen lediglich ein Mittel, um unseren Vormarsch aufzuhalten; und der Vertrag wurde später im burmesischen Lager gefunden, ohne dass er an Ava weitergeleitet worden war.

Am 18. um Mitternacht, als der Waffenstillstand zu Ende ging, begannen die Truppen mit dem Aufwerfen von Erdwällen, die schweren Geschütze der Flottille wurden gelandet und um zehn Uhr am nächsten Morgen waren achtundzwanzig Geschütze zum Öffnen bereit Feuer. Trotz aller Vorwürfe hatten die Burmesen während des Waffenstillstands Nacht für Nacht heimlich an ihren Verschanzungen gearbeitet. Einen Moment lang hoffte man, dass sie keinen weiteren Widerstand leisten würden, wenn sie die Geschwindigkeit sahen, mit der unsere Batterien hochgeworfen und bewaffnet worden waren. Da sie sich jedoch offenbar zum Kampf vorbereiteten, eröffneten unsere Geschütze um elf Uhr das Feuer.

Dies wurde zwei Stunden lang aufrechterhalten. Während der Angriff stattfand, wurden die für den Angriff vorgesehenen Truppen in Booten in einiger Entfernung flussaufwärts eingeschifft, um sicherzustellen, dass sie nicht von der Kraft des Stroms über die Oberfläche der burmesischen Werke getragen und den konzentrierten Kräften ausgesetzt wurden Feuer des Feindes. Sie wurden in vier Brigaden aufgeteilt; Das erste davon – bestehend aus dem 13. und 38. Regiment unter Oberstleutnant Sale – sollte unterhalb der Palisade landen und deren südwestliche Ecke angreifen; während die anderen drei Brigaden darüber landen, einige Vorwerke dorthin bringen und die Nordwand angreifen sollten.

Ein starker Nordwind und die heftige Strömung verhinderten, dass die Angriffe gleichzeitig durchgeführt wurden. Die erste Brigade wurde zu weit überquert und war beim Passieren der Palisade dem Feuer der Kanonen und Musketen der Flussverteidigung ausgesetzt; während die drei anderen Brigaden einige Zeit lang nicht in der Lage waren, ihre vorgesehenen Landeplätze zu erreichen. Oberst Sale gehörte zu den Verwundeten durch das burmesische Feuer, aber sobald die erste Brigade das Ufer erreichte, formierte sie sich unter der teilweisen Deckung einer Bank und ging unter der Führung von Oberstleutnant Frith in bewundernswerter Reihenfolge zum Angriff über. Als es auf kurze Distanz zu einem Vorwärtssturm kam, trotz des Schusssturms. Der Leitertrupp erreichte den Fuß der Palisade, platzierte die Leitern, kletterte hinauf und sprang in die wogende Menge des Feindes hinab. Andere folgten und schon bald hatten die Arbeiten einen festen Stand. Dann rückten die Männer der beiden Regimenter – deren Gesamtstärke nicht mehr als fünfhundert betrug – stetig vor, trieben etwa 10.000 bewaffnete Männer vor sich her und vertrieben sie aus den Werken, die die Burmesen für uneinnehmbar gehalten hatten.

Während dies geschah, waren die anderen drei Brigaden oberhalb der Palisaden gelandet und vollendeten ihre Niederlage, indem sie nun auf den aus ihren Werken strömenden Feind stürzten. Alle Palisaden wurden abgetragen und die gesamte Artillerie und Vorräte fielen in unseren Besitz.

Vier Tage später begann die Armee erneut ihren Vormarsch. Sie wurden von vier Engländern empfangen, die gefangen genommen worden waren; und ein Amerikaner, der ebenfalls inhaftiert war. Diese waren geschickt worden, um dem englischen General zu versichern, dass es dem König mit seinem Wunsch nach Frieden ernst sei. Es war jedoch nur allzu offensichtlich, dass den burmesischen Verhandlungen kein Vertrauen entgegengebracht werden konnte; und es war außerdem bekannt, dass in größter Eile eine weitere Armee zusammengestellt wurde, um den Vormarsch aufzuhalten.

Am 14. Februar erreichten die Briten Pakang-Yay, nachdem sie am gegenüberliegenden Ufer Sembeughewn passiert hatten. Dies war der Punkt, an dem die Straße von Aracan den Irrawaddy erreichte, und es war vereinbart worden, dass die in Aracan operierende Streitmacht, wenn möglich, hier eine

Kreuzung mit Sir Archibald Campbell herbeiführen sollte. Eine von einem Eingeborenen überbrachte Nachricht wurde jedoch empfangen; mit der Begründung, dass die Truppe sehr stark unter Fieber und Cholera gelitten habe und dass die natürlichen Hindernisse zu groß seien, um von krankheitsgeschwächten Truppen überwunden zu werden – der Versuch sei daher abgebrochen worden. Glücklicherweise konnte der englische General auf diesen Kraftzuwachs gut verzichten. Er hatte bereits bewiesen, dass sein Kommando durchaus in der Lage war, jede burmesische Streitmacht zu besiegen, die gegen ihn eingesetzt werden konnte, und eine Ergänzung hätte die Transportschwierigkeiten nur erhöht.

Am 9. März rückte die britische Streitmacht, die aufgrund der Notwendigkeit, starke Truppen zurückzulassen, um Melloon und andere eroberte Punkte zu halten, nun weniger als 2.000 Kämpfer aufbrachte, vor, um den Feind anzugreifen, dessen Zahl auf 16.000 geschätzt wurde.

Der neue Befehlshaber der Burmesen verfolgte andere Taktiken als seine Vorgänger. Seine belagerte Stellung befand sich vor der Stadt Pagahn, aber er besetzte den Dschungel mit großer Macht und griff unsere Vorhut fünf Meilen von der Stadt entfernt an. Als der Feind die Hügel auf beiden Seiten der Hauptstraße besetzte, teilte Sir A. Campbell seine Streitkräfte auf und führte die eine Hälfte durch den Dschungel auf der rechten Seite, während General Cotton die andere Hälfte durch die Wälder auf der linken Seite führte.

Die Burmesen kämpften mit großer Hartnäckigkeit. General Campbell und sein Stab, mit achtunddreißig Soldaten und fünfzig Mann vom 13. Regiment, waren der Kolonne etwas voraus; als sich der Feind an beiden Flanken näherte und sogar in seinen Rücken gelangte. Diese wurden jedoch vom Rest des 13. Regiments zerstreut und der Vormarsch wurde fortgesetzt, indem die Burmesen an den Flanken zurückgedrängt wurden. Als die Briten jedoch bald aus dem Dschungel vordrangen, stürmte eine Masse feindlicher Pferde herbei, trieb die Scharmützler zurück und eine Zeit lang war die Lage des Generals und seines Stabes in großer Gefahr. Seine kleine Truppe stürzte sich jedoch kühn auf die Angreifer und hielt sie in Schach, bis die Geschütze, die dem Stab gefolgt waren, aus dem Dschungel hervorgeholt wurden. Dann teilten sich die Soldaten und ritten nach rechts und links; und die Kanonen eröffneten das Feuer und hielten die Angreifer zurück, bis die Infanterie heranrückte.

Die burmesische Armee war nun in Form eines Halbkreises im Freien zu sehen. Die beiden britischen Kolonnen waren vereint und rückten gemeinsam vor, um die Mitte des Halbmonds anzugreifen, ohne Rücksicht auf das Feuer seiner Flügel zu nehmen. Als sie sich in Angriffsdistanz befanden, stürmten sie vorwärts und fielen unter lautem Jubel auf die

Burmesen ein. und brachen ihre Mitte, wodurch die beiden Flügel isoliert wurden. Die Burmesen zogen sich sofort mit größter Eile in die mit Palisaden versehene Position in ihrem Rücken zurück. Wie üblich sorgten die engen Eingänge zu den Palisaden für große Verzögerungen; und die Briten waren über ihnen, bevor sie in irgendeiner Weise bereit waren, dem Angriff zu widerstehen.

Sie kündigten ihren Vormarsch mit ausufernden Salven an, überfielen die Burmesen mit dem Bajonett und vertrieben sie aus ihren Werken. Der Feind unternahm einen Versuch, sich hinter den Mauern und in den Pagoden der Stadt zu sammeln, doch der Versuch war vergeblich. Sie wurden unter großem Gemetzel vertrieben, Hunderte ertranken bei dem Versuch, den Fluss zu durchschwimmen, und die Armee wurde schließlich in alle Richtungen zerstreut.

Die Wirkung dieses Sieges war sofort offensichtlich. Die Landbevölkerung, die beim Vormarsch der britischen Streitkräfte von Prome aus den Dörfern entlang der gesamten Route vertrieben worden war, kam nun, nachdem sie von der Zurückhaltung ihrer Truppen befreit worden war, in großer Zahl zurück. einige an der Straße und einige in Booten – und es war offensichtlich, dass sie den Kampf als endgültig beendet betrachteten. Es gab tatsächlich keine Möglichkeit für weiteren Widerstand; als die Armeen Burmas, die unter enormer Mühe und durch schwere Prämien und das Versprechen großer Belohnungen aufgestellt worden waren, hoffnungslos zerstreut waren und Ava dem britischen Vormarsch ausgesetzt war.

In anderen Richtungen war ihre Lage ebenso verzweifelt. Aracan war vollständig aus ihrem Griff gerettet worden. Eine britische Truppe in Pegu war den Fluss Sitang hinaufmarschiert und hatte nach der Abwehr einer Gruppe von 150 Mann, die unklugerweise ausgesandt worden war, um Sitang selbst anzugreifen, den Ort nach einem heftigen Kampf erobert und ihren Weg mit Verstärkung aus Rangun fortgesetzt den Fluss hinauf und eroberte Toungoo; während die nördliche Streitmacht die Burmesen aus Manipur vertrieben hatte und am 2. Februar den Fluss Ningti erreicht hatte und in der Lage war, direkt auf Ava vorzurücken.

Nach einem zweitägigen Aufenthalt rückte General Campbell am 12. Februar vor. Mr. Price, der Amerikaner, der nach der Einnahme von Melloon herabgeschickt worden war, ging mit dem Vertrag, der vor der Einnahme dieses Ortes ausgearbeitet worden war, nach Ava ; und der König zögerte nicht länger, seinen Bedingungen nachzukommen – und war tatsächlich erfreut, als er feststellte, dass der jüngste Sieg der Invasoren ihre Forderungen nicht erhöht hatte. Er schickte sofort herab, um sie anzunehmen, aber da keine offizielle Bestätigung gesendet wurde, ging der Marsch weiter; während Mr. Price wieder zu Ava zurückkehrte. Als sich die Truppe nur noch vier

Tagesmärsche von der Hauptstadt entfernt befand, kehrte diese mit den burmesischen Kommissaren und anderen hohen Funktionären, mit dem ratifizierten Vertrag und der ersten Rate des zu zahlenden Geldes zurück.

Es war eine Enttäuschung für die Armee, dass sie nach ihrem langen Marsch und vielen Leiden nicht triumphierend in die Hauptstadt des Feindes einziehen durfte. Zweifellos war der eingeschlagene Weg jedoch der klügste. Ava galt als heilige Stadt, und um sie vor der Demütigung der Besetzung durch die Eindringlinge zu bewahren, hatte sich der König dazu durchgerungen, die Bedingungen des Vertrags zu akzeptieren. Hätte der englische General darauf bestanden, die Hauptstadt zu betreten und dort den Vertrag zu unterzeichnen, hätte er niemanden gefunden, der ihn traf. Die Bevölkerung wäre vertrieben worden, der König und der Hof hätten sich weiter landeinwärts zurückgezogen, und der Krieg hätte möglicherweise auf unbestimmte Zeit andauern können.

Schon jetzt waren die Kosten enorm und beliefen sich auf über 5.000.000 Pfund Sterling. In den ersten elf Monaten nach der Landung in Rangun starben fast die Hälfte der Europäer, und von dem Zeitpunkt an, als sie mit frischer Verstärkung aus Indien aus dieser Stadt vorrückten, bis zu ihrer Ankunft in der Nähe von Ava erlitten sie einen ähnlich schweren Verlust. Vier Prozent der Einsatzkräfte wurden im Kampf getötet. Das Klima von Aracan war noch tödlicher, da drei Viertel der dort eingesetzten weißen Truppen starben und nur sehr wenige der Überlebenden danach jemals dienstfähig waren. Die Sepoys litten in Aracan weniger und verloren nur zehn Prozent ihrer Zahl, obwohl fast die Hälfte der Truppe einige Zeit im Krankenhaus lag.

Gemäß der Vereinbarung schickten die Burmesen, sobald der Frieden geschlossen war, eine große Anzahl von Booten zur Beförderung der Truppen flussabwärts. Beim Abstieg wurden die in Melloon und anderen Orten verbliebenen Garnisonen abgezogen. Eines der Eingeborenenregimenter verließ die Truppe mit einigen Elefanten und Kanonen bei Sembeughewn; und marschierte von dort nach Aracan, um das Land zu erkunden und zu prüfen, ob es für den Durchmarsch von Truppen durchführbar sei, für den Fall, dass jemals ein weiterer Vormarsch auf Ava notwendig werden sollte. Sie fanden die Straße unerwartet gut und stießen auf keinerlei Widerstand, außer bei der Passage einiger Pässe über die Berge.

In Melloon war Stanley sehr froh, seinen Cousin wiederzusehen, denn das 47. Regiment war dort in der Garnison zurückgelassen worden. Harry war mit einem heftigen Fieberanfall erneut am Boden gelegen, erholte sich nun aber wieder.

„Es ist also alles vorbei, Stanley, und Ihre Chancen auf eine Grafschaft sind Ihnen fast durch die Finger geglitten.“

„Ich bin in der Tat froh, dass es so ist", lachte Stanley, „erstens, weil es mir erst nach Ihrem Tod hätte gelingen können, und zweitens, weil ich keinerlei Ambitionen habe, was auch immer Titel. Ich bin noch keine neunzehn und würde es lieber tun, meinen eigenen Weg zu gehen, als nichts anderes zu tun zu haben, als Geld auszugeben, wie es mir in den Schoß fällt.

„Jetzt, da alles geklärt ist und Aracan englisch geworden ist und wir die Seehäfen an der Küste von Tenaoocrim haben, wird der Handel enorm zunehmen. Sie können sicher sein, dass die Burmesen nur allzu gerne in unsere Provinzen strömen und dort leben werden unter einer gerechten Herrschaft, um der Tyrannei ihrer eigenen Beamten zu entgehen; und mein Onkel ist genau der richtige Mann, um die neuen Möglichkeiten zu nutzen. Ich sage nicht, dass ich mein ganzes Leben hier draußen verbringen möchte. Jedenfalls ich Ich hoffe, bis ich dreißig bin, für ein Jahr Urlaub nach Hause kommen zu können; und es ist durchaus möglich, dass wir bis dahin zu einer so großen Firma herangewachsen sind, dass wir unseren Hauptsitz in London errichten, anstatt einen zu bekommen alle unsere Waren aus Kalkutta.

„Hier wird es mit Sicherheit einen sehr großen Handel geben, allein mit Teakholz. Der Preis in Pegu liegt viel unter dem in Indien, und wenn wir ein Haus in London hätten, sollten wir die Zahlung von Provisionen vermeiden und vielleicht besser werden." Preise für unser Holz. Natürlich könnte mein Onkel bis dahin daran denken, sich zurückzuziehen, und in diesem Fall müsste ich vielleicht etwas länger hier draußen bleiben; aber ich weiß, dass ihm das Klima gefällt, und das habe ich auch von ihm gehört Da er in England nur sehr wenige Bekannte hat, meint er, dass er ein Leben in Kalkutta einem Leben in London vorziehen sollte.

„Ich würde mich nicht wundern, wenn ich bald nach Hause gehe", sagte Harry. „In meinem letzten Brief habe ich erfahren, dass es meinem Onkel gesundheitlich nicht gut geht und dass er mich gerne bei sich zu Hause haben würde. Wenn der nächste Brief das bestätigt, fürchte ich, dass ich entweder mein Amt aufgeben oder in einen anderen wechseln muss Regiment zu Hause. Natürlich müsste ich bei seinem Tod sowieso die Armee verlassen. Es wäre lächerlich für einen Subalternen, ein Earl zu sein; außerdem müsste man einige Dinge tun. Ich nehme an, dass es Stände geben muss gepflegt, und alle möglichen Belästigungen.

„Jedenfalls werde ich immer froh sein, meinen Anteil an dieser Expedition gehabt zu haben. Ich habe gelernt, was Kampagnen sind, und ich muss sagen, dass es unter solchen Umständen, wie wir sie durchgemacht haben, nicht ganz so angenehm ist, wie ich erwartet hatte. Die Hälfte seiner Freunde ist tot oder als Invalide zu Hause, und wenn man morgens aufwacht, weiß man nie, ob man nicht schon vor der Nacht an der Cholera erkrankt ist. Die

Kämpfe sind ja schön und gut, aber das nimmt schließlich nur sehr wenig in Anspruch Einen Teil der Zeit in Anspruch zu nehmen; und in diesem heißen, schwülen Klima mit seinen sechs Monaten Regen zu marschieren und, so kann ich sagen, überhaupt zu leben, ist keine beneidenswerte Arbeit. Allerdings habe ich einen regulären Feldzug durchgemacht, und dieser war ein ebenso schwerer wie britische Truppen es jemals getan haben; und vor allem, alter Mann, ich habe dich getroffen, und wir sind gute Freunde geworden, und ich habe gelernt, was ein Kerl für einen anderen tun wird."

„Ich bin sicher auch sehr froh, das durchgemacht zu haben. Ich hatte in der Tat das Glück, nie einen einzigen Tag ruhen zu müssen, und es besteht kein Zweifel daran, dass es von großem Vorteil sein wird, im Stab gedient zu haben." Für mich selbst als Händler. Ich gestehe, dass ich gerne als Kapitän in den Ruhestand gegangen wäre. Natürlich ging die Beförderung aufgrund der vakanten Stellen ungeheuer schnell vonstatten, aber ich habe immer noch zwei Leutnants über mir."

„Du wirst den Schritt sicher schaffen, Stanley. Du hattest zweimal allgemeine Befehle, abgesehen von der Mitteilung, die du für meine Rettung erhalten hast. Außerdem sagen die Ärzte, dass eine Reihe der Männer, die an die Küste geschickt wurden, unwahrscheinlich sind." Sie werden noch viele Wochen zu leben haben, und da fünf Ihrer Senioren arbeitsunfähig geworden sind, können Sie im natürlichen Lauf der Dinge jederzeit Ihren Schritt bekommen.

„Wenn ich Sie wäre, würde ich um drei Monate Urlaub bitten, bevor ich wieder in Ihr Regiment eintrete. Das wird keine Schwierigkeit mehr sein, wenn Sie mehr als zwei Jahre lang ununterbrochen gearbeitet haben; und der General wird sicherlich nicht ablehnen. Vor dem Ende Von diesem Zeitpunkt an werden Sie Ihren Onkel gesehen und die Angelegenheit besprochen haben. Wenn Sie sich dann entschließen, von Ihrem Amt zurückzutreten, können Sie dies natürlich tun, aber da Sie ziemlich sicher sind, dass Sie Ihren Schritt durch den Tod vor Ablauf dieses Zeitraums erhalten werden die drei Monate; und da die Depeschen des Generals Ihre Dienste nachdrücklich empfehlen, können Sie Ihre Brevet-Mehrheit erhalten, bevor Ihr Rücktritt England erreicht. Ein Mann, der zwei- oder dreimal in den Depeschen erwähnt wurde und besonders für Ehrungen empfohlen wird, wird dies mit Sicherheit erhalten seine Brevet-Mehrheit erhält er sofort, wenn er sein Unternehmen erhält."

Als Stanley Rangun erreichte, erfuhr er, dass zwei der Invaliden entweder auf dem Weg nach unten oder bevor sie an Bord eines Schiffes gebracht werden konnten, gestorben waren; und dass einer der Majors, der vier Monate zuvor zur Abwechslung nach Indien geschickt worden war, ebenfalls unterlegen war; so dass er bereits seine Firma erhalten hatte – eine Beförderung, die zu jedem anderen Zeitpunkt außergewöhnlich gewesen wäre; was aber bei einem Feldzug, bei dem die Hälfte der Gekämpften verschleppt wurde, nichts Besonderes war. Da er immer noch im Stab des Hauptquartiers war, ging er zusammen mit Sir Archibald Campbell an Bord.

„Halten Sie immer noch an Ihrer Entschlossenheit fest, den Dienst zu verlassen, Captain Brooke?" sagte der General im Verlauf der Überfahrt nach Kalkutta.

„Ja, Sir. Ich bin sicher, dass es das Beste für mich ist."

„Das glaube ich, Brooke. Natürlich hatten Sie außerordentliches Glück, so schnell befördert zu werden. Dennoch ist ein gutes Geschäft viel besser als ein Soldat. Ich habe mich sehr stark für Sie ausgesprochen, als ich meine Depeschen abschickte Als wir an diesem Tag an die Küste kamen, sind Sie sich Ihres Brevets sicher. Dennoch ist es gut, dass die Nachricht von Ihrem Rücktritt nicht nach Hause gelangt, bevor die Gazette mit Ihrem Namen herauskommt. Ich denke, das Beste Was ich tun kann, ist, Ihnen eine Zeit lang Urlaub zu geben, sobald wir in Kalkutta ankommen. Ich bin sicher, dass Sie eine Pause verdient haben, denn Ihre Arbeit war furchtbar schwer."

„Vielen Dank, Sir. Das war genau der Gefallen, um den ich Sie bitten wollte. Sobald ich dort ankomme, werde ich herausfinden, wo mein Onkel ist, und mich ihm anschließen. Ich habe mich schon entschieden, aber er hat sicherlich ein Recht darauf, konsultiert zu werden, bevor ich einen letzten Schritt unternehme.

„Ganz richtig. Ich habe keinen Zweifel daran, dass seine Meinung mit Ihrer übereinstimmen wird; und ich denke, dass Sie viel mehr Klugheit an den Tag legen, als die meisten Burschen es tun würden, den Dienst aufzugeben, wenn Sie sich ausgezeichnet haben, und eine viel bessere Zukunft haben Das Schicksal ist größer als das Schicksal eines Mannes unter hundert. Dennoch kann es keinen wirklichen Zweifel daran geben, dass ein Mann in einem guten Geschäft hier draußen früh in den Ruhestand gehen und mit einem Vermögen nach Hause gehen kann; während man in der Armee ist, ist man haftbar Jederzeit, nachdem Sie den Rang eines Obersten erreicht haben, wird er für Jahre ins Regal gestellt.

„Außerdem werden Sie Ihr eigener Herr sein, und das ist mehr, als irgendjemand in der Armee von sich behaupten kann. Sie können nach Hause gehen, wann immer Sie wollen, entweder für einen Aufenthalt oder für eine Daueraufenthaltsdauer; und Sie müssen kein Risiko eingehen Eine weitere Kampagne wie diese gab es."

„Wenn man sich der Kampagnen sicher wäre, glaube ich nicht, dass ich mich überhaupt dazu durchringen könnte, den Dienst zu verlassen; aber es ist die Wahrscheinlichkeit, drei oder vier Jahre lang festgehalten zu werden, ohne in

Kalkutta oder Madras untätig zu sein, die den Ausschlag gegeben hat.“ Mich."

Der General nickte.

„Du hast völlig Recht, Brooke; im aktiven Dienst ist das Leben eines Soldaten tatsächlich ein aufregendes; aber es gibt nichts Langweiligeres und Eintönigeres als das Garnisonsleben in Friedenszeiten.“

Dementsprechend wurde Stanley, sobald sie in Kalkutta landeten, für drei Monate beurlaubt. Vom Agenten seines Onkels erfuhr er, dass sie erst wenige Tage zuvor in Chittagong von ihm gehört hatten; und dass er gerade im Begriff sei, nach Aracan aufzubrechen, wohin er mit dem nächsten Schiff eine große Warensendung geschickt habe.

Drei Tage später begann Stanley, sich ihm anzuschließen, und hinterließ seine Adresse in Aracan bei Sir Archibald Campbell, für den Fall, dass es nötig sein sollte, ihn vor Ablauf des dreimonatigen Urlaubs zurückzurufen. Das Schiff, auf dem er fuhr, brachte die Warensendung zu seinem Onkel; und er hatte daher keine Angst davor, festzustellen, dass dieser Aracan vor seiner Ankunft verlassen hatte. Meinik war immer noch bei ihm. Er hatte die Armee nach der letzten Schlacht verlassen und war zu der Stelle gereist, an der er sein Geld vergraben hatte, bevor er sich mit Stanley im Kanu einschiffte und sich nach dreitägiger Abwesenheit wieder der Truppe anschloss. Auf dem Weg nach Rangun unterhielt sich Stanley ausführlich mit ihm über seine Zukunftspläne.

„Ich habe nur einen Plan, Meister, und der ist, bei dir zu bleiben, solange ich lebe.“

„Aber du wirst jetzt genug haben, wovon du bequem leben kannst, Meinik. Denn nach allem, was du für mich getan hast, werde ich natürlich dafür sorgen, dass du über eine Summe verfügst, mit der du dich wohlfühlen kannst.“

Meinik schüttelte den Kopf.

„Burma ist ein schlechtes Land, Herr. Nachdem ich bei den Engländern gelebt habe, würde ich auf keinen Fall wieder unter die Offiziere des Königs gehen. Alles Geld, das ich hatte, würde mir in Kürze entzogen werden. Nein, Herr, Ich werde mit dir gehen, es sei denn, du vertreibst mich von dir; wenn du das tust, werde ich nach Chittagong gehen und dort leben, aber ich glaube nicht, dass du das tun wirst.

„Sicherlich nicht, Meinik. Solange du bereit bist, bei mir zu bleiben, werde ich wirklich sehr froh sein, dich zu haben; aber wenn du irgendwann heiraten und dich auf eigenem Land niederlassen möchtest, dann ich Ich werde dir fünfhundert Pfund geben – das ist nur ein kleiner Teil der Summe, die mir diese Rubine eingebracht haben, die du mir von deinem Band gegeben hast."

„Ich wage zu behaupten, dass ich heiraten werde", sagte Meinik, „aber das wird keinen Unterschied machen. Solange ich lebe, werde ich bei dir bleiben."

Meinik war in Kalkutta erstaunt gewesen; was in der Tat einen starken Kontrast zu der Stadt darstellte, die er als Burmane als den wichtigsten Ort der Welt angesehen hatte.

„Die Burmesen sind Narren, Herr. Sie hätten zwei oder drei Männer hierher schicken sollen, bevor sie sich entschließen, in den Krieg zu ziehen. Wenn ihnen wirklich gesagt worden wäre, wie Kalkutta ist, hätten sie es nie gewagt, mit ihnen Krieg zu führen." Englisch."

Kapitel 18
Wieder im Geschäft.

Als das Schiff an der Mündung des Aracan-Flusses ankam, sah man ein Kanu aus Akyah herauskommen – einer Stadt am Eingang des Hauptkanals, durch den der Fluss durch eine Reihe von Sandbänken fließt Inseln, ins Meer. Als es näherkam, erkannte Stanley seinen Onkel, der im Heck saß.

„Na, Onkel, wie geht es dir?" rief er, als sich das Boot der Seite näherte.

„Was, bist du es, Stanley? Ich freue mich in der Tat, dich zu sehen. Ich habe die Zeitungen aufmerksam verfolgt, um zu sehen, ob dein Name unter den Getöteten oder Verstorbenen auftauchte; als ich ihn nicht sah, hoffte ich, dass du waren in Ordnung. Natürlich hörten wir von dem Madras-Regiment, das von Sembeughewn herüberkam, dass alles vorbei sei und dass alle Truppen verschifft würden, sobald sie nach Rangun hinuntergingen; aber ich habe keine gesehen Ich hatte in letzter Zeit keine Papiere und hatte daher keine Gelegenheit, Neuigkeiten über Sie zu erfahren. Ich bildete mir jedoch ein, dass Sie zu diesem Zeitpunkt wieder in Kalkutta wären, und dachte, dass ich mit diesem Schiff vielleicht einen Brief von Ihnen bekommen würde.

Zu diesem Zeitpunkt war er an Deck und nach einem herzlichen Händeschütteln fragte Stanley, was er hier mache.

„Ich hatte nicht erwartet, dich zu sehen, bis wir in Aracan ankamen."

„Ich war dort oben, Junge. Es ist ein verfallender alter Ort, und der Bach ist an vielen Stellen flach, so dass es sehr schwierig wäre, ein Schiff irgendeiner Größe aufzunehmen. Ich gehe daher davon aus, dass dies passieren wird." der Haupthafen der Provinz zu sein – Holz wird hierher geschwommen und Reis in einheimischen Booten hergebracht –, also werde ich hier mein Hauptquartier errichten, soweit es diesen Bezirk betrifft, und Johnson die Leitung übertragen. Ich bezweifle ob wir eine Zeit lang genauso viel Handel betreiben werden wie weiter oben an der Küste; aber jeder erwartet eine große burmesische Einwanderung, und mit der Zeit wird wahrscheinlich ein großer Handel entstehen.

„Ich habe mich noch nicht ganz für meinen nächsten Schritt entschieden, und es ist nicht unwahrscheinlich, dass ich mit diesem Schiff untergehe und mich eine Zeit lang in Martaban niederlasse und einen Handel in Tenasserim eröffne. Wenn ich mich dazu entscheide, werde ich es tun." nur einen Teil meiner Güter an Land bringen und den Rest dorthin mitnehmen.

„Was wirst du jetzt tun, Stanley?"

„Genau das, was du für das Beste hältst, Onkel. Da ich die Sprache spreche, hätte ich gedacht, dass es für mich besser wäre, weiter nach Martaban zu gehen, und dass du Chittagong und den Bezirk bis nach Assam bearbeiten würdest."

„Dann bleibst du bei mir, Junge!" rief sein Onkel in einem Ton voller Befriedigung. „Ich befürchtete, dass Sie sich so sehr für den Soldatendienst interessiert hätten, dass Sie das Ganze aufgegeben hätten."

„Nicht ein bisschen davon, Onkel. Ich habe derzeit drei Monate Urlaub, und nach Ablauf dieser Zeit werde ich zurücktreten. Du weißt, dass ich jetzt Kapitän bin – das heißt, was ich habe." mein Rang ist durch Tod frei geworden, obwohl man mich bis zum Erscheinen der Gazette aus England kaum als Pucka-Hauptmann bezeichnen kann; und außerdem versicherte mir der General selbst, dass er dies, nachdem er zwei- oder dreimal in den Depeschen erwähnt wurde, und Aufgrund seiner starken Belobigung meiner Dienste war ich mir des Brevet-Ranges eines Majors sicher.

Sein Onkel nahm ernst seinen Hut ab.

„Ich muss mich bei Ihnen entschuldigen", sagte er, „dass ich Sie mit ‚Junge‘ angesprochen habe." Ich hatte keine Ahnung, dass Sie ein ausgewachsener Kapitän wären, geschweige denn, dass Sie bald Major werden könnten.

„Ich interessiere mich überhaupt nicht für den Titel, Onkel", sagte Stanley lachend, „es sei denn, dass er für mich von Vorteil sein könnte, an Orten, wo es Garnisonen gibt; und tatsächlich, im Allgemeinen, wo es weiße Beamte gibt."

„Ein sehr großer Vorteil, Stanley.

„Nun, Junge, ich habe Geld geprägt, seit ich dich in Rangun gesehen habe. Ich habe jede Woche eine Ladung Ochsen dorthin geschickt und fast genauso viel mit der Manipur-Truppe gemacht. Ich habe den Vertrag auch regelmäßig bekommen , jetzt für die Versorgung der Truppen in Kalkutta. Der andere Handel ist natürlich zum Stillstand gekommen. Jetzt, wo sich alles beruhigt hat, wird es einen vollkommenen Ansturm geben; und ich war in meinem Kopf zutiefst beunruhigt, ob Am besten wäre es, hier oben zu bleiben und davon zu profitieren, oder einer der Ersten zu sein, der den Handel in diesen neuen Häfen eröffnet. Wenn Sie bereit sind, Martaban einzunehmen, wird das natürlich für mich ausschlaggebend sein, und ich werde die Durchfahrt übernehmen im ersten Schiff, das nach Chittagong fährt. Mein eigenes Boot und die Dhau sind beide dort, und ich werde sofort alle Flüsse hinaufarbeiten und die Dinge wieder in Gang bringen.

„Ich habe einen kapitalen Kerl, einen Eingeborenen, der für mich das Viehgeschäft betreibt, und in Chittagong werde ich versuchen, drei oder vier weitere vertrauenswürdige Kerle zu finden, die die Depots übernehmen. Ich sehe eine große Zukunft vor mir." Uns, und das dauerte nicht lange. Mit deinen Juwelen war ich gut zurechtgekommen – sie brachten 3500 Pfund ein, die ich zusätzlich zu dem, was du mir gegeben hast, verwendet habe – denn ohne Bargeld gab es kein Aufkaufen des Viehs, und wie ich es normalerweise tue Ich muss nach dem Versand zwei Monate warten, bevor ich bezahlt werde. Das Geld war von unschätzbarem Wert, und tatsächlich hätte ich mich nicht in der gleichen Größenordnung auf die Sache einlassen können, wenn es nicht Ihr Geld gegeben hätte. Die Leute von Kalkutta hätte mir bis zu einem gewissen Punkt geholfen; aber sie hätten nie solche Vorschüsse gewagt, wie ich sie verlangt hätte. Ihre 5000 Pfund haben sich verdoppelt, seit ich Sie in Rangun getroffen habe. Ich schätze, dass unsere Vorräte in den verschiedenen Depots also 4000 Pfund wert sind dass die Firma Pearson & Brooke derzeit über ein Kapital von 14.000 Pfund verfügt.“

Ein Teil der Ladung wurde in Akyah angelandet. Stanley ging mit den anderen nach Martaban, und sein Onkel segelte nach Chittagong. Einige Monate später wurde in Rangun ein Geschäft eröffnet. Parsische Ladenbesitzer wurden von Tom Pearson aus Kalkutta geschickt; und diesen wurde die Kontrolle über die Vorräte dort und in Martaban übertragen, wobei Stanley für diese beiden Stationen und Akyah verantwortlich war; und besaß ein eigenes einheimisches Handwerk und ein Boot für Flussarbeiten, das dem seines Onkels ähnelte.

Ein Jahr später erhielt er einen Brief von Harry, in dem ihm mitgeteilt wurde, dass sein Onkel einen Monat nach seiner Rückkehr nach England gestorben sei; und dass er nun als eine der Säulen des Staates etabliert war.

„Als ich bei meiner Ankunft durch London ging“, sagte er, „habe ich Ihre Mutter unter der Adresse, die Sie mir gegeben haben, in Dulwich, aufgesucht. Ich fand sie sehr wohl und sehr komfortabel. Sie war voll von Ihrem Lob und so Mir ging es genauso, deine Ohren hätten kribbeln sollen, während wir zusammen waren. Natürlich wollten sie alles über dich hören, und das meiste davon war ihnen neu; denn du hattest nichts von deinem Abenteuer mit diesem Leoparden gesagt, und nur ein ein paar Zeilen über die Rettung deines bescheidenen Dieners; obwohl du ihnen gesagt hattest, dass ich deinem Weg zum Grafentum im Wege stehe. Deine Mutter sagte, sie sei stolzer auf dich, als wenn du ein Graf wärst, nur dass sie dich gerne gehabt hätte zu Hause. Ich erzählte ihr, dass du und dein Onkel den Pagodenbaum geschüttelt habt und dass ihr im Laufe einiger Jahre so gelb wie eine Guinea und so reich wie ein Nabob nach Hause kommen würdet.

„Deine Schwestern sind älter, als ich erwartet hatte. Natürlich hast du immer so von ihnen gesprochen, als du sie das letzte Mal gesehen hast. Sie wachsen beide zu sehr hübschen Mädchen heran, besonders die Älteren. Ich habe deiner Mutter das Versprechen abgenommen, sie zu erziehen.“ Ich blieb eine Weile bei mir, als ich in den Titel kam; was, wie ich wusste, nicht lange dauern würde, denn ich hatte an diesem Morgen die Anwälte meines Onkels angerufen, und sie sagten mir, dass er voraussichtlich nicht mehr viele Wochen leben würde. Wie es ist ist erst einen Monat her, seit er gestorben ist, und ich schätze, ich sollte noch keine Besucher haben; aber in ein paar Wochen werde ich in die Stadt gehen und sie mit nach unten nehmen. Ich komme nicht umhin zu denken, dass das ein wenig egoistisch ist , wenn sie diesen Ort sehen, wären sie keine Menschen, wenn sie nicht das Gefühl hätten, dass er dir gehört hätte, wenn du mich nicht aus den Händen dieser Burmesen befreit hättest.

„Ich sehe, dass Sie diese Woche zum Kapitän ernannt werden. Ich nehme an, Sie haben sich schon lange vorher mit Ihrer alten Arbeit beschäftigt, träge Flüsse hinaufzufahren und zu versuchen, den ebenso trägen Eingeborenen ein Gefühl für die Vorzüge der britischen Sprache zu wecken Im Moment bin ich ganz zufrieden damit, nichts Besonderes zu tun – herumzufahren und zu fahren, Rückrufe zu tätigen und so weiter –, aber ich gehe davon aus, dass ich bald unruhig werde und etwas tun möchte. Wie auch immer , es gibt einen offenen Kontinent und anständige Hotels, in denen man übernachten kann. Dort gibt es keine Fieber und keine burmesischen Räuber.

Einen Monat später erhielt er einen Brief von seiner Mutter, der vor dem von Harry geschrieben, aber nach Kalkutta und von dort nach Akyah geschickt worden war; und hatte dort gelegen, bis er zwei Monate später von einer Bootsfahrt nach Pegu zurückkehrte. Sie sagte, wie freundlich es gewesen sei, dass sein Cousin hereingekommen sei, um ihnen die Nachricht von ihm zu überbringen, noch am selben Tag, als er in London ankam.

„Natürlich freuten wir uns über alles, was er uns über Sie erzählte; aber der Gedanke daran, dass Sie so vielen Gefahren ausgesetzt waren, erfüllte uns mit Sorge sollte nicht den Adelsstand an seiner Stelle haben. Er wird wahrscheinlich bald hineinkommen, denn er sagt uns, dass der Graf sehr krank ist. Er sagt, dass wir herunterkommen und ihm einen Besuch abstatten müssen, sobald er dort Herr ist ; aber ich weiß nicht, ob das sein kann. Natürlich wäre es eine schöne Abwechslung, und ich glaube, dass es ein sehr schöner Ort ist. Ich sagte, dass es seltsam wäre, wenn wir dorthin gehen, wenn keine Damen da sind, und dass Junggesellen im Allgemeinen keine Gäste empfingen; aber er sagte, dass er in erster Linie seine Schwestern dort haben sollte, die ungefähr im gleichen Alter wie meine Mädchen waren; und da wir seine nächsten Verwandten seien und du derzeit sein Erbe seist, Es wäre völlig richtig und angebracht, dass wir herunterkamen. Er schien es sehr ernst damit zu meinen, und es würde mich nicht wundern, wenn wir gehen würden.

Drei Monate später erfuhr Stanley, dass der Besuch stattgefunden hatte und dass sie vierzehn Tage dort geblieben waren.

„Es fühlt sich ziemlich komisch an, sich hier wieder niederzulassen, nachdem man in diesem großen Haus war, mit all diesen Bediensteten und der Erhabenheit; nicht, dass Harry irgendeine Erhabenheit an sich hätte. Da er verwandt ist, besteht er darauf, dass wir ihn bei seinem Vornamen nennen. Alles." war entzückend. Jeden Nachmittag fuhren wir mit dem Auto, und morgens ritt er meistens mit den Mädchen. Er hatte ein sehr hübsches, sanftes Pferd für Agnes und ein graues Pony, eine Schönheit, für Kate. Ich habe einen starken Verdacht dass er sie beide mit Absicht gekauft hatte. Ich sollte nicht überrascht sein – aber nein, ich werde nichts dazu sagen.

Stanley rätselte über diesen Satz, dem folgte:

„Seine Schwestern sind sehr nette Mädchen."

„Es hat offensichtlich etwas mit Harry zu tun", sagte er sich; „Möglicherweise hat sie sich die Idee in den Kopf gesetzt, dass er sich in Agnes verlieben könnte. Das wäre sicherlich eine sehr schöne Sache; aber ich glaube nicht, dass es mehr als eine Idee der Mutter ist."

Vier Monate später erhielt er jedoch einen Brief von Harry, in dem er seine Verlobung bekannt gab.

„Ich habe deiner Mutter gesagt, dass sie mich vorher per Post schreiben lassen muss; denn es war nur richtig, dass ich das Vergnügen haben sollte, dir die Neuigkeit selbst zu überbringen. Es ist großartig, alter Mann, auf mein Wort, ich Ich weiß nicht, wofür ich Ihnen am dankbarsten sein sollte – dass Sie mir das Leben gerettet haben oder dass Sie mich mit Ihrer Schwester bekannt gemacht haben. Es kommt mir vor, als sei es eine regelrechte Fügung der Vorsehung. Sie haben alles getan, was Sie konnten, um zu verhindern, dass Sie in Schwierigkeiten geraten einen Titel; und jetzt wird deine Schwester ihn annehmen, und ich. Es ist völlig richtig, dass wir Schwager werden, denn wir sind schon ganz wie Brüder.

„Wir werden im Frühjahr heiraten. Ich wünschte, du könntest bei uns sein. Deine Abwesenheit wird das Einzige sein, was uns fehlt, damit alles perfekt wird. Ich hoffe, dass du nicht viele Jahre dort draußen herumgrillen willst . Es kommt mir ungeheuerlich vor, dass ich Vermögen und ein großes Einkommen und so etwas habe, obwohl ich nichts getan habe, um es zu verdienen, und dass Sie in diesem abscheulichen Klima schuften. Wenn ich das gedacht hätte Die geringste Chance, dass Sie nach Hause eilen, wenn Sie diesen Brief erhalten, erkläre ich, dass ich die Heirat um etwa einen Monat verschieben werde, damit Sie rechtzeitig hier sind; aber da ich sicher bin, dass Sie nichts unternehmen werden In diesem Fall wird es mir nichts nützen, ein so edles Opfer zu bringen.

Stanley hatte die Nachricht, dass er zum Brevet-Major ernannt wurde, einen Monat nach seiner Beförderung zum Hauptmann und zwei Monate bevor sein Name als aus der Armee ausgeschieden erschien, erhalten. Er hatte, wie erwartet, großen Nutzen aus seiner Verbindung mit der Armee in seiner Position in seinen drei Empfangshäfen, da er sich dadurch bei den Militär- und Zivilbeamten auf sehr angenehme Verhältnisse begab; und es machte seine gelegentlichen Besuche in Kalkutta und Madras äußerst angenehm, denn in beiden Städten traf er auf viele Offiziere, die er während der Expedition kennengelernt hatte. Während seiner Aufenthalte dort wurde er stets zum Ehrenmitglied der Messen und Vereine ernannt.

Das Geschäft wuchs schnell. Die Arbeit der früheren Jahre hatte den Weg für größere Betriebe so gut geebnet, dass sie sich gegen andere Händler, die nach dem Ende der Unruhen versuchten, sich an verschiedenen Punkten der Westküste anzusiedeln, mehr als behaupten konnten die Halbinsel; und nach weiteren sechs Jahren harter und kontinuierlicher Arbeit entwickelte sich das Unternehmen zu einem sehr großen und wichtigen Unternehmen.

„Ich halte es für mehr als wahrscheinlich", schrieb Stanley an seine Mutter, „dass ich in Kürze nach Hause zurückkehren werde. Mein Onkel sprach darüber, als ich ihn das letzte Mal sah, und sagte, dass wir aus Kalkutta herauswachsen würden und das auch sollten." uns in London niederzulassen.

„„Wir können noch ein bisschen durchhalten‘, sagte er, ‚aber dazu müssen wir früher oder später kommen, und wenn es soweit ist, müssen Sie derjenige sein, der nach England geht und das Kommando übernimmt. Vielleicht gehe ich vorher nach Hause." für ein paar Monate, aber ich habe weder den Wunsch noch den Wunsch, dort aufzuhören. Wir haben jetzt einen guten Stab; und ich werde mich wahrscheinlich dauerhaft in Kalkutta niederlassen."

Zwei Jahre später brachte Tom Pearson nach seiner Rückkehr aus England eine Frau mit und ließ sich in Kalkutta nieder. Drei Wochen nach seiner Rückkehr schloss sich Stanley ihm dort an. An diesem Abend führten sie ein langes Gespräch miteinander.

„Ich sehe, Stanley", sagte sein Onkel, „dass sich die Dinge seit meiner Abwesenheit immer besser gemacht haben und dass unser Umsatz letztes Jahr 150.000 Pfund betrug und der Gewinn bei knapp 15.000 Pfund lag. Ich denke jetzt, dass es so ist." Es ist höchste Zeit, dass wir einen Laden in London eröffnen. Wir haben fast das Monopol des Teakholzhandels in Burma; und es wäre für uns viel vorteilhafter, unsere Einkäufe in England statt hier zu tätigen. Wir sollten beim Transport und in der Fahrt sparen Umladung, abgesehen von den Gewinnen, die die Leute hier aus ihren Verkäufen an uns machen. Ich habe zu Hause viele Nachforschungen über die Preise für Bargeld in Manchester und Birmingham angestellt und bin zu dem Schluss gekommen, dass wir dort einige Waren bekommen sollten Fünfzehn Prozent billiger, als wir in Kalkutta bezahlen, selbst nach Aufladung der Fracht. Sie sehen also, es ist eine wichtige Sache. Außerdem gäbe es eine bessere Auswahl an Waren, und Sie wissen genau, welche Art von Dingen wir benötigen, und die Mengen, die wir loswerden können; und wären daher in der Lage, jeden Monat Sendungen zu verschicken, ohne auf Ratschläge von mir warten zu müssen; und deshalb sollten wir die Dinge von hier aus genauso leicht bekommen, wie wir es jetzt tun.

„Ich nenne Ihnen die Namen einiger Firmen, die ich besucht habe und mit denen ich bereits den Weg für die Eröffnung umfangreicher Transaktionen geebnet habe. In den achtzehn Monaten, in denen ich weg war, haben Sie alles über das Bankgeschäft gelernt; und es wird Ihnen in London nicht schwerer fallen, die Geschäfte zu führen als hier. Ihr Schwager Netherly ging mit mir zur Bank von England und stellte mich einem der Direktoren vor. Ich sagte ihm, dass wir vorhatten, ein Haus zu eröffnen in London, und dass wir, sobald wir dies getan haben, ein Konto bei ihnen eröffnen und 30.000 Pfund einzahlen sollten; und dass wir natürlich einige Erleichterungen, aber wahrscheinlich nicht in großem Umfang, als unsere Zahlungen für Teakholz benötigen würden dort würden sich unsere Exporte aus England einigermaßen ausgleichen, und ich schätzte, dass unser Handelsvolumen mindestens 50.000 Pfund pro Strecke betragen würde.

„Die Sache wurde extrem einfach, als Netherly zu meinem Erstaunen sagte:

„,Sie können sie ziehen lassen, was sie wollen, Mr. Townshend, denn ich gebe meine persönliche Garantie, bis zu 50.000 Pfund.'

„Ich protestierte, aber er wollte nichts hören.

„,Lächerlich', rief er hitzig; ,Stanley ist mein Schwager. Er hat sein Leben für mich riskiert, und Sie glauben nicht, dass es mir etwas ausmachen würde, 50.000 Pfund für ihn zu riskieren.

„,Nicht', fuhr er fort und wandte sich an den Direktor, ,dass die Angelegenheit ein Risiko darstellt. Ich weiß alles über das Geschäft, das sie in Indien betreiben, und dass darin nicht der Hauch eines Risikos steckt. Das weiß ich.' Meine Garantie wird nur eine Formsache sein, aber damit sie bei Ihnen zunächst eine bessere Ausgangslage haben, werde ich sie sehr gerne übernehmen.'

„Selbstverständlich wissen wir, dass damit kein Risiko verbunden ist. Der größte Teil unseres Geschäfts besteht aus Bargeschäften, und das, obwohl wir in letzter Zeit eher mit einheimischen Firmen vor Ort zu tun haben, anstatt direkt in unseren eigenen Filialen zu verkaufen.", die Beträge sind nie groß und wir haben bisher noch nie einen Pfennig verloren. Selbstverständlich werde ich Sie mit jeder Mail darüber informieren, wie es in allen unseren Depots weitergeht, und Sie können dann eine Anfrage stellen Schätzen Sie die Menge an Gütern ab, die Sie an jeden versenden müssen – natürlich direkt, wenn gerade ein Schiff unterwegs ist.

„Aber auf all diese Dinge werden wir natürlich ausführlich eingehen, bevor Sie nach England aufbrechen."

„Bist du zu Harrys Haus gegangen?"

„Ja, ich habe eine Woche dort verbracht. Ihre Schwester scheint vollkommen glücklich zu sein und spielt die Rolle der Königin des Landkreises bewundernswert. Die vier Jugendlichen sind lustige kleine Dinger. Was Ihre Mutter betrifft, werden Sie kaum Veränderungen an ihr feststellen. Ich wirklich Ich glaube nicht, dass sie einen Tag älter aussieht als vor etwa zehn Jahren, als wir sie in Kalkutta verabschiedeten. Natürlich war sie damals mit dem Verlust fertig, aber Ruhe und Geborgenheit haben ihr gutgetan, ebenso wie das Klima ist um einiges weniger anstrengend als hier draußen. Auf jeden Fall sollte ich sie keinen Tag über vierzig nehmen, und sie ist ungefähr fünf Jahre älter.

Drei Monate später segelte Stanley nach England. Es gab den gleichen Streit zwischen ihm und Meinik wie damals, als Stanley Rangun zum ersten Mal verließ, aber dieses Mal endete er anders.

„In England wärst du nicht in deinem Element, Meinik. Natürlich wird mein Leben dort ganz anders sein als hier. Ich werde jeden Morgen von zu Hause zur Arbeit gehen und erst vielleicht um sieben zurückkommen." Uhr abends. Folglich gäbe es für dich nichts, was du für mich tun könntest, und wir würden uns sehr wenig voneinander sehen. Du weißt, dass ich dich gerne bei mir hätte und alles dafür tun würde, was ich kann Sie fühlen sich wohl; aber ich bin sicher, dass Ihnen das Leben nicht gefallen würde. Hier waren Sie immer in Bewegung und es gibt immer etwas zu tun und zu denken.

„Ich habe mit meinem Onkel über Sie gesprochen, und er wird Sie gerne zum Käufer von Teakholz und anderen einheimischen Produkten in diesen Provinzen für unser Haus ernennen. Abgesehen davon, dass Sie Käufer sind, würden Sie aufs Land gehen und Kümmere dich um den Holzeinschlag und den Abtransport des Holzes zur Küste, wie du es schon oft getan hast. Er weiß, wie sehr ich dir vertraue und wie viel du für mich getan hast, und er sagte, dass er sehr froh sein würde, dich dabei zu haben Ich bin hier für die Kaufseite der Arbeit verantwortlich. Außerdem wissen Sie, dass Sie jetzt eine Frau und Kinder haben, und selbst wenn Sie es sich in England bequem machen könnten, würden sie das nie tun können; und die bittere Kälte, die wir manchmal haben im Winter würde es ihnen furchtbar auf die Nerven gehen und sie vielleicht sogar alle davontragen."

Meinik hatte diesen Argumenten widerwillig nachgegeben. Er war ein wenig stolz auf die Position, die er innehatte, als einer der Autoritäten bei der Gründung der wichtigsten Kaufleute an der Küste. Er liebte seine Frau und seine kleinen Kinder; und hatten das Gefühl, dass es für sie sehr schrecklich wäre, unter Fremden mit unterschiedlichen Gewohnheiten und Rassen etabliert zu sein. Stanley kaufte ihm ein schönes Haus in Rangun, und da sein Lohn, der nach und nach erhöht worden war, nun ausreichte, um ihm einen hohen Rang unter der einheimischen Bevölkerung zu verschaffen, kam er selbst zu dem Schluss, dass es klug gewesen war, Stanleys Rat anzunehmen .

Die Reise nach England verlief ereignislos; und nach dem aktiven Leben, das er zehn Jahre lang geführt hatte, schienen Stanley die fünf Monate auf See fast endlos zu sein.

„Ich hätte dich überhaupt nicht kennen dürfen", sagte seine Mutter, nachdem die ersten freudigen Grüße vorbei waren. „Wie viel hast du durchgemacht, seit wir uns in Kalkutta trennten."

„Mutter, ich habe es während des Krieges zwei Jahre lang ziemlich schwer gehabt, aber bis auf diese Ausnahme war mein Leben sehr angenehm, und ich hatte überhaupt nichts, worüber ich mich beschweren könnte."

„Das ist ein hübsches Haus, das du gewählt hast, Mutter, und der Garten ist bezaubernd. Wie sehr habe ich mich manchmal nach dem Anblick eines englischen Gartens gesehnt. Natürlich habe ich noch nie zuvor einen gesehen, aber ich habe dich davon reden hören." und dachte, wie herrlich das grüne Gras sein muss. Natürlich hatten wir in Burma Blumen – viele davon – und Sträucher; aber es war nicht so grün. Es ist bezaubernd."

„Ja, es ist ein hübsches Haus, Stanley. Wir sind vor fünf Jahren hier eingezogen – dank dir, lieber Junge – und es war eine sehr ruhige, glückliche Zeit. Wir haben jetzt viele Freunde unter unseren Nachbarn ; und genauso viel Gesellschaft haben, wie mir wichtig ist.

„Ich nehme an, Sie haben sich noch nicht entschieden, ob Sie hier bei uns wohnen wollen", sagte sie ein wenig besorgt, „oder eine eigene Niederlassung gründen."

„Natürlich bleibe ich hier, Mutter. An etwas anderes habe ich nie gedacht. Wie ich sehe, hast du ein paar Ställe. Ich werde mir ein paar Pferde besorgen und morgens in die Stadt fahren. Ich bin aus dem Weg gegangen insgesamt zu Fuß.

„Und wo ist Kate?"

„Du wirst sie gleich sehen. Sie wird mit Agnes und Harry zum Abendessen hier sein. Ich habe sie weggeschickt, weil ich euch die erste Stunde ganz für mich haben wollte. Die anderen sind vor drei Tagen in die Stadt gekommen, Ich wollte mit Absicht hier sein, als Sie ankamen. Natürlich hörten wir, als Ihr Schiff Plymouth anlief. Wir hatten nach ihr gesucht, denn in Ihrem letzten Brief nannten wir den Namen des Schiffes, mit dem Sie ankamen; also schrieb ich ihnen , und sie kamen sofort herauf. Sie wollten, dass wir mit ihnen essen gehen, aber ich wollte nichts davon hören. Ich war mir sicher, dass Sie hier viel lieber in Ruhe speisen würden, als zu dritt oder zu viert am Portman Square Lakaien hinter unseren Stühlen.

„Viel besser, Mutter. Ich schätze, ich werde Agnes kaum kennen, aber Harry kann sich nicht viel verändert haben; außerdem habe ich ihn vier Jahre später als sie gesehen.“

Harrys Begrüßung war von der herzlichsten Art. Stanleys Schwestern fühlten sich zunächst ein wenig seltsam gegenüber diesem Bruder, an den sie sich nur schwach erinnern konnten.

„Mir kommt es nicht so vor, Harry, dass deine Würde dich sehr gezähmt hat.“

„Nein, tatsächlich“, lachte Harry. „Manchmal fällt es mir sehr schwer, meiner Position gerecht zu werden. Ich habe nie das Gefühl, ein Earl zu sein, außer in den seltenen Fällen, in denen ich ins House of Lords gehe – was ich nur tue, wenn meine Stimme gefragt ist.“, zu einer wichtigen Abteilung.

„Die Düsternis dieses Ortes reicht aus, um jeden nüchtern zu machen. Ich kann Ihnen versichern, dass ich absolut erfreut war, als ich von dem Feuer hörte. Natürlich werden sie ein weiteres bauen, vielleicht großartiger als das letzte und genauso düster, aber Gott sei Dank wird es noch Jahre dauern, bis es fertig sein kann, und bis dahin müssen wir uns mit provisorischen Räumlichkeiten zufrieden geben.

„Deine Chancen auf eine Grafschaft werden immer geringer, Stanley. Drei Jungen versperren bereits den Weg. Ich hatte mir vorgenommen, nicht zu heiraten – in diesem Fall wären du oder einer deiner Söhne mir gefolgt – aber deine Schwester hat mich überredet.“

Agnes warf den Kopf zurück, als sie sagte:

„Jedenfalls, Harry, wenn du diesen Entschluss gefasst hast, war er nicht viel wert, da du ihn bei der ersten Gelegenheit aufgegeben hast. Ich war das erste Mädchen, das du getroffen hast, als du in England ankamst, und ich bezweifle, dass du es gesehen hast ein anderes, bevor wir herunterkamen, um in Netherly zu bleiben. Ich war zwei Tage lang nicht dort gewesen, als du anfingst, mit mir zu schlafen.“

„Die Versuchung würde alles entschuldigen, meine Liebe“, lachte Harry. „Außerdem sah ich sofort, dass es für Stanley nur gerecht und gerecht war, dass er eines Tages die Befriedigung haben könnte, Onkel eines Grafen zu sein, wenn er nicht selbst den Adelstitel erlangen könnte.

„Und du bist also endgültig zu Hause, alter Freund?“

„Ja, und im Moment fühle ich mich sehr unschlüssig, wie ich zur Arbeit komme, da Tom Pearson außer dem Bankkonto nichts geregelt hat. Alles andere hat er mir überlassen. Ich weiß nichts von London und habe auch keines Vorstellung von der Situation, in der ich nach Büros suchen sollte.

„Ich werde dir das alles antun, Stanley. Ich selbst weiß nichts darüber, wie du vielleicht vermutest; aber wenn du morgen mit mir zu meinen Anwälten gehst, werden sie es dir sagen können. Aber ich Seien Sie sich bewusst, dass die Leadenhall Street das Zentrum des indischen Handels ist und dass Sie irgendwo in der Nähe etwas reparieren müssen.

„Natürlich müssen Sie, wenn Sie eine Stelle angenommen haben, einige Angestellte finden. Wenn Sie eine Anzeige in der Zeitung aufgeben, erhalten Sie eine beliebige Anzahl von Bewerbern; oder möglicherweise können meine Männer aufgrund ihrer Verbindung zu Kaufleuten Ich werde von einigen hören, die zu Ihnen passen. Wie dem auch sei, ich bin mir sicher, dass Sie keine Schwierigkeiten haben werden.

Dank Harrys Einführung konnte Stanley viel einfacher als erwartet in einer hübschen Bürosuite mit drei Angestellten Fuß fassen. Da er sich im Geschäftsleben bestens auskannte, dauerte es nicht lange, bis er sich in seinem neuen Leben zu Hause fühlte.

Drei Jahre nach seiner Rückkehr heiratete er Harrys jüngste Schwester. Das Unternehmen florierte stark und entwickelte sich zu einem der führenden Häuser im Osthandel. Im Alter von sechzig Jahren zog sich Stanley mit einem großen Vermögen aus dem Geschäft zurück. Dies konnte er problemlos tun, da sein ältester Sohn und ein Neffe aktive Teilhaber der Firma geworden waren. Er lebt noch immer, im Alter von sechsundachtzig Jahren, in einem vornehmen Herrenhaus in der Nähe von Staines; und behält auch im fortgeschrittenen Alter alle Fähigkeiten.